Schriften zum Strafvollzug, Jugendstrafrecht und zur Kriminologie

Herausgegeben von Prof. Dr. Frieder Dünkel
Lehrstuhl für Kriminologie an der
Ernst-Moritz-Arndt-Universität Greifswald

Band 49

Moritz Philipp Rohrbach

Die Entwicklung der Führungsaufsicht unter besonderer Berücksichtigung der Praxis in Mecklenburg-Vorpommern

MG 2014
Forum Verlag Godesberg

Bibliographische Information der Deutschen Nationalbibliothek

Die Deutsche Nationalbibliothek verzeichnet diese Publikation
in der Deutschen Nationalbibliografie; detaillierte bibliografische
Daten sind im Internet über http://dnb.d-nb.de abrufbar.

Mönchengladbach 2014
DTP-Satz, Layout, Tabellen: Kornelia Hohn
Institutslogo: Bernd Geng, M.A., Lehrstuhl für Kriminologie
Gesamtherstellung: BoD - Books on Demand, Norderstedt
Printed in Germany

ISBN 978-3-942865-35-7
ISSN 0949-8354

Inhaltsverzeichnis

Vorwort

Die Führungsaufsicht (FA) ist seit ihrer Einführung 1975 eine der umstrittensten Maßregeln der Besserung und Sicherung. Die kriminalpolitischen Einschätzungen schwankten zwischen heftiger Kritik, insbesondere an der damit verbundenen Ausweitung des Netzes sozialer Kontrolle einerseits und der Forderung nach einer massiven Ausweitung angesichts bestimmter als besonders „gefährlich" eingestufter Tätergruppen andererseits. Durch die Reform von 2007 ist die FA in vielerlei Hinsicht als Sanktion bzw. sanktionsausgestaltende Maßnahme erweitert worden. Auch spielt sie in der aktuellen Debatte zur Sicherungsverwahrung eine besondere Rolle, nachdem der Europäische Gerichtshof für Menschenrechte 2009 und im Gefolge das deutsche BVerfG 2011 die Regelungen zur (nachträglichen) Sicherungsverwahrung großenteils für menschenrechts- bzw. verfassungswidrig erklärten und damit die Frage der Entlassung von u. U. gefährlichen Straftätern aus der Sicherungsverwahrung thematisierten. Der Gesetzgeber reagierte unmittelbar und nahm die elektronische Aufenthaltsüberwachung 2011 explizit in den Weisungskatalog der FA auf (vgl. § 68b Abs. 1 S. 1 Nr. 12 StGB). In Mecklenburg-Vorpommern ist mit dem Landesamt für ambulante Straffälligenarbeit (LaStar) eine interessante Fortentwicklung der Organisationsstruktur der FA und der Sozialen Dienste der Justiz entstanden, die die Aktualität des Themas unterstreicht.

Die vorliegende Arbeit beinhaltete eine empirische Bestandsaufnahme der FA in Mecklenburg-Vorpommern (MV) anhand der Aktenanalyse von 197 Führungsaufsichtsfällen des Jahres 2009. Ergänzend hat der Verf. noch aktuellere Daten zur FA und ihrer Ausgestaltung bis hin zu begleitenden Maßnahmen der polizeilichen Observation und der elektronischen Überwachung zusammengetragen. In seiner Arbeit geht er auch umfassend auf die strafrechtliche, rechtspolitische und verfassungsrechtliche Problematik des Gesamtthemas ein. Ausführlich behandelt der Verfasser im *fünften Kapitel* die Neuerungen des Reformgesetzes von 2007 und im *6. Kapitel* die Reformen im Rahmen der Neuordnung des Rechts der Sicherungsverwahrung vom Dezember 2010 (u. a. Einführung der elektronischen Aufenthaltsüberwachung). Im *7. Kapitel* folgt die Darstellung der Ergebnisse einer eigenen empirischen Erhebung. Im *8. Kapitel* befasst sich der Verf. mit dem 2011 in MV gegründeten Landesamt für ambulante Straffälligenarbeit und weiteren empirischen Analysen zur Arbeitsweise der neustrukturierten Führungsaufsichtsstelle.

Die Klientel der FA ist „vielschichtig", indem sie sowohl Täter mit schlechter (die sog. Vollverbüßer) wie mit guter Prognose (bei der Aussetzung einer Maßregel gem. § 67d Abs. 2 StGB) erfasst (vgl. *Kapitel 2*). Die Ausgestaltung der FA bewegt sich im Umfeld des gesetzlichen Anspruchs der Betreuung (schwerpunktmäßig der Bewährungshilfe zugeordnet) und Kontrolle (schwerpunktmäßig der Führungsaufsichtsstelle zugeordnet), wobei als Akteur bei bestimmten Tätergruppen 2007 noch die Forensische Ambulanz hinzu gekommen ist, die jeweils „einvernehmlich" zusammenarbeiten sollen. Bereits hier deutet der Verf. kritisch an, dass die Reformen der letzten Jahre den Kontrollaspekt stark in den Vordergrund gerückt haben.

Im *dritten Kapitel* geht der Verf. der schwierigen Frage nach, welche rechtstatsächliche Bedeutung der FA zukommt. Für den mit der Materie Bewährungshilfe vertrauten Leser überrascht, dass die Bewährungshilfestatistik seit 1990 keine Daten zur Unterstellung unter FA mehr enthält. So ist man derzeit weitgehend auf Einzelerhebungen und teilweise Hochrechnungen/Schätzungen in den Bundesländern angewiesen, die in ihrer Zuverlässigkeit zu bezweifeln sind, weil teilweise jährliche Unterstellungen, teilweise Probanden gemeldet wurden (S. 11). Daher sind die in *Tabelle 1* ausgewiesenen Daten der DBH mit Vorsicht zu genießen. Immerhin wird ein erheblicher Zuwachse an Probanden/Unterstellungen um ca. ein Drittel allein im Zeitraum 2008-2012 nahegelegt. Zu Recht betont der Verf., dass die Zunahme der Fälle vielfältige Ursachen hat, insbesondere der Anstieg der Maßregelvollzugspopulation dürfte von erheblicher Bedeutung sein (dazu später *Tabelle 5* und *Abbildung 4*), aber auch der Zuwachs von Vollverbüßern. Dieses Problem scheint in MV besonders akzentuiert, da hier (was der Verf. in *Kapitel 3.5* ausführlicher behandelt) die bedingte Entlassung aus dem Strafvollzug (§§ 57, 57a StGB) eher restriktiv gehandhabt wird. Dementsprechend waren 2012 55% der FA-Probanden Vollverbüßer, was bei einer rückläufigen Belegungszahl im Strafvollzug (vgl. *Tabelle 4*) bemerkenswert erscheint.

Interessant sind die Zahlen zur Sanktionspraxis der Gerichte in MV im Vergleich zum Bundesgebiet insgesamt. Im Erwachsenenstrafrecht werden insgesamt weniger Freiheitsstrafen verhängt, dafür mehr Geldstrafen. Auch die Aussetzungsquote bei Freiheitsstrafen ist höher, sodass auf den ersten Blick keine Anhaltspunkte für eine harte Sanktionierung durch die Gerichte gegeben sind. Anders stellt sich die jugendrichterliche Praxis dar, die auf fast doppelt so viele Jugendstrafen wie im Bundesdurchschnitt kommt, was allerdings durch eine höhere Aussetzungsrate „kompensiert" wird. Der sehr niedrige Anteil richterlicher Weisungen als schwerster Sanktion (vgl. *Tabelle 8*) könnte mit der überdurchschnittlich hohen Diversionsrate begründet werden (vgl. dazu *Heinz* 2012), infolge derer die leichten Fälle „abgeschöpft" werden, sodass für die richterliche Sanktionierung durchschnittlich schwerere Fälle verbleiben und entsprechend statistisch ausgewiesen werden.

Dank der guten Kooperation mit dem Justizministerium MV konnte der Verf. detailliert die Entlassungszahlen aus den einzelnen Strafanstalten auswerten, die erneut Hinweise auf eine restriktive Entlassungspraxis geben. So liegt im Jugendvollzug die bedingte Entlassungsquote, die 2002 noch bei 42% lag, inzwischen (2013) unter 20% (vgl. *Tabelle 12*). In den Anstalten des Erwachsenenvollzugs werden die Statistiken des Bundes üblicherweise durch die Zahlen von Ersatzfreiheitsstrafe (ESF) Verbüßenden verzerrt, die jeweils als „Vollverbüßer" zählen. Für MV liegen teilweise aber Entlassungsdaten ohne ESF vor.

So lässt sich für die JVA Bützow feststellen, dass der Anteil bedingter Entlassungen von 37% auf 20% zurückging (*Tabelle11*). Anscheinend liegen für die JVA Waldeck für 2012 und 2013 Daten für Entlassungen nach Verbüßung einer ESF vor. Dabei wird deutlich, dass in Waldeck ein Vielfaches an ESF Verbüßenden im Vergleich zu originären Freiheitsstrafen die Anstalt durchlaufen (vgl. S. 31 f.). Auch in Stralsund und Neubrandenburg überstieg jeweils die Zahl der Vollverbüßer diejenige der bedingt Entlassenen bei weitem oder zumindest deutlich (vgl. *Tabellen 14* und *15*). Das Fazit des Verf., dass der Anteil von Vollverbüßungen in den letzten 10 Jahren in MV zugenommen hat, ist sicherlich richtig.

In *Abschnitt 3.6* geht der Verf. auf die Rückfallstatistik des Bundes zur FA ein. Die Feststellung, dass man angesichts der (je nach Fallgruppe allerdings sehr unterschiedlichen) Rückfallquoten „nur begrenzt von überzeugenden Erfolgen der FA" (S. 36) sprechen könne, erscheint zumindest für die Maßregelgruppe der aus der Psychiatrie Entlassenen differenzierungsbedürftig. Hier kann man bei lediglich 5% Rückfall eher einen sehr beachtlichen Erfolg annehmen. Gleiches gilt für die Rückfallquote von 6% nach der Entlassung aus der Sicherungsverwahrung, wobei hier sogar noch Bagatellrückfälle überwiegen.

Ausführlicher befasst sich der Verf. in *Kapitel 3.7* mit der „umstrittenen Strafvorschrift" des § 145a StGB. Hinsichtlich der Anwendungspraxis unter Auswertung der Strafverfolgungsstatistiken wird ein enormer Anstieg der Verurteiltenzahlen seit 2006 mit letztlich einer Verfünffachung der Zahlen erkennbar. Interessant ist die Auswertung der verhängten Sanktionen (S. 36), die zeigt, dass es sich i. A. um absolute Bagatelldelinquenz handelt, die nur selten mit einer unbedingten Freiheitsstrafe endet (ggf. allenfalls von kurzer Dauer im Mindeststrafenbereich, meistens von unter 6 Monaten. Dies greift der Verf. zutreffend als Kritikpunkt auf. Die Sanktionspraxis zeigt ferner, dass die Anhebung des Strafrahmens auf drei Jahre so gut wie nie genutzt wird, was man dahingehend interpretieren könnte, dass die Praxis diese Strafverschärfung nicht braucht. In MV ist die Zahl der Verurteilungen nach § 145a StGB seit 2010 geradezu explodiert, insbesondere 2012 mit 40 Verurteilungen, nachdem es 2008 und 2009 nur insgesamt 6 Verurteilungen gab, eine eher negativ zu beurteilende Folge der Neustrukturierung der Führungsaufsichtsstellen im Jahr 2011, die der Verf. zu Recht in späteren Kapiteln als zu einseitig straforientiert kritisiert.

Unter *3.7.2* geht der Verf. auf die kriminalpolitische Kritik an der Vorschrift des § 145a StGB ein. Die Vorschrift wird überwiegend für unzweckmäßig und jedenfalls dort für rechtswidrig gehalten wird, wo es nicht um Rechtsgüterschutz, sondern um bloße Verhaltensverstöße (Ungehorsam bzgl. verhaltensbezogener Weisungen) geht. Zu Recht verweist der Verf. auch auf den wenig beachteten Verstoß gegen Europaratsempfehlungen und deren immerhin Indizwirkung bzgl. der Verfassungswidrigkeit (S. 45 f.).

In *Kapitel 3.8* wird der bisherige empirische Forschungsstand zur FA resümiert. Trotz der immer wieder angemahnten Notwendigkeit empirischer Bestandsaufnahmen bleibt der Forschungsstand bislang rudimentär, selektiv und wenig aussagekräftig. Immerhin verdeutlichen die bisherigen regional sehr begrenzten Studien, dass die Vorschrift des § 145a StGB nur sehr zurückhaltend angewandt wurde, womit sich am Beispiel MV bereits ein tiefgreifender Wandel andeutet. Allerdings bleibt natürlich die Frage der Repräsentativität für das Bundesgebiet aufgrund des auch vorliegend begrenzten Forschungsansatzes des Verf. offen. Das noch laufende Forschungsvorhaben von *Kinzig* an der Universität Tübingen hat einen ähnlichen Ansatz wie die Arbeit des Verf. Für das Land MV sind die Daten des bundesweiten Projekts allerdings kaum repräsentativ.

Im *4. Kapitel* geht der Verf. auf die historische Entwicklung der FA ein. Dabei holt er sehr weit aus, indem er mit der *poena extraordinaria* der Carolina von 1532 beginnt. Mit der Durchsetzung des Gesetzlichkeitsprinzips kam es in den partikularen Polzeigesetzen zu verschiedenen Formen der Polizeiaufsicht. Im RStGB von 1871 wurde die Polizeiaufsicht auf Fälle „gefährlicher" Verurteilter bzw. Entlassener begrenzt (vgl. *Kapitel 4.1.3*). Trotzdem gab es vielfältige Kritik, die für restriktivere Regelungen plädierte, wie sie in Entwürfen von 1909 und 1911 sowie in der Weimarer Zeit Ausdruck fanden. Nach dem Rückfall in rechtsstaatswidrige Strukturen des Willkürregimes der Nazi-Zeit kam es zu Reformüberlegungen einer stärker betreuungsorientierten Sicherungsaufsicht im sog. E 62, die unter dem Einfluss des Alternativentwurfs von 1966 zur heutigen FA im 1. StRG 1969 führte, deren gesetzliche Regelungen 1975 in Kraft traten. In *Abschnitt 4.5* beschreibt der Verf. sodann die Reformentwicklung von 1975 bis vor das Reformgesetz von 2007. Hierbei geht es zunächst um Änderungen des 23. StÄndG von 1986, ferner das Gesetz zur Bekämpfung von Sexualdelikten und anderen gefährlichen Straftaten von 1998. Dabei positioniert sich der Verf. mit gut vertretbaren Argumenten gegen die Möglichkeit einer unbefristeten FA gem. § 68c Abs. 2 StGB, die eine indirekte „Zwangstherapie" bedeute. Auch die anderen Ausweitungen des Personenkreises der FA und Verschärfungen des Gesetzes von 1998 sieht der Verf. kritisch (vgl. S. 88 ff.).

Im *5. Kapitel* beschreibt der Verf. Inhalt und Entstehungsgeschichte des Gesetzes zur Reform der FA vom 13.4.2007. Die ausführliche Darstellung ist zugleich Grundlage der eigenen empirischen Untersuchung (vgl. *Kapitel 7*), im Rahmen derer er sich insbesondere der Handhabung der 2007 erweiterten Weisungsmöglichkeiten widmet.

Zunächst geht der Verf. auf den Gesetzesentwurf der Bundesregierung (*Kapitel 5.2*), sodann auf die Stellungnahmen der Fachverbände (*5.3*) und der Experten in der Anhörung im Rechtsausschuss des deutschen Bundestags (*5.4*) ein. Das Ergebnis der Stellungnahmen waren marginale Änderungen des Gesetzentwurfs, die allesamt eher weitere Ausweitungen des Weisungskatalogs und zusätzliche Eingriffe bzw. kontrollierende Elemente bei der Ausgestaltung der FA beinhalteten (vgl. *Kapitel 5.5*). Die kritischen Stellungnahmen der Wissenschaft, beispielsweise gegen die Erhöhung der Strafandrohung des § 145a StGB, fanden demgegenüber keine Berücksichtigung. Letztlich beinhaltete das Gesetz u. a. eine Ausweitung des strafbewehrten Weisungskatalogs des § 68b Abs. 1 StGB, die Normierung der forensischen Ambulanz in § 68 Abs. 2 StGB, die Erhöhung des Strafrahmens des § 145a StGB (von maximal einem Jahr auf drei Jahre), die Schaffung der Möglichkeit der Führungsaufsichtsstelle, den Probanden zur Aufenthaltsermittlung auszuschreiben bzw. einen Vorführungsbefehl zu beantragen, die Möglichkeit einer vorübergehenden Krisenintervention bei entlassenen Maßregelvollzugspatienten (§ 67h StGB) und die Schaffung bzw. Erweiterung einer unbefristeten FA (§ 68c Abs. 3 StGB). Insbesondere letztere Neuregelung muss man auch im Licht von Empfehlungen des Europarats kritisch betrachten. Ansonsten waren die Reaktionen der Fachöffentlichkeit nach Verabschiedung des Gesetzes überwiegend positiv, insbesondere hinsichtlich der Einführung der forensischen Ambulanz.

Im 6. *Kapitel* werden „das Gesetz zur Neuordnung des Rechts der Sicherungsverwahrung und zu begleitenden Regelungen vom 22.12.2010 und seine Folgen" erörtert. Zunächst beleuchtet der Verf. den kriminalpolitischen Hintergrund dieses von einiger Hektik charakterisierten Gesetzgebungsverfahrens und in diesem Kontext die Rspr. des BVerfG von 2004 und des EGMR von 2009/ 2010 zur nachträglichen Verlängerung der Höchstfrist der (erstmaligen) Sicherungsverwahrung (*Kapitel 6.1.1*). Die Folgen des Urteils des EGMR waren hinsichtlich der Parallelfälle zu dem entschiedenen Fall unterschiedlich. Zahlreiche Sicherungsverwahrte wurden entlassen, einige Obergerichte verweigerten allerdings auch eine Entlassung, worauf der Verf. kurz eingeht. Angesichts der divergierenden Entscheidungen wurde mit dem Gesetz zur Sicherung der Einheitlichkeit der Rechtsprechung bei Entscheidungen zur Sicherungsverwahrung eine Divergenzvorlagepflicht in § 121 Abs. 2 Nr. 3 GVG geschaffen. Auf die ebenso hektische Reaktion mit der Schaffung des Therapieunterbringungsgesetzes (ThUG) geht der Verf. gleichfalls kurz ein.

Ausführlich erörtert er unter *Kapitel 6.1.3* die praktischen Folgen der Freilassung einiger als besonders gefährlich geltender Sicherungsverwahrter in Form der aufwändigen polizeilichen Dauerobservation und deren rechtliche Problematik. Die Gerichte einschl. des BVerfG tolerierten zunächst diese Form der Intensivüberwachung, ehe das VG Freiburg Anfang 2013 klarstellte, dass es an einer rechtlichen Grundlage für eine entsprechende Dauerobservation mangele und insbesondere die polizeiliche Generalklausel keine ausreichende Ermächtigungsgrundlage darstellt. Mit überzeugenden Argumenten schließt sich der Verf. dieser Ansicht an und stellt darüber hinaus fest, dass die Materie der Überwachung nach Entlassung aus der FA abschließend im Strafrecht geregelt ist (insbesondere im Recht der FA), sodass es dem Landesgesetzgeber auch nicht zustünde, die Dauerobservation in diesem Kontext in den Polizeigesetzen zu regeln. Dies hatte das BVerfG bereits 2004 hinsichtlich der Landesgesetze zur nachträglichen Sicherungsverwahrung entschieden, worauf der Verf. zutreffend hinweist (S. 141).

Eine weitere Reaktion des Gesetzgebers folgte im Dezember 2010 mit dem Gesetz zur Neuordnung des Rechts der Sicherungsverwahrung, das u. a. die (strafbewehrte) elektronische Aufenthaltsüberwachung in § 68b Abs. 1 S. 1 Nr. 12 StGB sowie eine Ausweitung der unbefristeten FA vor allem für die infolge des Straßburger Urteils entlassenen Sicherungsverwahrten sowie für Sexual- und Gewaltstraftäter allgemein vorsieht (S. 149). Der Verf. geht kurz auch auf das Urteil des BVerfG vom 31.5.2013 ein, durch das die gesetzlichen Regelungen zur Sicherungsverwahrung insgesamt für verfassungswidrig erklärt wurden. Die Parallelfälle konnten aber bei einer hochgradigen Gefahr schwerster Gewalt- oder Sexualtaten weiter untergebracht werden. Der Gesetzgeber wurde aufgefordert das Recht der SV bis zum 31.5.2013 umfassend neu zu regeln, was mit dem Gesetz zur bundesrechtlichen Umsetzung des Abstandsgebots im Recht der Sicherungsverwahrung vom 1.6.2013 auch geschah.

Nachfolgend beschreibt und kommentiert der Verf. die Überwachungskonzepte der Länder, die unter Abkürzungen wie HEADS oder FoKuS (in MV) bekannt geworden sind. Die Auflistung der Länder erfolgt in den Unterabschnitten *6.3.1-6.3.16* nach dem Datum des Inkrafttretens entsprechender Projekte bzw. Konzeptionen, in denen Fragen der Dauer- und anderer Observationen, der Gefährderansprachen, der Gefährdetenansprachen, der Überprüfung der tatsächlichen Wohnsitznahme, Feststellung von Weisungsverstößen, Verbleibskontrollen u. ä. geregelt werden. Sehr schön übersichtlich fasst der Verf. in *Kapitel 6.3.17* die unterschiedlichen Konzepte tabellarisch zusammen.

Die rechtliche Einordnung und Bewertung muss schwierige, „bislang kaum geklärte" Fragen der Abgrenzung von Strafrecht und Polizeirecht berücksichtigen (vgl. *Kapitel 6.3.18*). Zutreffend stellt der Verf. in diesem Zusammenhang fest, dass die dargestellten Überwachungskonzeptionen der Länder keine Eingriffsermächtigung für polizeiliches Handeln darstellen, da sie lediglich Verwaltungsvorschriften beinhalten (S. 181). Auch darf das Polizeirecht nicht als Lückenbüßer für unzulängliche strafrechtliche Regelungen herhalten. Der Verf. plädiert insofern für eine klare Trennung von Polizei- und Strafrecht, wie sie auch vom BVerfG gefordert wird. Problematisch sind allgemeine Regelungen, die bestimmtes polizeiliches Handeln wie eine Gefährderansprache jenseits der Gefahrenprüfung im Einzelfall vorsehen wie etwa im Konzept FoKuS in MV hinsichtlich bestimmter Tätergruppen. Im Grunde handelt es sich bei den Überwachungskonzeptionen nicht um neue Formen der Überwachung, sondern nur um eine Sensibilisierung der Beteiligten im Rahmen bestehender rechtlicher Vorschriften der FA (z. B. § 463a StPO).

In der abschließenden kritischen Würdigung der Entwicklung der FA gelangt der Verf. zur Einschätzung, dass sämtliche Reformen seit 1986 schwerpunktmäßig eine Ausweitung und Intensivierung der Kontrolle beinhalten, während das ursprünglich im Vordergrund stehende Konzept der Hilfe und

Betreuung immer stärker zurück gedrängt wurde, sinnbildlich verdeutlicht an der intensivierten Kooperation von Polizei und FA-Stelle. Daher stellt er zu Recht die Frage, ob man nicht von einer „wiederbelebten Polizeiaufsicht" sprechen müsse (S. 188).

Im *7. Kapitel* präsentiert der Verf. die Ergebnisse seiner empirischen Erhebung, einer Aktenanalyse der FA-Fälle des Jahres 2009 in MV. Zunächst werden die Konzeption (*Kapitel 7.1*), die erfassten Akten (n = 197 auswertbare Akten, vgl. *Kapitel 7.2*) und allgemeine methodische Probleme der Aktenanalyse (*Kapitel 7.3*) dargestellt. In *Kapitel 7.4* werden der Aufbau einer FA-Akte und in *Kapitel 7.5* der Erhebungsbogen beschrieben, ehe der Verf. unter *7.6* zu den empirischen Ergebnissen gelangt. Dabei geht es zunächst um die allgemeinen Merkmale der untersuchten FA-Fälle nach Alter, Geschlecht und Nationalität (*Kapitel 7.6.1*). Die zum Erhebungszeitpunkt durchschnittlich fast 36 Jahre alten Probanden waren mit wenigen Ausnahmen männliche Deutsche. Hinsichtlich der Legalbiographie (*Kapitel 7.6.2*) handelte es sich in 85% der Fälle um mindestens zweimal, im Extremfall bis zu 23 Mal Vorbestrafte. Zwei Drittel der FA-Fälle betrafen sog. Vollverbüßer aus dem Strafvollzug, ein Drittel Maßregelvollzugspatienten (vgl. *Kapitel 7.6.3, Tab. 24*). Die zugrundeliegenden Verurteilungen betrafen in 38% der Fälle „Delikte gegen die körperliche Unversehrtheit"), d. h. Körperverletzungs- und Raubdelikte, 24% (gewaltlose) Eigentums- und Vermögensdelikte, knapp 14% Sexualdelikte und 4% Tötungsdelikte. Bemerkenswert erscheint, dass knapp ein Drittel der Probanden nach Jugendstrafrecht verurteilt worden waren, vermutlich wurde der Großteil als Vollverbüßer aus der Jugendanstalt entlassen. Ca. ein Drittel der Probanden kamen aus dem Maßregel-, zwei Drittel aus dem Strafvollzug. In 37 Fällen war die FA zum Zeitpunkt der Datenerhebung bereits erledigt. Dabei stellte der Verf. etliche Fälle gesetzwidriger Praktiken fest, indem die FA über die festgesetzte Dauer hinaus oder überhaupt ohne gesetzliche Grundlage für die Anordnung vollstreckt wurde (S. 213). Die festgesetzte Dauer der FA betrug in knapp der Hälfte der Fälle drei Jahre, lediglich bei 12% lag sie mit zwei Jahren darunter. In fast einem Drittel der Fälle wurde die Höchstdauer von 5 Jahren festgesetzt.

Da in keinem Fall, auch bei den offensichtlich gut verlaufenden Fällen, von der Verkürzungsmöglichkeit des § 68d StGB Gebrauch gemacht wurde, ergibt sich das Bild einer relativ restriktiven Praxis der FA in MV.

Auch die Weisungspraxis gem. § 68b StGB deutet eine relativ stark kontrollorientierte Praxis an. Durchschnittlich wurden den Probanden 4,2 Weisungen erteilt (vgl. *Kapitel 7.8*). 84% der Probanden erhielten strafbewehrte Weisungen nach § 68b Abs. 1 StGB, 86% (unbestimmte bzw. nicht strafbewehrte) Weisungen nach § 68b Abs. 2 StGB (vgl. *Tab. 32*). Interessant mit Blick auf die mit der Reform von 2007 neu eingeführten Weisungen erscheint, dass insbesondere die Meldepflicht und Anzeigepflicht des Wohnungs- und Arbeitsplatzwechsels sehr häufig angeordnet wurden, während die Vorstellungspflicht bei

einem Arzt oder Therapeuten (§ 68b Abs. 1 Nr. 11) ebenso wie die Nachsorgeweisung des § 68b Abs. 2 S. 2 nur ca. 3% der Weisungen ausmachten (vgl.
Tab. 33).
Geradezu bestürzend ist der Befund, dass lediglich in 10% der Fälle die
Weisungen teilweise oder allgemein begründet wurden. Das OLG Rostock fordert in einer unveröffentlichten, den Gerichten sicherlich aber bekannten Entscheidung eine jeweils einzelfallbezogene substantiierte Begründung. Dem entsprach keiner der Weisungsbeschlüsse.
Der Verf. hat weiterhin Maßnahmen wie die die Möglichkeit einer Krisenintervention gem. § 67h StGB oder die Aufenthaltsermittlung, polizeiliche Beobachtung bzw. den Vorführungsbefehl gem. § 463a StPO erfasst (*Kapitel 7.10*).
Diese Maßnahmen stellten mit Ausnahme der polizeilichen Beobachtung, die in
25 Fällen angeordnet wurde (13%) absolute Ausnahmefälle dar und deuten an,
dass die FA im Untersuchungszeitraum ganz überwiegend „störungsfrei" verlief.
Auch Anträge nach § 145a StGB blieben in diesem Zeitraum mit 26 Strafanträgen, die nur in 6 Fällen zu einer Verurteilung führten, die seltene Ausnahme.
Nur in einem Fall kam es – allerdings in Verbindung mit einem erneuten Diebstahl – zu einer unbedingten Freiheitsstrafe. Weit häufiger kam es während der
laufenden FA zu Ermittlungsverfahren (vgl. *Kapitel 7.12*). Dies betraf mehr als
die Hälfte der Probanden (52%). Von diesen Probanden wurde in 41% der Fälle
wegen eines Delikts gegen die körperliche Unversehrtheit, in nur zwei Fällen
(2%) wegen eines Sexualdelikts ermittelt. Signifikant erhöht war der Anteil von
Probanden mit Ermittlungsverfahren bei der Gruppe der Vollverbüßer (57%),
während gegen die Entlassenen des Maßregelvollzugs seltener Auffälligkeiten
registriert wurden (vgl. *Tab. 40*). Deliktsspezifisch ergaben sich die häufigsten
Auffälligkeiten bei den vorwiegend wegen Körperverletzungsdelikten Verurteilten (67% mit Ermittlungsverfahren, vgl. *Tab. 41*). Bei den im Erhebungszeitraum insgesamt 108 abgeschlossenen Ermittlungsverfahren kam es in 85% zu
einer Verurteilung (vgl. *Tab. 42*), dabei kamen 80% der Verurteilten aus der
Gruppe der Vollverbüßer. Schwere Delikte wie gefährliche Körperverletzung
spielten bei den Verurteilungen nur eine untergeordnete Rolle (vgl. *Tab. 43*),
kein einziger Proband wurde wegen eines Sexualdelikts verurteilt. Zumeist handelte es sich um Bagatelleigentumsdelikte bis hin zur Beförderungserschleichung. Dementsprechend wurde nur ein Drittel der Verurteilten zu einer unbedingten Freiheits- oder Jugendstrafe verurteilt, die überwiegende Mehrheit zu
Geld- oder Bewährungsstrafen. Ein einziger Proband wurde zu Sicherungsverwahrung verurteilt (*Tab. 44*). 25 Probanden (13%) wurden dem 2010 eingeführten polizeilichen Überwachungskonzept FoKuS unterstellt, darunter 18 (= 72%)
Sexualstraftäter. Der Verf. identifiziert auch in diesem Bereich in Einzelfällen
Normverstöße bei der Aufnahme in das Überwachungskonzept (S. 239). Diese
25 Fälle der von FoKuS erfassten Personen entspricht exakt den Fällen der polizeilichen Beobachtung gem. § 463a StPO.

Auch Berichte der Bewährungshilfe und Anhörungen des Probanden hat der Verf. erfasst, die im Hinblick auf den Umgang mit auftretenden Schwierigkeiten der Probanden wichtige Hinweise ergaben.

In der Zusammenfassung der empirischen Aktenerhebung (*Kapitel 7.15*) kommt der Verf. zum Schluss, dass die FA nach der Reform von 2007 sich nicht wesentlich geändert hat. Zwar wurden die neuen Weisungen des § 68b Abs. 1 StGB wie z. B. bzgl. Melde- und Anzeigepflichten relativ häufig angewandt, jedoch waren diese auch zuvor als allgemeine Weisungen nach § 68b Abs. 2 StGB üblich. Der Verf. sieht die seinerzeitige Praxis als qualitativ wenig effizient an. Die Praxis habe die FA als Verwaltungsangelegenheit und „Beiwerk" angesehen, weshalb die Neustrukturierung der Führungsaufsichtsstelle im Landesamt für ambulante Straffälligenarbeit (LaStar) nahe gelegen habe.

Dieser im Jahr 2011 eingeführten Neuerung ist das *8. Kapitel* gewidmet. Im Landesamt wurden die ehemals vier bei den Landgerichten angesiedelten Führungsaufsichtsstellen sowie die 2007 geschaffene forensische Ambulanz zusammengeführt. Zunächst beschreibt der Verf. die Aufgaben, Leitung und Mitarbeiter des LaStar. Die der Führungsaufsichtsstelle gesetzlich unterstellte forensische Ambulanz (vgl. *Kapitel 8.1.3*) besteht in MV aus zwei Psychologen, die aber nur den Bereich des Strafvollzugs abdecken, während die aus dem Maßregelvollzug Entlassenen durch die den psychiatrischen Kliniken des Landes angegliederten Ambulanzen betreut werden (S. 251). Der Verf. beschreibt im Folgenden die Anfangsschwierigkeiten der Forensischen Ambulanz im LaStar, bezeichnet die bisherige Arbeit dennoch als „vielversprechend" (S. 253). In *Kapitel 8.2* präsentiert der Verf. „Zahlen und Fakten" zur Arbeitsweise des LaStar, die z. T. von erheblicher Brisanz sind. So hat die Zahl von Strafanträgen gem. § 145a StGB, die in der Untersuchung der Fälle von 2009 eher ein „Schattendasein" geführt hatten (s. o.), drastisch zugenommen. Auch die Zahl von durchgeführten Anhörungen der Probanden zeigt, dass der Druck auf die Probanden erheblich zugenommen hat. Zwar werden offenbar die Statistiken noch nicht einheitlich geführt, jedoch zeigen die Berechnungen des Verf., dass sich die Zahl der Anhörungen 2011/12 gegenüber 2009 mehr als verdoppelt, diejenige der Strafanträge nach § 145a StGB um 121% erhöht und die Zahl der entsprechenden Verurteilungen mehr als vervierfacht haben (vgl. *Tab. 48*). Eine aktuelle Nachfrage des Verf. ergab, dass sich die Zahl der Strafanträge nach § 145a StGB im ersten Halbjahr 2013 nochmals um ein Drittel erhöht hat. Die FA-Stelle scheint damit auf dieses (repressive) Instrumentarium in besonderem Maß zu vertrauen. Sehr vorsichtig formuliert der Verf. seine diesbezügliche Kritik: „In Anbetracht der gewichtigen Kritik, welche gegen die Strafvorschrift hervorgebracht wird, ist diese Entwicklung sehr bedenklich. Statt den Schwerpunkt bspw. auf soziale Hilfe und Therapie durch forensische Ambulanz zu setzen, besteht der Schwerpunkt der Arbeit der Aufsichtsstelle eindeutig in Repression" (S. 259). Man könnte das provokanter auch als Skandal bezeichnen.

Die Handhabung der FA hat sich auch in anderen Bereichen nach Etablierung des LaStar gewandelt (vgl. *Kapitel 8.3*). So werden offenbar auch die Maßnahmen der Krisenintervention, der Aufenthaltsermittlung und des Vorführungsbefehls häufiger angewandt. Die polizeiliche Beobachtung sämtlicher FoKuS-Probanden führt zur vermehrten Aufdeckung von Weisungsverstößen, was auch die zahlreichen Strafanträge nach § 145a StGB mit erklärt. Ein weiterer Grund für vermehrte Strafanträge ist das Bestreben der Aufsichtsstelle, die häufig wegen Unbestimmtheit der Weisung abgelehnten Strafanträge durch gezielte Beratung der Staatsanwaltschaften und Gerichte mit entsprechenden Formulierungsvorschlägen zu minimieren. Damit wird erneut die gesteigerte Wertschätzung des § 145a StGB seitens der FA-Stelle deutlich, die ein spezifisches (repressives) Selbstverständnis der Rolle der FA offenbart. Die Zahl vermehrter Verurteilungen gem. § 145a StGB erscheint – wie der Verf. zu Recht betont – gerade nicht als Ausdruck für das Gelingen der FA (S. 266 f.).

Zur elektronischen Überwachung nach § 68b Abs. 1 Nr. 12 StGB hat das LaStar nach eigener Einschätzung gut funktionierende Routinen entwickelt (vgl. *Kapitel 8.3.4*). Allerdings sind die Erfahrungen bei 6 unterstellten Probanden bisher begrenzt.

In der zusammenfassenden Bewertung zitiert der Verf. zunächst die durchweg positive Einschätzung des Leiters der FA-Stelle, der er allerdings einige deutliche Kritikpunkte entgegenstellt. Insbesondere die erhebliche Zahl von Anhörungen und Strafverfahren nach § 145a StGB wertet er zu Recht nicht als Indiz einer erfolgreichen Organisation der FA (S. 270). Die sehr häufig angewandte Weisung zur Abstinenz von Alkohol und Drogen sieht er als eine Art „Breitbandkriminalisierung", denn Weisungsverstöße und damit Wiederverurteilungen sind damit praktisch vorprogrammiert. Auch die im Zusammenhang mit der elektronischen Überwachung verbundenen sog. Gefährdetenansprachen verbieten sich als „schematische Anwendung" (S. 270). Die kritische Sicht der forensischen Ambulanz, die ihrem gesetzlichen Auftrag der Therapie nicht gerecht wird, sondern lediglich der Risikoeinschätzung dient, ist ebenfalls berechtigt. Der Verf. sieht allerdings auch positive Ansätze, etwa bei dem verbesserten Informationsaustausch der beteiligten Akteure. Insoweit bleibt seine Bewertung differenziert und sachgerecht.

Im abschließenden Fazit (*Kapitel 9*) gelangt der Verf. zum Schluss, dass von einem „Schattendasein" der FA angesichts der wachsenden quantitativen Bedeutung keine Rede mehr sein kann. Der Hinweis auf historische Vorläufer zeigt, dass es immer schon ein Bedürfnis nach Überwachung von als besonders gefährlich eingeschätzten oder problembelasteten Tätern gab. Mit der modernen Form der FA sollte allerdings neben dem Schutzaspekt die Betreuungskomponente stärker hervorgehoben werden, die aber insbesondere durch die Reformen von 2007 und 2010 stärker in den Hintergrund getreten ist. Zu Recht kritisiert der Verf. „rechtsstaatlich nicht vertretbare Auswüchse" im Rahmen polizeilicher

Dauerobservationen und damit die „zumindest teilweise Wiederkehr der Polizeiaufsicht" (S. 273). Mit Blick auf die eigene empirische Erhebung bezogen auf die Handhabung der FA bei 2009 unterstellten Probanden im Vergleich zur aktuellen Praxis nach Einrichtung einer zentralen FA-Stelle im Rahmen des LaStar gelangt der Verf. zu der skeptischen Einschätzung, dass sich vor allem der kontrollierende Charakter der FA zu Lasten der betreuenden Funktion durchgesetzt habe und plädiert für eine Rückbesinnung zugunsten letzterer. Auch in diesem Plädoyer für eine „rationale Kriminalpolitik" ist dem Verf. uneingeschränkt zuzustimmen.

Die vorliegende Arbeit wurde im Wintersemester 2013/14 als Dissertation an der Rechts- und Staatswissenschaftlichen Fakultät angenommen. Dem Kollegen *Wolfgang Joecks* gilt der Dank für die zügige Anfertigung des Zweitgutachtens. *Kornelia Hohn* hat wie immer mit großer Sorgfalt die Druckvorlage erstellt. *Ricarda Bans* hat das Manuskript sorgfältig Korrektur gelesen. Dafür gebührt beiden gleichfalls besonderer Dank und Anerkennung.

Greifswald, Oktober 2014

Frieder Dünkel

Danksagung

An erster Stelle bedanke ich mich bei meinem Doktorvater Prof. Frieder Dünkel für seine außergewöhnlich gute Betreuung und Unterstützung. Sein Engagement ging weit über das Maß des Üblichen hinaus und dafür danke ich ihm herzlich.

Des Weiteren bedanke ich mich nachdrücklich bei Frau Kornelia Hohn für ihre Mühen auf dem Weg zur Drucklegung sowie bei meinen ehemaligen Kollegen für deren hilfreiche Anregungen. Darüber hinaus möchte ich mich bei Herrn Horstmann, dem ehemaligen Leiter der Führungsaufsichtsstelle in Rostock, sowie dessen Mitarbeitern für ihre Hilfsbereitschaft bedanken.

Mein ganz besonderer Dank gebührt nicht zuletzt meinen Eltern. Ihre gütige Unterstützung in jeglicher Hinsicht hatte maßgeblichen Anteil am Gelingen meiner Vorhaben. Dafür bin ich ihnen auf ewig dankbar.

Hamburg, im Oktober 2014

Moritz Philipp Rohrbach

Abkürzungsverzeichnis

ABB	Arbeitsgemeinschaft Bayerischer Bewährungshelfer und Bewährungshelferinnen
Abs.	Absatz
a. F.	alte Fassung
ARGUS	Arbeitsdatei rückfallgefährdeter Sexualstraftäter und Sicherheitsmanagement
ARS-Datenbank	Arbeitsdatei rückfallgefährdeter Sexualstraftäter
Art.	Artikel
ASOG	Allgemeines Sicherheits- und Ordnungsgesetz
Ausg.	Ausgabe
Aufl.	Auflage
Bd.	Band
BDSG	Bundesdatenschutzgesetz
BewHi	Bewährungshilfe
BGH	Bundesgerichtshof
BGHSt	Amtliche Entscheidungen des Bundesgerichtshofs in Strafsachen
BKA	Bundeskriminalamt
BPtK	Bundespsychotherapeutenkammer
BT	Bundestag
BtMG	Betäubungsmittelgesetz
BVerfG	Bundesverfassungsgericht
BVerfGE	Entscheidungen des Bundesverfassungsgerichts
bspw.	beispielsweise
bzgl.	bezüglich
bzw.	beziehungsweise
ca.	circa
CDU	Christlich Demokratische Union Deutschlands
CSU	Christlich Soziale Union in Bayerns
DBH	Fachverband für Soziale Arbeit, Strafrecht und Kriminalpolitik

d. h.	das heißt
DNA	Deoxyribonucleic acid
DÖV	Die Öffentliche Verwaltung
Drucks.	Drucksache
DVBl	Deutsches Verwaltungsblatt
ED	Erkennungsdienstlich
EFS	Ersatzfreiheitsstrafe
EGMR	Europäischer Gerichtshof für Menschenrechte
EGStGB	Einführungsgesetz zum Strafgesetzbuch
EMRK	Europäische Menschenrechtskonvention
EuR	Zeitschrift für Europarecht
e. V.	eingetragener Verein
excl.	exclusive
f., ff.	folgende Seite, folgende Seiten
FH	Fachhochschule
FoKuS	Für optimierte Kontrolle und Sicherheit
FS	Forum Strafvollzug bzw. Freiheitsstrafe
GA	Goltdammer's Archiv für Strafrecht
gem.	gemäß
Gewohnheits-verbrecherG	Gewohnheitsverbrechergesetz
ggf.	gegebenenfalls
HEADS	Haft-Entlassenen-Auskunftsdatei-Sexualstraftäter
HAST	Hansestadt Stralsund
i. Br.	im Breisgau
incl.	inclusive
INPOL	Informationssystem der Polizei
i. V. m.	in Verbindung mit
JA	Juristische Arbeitsblätter
JGG	Jugendgerichtsgesetz
JS	Jugendstrafe

Jura	Juristische Ausbildung
JVA	Justizvollzugsanstalt
JZ	JuristenZeitung
KAGS	Katholische Bundesarbeitsgemeinschaft Straffälligenhilfe
KRISTAL	Kriminalpolizeiliche Recherche und Informationssystem – Täterorientierte Auswertung, Analyse und Lagedarstellung
KritV	Kritische Vierteljahresschrift für Gesetzgebung und Rechtswissenschaft
KRISTAL	Kriminalpolizeiliche Recherche und Informationssystem – Täterorientierte Auswertung, Analyse und Lagedarstellung
KSKS	Kieler Sicherheitskonzept Sexualstraftäter
KURS	Konzeption zum Umgang mit rückfallgefährdeten Sexualstraftäterinnen und Sexualstraftätern
LaStar	Landesamt für ambulante Straffälligenarbeit
LKA	Landeskriminalamt
LVwG	Landesverwaltungsgesetz
MSchKrim	Monatsschrift für Kriminologie und Strafrechtsreform
m. w. N.	mit weiteren Nachweisen
NB	Neubrandenburg
Neudr.	Neudruck
NK	Neue Kriminalpolitik
NJW	Neue Juristische Wochenschrift
NStZ	Neue Zeitschrift für Strafrecht
NStZ RR	Neue Zeitschrift für Strafrecht Rechtsprechungsreport
NVwZ	Neue Zeitschrift für Verwaltungsrecht
LG	Landgericht/e
OLG	Oberlandesgericht
PAG	Polizeiaufgabengesetz
PASS	Polizeiliches Auskunftssystem Sachsen
POG	Polizei- und Ordnungsbehördengesetz
POLAS	Polizei-Auskunftssystem

PolDVG	Gesetz über die Datenverarbeitung der Polizei
PolG	Polizeigesetz
Prot.	Protokoll
PJ	Polizeijournal der Landespolizei Mecklenburg-Vorpommern
Rn.	Randnummer
RStGB	Reichsstrafgesetzbuch
S.	Seite
s.	siehe
SN	Schwerin
SOG	Sicherheits- und Ordnungsgesetz
sog.	sogenannt(e)
SPD	Sozialdemokratische Partei Deutschlands
SPREE	Sexualstraftäter – Prävention bei durch Ermittlungen und Eingriffsmaßnahmen
SPSS	Statistical Package for the Social Sciences
StGB	Deutsches Strafgesetzbuch
StPO	Strafprozessordnung
Strafvoll-streckungsO	Strafvollstreckungsordnung
Straßenverkehrs-sicherungsG	Straßenverkehrssicherungsgesetz
StrRG	Strafrechtsreformgesetz
StrUBG	Gesetz über die Unterbringung besonders rückfallgefährdeter Straftäter
StV	Strafverteidiger
StVO	Straßenverkehrsordnung
StVollstrO	Strafvollstreckungsordnung
T.O.P.	Täterorientierte Prävention
u. a.	unter anderen/m
U-Haft	Untersuchungshaft
v. a.	vor allen/m

Urt.	Urteil
v.	vom/n
ver.di	Vereinte Dienstleistungsgewerkschaft
VG	Verwaltungsgericht
Vgl.	Vergleiche
ViCLAS	Violent Crime Linkage Analysis System
VISIER	Vorbeugendes Informationsaustauschsystem zum Schutz vor inhaftierten und entlassenen Rückfalltätern, Rheinland-Pfalz
Vw ISIS	Gemeinsame Verwaltungsvorschrift des Innern, des Sächsischen Staatsministeriums der Justiz und des Sächsischen Staatsministeriums für Soziales zur Errichtung eines Informationssystems zur Intensivüberwachung besonders rückfallgefährdeter Sexualstraftäter
WaffenG	Waffengesetz
ZfStrVo	Zeitschrift für Strafvollzug und Straffälligenhilfe
ZIS	Zeitschrift für internationale Strafrechtsdogmatik
ZJJ	Zeitschrift für Jugendkriminalrecht und Jugendhilfe
ZRP	Zeitschrift für Rechtspolitik
ZStW	Zeitschrift für die gesamte Strafrechtswissenschaft
ZÜRS	Zentralstelle zur Überwachung rückfallgefährdeter Sexualstraftäter

Die Entwicklung der Führungsaufsicht unter besonderer Berücksichtigung der Praxis in Mecklenburg-Vorpommern

1. Einleitung

Die Führungsaufsicht gewann in den vergangenen Jahren eine immer größere Bedeutung und ist heute ein wesentlicher Teil der kriminalpolitischen Auseinandersetzung, wenn es um die Überwachung von rückfallgefährdeten Straftätern geht. Als ambulante Maßregel der Besserung und Sicherung verfolgt die Führungsaufsicht jedoch nicht nur den Zweck, entlassene Straftäter zu überwachen, sondern sie überdies bei der Wiedereingliederung in die Gesellschaft zu unterstützen. Insofern ist die Führungsaufsicht heute anerkannt, wenn es um die ambulante Betreuung entsprechender Straftäter geht und hat ihr „Schattendasein", das ihr in der Vergangenheit bescheinigt wurde, verlassen. Diese Entwicklung nimmt die vorliegende Untersuchung zum Anlass, einen umfassenden Überblick zur Führungsaufsicht zu geben und die aktuellen Entwicklungen kritisch zu beleuchten. Dabei wird ein besonderes Augenmerk auf die Handhabung der Führungsaufsicht in Mecklenburg-Vorpommern gelegt.

Nach einer Einordnung der Führungsaufsicht im Sanktionensystem und der Darstellung ihrer wesentlichen gesetzlichen Grundlagen im *zweiten Kapitel*, wird im anschließenden *Kapitel 3* auf die kriminalpolitische Ausgangslage eingegangen. So werden die wesentlichen Kontextdaten zur Führungsaufsicht genannt, um ihre gegenwärtige Bedeutung in rein tatsächlicher Sicht aufzuzeigen und Bezugszahlen für die empirische Untersuchung im *neunten Kapitel* abzubilden. Des Weiteren wird der Forschungsstand zusammengefasst und die eigene Untersuchung in diesen eingeordnet.

Das *vierte Kapitel* geht ausführlich auf die historische Entwicklung der Führungsaufsicht ein. So werden die Vorgänger der ambulanten Maßregel seit der sog. *poena extraordinaria* im mittelalterlichen Strafprozess genannt und ihre jeweiligen Funktionen herausgestellt. Dabei richtet die historische Betrachtung ihren Schwerpunkt auf die Analyse der jeweiligen Zielrichtung der ambulanten Instrumente und ordnet diese in den jeweiligen historischen Kontext ein. Darüber hinaus werden die Entwicklung und die gegenwärtige statistische Bedeutung der umstrittenen Strafvorschrift des § 145a StGB herausgestellt und einer kritischen Würdigung unterzogen.

Im Anschluss an die historische Entwicklung steht im *fünften Kapitel* die Reform der Führungsaufsicht von 2007 im Mittelpunkt der Untersuchung. Dazu werden der Gang des Reformgesetzes nachgezeichnet und die einzelnen Neuregelungen vorgestellt. Des Weiteren erfolgt eine Wiedergabe der Stellungnahmen von einschlägigen Fachverbänden und Experten zu der Reform. Die Analyse zeigt hierbei, dass es sich um ein ausgewogenes und durchdachtes Gesetz handelt, zumal bewusst auch auf die Erfahrungen von Praktikern zurückgegriffen wurde. Insofern unterscheidet sich die Reform von derjenigen aus dem Jahr 2010, die primär das Recht der Sicherungsverwahrung betraf. Hier handelte es sich um ein wenig durchdachtes und aus einer kriminalpolitischen Eilbedürftigkeit geborenes Gesetz, welches die Führungsaufsicht durch die Möglichkeit einer elektronischen Aufenthaltsüberwachung erweiterte. Diese Entwicklung gibt die Untersuchung im *sechsten Kapitel* wieder. Dabei wird ein besonderes Augenmerk auf die Auswirkungen der Rechtsprechung des EGMR und des BVerfG gelegt und die dadurch hervorgerufene Praxis der polizeilichen Dauerobservationen einer kritischen rechtlichen Würdigung auf Grund des problematischen Nebeneinanders von Strafrecht und Polizeirecht unterzogen. Des Weiteren werden im folgenden Abschnitt die seit 2010 auf Länderebene eingeführten Konzeptionen zur Überwachung von als gefährlich geltenden entlassenen Straftätern miteinander verglichen, einander gegenübergestellt und rechtlich eingeordnet.

Das *siebte Kapitel* widmet sich der eigenen empirischen Untersuchung. Dabei handelt es sich um eine deskriptive Bestandsaufnahme der Führungsaufsichtsakten mit dem Aktenzeichen 2009 aus Mecklenburg-Vorpommern. Auf Grund der Auswertung eines gesamten Jahrgangs können repräsentative Aussagen getroffen werden. Die Ergebnisse der Untersuchung werden dabei abgebildet, analysiert und zu den Kontextdaten im *dritten Kapitel* in Bezug gesetzt. Neben allgemeinen legalbiografischen Merkmalen der Klientel bildet die Analyse v. a. die Ausgestaltung und die Handhabung der Aufsicht seitens der Aufsichtsstelle ab und zeichnet somit den Verlauf einer Führungsaufsicht nach. Einen Schwerpunkt legt die Untersuchung dabei auf die Anwendung der durch die Reform von 2007 eingefügten Neuregelungen.

Durch die Errichtung des Landesamtes für ambulante Straffälligenarbeit im Jahr 2011 wurde die organisatorische Handhabung der Führungsaufsicht in Mecklenburg-Vorpommern neu strukturiert. Die ehemals vier Führungsaufsichtsstellen wurden zusammengefasst und in das Landesamt integriert. Durch diese Zentralisierung ist nunmehr eine einzige Stelle zuständig, welche sämtliche Führungsaufsichtsfälle bearbeitet. Diese auf Bundesebene einzigartige Struktur wird im *achten Kapitel* dargestellt. Dabei stellt die vorliegende Arbeit auch die wesentlichen Änderungen in Bezug auf die Handhabung der Führungsaufsicht heraus und zeigt auf, inwiefern sich die Kontrolle der Klientel und die Handhabung der Führungsaufsicht überhaupt verändert haben. Einen Schwerpunkt der Betrachtung bildet dabei die Anwendung der Strafvorschrift des § 145a StGB.

Im abschließenden *neunten Kapitel* werden die wesentlichen Ergebnisse der Untersuchung zusammengefasst und kritisch gewürdigt. Die Arbeit schließt mit der Formulierung von Schlussfolgerungen und einer kriminalpolitischen Einschätzung der aktuellen Entwicklungen bezüglich der Führungsaufsicht.

2. Einordnung der Führungsaufsicht im Gesamtsystem des deutschen Sanktionenrechts

Das materielle Strafrecht besteht aus der Summe derjenigen Vorschriften, welche die Voraussetzungen bzw. die Folgen eines deliktischen Verhaltens regeln.[1] Während die Voraussetzungen eines deliktischen Verhaltens die einzelnen Tatbestände des StGB regeln, sind die Folgen eines solchen Verhaltens speziell in den §§ 38 ff. StGB niedergelegt. Die Rechtsfolgen sind jedoch nicht auf eine Art von Sanktionen begrenzt. Sie gliedern sich in die von der Tatschuld abhängigen Strafen gem. §§ 38 ff. StGB auf der einen Seite und in Maßregeln der Besserung und Sicherung gem. §§ 61 ff. StGB auf der anderen Seite. Insofern wird das Sanktionensystem vom Prinzip der sog. *Zweispurigkeit* geprägt.[2]

Während die Strafe v. a. begangenes Unrecht sühnt, dienen die Maßregeln der Besserung und Sicherung gem. §§ 61 ff. StGB ausschließlich dem Schutz der Allgemeinheit vor weiteren Taten und sollen vor diesem Hintergrund den Täter bessern bzw. sichern.[3] Dass der Betroffene die Maßregel regelmäßig als Übel empfindet, macht anders als bei der Strafe jedoch nicht das Wesen der Maßregel aus.[4] So beinhalten einige Maßregeln therapeutische und psychologische Behandlungen, während andere Maßregeln in erster Linie darauf abzielen den Täter zu isolieren.[5] Das Sanktionensystem differenziert deswegen gem. § 61 StGB zwischen insgesamt sechs Maßregeln der Besserung und Sicherung, welche sich in ambulante Maßregeln (Führungsaufsicht gem. §§ 68 ff. StGB, Entziehung der Fahrerlaubnis[6] gem. § 69-69b StGB, Berufsverbot gem. §§ 70-70b StGB) und stationäre Maßregeln (Unterbringung in einem psychiatrischen Krankenhaus gem. § 63 StGB, in einer Entziehungsanstalt gem. § 64 StGB, in der Sicherungsverwahrung gem. § 66 StGB) unterteilen. Der entscheidende Unterschied zwischen den Strafen auf der einen und den Maßregeln auf der anderen Seite ist die Tatsache, dass die Maßregeln auch dann verhängt werden

---

1   *Roxin* 2006, § 1 Rn. 1.

2   *Lackner/Kühl* 2007, Vor § 38 Rn. 1; *Tröndle/Fischer* 2010, Vor § 38 Rn. 4; *Schütz* 1995, S. 401. Das Prinzip der Zweispurigkeit wird jedoch in der Wissenschaft bisweilen kritisch betrachtet, vgl. dazu etwa *Roxin* 2006, § 3; *Kaiser* 1990, S. 2; *Müller-Dietz* 1979, S. 70 ff.; *Frisch* 1990, S. 355 ff.; *Walther* 1999, S. 123. Bereits 1924 kritisierte *Kohlrausch* die sog. Sicherungsnachhaft im Anschluss an die Strafverbüßung, vgl. *Kohlrausch* 1924, S. 20 ff.

3   *Tröndle/Fischer* 2010, Vor § 61 Rn. 1.

4   BGHSt 3, S. 268.

5   *Schütz* 1995, S. 401.

6   Nicht zu verwechseln mit der Nebenstrafe des Fahrverbots gem. § 44 StGB.

können, wenn der Täter schuldunfähig ist. So kann eine Maßregel der Besserung und Sicherung entweder neben einer Strafe oder auch alleine verhängt werden.

2.1 Die Eintrittsgründe der Führungsaufsicht

Die Führungsaufsicht gem. §§ 68-68g StGB erfüllt als Maßregel der Besserung und Sicherung eine präventive Aufgabe. Ähnlich wie bei der Aussetzung zur Bewährung gem. §§ 56-58 StGB erfüllt sie einen doppelten Zweck. Zum einen soll dem Täter geholfen werden mithilfe einer adäquaten Betreuung ein Leben ohne Straftaten zu führen und zum anderen soll der Täter überwacht werden, um weitere Straftaten zu verhindern.[7] Historisch ist die Führungsaufsicht die Nachfolgerin der bis 1975 geltenden Polizeiaufsicht gem. §§ 38, 39 StGB a. F., welche jedoch auf Grund einer Stigmatisierung entlassener Straftäter rechtsstaatlichen Bedenken ausgesetzt und zur effektiven Kriminalitätsbekämpfung wenig geeignet war.[8] So sollte durch die Einführung der Führungsaufsicht eine Art Balance zwischen Resozialisierung und Sicherung verfolgt werden.[9] Welches dieser beiden der Führungsaufsicht innewohnenden Elemente – Hilfestellung und Sicherung – überwiegt, lässt sich jedoch generell nicht immer bestimmen und hängt vom Einzelfall ab. Grundsätzlich sind Hilfe und Betreuung jedoch vorrangig, was sich aus der Gesetzessystematik ergibt und aus der Tatsache, dass dem Bewährungshelfer als dem Probanden am nächsten stehenden Organ vorrangig die Betreuung obliegt.[10] Der wesentliche Unterschied zur Bewährung besteht jedoch darin, dass bei den unter Bewährung stehenden Tätern eine positive Legalprognose besteht, während bei den unter Führungsaufsicht stehenden häufig weiterhin die Gefahr der Begehung von Straftaten existiert.

Dabei wird zwischen der richterlich angeordneten Führungsaufsicht gem. § 68 Abs. 1 StGB, welche im Ermessen des Gerichts steht, und der Führungsaufsicht kraft Gesetzes gem. § 68 Abs. 1 StGB unterschieden, wobei die richterlich angeordnete eine statistisch bedeutungslose Rolle spielt,[11] während die Führungsaufsicht kraft Gesetzes häufig vorkommt.[12]

---

7   Vgl. BVerfGE 55, S. 28.

8   *Laufhütte/Rissing-van Saan/Tiedemann* 2008, § 68 Rn. 1. Vgl. zur Entstehung und Abschaffung der Polizeiaufsicht durch die Führungsaufsicht ausführlich unten unter *4.1* und *4.2*.

9   *Joecks/Miebach* 2005, Vor §§ 68 ff. Rn. 2.

10 Vgl. *Kindhäuser/Neumann/Paeffgen* 2013, § 68a Rn. 7.

11 In diesem Zusammenhang forderte *Schöch* die Abschaffung der richterlich angeordneten Führungsaufsicht gem. § 68 Abs. 1 StGB, vgl. *Schöch* 1992, C 111.

12 *Morgenstern* 2006, S. 152 und unten unter *3.1*.

Die richterlich angeordnete Führungsaufsicht setzt gem. § 68 Abs. 1 StGB voraus, dass der Täter zu einer Freiheitsstrafe von mindestens sechs Monaten wegen einer Tat, bei der das Gesetz Führungsaufsicht besonders vorsieht (bspw. Sexualstraftaten gem. § 181b StGB, erpresserischer Menschenraub und Geiselnahme gem. § 239c StGB, Diebstahl gem. § 245 StGB, Raub und Erpressung gem. § 256 Abs. 1 StGB, Betrug gem. § 263 Abs. 6 StGB oder aber bei bestimmten schweren Verstößen gegen das BtMG), verurteilt wurde.

Gesetzlich tritt die Führungsaufsicht im Zusammenhang mit voll verbüßten Freiheitsstrafen gem. § 68f StGB ein, bei denen eine vorzeitige Entlassung mangels positiver Legalprognose nicht in Betracht kam, und im Zusammenhang mit freiheitsentziehenden Maßregeln gem. §§ 63, 64 und 66 StGB.

Bei den sog. *Vollverbüßern* setzt § 68f StGB für die gesetzliche Anordnung voraus, dass der Täter wegen einer vorsätzlichen Straftat mindestens zwei Jahre Freiheitsstrafe oder wegen einer in § 181b StGB genannten Sexualtat mindestens ein Jahr Freiheitsstrafe voll verbüßt hat. In § 68f Abs. 2 StGB ordnet das Gesetz jedoch an, dass die Maßregel entfällt, wenn zu erwarten ist, dass die verurteilte Person auch ohne die Führungsaufsicht keine Straftaten mehr begehen wird. Ein solches Entfallen ist jedoch unwahrscheinlich, da bereits die Strafe mangels positiver Legalprognose voll verbüßt wurde und eine vorzeitige Entlassung deswegen gerade nicht in Betracht kam.

Im Zusammenhang mit den freiheitsentziehenden Maßregeln der Besserung und Sicherung sind die Fallgestaltungen der Führungsaufsicht kraft Gesetzes vielgestaltiger und sie wird angeordnet,[13]

- wenn das Gericht zugleich mit der Anordnung der Unterbringung des Täters in einem psychiatrischen Krankenhaus oder einer Entziehungsanstalt die Vollstreckung zur Bewährung aussetzt (§ 67b Abs. 2 StGB),
- wenn eine Freiheitsstrafe vor einer zugleich angeordneten Unterbringung vollzogen wird und eine Prüfung vor Ende des Vollzugs ergibt, dass der Zweck der Maßregel die Unterbringung nicht erfordert und das Gericht deswegen die Unterbringung zur Bewährung aussetzt (§ 67c Abs. 1 S. 2 StGB),
- wenn die Unterbringung zur Bewährung ausgesetzt wird, weil der Vollzug der Unterbringung drei Jahre nach Rechtskraft ihrer Anordnung noch nicht begonnen hat und der Zweck der Maßregel auch durch die Aussetzung erreicht werden kann (§ 67c Abs. 2 S. 4 StGB),
- wenn eine freiheitsentziehende Maßregel wegen positiver Legalprognose zur Bewährung ausgesetzt wird (§ 67d Abs. 2 S. 2 StGB),
- wenn die Maßregel nach Ablauf von zehn Jahren in der Sicherungsverwahrung mangels Gefahr weiterer erheblicher Straftaten zur Bewährung ausgesetzt wird (§ 67d Abs. 3 S. 2 StGB),

---

13 Vgl. *Meier* 2009, S. 257 f.

- wenn die Höchstfrist der Unterbringung abgelaufen ist (§ 67d Abs. 4 S. 3 StGB),
- wenn bei einer Unterbringung in einer Entziehungsanstalt keine Aussicht mehr besteht die Person zu heilen (§ 64 S. 2 StGB) und die Unterbringung deswegen für erledigt erklärt wird (§ 67d Abs. 5 S. 2 StGB) und
- wenn die Unterbringung in einem psychiatrischen Krankenhaus (§ 63 StGB) für erledigt erklärt wird, da die Voraussetzungen nicht mehr vorliegen oder die weitere Vollstreckung unverhältnismäßig wäre (§ 67d Abs. 6 S. 2 StGB).

Aus diesen Ausführungen wird deutlich, dass die „Klientel" der Maßregel der Führungsaufsicht sehr vielschichtig ist, indem sie sowohl Täter mit schlechter Legalprognose erfasst (so häufig die Vollverbüßer) als auch solche Täter, bei denen eine relativ gute Prognose besteht (so etwa bei einer Aussetzung gem. § 67d Abs. 1 StGB).

2.2 Die Ausgestaltung der Führungsaufsicht

Die konkrete Ausgestaltung der Führungsaufsicht wird im Wesentlichen durch die Führungsaufsichtsstelle auf der einen und den obligatorischen Bewährungshelfer auf der anderen Seite bestimmt (sog. *Doppelbetreuung*).[14] Beide Stellen haben gem. § 68a Abs. 1 StGB die Aufgabe, der verurteilten Person helfend und betreuend zur Seite zu stehen. Daneben obliegt der Aufsichtsstelle die Kontrolle des Probanden, welche gem. § 68a Abs. 3 StGB im Einvernehmen mit dem Gericht und mit Unterstützung des zuständigen Bewährungshelfers erfolgt. Des Weiteren hat mit der Reform von 2007 die forensische Ambulanz in § 68a Abs. 7 StGB Eingang ins Gesetz gefunden, deren Aufgabe die individuelle Nachbetreuung bestimmter Tätergruppen ist.[15] Insofern sind für die Betreuung und Überwachung drei Akteure zuständig, deren Verhältnis zueinander in § 68a StGB geregelt ist.

Um den Zweck der Maßregel zu sichern, können der verurteilten Person gem. § 68b StGB Weisungen auferlegt werden. Dabei zählt das Gesetz in § 68b Abs. 1 StGB enumerativ zwölf bestimmte Weisungen auf, während in Absatz 2 die Möglichkeit eröffnet wird, unbestimmte Weisungen zu erteilen. Auch wenn der Zweck der Maßregel sowohl in der Betreuung als auch in der Kontrolle des Probanden liegt, verfolgen die Weisungen in erster Linie den Zweck, weitere Straftaten zu verhindern. Dies lässt sich auch damit begründen, dass das Wort „Hilfe", welches den Begriff der Weisung im Rahmen der Bewährungs-

---

14   Vgl. *Kindhäuser/Neumann/Paeffgen* 2013, Vor §§ 68 bis 68g Rn. 11.

15   Vgl. dazu unten unter *5.2.2.2.*

hilfe konstituiert, in § 68b StGB fehlt. Insofern überlagert der kontrollierende Aspekt v. a. die Weisungen des abgeschlossen Katalogs in § 68b Abs. 1 StGB, zumal im Falle eines Verstoßes gegen eine solche Weisung Strafe droht, vgl. § 145a StGB.[16] Einhergehen mit einer diesbezüglichen Strafbarkeit muss gem. § 145a S. 1 StGB eine Gefährdung des Maßregelzwecks. Die Tat wird gem. § 145a S. 2 StGB nur auf Antrag der Aufsichtsstelle verfolgt.

Die Dauer der Führungsaufsicht beträgt gem. § 68c Abs. 1 StGB grundsätzlich mindestens zwei und höchstens fünf Jahre, wobei das Gericht die Höchstdauer abkürzen kann, § 68c S. 2 StGB. Legt das Gericht die Dauer zu Beginn der Führungsaufsicht nicht fest, gilt die Höchstfrist.[17] Dabei lässt jedoch die Vorschrift des § 68d StGB eine nachträgliche Entscheidung auch im Hinblick auf eine Verkürzung der Dauer zu. Daneben kann die Führungsaufsicht gem. § 68c Abs. 2 und 3 StGB unter gewissen Voraussetzungen auch unbefristet laufen.

§ 68e StGB trifft Regelungen in Bezug auf das Ruhen bzw. die Beendigung der Führungsaufsicht. Absatz 2 eröffnet dabei dem Gericht die Möglichkeit, die Führungsaufsicht aufzuheben, wenn zu erwarten ist, dass die verurteilte Person auch ohne sie keine Straftaten mehr begehen wird. Absatz 3 nennt Prüfungsfristen des Gerichts im Hinblick auf die Beendigung einer unbefristeten Führungsaufsicht.

Der gesetzliche Eintrittsgrund im Falle der Vollverbüßer ist in § 68f StGB geregelt, während die übrigen gesetzlichen Eintrittsgründe im Zusammenhang mit der Vollstreckung einer Maßregel in den §§ 67b, c und d StGB normiert sind.[18] § 68g StGB regelt das Zusammentreffen der Führungsaufsicht mit der Aussetzung einer Strafe bzw. eines Berufsverbots. Dabei gehen die Regelungen der Führungsaufsicht denjenigen der Bewährung vor, § 68e Abs. 1 StGB.

Insofern teilen sich die Bewährungshilfe und die Aufsichtsstelle nach dem Gesetz die Aufgaben im einvernehmlichen Zusammenwirken, wobei im Aufgabenbereich der Aufsichtsstelle die überwachende und im Bereich der Bewährungshilfe die betreuende Komponente überwiegt. Die forensische Ambulanz tritt nur in bestimmten Fällen in Erscheinung, § 68b Abs. 1 S. 1 Nr. 11, § 68b Abs. 2 S. 4 StGB. Zu beachten ist jedoch, dass die Aufsichtsstelle ihre Aufgaben und Kompetenzen nicht nur aus den §§ 68 ff. StGB ableitet. So werden weitere Befugnisse in § 463a StPO geregelt. Gem. § 463a Abs. 1 S. 1 StPO kann die Aufsichtsstelle zur Überwachung des Verhaltens des Verurteilten und der Erfüllung von Weisungen von allen öffentlichen Behörden Auskunft verlangen und Ermittlungen vornehmen bzw. vornehmen lassen. Darüber hinaus kann

---

16   Vgl. dazu ausführlich unten unter *37.*

17   *Kindhäuser/Neumann/Paeffgen* 2013, § 68c Rn. 1.

18   Vgl. oben unter *2.1.*

der Leiter der Aufsichtsstelle die Ausschreibung zur Aufenthaltsermittlung veranlassen, wenn der Verurteilte unbekannten Aufenthalts ist, § 463a Abs. 1 S. 2 StPO. Außerdem ist es der Aufsichtsstelle möglich, den Verurteilten zur polizeilichen Beobachtung auszuschreiben und einen Vorführungsbefehl zu veranlassen, wenn der Verurteilte einer Weisung nach § 68b Abs. 1 S. 1 Nr. 7, 11 StGB nicht nachkommt, §§ 463a Abs. 2 bzw. § 463a Abs. 3 StPO. All diese Befugnisse dienen ausschließlich der engmaschigeren Kontrolle der Probanden bzw. der Durchsetzung der auferlegten Weisungen. Insofern wird also der kontrollierende Teil des Aufgabenbereichs der Aufsichtsstelle gestärkt.

Insgesamt lässt sich heute anhand der gesetzlichen Grundlagen zur Führungsaufsicht kaum ernsthaft bestreiten, dass die kontrollierende Komponente im Vordergrund steht. Zieht man zusätzlich die in den letzten Jahren stark aufgewertete Rolle der Polizei im Zusammenhang mit der Überwachung der Probanden in die Betrachtung mit ein,[19] wird das heute vorherrschende Verständnis der Maßregel der Führungsaufsicht noch deutlicher. Es geht vorrangig um die Überwachung und Kontrolle.

---

19 Vgl. dazu ausführlich unten unter *6.1.3* und *6.3.*

3. Die rechtstatsächliche Ausgangslage

Um die gegenwärtige Bedeutung der Führungsaufsicht im Bundesgebiet und in Mecklenburg-Vorpommern einordnen zu können, werden im Folgenden Kontextdaten zur kriminalpolitischen Ausgangslage genannt, welche in einem engen Zusammenhang mit der Führungsaufsicht stehen. Zu Beginn wird dazu die quantitative Entwicklung der ambulanten Maßregel im gesamten Bundesgebiet in den vergangenen Jahren aufgezeigt. Anschließend konzentrieren sich die Ausführungen auf Mecklenburg-Vorpommern. So wird die Anzahl der jährlichen Unterstellungen unter Bewährungshilfe den jährlichen Führungsaufsichtsfällen gegenübergestellt. Des Weiteren wird die Entwicklung der Belegung im Justizvollzug sowie im Maßregelvollzug in den vergangenen Jahren dargestellt sowie ein Überblick über die Sanktionspraxis in Mecklenburg-Vorpommern gegeben. Hier wird beispielhaft das Jahr 2009 beleuchtet, welches den Bezug zu der eigenen empirischen Untersuchung im *siebten Kapitel* bildet. Anschließend wird ein kurzer Überblick zu der Rückfallquote der Führungsaufsichtsprobanden gegeben, indem die entsprechenden Ergebnisse der sog. *kommentierten Rückfallstatistiken* erläutert werden.

3.1 Die quantitative Bedeutung der Führungsaufsicht im Bundesgebiet und in Mecklenburg-Vorpommern

Vor dem Hintergrund der heutigen Bedeutung der Führungsaufsicht ist es nicht nachvollziehbar, dass keine bundeseinheitliche Statistik zu den Fallzahlen der Führungsaufsicht existiert. In diesem Zusammenhang heißt es im Zweiten Periodischen Sicherheitsbericht, dass genaue Zahlen zu der Verteilung von Vollverbüßern und aus der Maßregel Entlassenen nicht existieren.[20] So enthält die Bewährungshilfestatistik[21] seit 1990 keine Daten zur Führungsaufsicht mehr.[22] Dennoch liefert sie Kontextdaten in Bezug auf die anderen ambulanten Sanktionen, woraus sich gewisse Erkenntnisse in Bezug auf die Führungsaufsicht ableiten lassen.[23] Was die Aussagekraft der Bewährungshilfestatistik angeht, ist jedoch zu bedenken, dass nur die alten Bundesländer angeführt werden und seit 1992 Hamburg darin fehlt. Die Strafverfolgungsstatistik enthält Angaben in Bezug auf die §§ 68 Abs. 1 und 145a StGB. So wird die Führungsaufsicht in den Fällen der richterlichen Anordnung gem. § 68 Abs. 1 StGB ausgewiesen und es lassen sich Aburteilungen auf Grund eines strafbewehrten Weisungsverstoßes

---

20 *Bundesministerium des Innern/Bundesministerium der Justiz* 2006, S. 632.

21 Online abrufbar beim Statistischen Bundesamt unter: www.destatis.de (7.10.2011).

22 Vgl. *Kurze* 2004, S. 249.

23 Vgl. *Morgenstern/Hecht* 2011, S. 177.

gem. § 145a StGB ablesen. Beide Vorschriften spielen in der Praxis und damit in der Statistik jedoch eine untergeordnete Rolle und es lassen sich hieraus keine Aussagen in Bezug auf die tatsächliche Fallzahl der Führungsaufsicht im Bundesgebiet ableiten.

Insofern beruhen Aussagen über die Anzahl der bundesweiten Fallzahlen der Führungsaufsicht auf Schätzungen oder Auskünften der Ministerien der Länder. So stellt bspw. auch der Gesetzesentwurf zur Reform der Führungsaufsicht von 2007 in seiner Begründung fest, dass keine bundeseinheitliche Statistik existiert, welche Auskunft über die tatsächliche Fallzahl der Führungsaufsicht gibt.[24] Stattdessen stellte der Entwurf eine Hochrechnung an, indem er sich auf interne Quellen einzelner Länder bezog und ging so von einer Fallzahl zwischen 15.000 und 20.000 Führungsaufsichtsprobanden aus.

Diese Zahl deckt sich insoweit auch mit einer Erhebung des DBH-Fachverbandes aus dem Jahr 2010. Nach Anfragen bei den zuständigen Ministerien aller 16 Bundesländer errechnete der DBH für das Jahr 2006 eine Zahl von 17.019 und für das Jahr 2007 eine von 15.819.[25] Nur ein Jahr später kommt der DBH auf eine Zahl von 24.818 und 2009 sogar auf eine von 27.093. Eine weitere Anfrage des DBH aus dem Jahr 2013 ergab, dass für das Jahr 2010 von einer Fallzahl von 29.495 und für das Jahr 2012 von 33.381 ausgegangen werden kann.[26] Die so angegebenen Zahlen sind jedoch insoweit mit Vorsicht zu genießen, als dass nicht seriös gesagt werden kann, ob es sich um die Zahl der Führungsaufsichtsfälle oder die Zahl der Unterstellungen handelt. Denn einige Länder wiesen lediglich die Unterstellungen aus, andere wiederum die Zahl der Probanden. Trotzdem erschließt sich aus den Zahlen eine stetige Zunahme an Führungsaufsichtsfällen, wobei zwischen den einzelnen Bundesländern bisweilen deutliche quantitative Unterschiede zu verzeichnen sind.[27] Insgesamt ist davon auszugehen, dass die Zahl der Führungsaufsichtsfälle im Bundesgebiet zwischen 2008 und 2012 um 34,5% gestiegen ist. Diese Entwicklung wird in folgender *Tabelle 1* abgebildet. Grundlage sind die erhobenen Zahlen des DBH.

---

24   Vgl. BT-Drucks. 16/1993, S. 11.

25   Die Erhebung ist abrufbar auf der Internetpräsenz des DBH unter: http://www.dbh-online.de/fa/Reckling_FA-Laenderueberblick_11-2010.pdf (14.10.2011).

26   Die Erhebung ist abrufbar auf der Internetpräsens des DBH unter: http://www.dbh-online.de/fa/Zahlen-Laender_2012_DBH.pdf (7.5.2013).

27   Vgl. *Harders/Rohrbach* 2011, S. 197. Sehr ausführlich ist die Darstellung bei *Morgenstern/Hecht* 2011, S. 186 ff. Dabei wird die große Spannbreite von 16 bis 63 Führungsaufsichtsunterstellungen pro 100.000 Einwohner im Vergleich einzelner Bundesländer deutlich.

Tabelle 1: Die quantitative Entwicklung der Führungsaufsicht in den einzelnen Bundesländern

Bundesland	Einwohner	2008	2009	2010	2011	2012	Steigerung
Nordrhein-Westfalen	17.538.251	4.622	5.132	5.905	6.427	6.830	+ 47,8%
Bayern	12.397.614	6.496	6.732	7.100	7.362	7.623	+ 17,3%
Baden-Württemberg	10.486.660	1.665	2.060	2.358	2.499	2.612	+ 56,8%
Niedersachsen	7.777.992	1.656	2.001	2.233	2.462	2.588	+ 56,3%
Hessen	5.971.816	1.177	1.271	1.367	1.592	1.772	+ 50,6%
Sachsen	4.056.799	1.184	1.315	1.454	1.580	1.649	+ 39,3%
Rheinland-Pfalz	3.989.808	1.271	1.318	1.474	1.635	1.731	+ 36,2%
Berlin	3.292.365	2.164	2.306	2.289	2.360	2.561	+ 18,3%
Schleswig-Holstein	2.800.119	572	576	637	656	706	+ 23,4%
Brandenburg	2.455.780	513	545	596	611	630	+ 22,8%
Sachsen-Anhalt	2.287.040	1.045	1.134	1.162	1.188	1.249	+ 19,5%
Thüringen	2.188.589	550	642	726	764	969	+ 76,2%
Hamburg	1.706.696	769	807	790	815	829	+ 7,8%
Mecklenburg-Vorpommern	1.609.982	520	600	672	758	818	+ 57,3%
Saarland	999.623	369	378	438	469	477	+ 29,3%
Bremen	650.863	245	276	294	310	337	+ 37,6%
Summe[28]	80.209.997	24.818	27.093	29.495	31.488	33.381	+ 34,5%

28   Vgl. zu den Einwohnerzahlen die Internetpräsenz des Statistischen Bundesamtes unter https://www.destatis.de/DE/PresseService/Presse/Pressekonferenzen/2013/Zensus2011/

Auch eine Erhebung des Greifswalder Lehrstuhls für Kriminologie durch die Mitarbeiterinnen *Christine Morgenstern* und *Anja Hecht* im Jahr 2008 und 2009 erfragte statistische Daten bei den Justizministerien der Länder und glich diese insoweit mit der Erhebung des DBH ab.[29] Dabei wiesen die Autorinnen ausdrücklich darauf hin, dass die einzelnen Bundesländer in ganz unterschiedlicher Weise Statistiken über die Zahl der Führungsaufsichten führen, wobei sie dezidiert aufzeigten, welche Länder Personenstatistiken führen und welche die Unterstellungen zählen.[30] Insgesamt zeigte auch diese Erhebung, dass die Fallzahlen in fast allen Bundesländern deutlich angestiegen sind. Lediglich in Hamburg war ein Rückgang der Zahlen zu verzeichnen. So verringerte sich dort die Zahl der Unterstellungen von 963 im Jahre 2004 auf 807 für das Jahr 2009.[31]

Des Weiteren erfragte auch *Kwaschnik* bei den zuständigen Stellen der einzelnen Bundesländer statistische Daten in Bezug auf die quantitative Entwicklung der Führungsaufsicht.[32] Jedoch gestaltete sich seine Erhebung schwierig, da nicht alle Bundesländer vollständig Auskunft erteilten und sich angesprochene Schwierigkeiten aus dem Problem der Zählweise (Zahl der Probanden/der Unterstellungen) ergaben. Trotzdem lassen sich auch nach dieser Erhebung der eindeutige Trend „nach oben" und wiederum auch die unterschiedliche Anordnungspraxis in den einzelnen Bundesländern erkennen.

Auch wenn es nicht möglich ist, die genaue Zahl der Führungsaufsichtsprobanden bzw. der Unterstellungen zu ermitteln, so lässt sich zusammenfassend festhalten, dass die Zahl der Führungsaufsichtsfälle in den letzten Jahren deutlich angestiegen ist. Insofern kann gegenwärtig[33] von einer Zahl von ca. 35.000 Führungsaufsichtsprobanden ausgegangen werden. Zurückzuführen ist dieser Anstieg auf das Zusammenspiel vieler Faktoren. Eine wesentliche Rolle spielt dabei die in dieser Arbeit aufgezeigte seit 1975 stetige Ausweitung des erfassbaren Personenkreises.[34] Dabei sind v. a. die Gesetzesänderungen der Jahre 1998 und 2007 zu nennen. Darüber hinaus zeigt ein Blick in die Strafverfolgungsstatistik, dass die Zahl der in den stationären Maßregeln untergebrachten Verurteilten zugenommen hat, was im Vergleich zu der Unterbringung im Strafvoll-

---

Pressebroschuere_zensus2011.pdf?_blob=publicationFile (31.7.2013). Nicht eingerechnet sind die 9.698 Deutschen im Ausland.

29 Vgl. *Morgenstern/Hecht* 2011, S. 174.

30 Vgl. *Morgenstern/Hecht* 2011, S. 179.

31 Vgl. *Morgenstern/Hecht* 2011, S. 186.

32 Vgl. *Kwaschnik* 2008, S. 306 ff.

33 Stand: Juli 2013.

34 Vgl. unten unter *4.5* und *5*.

zug[35] eine entgegengesetzte Entwicklung darstellt. So war etwa zwischen 2005 und 2010 im Strafvollzug eine Abnahme von 9% der Belegungszahl zu verzeichnen,[36] während die Belegung in den psychiatrischen Krankenhäusern zwischen 1991 und 2010 um 166% und in den Entziehungsanstalten im selben Zeitraum um 168% stetig zunahm.[37] Folglich nahm damit auch die Zahl potentieller Führungsaufsichtsprobanden zu. Denn die ehemals einer stationären Maßregel Unterstellten machen bundesweit 56% der Führungsaufsichtsprobanden aus, während die Gruppe der Vollverbüßer demgegenüber 44% ausmachen.[38]

Der bundesweite Trend der Zunahme der Führungsaufsichtsfälle spiegelt sich auch in Mecklenburg-Vorpommern wider. Waren 2008 noch lediglich 520 Fälle zu verzeichnen, waren es 2012 bereits 818. Das bedeutet eine Steigerung von 57,3% in nur drei Jahren. Derzeit sind in Mecklenburg-Vorpommern 823 Probanden der Führungsaufsicht unterstellt.[39] Einen Überblick gibt folgende *Abbildung 1*.

---

35 Sicherungsverwahrte werden in Strafvollzugsanstalten untergebracht und auch hier gezählt, obwohl es sich um Maßregeluntergebrachte handelt. Da sie aber nur einen relativ kleinen Anteil ausmachen, fallen sie statistisch kaum ins Gewicht.

36 Vgl. *Morgenstern/Hecht* 2011, S. 183; *Dessecker* 2013, S. 66 ff.

37 Vgl. *Morgenstern/Hecht* 2011, S. 183; *Dessecker* 2013, S. 66 ff.

38 Vgl. *Morgenstern/Hecht* 2011, S. 190 mit Verweis auf *Jehle/Albrecht/Hohmann-Fricke* 2010. In diesem Zusammenhang machen *Morgenstern* und *Hecht* darauf aufmerksam, dass beide kommentierten Rückfallstatistiken darauf hindeuten, dass weitaus mehr Verurteilte unter den Anwendungsbereich des § 68f Abs. 1 StGB fallen. Denn nur 44% der potentiellen Vollverbüßer wurden im Bezugsjahr 2004 tatsächlich der Führungsaufsicht unterstellt, vgl. *Morgenstern/Hecht* 2011, S. 191.

39 Stand: 31.6.2013.

Abbildung 1: **Entwicklung der Führungsaufsichtszahlen in Mecklenburg-Vorpommern**

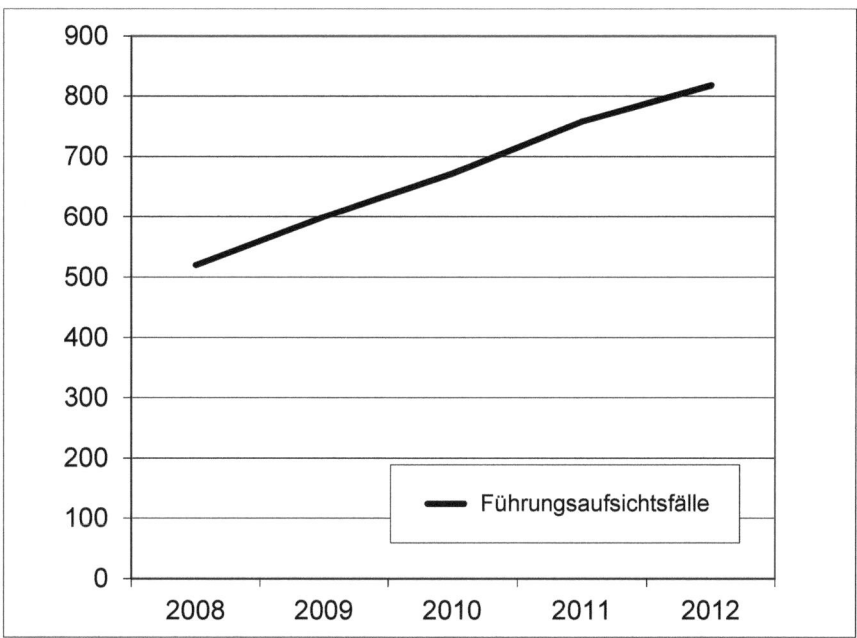

Was die konkrete Zusammensetzung der Führungsaufsichtsprobanden angeht, so machte am Stichtag 31. Dezember 2012 die Gruppe der Vollverbüßer mit 451 Probanden den größten Anteil aus. Diese entspricht rund 55% der Gesamtzahl der Führungsaufsichts-Probanden. Einen Überblick über die gesamte Zusammensetzung gibt folgende *Tabelle 2.*

Tabelle 2: **Zusammensetzung der Führungsaufsichts-Probanden in Mecklenburg-Vorpommern nach Eintrittsgrund, 2012**

Eintrittsgrund	Zahl	Anteil in Prozent
gem. § 67b/67c StGB (Aussetzung bei Anordnung/späterer Beginn der Unterbringung	33	4,0
gem. § 67d StGB (Aussetzung und Erledigung)	197	24,1
gem. § 68 Abs. 1 StGB (richterliche Anordnung)	54	6,6
gem. § 68c StGB (unbefristete Führungsaufsicht)	6	0,7
gem. § 68f StGB (Vollverbüßer)	451	55,2
gem. § 7 JGG (Entsprechungsklausel im Jugendstrafrecht)	77	9,4
Insgesamt	**818**	**100**

Hingegen sind die Zahlen der Unterstellungen unter Bewährungshilfe von 4.933 im Jahr 2000 auf 4.638 im Jahr 2011 gesunken.[40] Das bedeutet eine Abnahme von 6,4%. Alleine im Zeitraum von 2005 bis 2011 beträgt der Rückgang rund 20%. Eine Übersicht über die Unterstellungen unter Bewährungshilfe gibt folgende *Tabelle 3*. Dabei wurden die Unterstellungen am 31. Dezember des jeweiligen Jahres erfasst.

---

40   Die Zahlen sind online im statistischen Informationssystem (SIS) des Statistischen Landesamtes Mecklenburg-Vorpommern abzurufen unter: http://www.statistik-mv.de/cms2/STAM_prod/STAM/de/sr/Regionaldaten%2c_Datenbanken/index.jsp (6.3.2013).

Tabelle 3: **Anzahl der Unterstellungen unter Bewährungshilfe in Mecklenburg-Vorpommern**

Jahr	Unterstellungen
2000	4.933
2001	5.230
2002	5.285
2003	5.231
2004	5.557
2005	5.800
2006	5.749
2007	5.213
2008	4.933
2009	4.977
2010	4.817
2011	4.638

Die folgende Abbildung verdeutlicht den Trend der Abnahme der Unterstellungen unter Bewährungshilfe.

Abbildung 2: **Entwicklung der Unterstellungen unter Bewährungshilfe in Mecklenburg-Vorpommern**

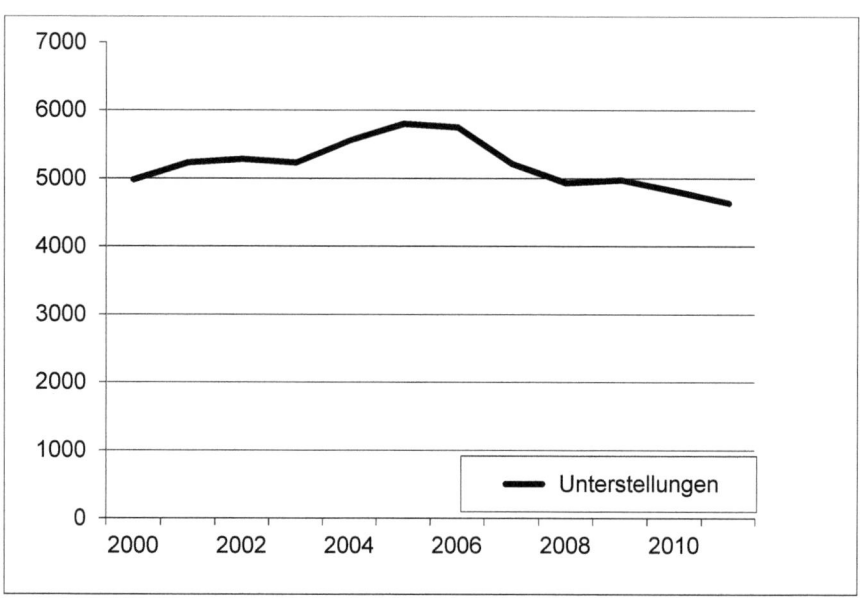

Wie die Zunahme der Führungsaufsichtsfälle im gesamten Bundesgebiet ist auch der Anstieg der Fallzahlen in Mecklenburg-Vorpommern u. a. auf die stetige Ausweitung des erfassten Personenkreises sowie auf den Anstieg der Belegung im Maßregelvollzug zurückzuführen. Gleichzeitig nahm die Zahl der im Strafvollzug Untergebrachten ab. Diese gegensätzlichen Entwicklungen werden im Folgenden dargestellt.

3.2 Die Zahl der im Strafvollzug Untergebrachten in Mecklenburg-Vorpommern

Die Zahl der Gefangenen und Verwahrten[41] in den geschlossenen Justizvollzugsanstalten Mecklenburg-Vorpommerns[42] hat in den vergangenen Jahren abgenommen. 2000 waren die Anstalten noch mit 1.490 Insassen belegt. 2012 wa-

---

41 Die Sicherungsverwahrten machen darunter nur einen unwesentlichen Anteil aus. Am Stichtag 30.11.2012 waren in Mecklenburg-Vorpommern lediglich neun Sicherungsverwahrte, vgl. *Statistisches Bundesamt* 2013, S. 7.

42 Die Justizvollzugsanstalten des Landes befinden sich in Bützow, Neubrandenburg, Neustrelitz, Waldeck und Stralsund.

ren es nur noch 1.087. Einen Überblick geben die nachfolgende *Tabelle 4* und die Abbildung 3. Dabei wurde die Belegung am 31.12. des jeweiligen Jahres erfasst.[43]

Tabelle 4: **Gefangene und Verwahrte in den geschlossenen Justizvollzugsanstalten Mecklenburg-Vorpommerns**

Jahr	Belegung
2000	1.490
2001	1.386
2002	1.356
2003	1.426
2004	1.508
2005	1.425
2006	1.349
2007	1.222
2008	1.221
2009	1.247
2010	1.219
2011	1.201
2012	1.087

Wie oben unter *3.1* festgestellt, hat die Belegung im Strafvollzug im gesamten Bundesgebiet von 2005 bis 2010 um 9% abgenommen. Eine Abnahme ist auch in Mecklenburg-Vorpommern zu verzeichnen. Hier hat die Belegungszahl im selben Zeitraum insgesamt sogar um 14,5% abgenommen.

---

43   Vgl. *Statistisches Amt Mecklenburg-Vorpommern* 2011, S. 60 ff.

Abbildung 3:   Entwicklung der Belegung im Strafvollzug in Mecklenburg-Vorpommern

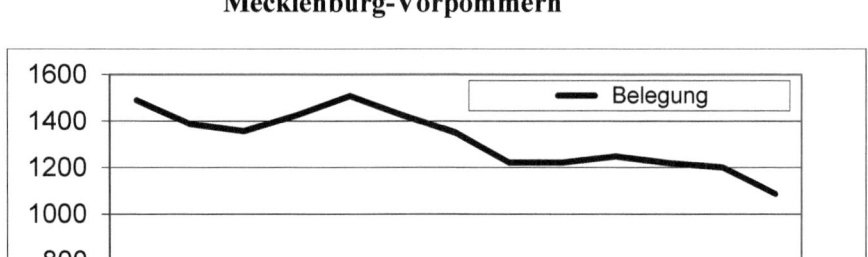

Betrachtet man den Zeitraum von 2000 bis 2012 (vgl. *Abbildung 3*), so hat die Belegung im geschlossenen Vollzug in Mecklenburg-Vorpommern um 27,1% abgenommen. Dies wird besonders durch obige Abbildung deutlich.

3.3 Die Zahl der in einer stationären Maßregel Untergebrachten in Mecklenburg-Vorpommern

Während bundesweit die Zahl der Gefangenen im Strafvollzug in den vergangenen Jahren tendenziell abgenommen hat,[44] stiegen gleichzeitig die Fallzahlen der in einer stationären Maßregel gem. §§ 63 und 64 StGB Untergebrachten erheblich.[45] So waren im Jahr 2000 lediglich 6.182 Personen in einem psychiatrischen Krankenhaus bzw. in einer Entziehungsanstalt untergebracht. Diese Zahl stieg in den folgenden Jahren kontinuierlich bis auf 10.423 im Jahr 2011.[46] Insofern ist in diesem Zeitraum ein Anstieg von 68,6% zu verzeichnen. Setzt man diese Zahl in Bezug zu der Zahl der Strafgefangenen und Sicherungsverwahrten, so befanden sich am 31. März 2011 16% aller Gefangenen, Verwahrten und

---

44   *Dünkel/Geng* 2013, S. 51 ff.

45   Vgl. *Statistisches Bundesamt* 2011/2012, S. 3. Der Bestand bezieht sich jeweils auf den 1.1. eines Jahres. Vgl. auch *Heinz* 2012, S. 122 ff.; *Dessecker* 2013, S. 66 ff.

46   *Hoffmann* spricht in diesem Zusammenhang von der „Renaissance" der freiheitsentziehenden Maßregeln, vgl. *Hoffmann* 2012, S. 642 ff.

Untergebrachten in einer stationären Maßregel.[47] In einem psychiatrischen Krankenhaus waren mehr Probanden untergebracht als Strafgefangene mit einer (voraussichtlichen) Vollzugsdauer von mehr als fünf Jahren.[48] Dieser Trend spiegelt sich auch in Mecklenburg-Vorpommern wider. Hier nahmen die Zahlen von 2000 bis 2012 um 36,6% zu.[49] Einen Überblick gibt nachfolgende *Tabelle 5*.

Tabelle 5: Zahl der gem. § 63 und § 64 StGB Untergebrachten

Jahr	Insgesamt Untergebrachte	Darunter gem. § 63 StGB	Darunter gem. § 64 StGB
2000	161	114	47
2001	205	137	68
2002	219	151	68
2003	226	159	67
2004	220	151	69
2005	230	158	72
2006	237	165	72
2007	235	158	77
2008	241	164	77
2009	231	155	76

---

47 Vgl. *Heinz* 2012, S. 126.

48 Vgl. *Heinz* 2012, S. 127.

49 Die Zahlen sind online abrufbar auf den Seiten des Statistischen Landesamtes Mecklenburg-Vorpommern in der Rubrik Strafvollzug unter: http://www.statistik-mv.de/cms2/STAM_prod/STAM/de/sr/Veroeffentlichungen/index.jsp?para=e-BiboInterTh03&linkid=040102&head=0401 (25.4.2013). Der Bestand bezieht sich jeweils auf den 31.12. eines Jahres. In der Zahl der nach § 63 StGB Untergebrachten enthalten sind auch die einstweiligen Unterbringungen nach § 126a StPO. Eine solche erfolgt, wenn dringende Gründe die Annahme rechtfertigen, dass jemand eine rechtswidrige Tat im Zustand der Schuldunfähigkeit oder verminderten Schuldfähigkeit begangen hat, § 126a StPO. Die Zahlen dieser Unterbringung variieren zwischen 25 im Jahr 2003 und drei im Jahr 2012.

Jahr	Insgesamt Untergebrachte	Darunter gem. § 63 StGB	Darunter gem. § 64 StGB
2010	226	152	74
2011	234	153	81
2012	220	144	76

Besonders anschaulich ist der Anstieg, wenn man folgende *Abbildung 4* betrachtet. Dabei wird jedoch deutlich, dass 2008 erstmalig ein Rückgang der Belegungszahl zu verzeichnen ist und die Fallzahlen seitdem bei abnehmender Tendenz weitgehend konstant bleiben.

Abbildung 4:   **Entwicklung der Belegung im Maßregelvollzug in Mecklenburg-Vorpommern**

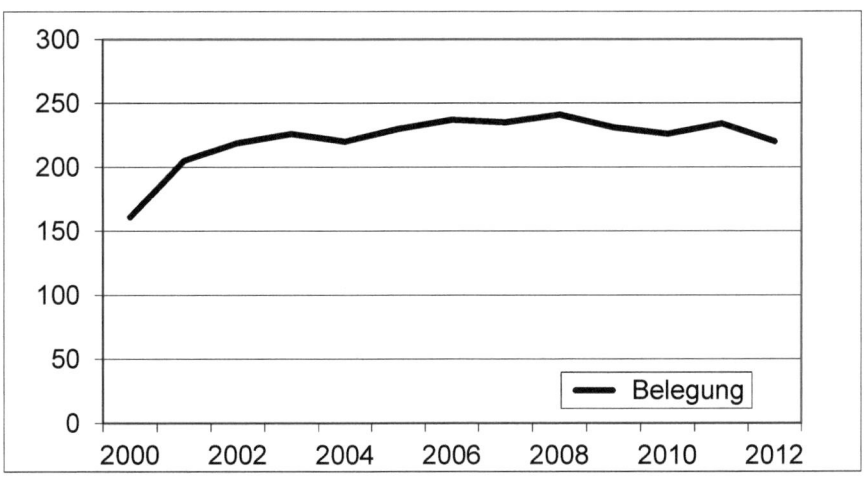

Differenziert man die Gesamtzahl der stationären Unterbringungen, so machen die in einem psychiatrischen Krankenhaus gem. § 63 StGB gegenüber den in einer Entziehungsanstalt gem. § 64 StGB Untergebrachten stets ungefähr zwei Drittel aus. Dies ist v. a. auf die längere Verweildauer in einem psychiatrischen Krankenhaus zurückzuführen.

Festzuhalten ist, dass die Belegungszahlen im stationären Maßregelvollzug in Mecklenburg-Vorpommern über einen längeren Zeitraum zugenommen haben. Besonders deutlich wird diese Tatsache, wenn man die Bestandszahlen mit den Stichtagszahlen der im Strafvollzug befindlichen Gefangenen in Bezug setzt. So machten die in einer stationären Maßregel in Mecklenburg-Vorpommern Untergebrachten im Verhältnis zu allen Gefangenen[50] im Jahr 2000 9,8% aus. Im Jahr 2012 waren es bereits 16,9%.

3.4 Überblick zur Sanktionspraxis in Mecklenburg-Vorpommern

In Mecklenburg-Vorpommern wurden seit 2001 jährlich zwischen 20.433 (im Jahre 2011) und 26.557 (im Jahre 2005) Personen abgeurteilt[51] und davon zwischen 17.414 (im Jahre 2011) und 22.312 (im Jahre 2004) verurteilt.[52] Einen Überblick gibt folgende *Tabelle 6*.

Tabelle 6:   **Abgeurteilte und Verurteilte in Mecklenburg-Vorpommern**

Jahr	Abgeurteilte	Verurteilte
2001	21.374	17.950
2002	24.647	21.285
2003	24.611	21.122
2004	25.916	22.312
2005	26.557	22.300
2006	23.883	19.627

50   Darunter sind alle im Strafvollzug und in einer stationären Maßregel Untergebrachten zu verstehen.

51   Die Zahl der Abgeurteilten setzt sich zusammen aus den Verurteilten und aus Personen, gegen die andere Entscheidungen getroffen wurden. Andere Entscheidungen sind dabei Freispruch, Einstellung des Strafverfahrens, Absehen von Strafe, Anordnen von Maßregeln der Besserung und Sicherung (selbstständig oder neben Freispruch und Einstellung) sowie Überweisung an den Familien- oder Vormundschaftsrichter gem. § 53 JGG, vgl. *Statistisches Amt Mecklenburg-Vorpommern* 2011, S. 30. Verurteilte sind Angeklagte, gegen die nach allgemeinem Strafrecht Freiheitsstrafe, Strafarrest oder Geldstrafe (auch durch einen rechtskräftigen Strafbefehl) verhängt worden ist, oder deren Straftat nach Jugendstrafrecht mit Jugendstrafe, Zuchtmitteln oder Erziehungsmaßregeln geahndet wurde, vgl. *Statistisches Bundesamt* 2011, S. 15.

52   Sämtliche folgenden Zahlen für Mecklenburg-Vorpommern finden sich im Statistischen Bericht zur Rechtspflege, vgl. *Statistisches Landesamt* 2011, S. 30 ff.

Jahr	Abgeurteilte	Verurteilte
2007	23.671	19.534
2008	22.311	18.909
2009	21.884	18.391
2010	21.163	17.928
2011	20.433	17.414

Die Zahlen bewegen sich auf relativ konstantem Niveau bei tendenziellem Rückgang nach einem zwischenzeitlichen Anstieg in den Jahren 2002 bis 2005. Wie sich die Abgeurteilten und Verurteilten nach angewandtem Strafrecht und nach der Art der Entscheidungen konkret zusammensetzen, wird im Folgenden beispielhaft anhand der Zahlen aus dem Jahr 2009 dargestellt.

Die Zahl der Abgeurteilten 2009 (21.884) setzt sich zusammen aus 17.425 Erwachsenen, 2.975 Heranwachsenden und 1.484 Jugendlichen. Dabei wurden 16.521 Personen nach allgemeinem Strafrecht verurteilt, darunter 1.116 Heranwachsende. In insgesamt 1.870 Fällen kam es zu Verurteilungen nach Jugendstrafrecht, wobei 1.054 Heranwachsende 816 Jugendlichen gegenüberstanden. In insgesamt 3.493 Fällen wurde anders entschieden. Einen Überblick über die Verurteilungen gibt folgende *Tabelle 7*.

Tabelle 7:   Verurteilte in Mecklenburg-Vorpommern im Jahr 2009

Verurteilungen nach allgemeinem Strafrecht insgesamt	16.521
darunter Erwachsene	15.405
darunter Heranwachsende	1.116
Verurteilungen nach Jugendstrafrecht insgesamt	1.870
darunter Heranwachsende	1.054
darunter Jugendliche	816
Verurteilungen insgesamt	18.391

Insofern machten die Verurteilungen nach Jugendstrafrecht gemessen an der Gesamtzahl der Verurteilungen in Mecklenburg-Vorpommern 10,2% aus. Damit war der Anteil geringer als im Bundesdurchschnitt. Hier lag der Anteil für 2009 bei 13,8%.[53] Hingegen ist der Anteil der Heranwachsenden, die in Mecklenburg-Vorpommern nach allgemeinem Strafrecht verurteilt wurden, größer. Dieser machte 2009 6,8% aus, während der Anteil im Bundesdurchschnitt im selben Jahr bei 4,1% lag.[54] Dabei existieren große Unterschiede zwischen den einzelnen Bundesländern in der Anwendungspraxis.[55]

Was die Art der verhängten Sanktionen angeht, so wurden 2009 2.421 Freiheitsstrafen nach allgemeinem Strafrecht ausgesprochen, wobei 1.839 zur Bewährung gem. § 56 StGB ausgesetzt wurden. In 14.100 Fällen wurde eine Geldstrafe gem. § 40 StGB verhängt. Von den 1.870 nach Jugendstrafrecht Verurteilten wurden 460 Jugendstrafen ausgesprochen. Dabei kam es in 360 Fällen zu einer Aussetzung der Jugendstrafe gem. § 21 StGB. Die deutlich häufigste Sanktion war die Verurteilung zu Zuchtmitteln gem. § 13 StGB in 1.374 Fällen. Hingegen kam es nur in 36 Fällen zu einer Verurteilung zu Erziehungsmaßregeln gem. § 9 JGG. Einen Überblick gibt folgende *Tabelle 8*. Dazu werden die Vergleichszahlen[56] für das gesamte Bundesgebiet vorangestellt.

Tabelle 8: **Art der Sanktionen im Bundesgebiet und in Mecklenburg-Vorpommern im Jahr 2009**

Art der Verurteilung	Bundesgebiet	Mecklenburg-Vorpommern
Freiheitsstrafe	134.496 (18,5%)	2.421 (14,7%)
Darunter Strafaussetzung	96.585 (71,8% bzgl. FS)	1.839 (76,0% bzgl. FS)
Geldstrafe	593.128 (81,5%)	14.100 (85,3%)
Nach StGB insgesamt	*727.624 (100%)*	*16.521 (100%)*
Jugendstrafe	18.684 (13,2%)	460 (24,6%)

---

53 Vgl. zu den entsprechenden Zahlen *Statistisches Bundesamt* 2009, S. 16 ff.

54 Vgl. zu den entsprechenden Zahlen *Statistisches Bundesamt* 2009, S. 16 ff.

55 Vgl. *Dünkel/Pruin* 2010, S. 1572; *Pruin* 2007, S. 60.

56 Vgl. zu den entsprechenden Zahlen *Statistisches Bundesamt* 2009, S. 16 ff.

Art der Verurteilung	Bundesgebiet	Mecklenburg-Vorpommern
Darunter Strafaussetzung	12.010 (64,3% bzgl. JS)	360 (78,3% bzgl. JS)
Zuchtmittel	89.830 (63,8%)	1.374 (73,5%)
Erziehungsmaßregeln	32.352 (23,0%)	36 (1,9%)
Nach JGG insgesamt	*140.866 (100%)*	*1.870 (100%)*

Von den insgesamt 18.391 im Jahr 2009 Verurteilten wurden nur 682 zu einer unbedingten Freiheits- bzw. Jugendstrafe verurteilt. Dies entspricht einem Anteil von 3,7%. Die für den Eintritt der Führungsaufsicht nach Vollverbüßung gem. § 68f Abs. 1 StGB relevanten unbedingten Freiheits- bzw. Jugendstrafen von mehr als zwei Jahren machen mit insgesamt 217 Verurteilungen[57] 31,8% aller 682 Verurteilungen zu einer unbedingten Freiheitsstrafe aus. In 136 Fällen[58] kam es zu einer unbedingten Freiheitsstrafe von einem Jahr bis zu zwei Jahren. Dieses Strafmaß kann Führungsaufsicht nach Vollverbüßung gem. § 68f Abs. 1 StGB nach sich ziehen, wenn es sich bei der zu Grunde liegenden Tat um eine Sexualstraftat der in § 181b StGB genannten Art handelt. Um eine solche handelte es sich 2009 in insgesamt 44 Fällen.[59]

Im Hinblick auf Verurteilungen bzw. Aburteilungen zu einer stationären Maßregel der Besserung und Sicherung gem. § 63 und § 64 StGB konnten vom statistischen Landesamt Zahlen von 2008 bis 2012 erfragt werden. Einen Überblick gibt folgende *Tabelle 9*.

---

57 Darunter 42 Verurteilungen nach Jugendstrafrecht.

58 Darunter 37 Verurteilungen nach Jugendstrafrecht.

59 Darunter eine Verurteilung nach Jugendstrafrecht.

**Tabelle 9:   Aburteilungen gem. § 63 und 64 StGB in
                Mecklenburg-Vorpommern**

Jahr	Aburteilungen gem. § 63 StGB	Aburteilungen gem. § 64 StGB	Insgesamt ≙ 100%
2008	14 (33,3%)	28 (66,7%)	42
2009	15 (29,4%)	36 (70,6%)	51
2010	12 (26,1%)	34 (73,9%)	46
2011	7 (17,1%)	34 (82,9%)	41
2012	9 (17,0%)	44 (83,0%)	53

Insgesamt bewegen sich die Zahlen auf konstantem Niveau. Insofern entspricht diese Entwicklung derjenigen, die sich seit 2008 in der Belegung im Maßregelvollzug abzeichnet. Im Hinblick auf die Anordnung der Unterbringung in einem psychiatrischen Krankenhaus gem. § 63 StGB ist jedoch ein leichter Rückgang zu verzeichnen, während die Anordnungen der Unterbringung in einer Entziehungsanstalt gem. § 64 StGB zugenommen haben. Die gleiche Entwicklung zeigt sich für das gesamte Bundesgebiet.[60] Die folgende *Tabelle 10* veranschaulicht dies.

Tabelle 10:   Aburteilungen gem. § 63 und 64 StGB im Bundesgebiet

Jahr	Aburteilungen gem. § 63 StGB	Aburteilungen gem. § 64 StGB	Insgesamt ≙ 100%
2008	1.104 (37,0%)	1.881 (63,0%)	2.985
2009	968 (30,8%)	2.176 (69,2%)	3.144
2010	948 (29,0%)	2.323 (71,0%)	3.271
2011	881 (26,6%)	2.427 (73,4%)	3.308

---

60   Vgl. zu den entsprechenden Zahlen *Statistisches Bundesamt* 2008, S. 335; *Statistisches Bundesamt* 2009, S. 335; *Statistisches Bundesamt* 2010, S. 331; *Statistisches Bundesamt* 2011, S. 325. Für das Jahr 2012 waren noch keine Zahlen veröffentlicht (Stand: August 2013).

Zusammenfassend lässt sich der stetige Anstieg der Fallzahlen der Führungsaufsicht in Mecklenburg-Vorpommern nur zum Teil auf den Belegungszuwachs im stationären Maßregelvollzug seit 2000 zurückführen. Zwar ist hier in den vergangen Jahren ein leichter Rückgang zu verzeichnen, jedoch fällt dieser nicht besonders ins Gewicht. Denn die Hauptgruppe der Führungsaufsichtsprobanden machen die Vollverbüßer gem. § 68f StGB aus. Deren Anteil stieg in den vergangenen Jahren. Von den 600 unter Führungsaufsicht stehenden Probanden im Jahr 2009 trat die Führungsaufsicht in 310 Fällen nach Vollverbüßung ein. Dies entspricht einem Anteil von 51,7% aller Probanden. Für das Jahr 2012 weist die interne Statistik der Sozialen Dienste einen Anteil von 55,1% aus. Von den insgesamt 818 Probanden waren 451 Vollverbüßer. In absoluten Zahlen stieg die Zahl derer, die auf Grund einer voll verbüßten Freiheitsstrafe unter Führungsaufsicht standen, von 310 im Jahr 2009 auf 451 im Jahr 2012. Dies bedeutet einen Anstieg von 45,5%. Besonders bemerkenswert ist diese Entwicklung vor dem Hintergrund des dargestellten Rückgangs der Belegung im Strafvollzug. Des Weiteren verringerte sich der Anteil der bedingten Entlassungen gem. § 57 StGB bezogen auf alle der Bewährungshilfe Unterstellten in den vergangenen Jahren. So ging der Anteil von 31,4% im Jahr 2009 auf rund 29% im Jahr 2012 zurück.[61] Dies ist ein weiteres Indiz für die Zunahme an voll verbüßten Freiheitsstrafen.

Letztlich ist der stetige Zuwachs der Fallzahlen in Mecklenburg damit v. a. auf den relativen und absoluten Anstieg der Vollverbüßer zurückzuführen. Zugleich könnte dies ein Indiz für eine restriktivere Entlassungspraxis gem. §§ 57 StGB, 88 JGG sein.[62]

3.5 Überblick zur Entlassungspraxis in Mecklenburg-Vorpommern

Um Aussagen über die jährlichen Entlassungen sowie die Anzahl an voll verbüßten Freiheitsstrafen treffen zu können, wurden vom Justizministerium Daten der jeweiligen Justizvollzugsanstalten[63] eingeholt. Bis auf die Zahlen der An-

---

61 Der Anteil der gem. § 88 JGG vorzeitig ausgesetzten Jugendstrafen verringerte sich von 3,1% im Jahr 2009 auf 2,8% im Jahr 2012. Die Zahlen wurden einer internen Statistik der Sozialen Dienste entnommen.

62 Vgl. *Kindhäuser/Neumann/Paeffgen* 2013, § 57 Rn. 104 ff. Zu der Lage in Deutschland allgemein vgl. *Dünkel/Pruin* 2010, Germany, S. 185 ff.

63 Die Justizvollzugsanstalten von Mecklenb urg-Vorpommern befinden sich in Bützow (533 Haftplätze im geschlossenen Vollzug), in Neustrelitz (Jugendanstalt, 277 Haftplätze im geschlossenen Vollzug), in Waldeck (234 Haftplätze im geschlossenen Vollzug), in Stralsund (140 Haftplätze im geschlossenen Vollzug) und in Neubrandenburg (128 Haftplätze im geschlossenen Vollzug), vgl. die Angaben auf der Internetpräsenz des Justizministeriums von Mecklenburg-Vorpommern unter: http://www. regierung-

stalt in Waldeck wurden die Zahlen dahingehend bereinigt, dass die Ersatzfrei-heitsstrafen gem. § 43 StGB nicht in den voll verbüßten Freiheitsstrafen enthal-ten sind.
Im Folgenden werden die Entlassungszahlen der jeweiligen Justizvollzugs-anstalten des Landes Mecklenburg-Vorpommerns seit 2002 bis zum 30. Juni 2013 wiedergegeben. Die Reihenfolge richtet sich dabei nach der Anzahl der Haftplätze im geschlossenen Vollzug. Anschließend erfolgt eine Zusammenfas-sung sämtlicher Zahlen.

Tabelle 11:   Jährliche Entlassungen aus der JVA Bützow

Jahr	Nach voll ver-büßter Strafe, § 68f StGB	Auf dem Gnadenweg	Auf Grund Strafrestaus-setzung gem. § 57 StGB	Anzahl der Entlassungen insgesamt ≙ 100%
2002	112 (58,0%)	9 (4,7%)	72 (37,3%)	193
2003	133 (57,6%)	16 (6,9%)	82 (35,5%)	231
2004	121 (53,1%)	6 (2,6%)	101 (44,3%)	228
2005	156 (57,8%)	4 (1,5%)	110 (40,7%)	270
2006	197 (67,0%)	6 (2,0%)	91 (31,0%)	294
2007	144 (61,3%)	5 (2,1%)	86 (36,6%)	235
2008	176 (66,7%)	7 (2,6%)	81 (30,7%)	264
2009	178 (70,1%)	5 (2,0%)	71 (27,9%)	254
2010	171 (69,8%)	4 (1,6%)	70 28,6%)	245
2011	176 (71,0%)	5 (2,0%)	67 (27,0%)	248
2012	196 (70,0%)	4 (1,4%)	80 (28,6%)	280
2013	83 (79,8%)	0 (0,0%)	21 (20,2%)	104

mv.de/cms2/Regierungsportal_prod/Regierungsportal/de/jm/Behoerden__Institutionen/ index.jsp (29.8.2013).

Von der Anstalt in Bützow wurden die Zahlen der Entlassungen nach voll verbüßter Strafe sowie Entlassungen auf dem Gnadenweg und auf Grund einer Strafrestaussetzung mitgeteilt (vgl. *Tabelle 11*). Auffällig ist dabei der stetige Anstieg des Anteils an voll verbüßten Haftstrafen. 2002 machten sie gemessen an der Gesamtzahl der Entlassungen (ohne EFS) noch 58% und im Jahr 2012 bereits 70% aus.[64] Hingegen nahm im selben Zeitraum der Anteil an Entlassungen auf Grund einer Strafrestaussetzung von 37,3% auf 28,6% ab. Die Entlassungen auf dem Gnadenweg machten nur einen geringen Anteil aus, wobei auch dieser im selben Zeitraum von 4,7% auf 1,4% sank.

Tabelle 12:   Jährliche Entlassungen aus der JVA Neustrelitz

Jahr	Nach voll ver- büßter Strafe, § 68f StGB	Auf dem Gnadenweg	Sonstige	Anzahl der Entlassungen insgesamt ≙ 100%
2002	129 (55,1%)	6 (2,6%)	99 (42,3%)	234
2003	134 (71,3%)	8 (4,3%)	46 (24,4%)	188
2004	122 (70,5%)	8 (4,6%)	43 (24,9%)	173
2005	117 (60,6%)	8 (4,2%)	68 (35,2%)	193
2006	115 (68,0%)	6 (3,6%)	48 (28,4%)	169
2007	135 (76,3%)	5 (2,8%)	37 (20,9%)	177
2008	79 (71,2%)	0 (0,0%)	32 (28,8%)	111
2009	94 (68,1%)	2 (1,4%)	42 (30,5%)	138
2010	64 (64,6%)	3 (3,0%)	32 (32,4%)	99
2011	101 (67,3%)	1 (0,7%)	48 (32,0%)	150
2012	121 (81,2%)	2 (1,3%)	26 (17,5%)	149
2013	49 (79,0%)	1 (1,6%)	12 (19,4%)	62

---

64   Der Anteil von 79,8% im Jahr 2013 ist differenziert zu betrachten, da Entlassungen auf dem Gnadenwege noch nicht erfolgten. Dies geschieht fast ausschließlich zur Weihnachtszeit. Insofern ist der Anteil von 79,8% auf das gesamte Jahr betrachtet etwas zu hoch, lässt jedoch auf eine weitere Zunahme an voll verbüßten Freiheitsstrafen erkennen.

Die Jugendanstalt in Neustrelitz teilte ebenfalls Daten zu den Entlassungen nach voll verbüßten Jugendstrafen, auf Grund des Gnadenwegs und sonstigen Gründen mit (vgl. *Tabelle 12*). Was unter sonstigen Gründen zu verstehen ist, bleibt in der Statistik unklar, jedoch müssen dabei v. a. Entlassungen auf Grund einer Strafrestaussetzung gem. § 88 JGG fallen. Insgesamt stieg der Anteil an voll verbüßten Freiheitsstrafen von 2002 bis 2012 auch hier stetig. So lag er gemessen an der Gesamtzahl der Entlassungen (ohne EFS) bei 55,1% im Jahr 2002 und bei 81,2% im Jahr 2012, während gleichzeitig der Anteil an sonstigen Entlassungen von 42,3% auf 17,5% sank. Auch der Anteil an Entlassungen auf dem Gnadenweg sank von 2,6% auf 1,3%.

Tabelle 13:   Jährliche Entlassungen aus der JVA Waldeck

Jahr	Nach voll ver- büßter Strafe (incl. EFS)	Auf dem Gnadenweg	Sonstige	Anzahl der Entlassungen insgesamt ≙ 100%
2002	327 (47,9%)	41 (6,0%)	315 (46,1%)	683
2003	352 (54,1%)	12 (1,8%)	287 (44,1%)	651
2004	394 (55,5%)	13 (1,8%)	303 (42,7%)	710
2005	377 (54,4%)	12 (1,7%)	304 (43,9%)	693
2006	401 (57,7%)	11 (1,6%)	283 (40,7%)	695
2007	395 (60,6%)	8 (1,2%)	249 (38,2%)	652
2008	319 (58,2%)	5 (0,9%)	224 (40,9%)	548
2009	282 (55,7%)	2 (0,4%)	222 (43,9%)	506
2010	309 (59,0%)	8 (1,5%)	207 (39,5%)	524
2011	282 (62,9%)	4 (0,9%)	162 (36,2%)	448
2012	55 (excl. EFS, 10,2%)	1 (0,2%)	482 (incl. EFS, 89,6%)	538
2013	151 (63,7%)	0 (0,0%)	86 (36,3%)	237

Die Anstalt in Waldeck konnte lediglich für das Jahr 2012 Zahlen an voll verbüßten Freiheitsstrafen mitteilen, bei denen die Ersatzfreiheitsstrafen nicht einbezogen wurden (vgl. *Tabelle 13*). Des Weiteren enthält die Statistik auch keine Differenzierung dahingehend, was den Anteil an Entlassungen auf Grund von Strafrestaussetzungen und verbüßten Ersatzfreiheitsstrafen angeht. Insofern lassen sich keine Aussagen in Bezug auf eine Entwicklung der genannten Anteile in den Jahren von 2002 bis 2012 treffen. Lediglich im Hinblick auf die Entlassungen auf dem Gnadenweg kann festgehalten werden, dass deren Anteil gemessen an der Gesamtzahl an Entlassungen von 6,0% im Jahr 2002 auf 0,2% im Jahr 2012 sank.

Tabelle 14:   Jährliche Entlassungen aus der JVA Stralsund

Jahr	Nach voll verbüßter Strafe	Auf dem Gnadenweg	Sonstige	Anzahl der Entlassungen insgesamt $\triangleq$ 100%
2002	74 (62,7%)	3 (2,5%)	41 (34,8%)	118
2003	71 (65,1%)	2 (1,9%)	36 (33,0%)	109
2004	89 (74,8%)	4 (3,4%)	26 (21,8%)	119
2005	80 (64,5%)	2 (1,6%)	42 (33,9%)	124
2006	90 (67,2%)	4 (3,0%)	40 (29,8%)	134
2007	97 (81,5%)	3 (2,5%)	20 (16,8%)	119
2008	114 (79,7%)	2 (1,4%)	27 (18,9%)	143
2009	102 (62,6%)	6 (3,7%)	55 (33,7%)	163
2010	65 (44,2%)	7 (4,8%)	75 (51,0%)	147
2011	39 (48,1%)	8 (9,9%)	34 (42,0%)	81
2012	68 (48,9%)	9 (6,5%)	62 (44,6%)	139
2013	58 (69,0%)	0 (0,0%)	26 (31,0%)	84

Die Anstalt in Stralsund nannte Zahlen zu den Entlassungen nach voll verbüßter Freiheitsstrafe, auf Grund einer Gnadenentscheidung sowie auf Grund sonstiger Gründe (vgl. *Tabelle 14*). Was unter sonstigen Gründen zu verstehen ist, bleibt auch hier unklar, jedoch müssen darunter v. a. Entlassungen auf Grund

einer Strafrestaussetzung gem. § 57 StGB fallen. Was den Anteil an voll verbüßten Freiheitsstrafen gemessen an der Gesamtzahl der Entlassungen (ohne
EFS) angeht, ist bemerkenswert, dass der Anteil im Zeitraum von 2002 bis 2012
insgesamt gesunken ist. Dabei stieg der Anteil von 2002 bis 2007 noch von
62,7% auf 81,5%, nahm ab dann jedoch bis zum Jahr 2012 ab. So lag der Anteil
in diesem Jahr bei nur noch 48,9%. Der Anteil an sonstigen Entlassungen blieb
weitgehend auf gleichem Niveau und der Anteil an Entlassungen auf dem Gnadenweg stieg sogar von 2002 bis 2012 von 2,5% auf 6,5%.

Tabelle 15:   Jährliche Entlassungen aus der JVA Neubrandenburg

Jahr	Nach voll verbüßter Strafe, § 68f StGB	Auf dem Gnadenweg	Auf Grund Strafrestaussetzung gem. § 57 StGB	Sonstige	Anzahl der Entlassungen insgesamt ≙ 100%
2002	18 (7,6%)	0 (0,0%)	19 (8,0%)	200 (84,4%)	237
2003	59 (19,7%)	3 (1,0%)	21 (7,0%)	217 (72,3%)	300
2004	54 (17,8%)	1 (0,3%)	29 (9,5%)	220 (72,4%)	304
2005	66 (23,1%)	2 (0,7%)	20 (7,0%)	198 (76,2%)	286
2006	79 (31,1%)	6 (2,4%)	32 (12,6%)	137 (53,9%)	254
2007	57 (24,3%)	3 (1,3%)	44 (18,7%)	131 (55,7%)	235
2008	65 (30,4%)	4 (1,9%)	33 (15,4%)	112 (52,3%)	214
2009	107 (35,8%)	2 (0,7%)	54 (18,1%)	136 (45,4%)	299
2010	87 (33,2%)	3 (1,2%)	37 (14,1%)	135 (51,5%)	262
2011	72 (24,2%)	3 (1,0%)	42 (14,1%)	181 (60,7%)	298
2012	56 (20,8%)	2 (0,7%)	51 (19,0%)	160 (59,5%)	269
2013	20 (16,7%)	0 (0,0%)	17 (14,2%)	83 (69,1%)	120

Die Zahlen der Anstalt in Neubrandenburg differenzieren dahingehend, dass
der Anteil an voll verbüßten Freiheitsstrafen, der Anteil an Entlassungen auf
dem Gnadenweg, die Entlassungen auf Grund einer Strafrestaussetzung sowie
sonstige Entlassungen ausgewiesen wurden (vgl. *Tabelle 15*). Dabei stieg der
Anteil an voll verbüßten Freiheitsstrafen gemessen an der Zahl der Entlassungen

(ohne EFS) von 7,6% im Jahr 2002 auf 20,8% im Jahr 2012. Der Anstieg verlief jedoch nicht stetig, sondern wies gewisse Schwankungen auf. So lag der Anteil 2009 bei 35,8%. Auch der Anteil an Strafrestaussetzungen nahm im selben Zeitraum von 8,0% auf 19,0% zu. Insofern unterscheidet sich diese Entwicklung von denjenigen der anderen Anstalten. Die Entlassungen auf dem Gnadenweg blieben von 2002 bis 2012 auf konstant niedrigem Niveau.

Zusammenfassend[65] lässt sich festhalten, dass die genannten Zahlen die Aussage bestätigen, dass der Anteil an voll verbüßten Freiheitsstrafen in den vergangenen Jahren in Mecklenburg-Vorpommern zugenommen hat.[66] Dieser Anstieg drückt sich auch in absoluten Zahlen aus. So stiegen diese in den Justizvollzugsanstalten von Bützow (112 im Jahr 2002/196 im Jahr 2012) und Neubrandenburg (18/56), während sie in Neustrelitz (129/121) und Stralsund (74/68) auf konstantem Niveau blieben. Bemerkenswert ist dabei, dass der insgesamt relative Anstieg jedoch nicht für die Justizvollzugsanstalt in Stralsund gilt, da hier der Anteil abgenommen hat. Des Weiteren ist beachtlich, dass der Anteil an voll verbüßten Freiheitsstrafen in der Jugendanstalt in Neustrelitz am größten ist. Dieser lag 2012 bei 81,2%.

Eine Aussage dahingehend, wie viele der jeweiligen voll verbüßten Freiheitsstrafen eine Führungsaufsicht gem. § 68f StGB nach sich ziehen konnten, lassen die Zahlen nicht zu, da nicht nach Straflänge und zu Grunde liegende Straftat unterschieden werden konnte. Dennoch verdeutlichen die Zahlen den Anstieg an voll verbüßten Freiheitsstrafen in Mecklenburg-Vorpommern in den vergangenen Jahren.

3.6 Führungsaufsicht und Rückfall

Von besonderem Interesse ist im Rahmen der rechtstatsächlichen Betrachtung die Frage nach der Rückfälligkeit der Führungsaufsichtsprobanden. Dazu wurden erstmals 2003 und zum zweiten Mal 2010 die kommentierten Rückfallstatistiken[67] veröffentlicht.[68] In diesen wurde u. a. der Frage nachgegangen, ob die in einem Basisjahr aus einer stationären Sanktion Entlassenen bzw. zu einer ambulanten Sanktion Verurteilten innerhalb eines bestimmten Zeitraums rückfällig wurden. Dazu bildeten die entsprechenden Bundeszentral- bzw. Erziehungsregisterauszüge die Grundlage für eine etwaige Rückfälligkeit. Für die erste Un-

---

65 Eine zusammenfassende tabellarische Übersicht kam auf Grund der Uneinheitlichkeit der von den Anstalten genannten Zahlen nicht in Betracht.

66 Dabei können die Zahlen der Anstalt in Waldeck nicht in die Betrachtung mit einbezogen werden, da entsprechend differenzierte Zahlen nicht genannt wurden.

67 *Jehle/Sutterer* 2003; *Jehle/Albrecht/Hohmann-Fricke* 2010.

68 Vgl. auch die zusammenfassende Darstellung bei *Morgenstern/Hecht* 2011, S. 177 ff.

tersuchung wurde 1994 als Basisjahr und ein Risikozeitraum von vier Jahren gewählt. In der zweiten Statistik bildete 2004 das Bezugsjahr und durch zwei Erhebungswellen von jeweils drei Jahren soll am Ende ein Risikozeitraum von insgesamt sechs Jahren betrachtet werden, wobei die Auswertung der zweiten Erhebungswelle (2007-2010) noch aussteht. Insofern sind die Rückfalldaten sehr gut vergleichbar, die Ergebnisse der eigentlichen Rückfalluntersuchung auf Grund der unterschiedlichen Zeiträume jedoch nur eingeschränkt. Im Folgenden werden die wesentlichen Ergebnisse der zweiten Untersuchung mit dem dreijährigen Risikozeitraum dargestellt,[69] da er in etwa dem betrachteten Zeitraum der eigenen empirischen Untersuchung entspricht. Insofern können Aussagen über die registrierte Rückfälligkeit von denjenigen Personen getroffen werden, die im Basisjahr 2004 der Führungsaufsicht unterstellt wurden.

Die Untersuchung unterscheidet hinsichtlich der erfassten Klientel in die sog. *Anordnungs-*[70], die sog. *Vollverbüßer-*[71] und die sog. *Maßregelgruppe*[72]. Insgesamt wurden so 3.569 Führungsaufsichtsprobanden in die Untersuchung einbezogen.[73] Die höchste Rückfallrate weist die kleine Anordnungsgruppe mit 80% auf. Demgegenüber ist die Rückfallrate der Vollverbüßergruppe mit 50% zwar deutlich geringer,[74] aber immer noch überdurchschnittlich, wenn man die gesamte Statistik betrachtet. Hinsichtlich der Maßregelgruppe differenziert die Untersuchung dahingehend, ob die stationäre Maßregel isoliert oder in Verbindung mit einer Verurteilung zu einer Freiheits- oder Jugendstrafe verhängt wurde. Dabei weisen die geringste Rückfallquote mit nur 5% diejenigen auf, die isoliert zu einer Unterbringung im psychiatrischen Krankenhaus gem. § 63 StGB verurteilt wurden.[75] In Verbindung mit einer Freiheits- bzw. Jugendstrafe wurden 14% dieser Gruppe rückfällig. Erfolgte eine isolierte Unterbringung in der Entziehungsanstalt gem. § 64 StGB, so kam es hingegen in 51% der weiteren Fälle zu registrierten Straftaten. Demgegenüber kam es zu einer Quote von 43%, wenn die Unterbringung in einer Entziehungsanstalt zusammen mit einer Frei-

---

69   Vgl. die ausführliche Darstellung bei *Jehle/Albrecht/Hohmann-Fricke* 2010, S. 84 ff.

70   Darunter sind die Probanden zu verstehen, deren Unterstellung unter Führungsaufsicht gem. § 68 Abs. 1 StGB durch den Richter angeordnet wurde.

71   Die Vollverbüßergruppe bilden diejenigen Probanden, die ihre Strafe voll verbüßt haben und die Voraussetzungen gem. § 68f Abs. 1 StGB erfüllen.

72   Bei der Maßregelgruppe handelt es sich um Fälle, bei denen die Führungsaufsicht an eine stationäre Maßregel anknüpft.

73   Die Anordnungsgruppe bestand aus lediglich 76, die Vollverbüßergruppe aus 1.575 und die Maßregelgruppe aus 1.918 Probanden.

74   Die erste Untersuchung mit dem Basisjahr 2004 und dem vierjährigen Risikozeitraum weist eine Rückfälligkeit von etwa 70% auf, wobei 40% zu einer unbedingten Freiheits- bzw. Jugendstrafe verurteilt wurden.

75   Für das Basisjahr 1994 waren es 12%.

heits- bzw. Jugendstrafe einherging. Mit 6% weisen die aus der Sicherungsverwahrung Entlassenen eine im Vergleich sehr geringe Rückfallquote auf.

Insgesamt beachtenswert ist in diesem Zusammenhang der Anteil der Wiederverurteilungen zu stationären Sanktionen. So wurden bspw. 24% der rückfälligen Vollverbüßergruppe zu einer solchen Sanktion wiederverurteilt und auch in der Maßregelgruppe war eine entsprechende Verurteilung häufig.

In Anbetracht der Ergebnisse kann insofern nur begrenzt von überzeugenden Erfolgen der Führungsaufsicht gesprochen werden, auch wenn es sich um ein zum Teil sehr schwieriges Klientel und tendenziell gefährliche Täter handelt. Für die Fälle der Maßregelgruppe der aus der Psychiatrie Entlassenen und den entlassenen Sicherungsverwahrten ist der Erfolg hingegen beachtlich, wobei bei den Sicherungsverwahrten Bagatellrückfälle überwiegen dürften.

3.7 Die umstrittene Strafvorschrift des § 145a StGB

Eng mit dem Institut der Führungsaufsicht verbunden ist die Strafvorschrift des § 145a StGB. In ihr wird der Verstoß gegen eine gem. § 68b Abs. 1 StGB bestimmte Weisung unter Strafe gestellt. Dabei reicht der Strafrahmen von einer Geldstrafe bis zu einer Freiheitsstrafe von bis zu drei Jahren. § 145a StGB lautet:

„Wer während der Führungsaufsicht gegen eine bestimmte Weisung der in § 68b Abs. 1 StGB bezeichneten Art verstößt und dadurch den Zweck der Maßregel gefährdet, wird mit Freiheitsstrafe bis zu drei Jahren oder mit Geldstrafe bestraft. Die Tat wird nur auf Antrag der Aufsichtsstelle (§ 68a) verfolgt.“

Schon das Strafgesetzbuch für die preußischen Staaten von 1851 sah gem. § 116 im Falle eines Verstoßes gegen eine Beschränkung eine Gefängnisstrafe von einer Woche bis zu sechs Monaten vor.[76] Die Polizeiaufsicht im RStGB von 1871 kannte mit der Vorschrift des § 361 Nr. 1 ebenso eine entsprechende Vorschrift wie der Entwurf von 1962 mit § 429.[77] Letztere wurde zum Vorbild für die heutige Regelung des § 145a StGB. Insofern ist die Strafvorschrift des § 145a StGB keine Erfindung des neuen Rechts der Führungsaufsicht, sondern seit jeher bekannt und praktiziert, um den Weisungen bzw. Beschränkungen Nachdruck zu verleihen.

---

76 Vgl. dazu ausführlich unten unter *4.1.2.*

77 Vgl. oben unter *4.1.3* bzw. *4.4.2.*

3.7.1 Die Anwendungspraxis des § 145a StGB

Eine Antwort auf die Frage, wie häufig die Strafvorschrift des § 145a StGB in der Praxis zur Anwendung kommt, gibt für das gesamte Bundesgebiet die Strafverfolgungsstatistik des Statistischen Bundesamtes.[78] Dabei wird deutlich, dass von der Vorschrift relativ selten Gebrauch gemacht wird. Seit 2003 ist jedoch ein deutlicher Anstieg der Aburteilungen[79] nach § 145a StGB zu verzeichnen. Während 2003 lediglich 67 Personen nach § 145a StGB abgeurteilt wurden, waren es 2011 insgesamt 479. Das bedeutet eine Steigerung von über 700%. Trotzdem kommt die Strafvorschrift heute immer noch relativ selten zur Anwendung. Der Anstieg ist jedoch bemerkenswert. Insofern kann die Aussage, dass § 145a StGB keine Rolle spielt,[80] so heute nicht mehr bestätigt werden. Einen Überblick geben die nachfolgende *Tabelle 16* und die *Abbildung 5*.

Tabelle 16: Abgeurteilte und Verurteilte gem. § 145a StGB bundesweit

Jahr	Abgeurteilte/Verurteilte nach § 145a StGB
2002	82/67
2003	67/52
2004	72/57
2005	88/73
2006	128/106

---

78   Die Statistik ist unter Fachserie 10 Reihe 3 auf den Seiten des Statistischen Bundesamtes online abrufbar unter: https://www.destatis.de/DE/Publikationen/Thematisch/Rechtspflege/ Strafverfolgung/Vollzug/Strafverfolgung.html (6.3.2013).

79   Zu dem Begriff der Aburteilungen vgl. oben unter Fn. 50. Bei der Aburteilung von Angeklagten, die in Tateinheit (§ 52 StGB) oder in Tatmehrheit (§ 53 StGB) mehrere Strafvorschriften verletzt haben, ist nur der Straftatbestand statistisch erfasst, der nach dem Gesetz mit der schwersten Strafe bedroht ist. Insbesondere bei verhängten Gesamtstrafen für in Tatmehrheit begangene Straftaten kann das nachgewiesene Strafmaß höher liegen, als dies die Strafbestimmungen für die statistisch erfasste schwerste Straftat vorsehen. Werden mehrere Straftaten der gleichen Person in mehreren Verfahren abgeurteilt, so wird der Angeklagte für jedes Strafverfahren gesondert gezählt.

80   Vgl. *Neubacher* 2006, S. 874.

Jahr	Abgeurteilte/Verurteilte nach § 145a StGB
2007	164/136
2008	213/167
2009	266/198
2010	359/287
2011	479/363

Abbildung 5: **Entwicklung der Anzahl der Aburteilungen gem. § 145a StGB bundesweit**

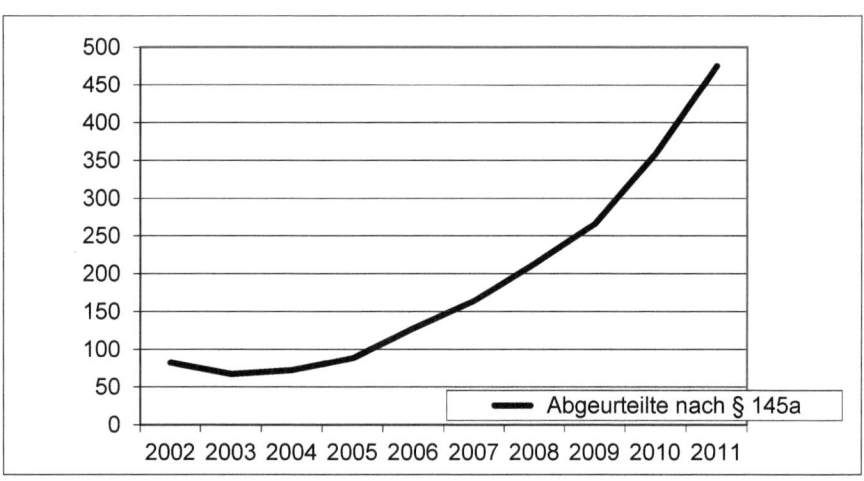

Hinsichtlich der verhängten Sanktionen weist die Strafverfolgungsstatistik 2011 bei 479 Aburteilungen 363 Verurteilungen auf. In 101 Fällen wurde das Verfahren eingestellt und in 13 Fällen kam es zu einem Freispruch. In immerhin 241 von jenen 363 Verurteilungen kam es zu einer Verhängung von Freiheitsstrafe nach allgemeinem Strafrecht. Dabei wurden 110 bedingt ausgesetzt. In 120 Fällen wurde eine Geldstrafe verhängt. Insgesamt wird deutlich, dass es sich um ein Erwachsenendelikt handelt, da es lediglich zu vier Aburteilungen nach Jugendstrafrecht kam, wovon zwei Verfahren gem. § 47 JGG eingestellt wurden. Die beiden Verurteilungen endeten mit einer unbedingten Jugendstrafe von sechs Monaten bzw. der Verhängung einer Erziehungsmaßregel. Betrachtet man die Strafverfolgungsstatistiken seit 2002, so ist die Verhängung von Jugend-strafe in diesem Bereich eine absolute Seltenheit. Lediglich im Jahr 2010 kam es zu der Verhängung einer unbedingten Jugendstrafe von sechs Monaten. An-sonsten endeten die Verfahren mit der Verurteilung zu Zuchtmitteln und Erzie-hungsmaßregeln, wenn das Verfahren nicht nach § 47 JGG eingestellt wurde.

Im Hinblick auf die Dauer der verhängten Freiheitsstrafe kam es meistens zu einer Freiheitsstrafe von unter sechs Monaten. Dies war 2011 in 115 Fällen der Fall, darunter 54 Aussetzungen. 56 Mal wurde eine sechsmonatige Freiheits-strafe bei 31 Aussetzungen verhängt und in 35 Fällen zog die Verurteilung eine Freiheitsstrafe von sechs bis neun Monaten nach sich. Hiervon wurden 18 aus-gesetzt. In lediglich 35 Fällen kam es zur Verhängung einer Freiheitsstrafe von über neun Monaten. So wurden 22 Verurteilungen von neun Monaten bis einem Jahr ausgesprochen, wobei es in fünf Fällen zu Aussetzungen kam. Eine Frei-heitsstrafe von einem Jahr bis zwei Jahren wurde in 12 Fällen bei 2 Aussetzun-gen verhängt und in nur einem Fall kam es zu einer Freiheitsstrafe von zwei bis drei Jahren.

Der durch die Reform von 2007 von einem auf drei Jahren angehobene Strafrahmen wird so gut wie nie ausgeschöpft. Seit der Reform kam es in nur vier Fällen zu der Verhängung einer Freiheitsstrafe von über zwei Jahren. Dies entspricht einem prozentualen Anteil von gerade einmal 0,5 gemessen an der Verhängung aller seit 2007 gem. § 145a StGB verurteilten Täter. Daneben wur-den seit 2007 lediglich 26 Personen zu einer Freiheitsstrafe von über einem Jahr verurteilt. Hingegen macht der Anteil der Verurteilungen zu einer Freiheitsstrafe von unter sechs Monaten seit 2002 rund 60% aus. Setzt man die Verurteilungen zu einer Freiheitsstrafe mit den Verurteilungen zu einer Geldstrafe in Bezug, so ergibt sich Folgendes: In rund 65% kommt es zu der Verhängung einer Frei-heitsstrafe und in 35% wird die Tat mit Geldstrafe geahndet. Dies ist insofern erstaunlich, da die Geldstrafe im Verhältnis zur Freiheitsstrafe im allgemeinen Strafrecht rund 80% ausmacht.[81]

In Mecklenburg-Vorpommern ist die Zahl der Verurteilungen gem. § 145a StGB im Jahr 2012 geradezu explodiert. Einen Überblick dazu gibt die folgende *Tabelle 17*. Die Zahlen von 2008-2011 wurden nach einer entsprechen-den Anfrage vom Statistischen Landesamt Mecklenburg-Vorpommern mitge-teilt. Für das Jahr 2012 konnten noch keine Angaben gemacht werden.[82] Aller-dings führen die Sachbearbeiter der Führungsaufsichtsstelle eine eigene Statis-tik, wobei die Zahlen keine absolute Richtigkeit beanspruchen.[83] Jedoch handelt es sich – wenn überhaupt – nur um unwesentliche Abweichungen.

---

81   Vgl. dazu oben *Tabelle 8*.

82   Stand: Mai 2013.

83   Vgl. dazu die Ausführungen unten unter *8.2.*

Tabelle 17: Verurteilte gem. § 145a StGB in Mecklenburg-Vorpommern

Jahr	Verurteilte nach § 145a StGB
2008	5
2009	1
2010	9
2011	12
2012	40

Der enorme Anstieg im Jahr 2012 ist zurückzuführen auf die Neustrukturierung der Führungsaufsicht in Mecklenburg-Vorpommern.[84] Insofern erfuhr die Strafvorschrift in Mecklenburg-Vorpommern eine erhebliche Aufwertung und scheint als taugliches Mittel im Rahmen der Führungsaufsicht eingeschätzt zu werden.[85] Einen Überblick auf welche Sanktionen in den Jahren von 2008-2011[86] entschieden wurde, gibt die folgende *Tabelle 18*.

Tabelle 18: Art der Entscheidungen bei Verurteilungen gem. § 145a StGB von 2008-2011 in Mecklenburg-Vorpommern

Art der Entscheidung	Anzahl
Unbedingte Freiheitsstrafe	10
Bedingte Freiheitsstrafe	7
Geldstrafe	10
Insgesamt	**27**

---

84 Vgl. dazu unten die ausführliche Auseinandersetzung unter *8*. Die Zahl von 40 Verurteilungen für das Jahr 2012 beruht auf Angaben der Mitarbeiter der Führungsaufsichtsstelle und beansprucht dabei keine absolute Richtigkeit. Insofern kann es kleinere Abweichungen geben. Die Größenordnung ist jedoch aussagekräftig.

85 Vgl. zu dieser Entwicklung die kritischen Ausführungen unter *8.4*.

86 Für das Jahr 2012 liegen noch keine Daten vor.

In Mecklenburg-Vorpommern wurden von 2008-2011 verhältnismäßig lange Freiheitsstrafen verhängt. Von den insgesamt 17, wurde nur drei Mal auf eine Strafe von unter sechs Monaten entschieden, wobei die Strafe in einem Fall ausgesetzt wurde. Sieben Verurteilungen zogen eine Freiheitsstrafe von sechs Monaten nach sich, wobei sechs zur Bewährung ausgesetzt wurden. In drei Fällen kam es zu einer unbedingten Verhängung von neun Monaten bis einem Jahr und in einem Fall wurde eine unbedingte Freiheitsstrafe von einem Jahr bis zwei Jahren verhängt. Bezogen auf alle 17 Verurteilungen macht der Anteil der Verurteilungen von unter sechs Monaten nur rund 18% aus. Dieser Wert liegt deutlich unter dem Wert im Bundesvergleich (rund 60%).[87] Hingegen kam es seit der Reform von 2007 zu keiner Verurteilung von über zwei Jahren in Mecklenburg-Vorpommern.[88] Auf Geldstrafe wurde in diesem Zeitraum in zehn Fällen entschieden. Das Verhältnis von verhängter Freiheitsstrafe (rund 63%) zu Geldstrafe (37%) entspricht dem im Bund. In keinem Fall wurde eine Jugendstrafe verhängt und zu der Frage, ob ansonsten das Jugendstrafrecht zur Anwendung kam, äußert sich die Statistik nicht.

3.7.2 Die kriminalpolitische Diskussion

Zwar nimmt die Regelung des § 145a StGB im deutschen Strafrecht seit jeher einen festen Platz ein, doch zählt sie zu einer kriminalpolitisch sehr umstrittenen.[89] Ihre Daseinsberechtigung zieht sie heute v. a. aus der Tatsache, dass es dort eines effektiven Instruments zur Durchsetzung der nach § 68b Abs. 1 StGB bestimmten Weisungen bedarf, wo die Möglichkeit eines Widerrufs der Maßregel nicht besteht. Insofern kommt der Anwendungsbereich v. a. bei den Vollverbüßern nach § 68f StGB zu tragen. Vor diesem Hintergrund betont wohl die überwiegende Anzahl der Praktiker in den Führungsaufsichtsstellen die Notwendigkeit dieser Vorschrift.[90] Sie bietet jedoch auf verschiedenen Ebenen Anlass zu Kritik, wobei neben den rein rechtlichen Fragestellungen auch rechtstatsächliche ins Feld geführt werden. So schlug *Dessecker* in seiner Stellungnahme zu dem Reformgesetz zur Führungsaufsicht von 2007 vor, die Strafvorschrift auf Grund ihrer verschwindend geringen Anwendungspraxis gänzlich zu strei-

---

87   Diese Aussage muss allerdings vor dem Hintergrund betrachtet werden, dass es von 2008-2011 nur zu sehr wenigen Verurteilungen gekommen ist. Jedoch lässt sich eine eindeutige Tendenz erkennen.

88   Vgl. dazu auch oben unter *3.7.1.*

89   Vgl. dazu etwa die ausführlichen Darstellungen in der Kommentarliteratur bei *Kindhäuser/ Neumann/Paeffgen* 2013, § 145a Rn. 1 ff.; *Joecks/Miebach* 2005, § 145a Rn. 5 ff; *Laufhütte/Rissing-van Saan/Tiedemann* 2009, § 145a Rn. 1 ff.; *Schönke/Schröder* 2010, § 145a, Rn. 2 ff.

90   Vgl. *Harders/Rohrbach* 2011, S. 198.

chen.[91] Auch *Schöch* forderte in diesem Zusammenhang den Verzicht auf die Vorschrift.[92] Gegenwärtig kann dieses Argument in Anbetracht der bemerkenswerten Zunahme der Verurteilungen gem. § 145a StGB jedoch nicht mehr überzeugend tragen. Darüber hinaus kann die Geltung der Norm auf Grund ihrer bloßen Existenz kaum bestritten werden, da sie den Probanden stets vor Augen geführt wird.[93] In rein rechtlicher Sicht haben sich im Wesentlichen zwei Hauptkritikpunkte herausgebildet. So wird vorgebracht, dass reiner Ungehorsam sanktioniert wird und die Vorschrift überdies erhebliche Zweifel an der Bestimmtheit gem. Art. 103 Abs. 2 GG aufkommen lässt.

Im Falle der Weisungen im Rahmen der Führungsaufsicht handelt es sich um Bestimmungen, die zwar auch dazu dienen, die Allgemeinheit zu schützen, aber eben auch darauf abzielen, den Probanden bei der Wiedereingliederung in die Gesellschaft zu unterstützen.[94] So beziehen sich die einzelnen im abgeschlossenen Katalog des § 68b Abs. 1 StGB aufgeführten Weisungen entsprechend auf beide Zielrichtungen. § 145a pönalisiert jedoch nicht nur Verstöße gegen Weisungen, die dem Schutz der Allgemeinheit dienen, sondern sämtliche Verstöße. Insofern wird zumindest auf dem Gebiet der unterstützend wirkenden Weisungen ein Verhalten in den Bereich kriminellen Unrechts gehoben, das an sich einen bloßen Ungehorsam darstellt[95] und nicht den präventiven Schutz von Rechtsgütern bezweckt. So hielt bereits *Jescheck* in seinen Ausführungen zum Alternativ-Entwurf eines Strafgesetzbuchs eine solche Abstützung der vorgesehenen sog. *Sicherungsaufsicht*[96] durch eine besondere Strafvorschrift für rechtsstaatlich nicht zulässig.[97] *Horn* führt überdies in diesem Zusammenhang den überzeugenden Gedanken der „self-fulfilling-prophecy" an: „wer kriminell an-

---

91 Vgl. Protokoll der 51. Sitzung, Zusammenstellung der Stellungnahmen, S. 3 f. Ebenso *Dünkel/Spieß* 1992, S. 166.

92 Vgl. *Schöch* 1992, C 103. Auch *Neubacher* hält eine Streichung deswegen für erwägenswert, vgl. *Neubacher* 2006, S. 874. *Mrozynski* forderte gar im Zusammenhang mit verfahrensrechtlichen Widersprüchen die Abschaffung der Vorschrift, vgl. *Mrozynski* 1978, S. 259. Grundsätzlich ablehnend gegenüber der Vorschrift auch *Dünkel/Flügge/Lösch* u. a. 2010, S. 176.

93 Vgl. *Harders/Rohrbach* 2011, S. 198.

94 Vgl. *Schönke/Schröder* 2010, § 68b Rn. 1.

95 Vgl. *Laufhütte/Rissing-van Saan/Tiedemann* 2009, § 145a Rn. 3; *Morgenstern* 2006, S. 153. *Baumann* formulierte in diesem Zusammenhang den Gedanken, allenfalls eine Ordnungswidrigkeit zu installieren, vgl. *Baumann* 1964, S. 197.

96 Vgl. hierzu unten unter *4.4.*

97 Vgl. *Jescheck* 1968, S. 86. Auch *Schultz* sprach von einer rechtsstaatlichen Unerträglichkeit und äußerte, dass der Staat dort den Grund des weiteren Zugriffs auf den Entlassenen verliere, wenn dieser endgültig entlassen ist, vgl. *Schultz* 1966, S. 123.

fällig ist, wird in eine Situation gestellt, die es ihm leicht macht zu zeigen, daß er kriminell ist."[98] Vor diesem Hintergrund dürften zumindest Verstöße gegen die Weisungen gem. § 68b Abs. 1 S. 1 Nr. 1 (Mobilitätsverbot), Nr. 7 (Meldepflicht), Nr. 8 (Anzeigepflicht jeden Wechsels des Wohnorts oder des Arbeitsplatzes), Nr. 9 (Meldung zur Arbeitsvermittlung) und Nr. 11 (Vorstellungspflicht) StGB nicht mit Strafe geahndet werden.[99] Denn der Rechtsgüterschutz legitimiert die Bestrafung kriminellen Verhaltens.[100] Selbst wenn durch einen Verstoß gegen entsprechende Weisungen die Gefahr des „Abtauchens" in die Kriminalität bestehen kann,[101] lässt sich allein dadurch noch keine Rechtsgutsgefährdung begründen. Diese Argumentation wird auch durch das zusätzliche Tatbestandsmerkmal der „Gefährdung des Maßregelzwecks" unterstrichen. Denn der Zweck der Vorschrift liegt in der Verhinderung weiterer Straftaten.[102] Durch einen Verstoß gegen bloße Verhaltensregeln kann dieser Zweck schon gar nicht gefährdet werden und auch ein Verstoß gegen die übrigen Weisungen darf erst dann zu einer Bestrafung nach § 145a StGB führen, wenn eine solche Gefährdung im Einzelfall vorliegt. Trotzdem bejaht die überwiegende Ansicht[103] die Verfassungsmäßigkeit mit dem Hinweis, dass zwar ein verfassungsrechtliches Unbehagen besteht, welches jedoch nicht einen exakten Vorwurf der Verfassungswidrigkeit erkennen lässt.[104]

Des Weiteren ist fraglich, ob § 145a StGB dem Bestimmtheitserfordernis entspricht. So fordert Art. 103 Abs. 2 GG vom Gesetzgeber, „die Voraussetzungen der Strafbarkeit so konkret zu umschreiben, dass Tragweite und Anwendungsbereich der Straftatbestände zu erkennen sind und sich durch Auslegung ermitteln lassen."[105] Damit soll ein doppelter Zweck erfüllt werden: Zum einen soll dem Einzelnen vorhersehbar sein, welches Verhalten mit Strafe bedroht ist und zum anderen soll es allein dem Gesetzgeber und nicht erst dem Gericht obliegen, über die Strafbarkeit eines Verhaltens zu entscheiden.[106] Betrachtet man den Wortlaut von § 145a StGB, so genügt er als Blankettvorschrift diesen Anforderungen offenkundig nicht. Eine Ausfüllung des Tatbestands erfährt die

---

98   *Horn* 1977, S. 556.

99   Vgl. *Kindhäuser/Neumann/Paeffgen* 2013, § 145a Rn. 5 m. w. N. Zweifelnd in diesem Zusammenhang auch *Ostendorf* 1987, S. 336.

100   Vgl. *Sax* 1976, S. 84; *Roxin* 2006, S. 13 ff.; *Jescheck/Weigend* 1996, S. 7 ff.

101   Vgl. *Laufhütte/Rissing-van Saan/Tiedemann* 2009, § 145a Rn. 6.

102   Vgl. *Kindhäuser/Neumann/Paeffgen* 2013, § 145a Rn. 5.

103   Vgl. für viele *Kindhäuser/Neumann/Paeffgen* 2013, § 145a Rn. 8 mit Verweis auf *Groth* 1979, S. 744 ff.; *Nißl* 1995, S. 526 f.; *Raabe* 1973, S. 138 ff.

104   Vgl. *Laufhütte/Rissing-van Saan/Tiedemann* 2009, § 145a Rn. 64.

105   BVerfGE 73, S. 234 f.; BVerfGE 105, S. 135.

106   BVerfGE 73, S. 234 f.; BVerfGE 87, S. 411.

Vorschrift erst durch die Verweisung auf einen Verstoß gegen eine nach § 68b Abs. 1 StGB bestimmte Weisung. Ob eine Verweisung generell den Anforderungen gem. Art. 103 Abs. 1 GG genügt, hängt von der Rechtsform derjenigen Norm ab, auf die verwiesen wird.[107] Ist diese Norm ein formelles Gesetz, so genügt dies dem Bestimmtheitsgrundsatz.[108] Da es sich bei der Vorschrift des § 68b StGB um ein solches handelt, scheint der Bestimmtheitsgrundsatz auf den ersten Blick gewahrt. § 68b Abs. 1 StGB gibt jedoch nur Weisungsmöglichkeiten vor, die konkret erst durch den Richter formuliert werden. Insofern führt nicht schon der Verstoß gegen § 68b Abs. 1 StGB an sich zu einer Strafbarkeit, sondern erst der Verstoß gegen eine vom Richter auf Grundlage des § 68b Abs. 1 StGB formulierte Weisung. Genau genommen wird also die Ausfüllung des Tatbestands von § 145a StGB nicht durch ein Gesetz vorgenommen, sondern durch einen Richter. Ob dies den vom BVerfG vorgegebenen Grundsätzen genügt, ist fraglich. Denn sie fordern, dass es dem Gesetzgeber obliegt über die Voraussetzungen einer Bestrafung zu entscheiden und verwehrt diese Entscheidung der rechtsprechenden Gewalt.[109] Das BVerfG stellt dabei jedoch auf den Richter im Strafverfahren ab und nicht auf den für die Erteilung von Weisungen zuständigen Richter der Strafvollstreckungskammer. Insoweit ist nach überwiegender Auffassung dem Bestimmtheitsgrundsatz und dem Prinzip der Gewaltenteilung genüge getan, wenn der Richter im Strafverfahren eine etwaige Verurteilung nach § 145a StGB auf eine nach § 68b Abs. 1 StGB bestimmte Weisung stützt.[110] Denn über die Strafbarkeit eines Verhaltens entscheidet der Richter dann auf Grundlage des Gesetzes in Form des § 145a StGB i. V. m. § 68b Abs. 1 StGB. Zu beachten ist in diesem Zusammenhang, dass die bloße Wiedergabe des Wortlauts von § 68b StGB nicht ausreicht, um den Bestimmtheitsanforderungen zu genügen. Vielmehr muss die Weisung einzelfallbezogen hinreichend konkretisiert sein.[111]

Ein weiteres „Dilemma" zeigt sich darüber hinaus im Rahmen der Strafzumessung sowohl im Hinblick auf die Schuld des Täters als auch im Hinblick auf eine sinnvolle Strafe.[112] Denn der geringe Unrechtsgehalt wird kaum zu der

---

107 Vgl. zu den entsprechenden Differenzierungen *Sachs* 2009, Art. 103 Abs. 2 Rn. 64 ff; *Dreier* 2008, Art. 103 Abs. 2 Rn. 31 ff.; *Starck* 2005, Art. 103 Abs. 2 Rn. 151 ff.

108 BVerfGE 75, S. 324. Vgl. dazu auch die Ausführungen bei *Appel* 1998, S. 127 ff.

109 BVerfGE 73, S. 235.

110 Vgl. *Laufhütte/Rissing-van Saan/Tiedemann* 2009, § 145a Rn. 5; *Kindhäuser/Neumann/Paeffgen* 2013, § 145a Rn. 8; *Joecks/Miebach*, § 145a Rn. 4.

111 Vgl. *Kindhäuser/Neumann/Paeffgen* 2013, § 145a Rn. 12.

112 Vgl. *Kindhäuser/Neumann/Paeffgen* 2013, § 145a Rn. 8; *Laufhütte/Rissing-van Saan/Tiedemann* 2009, § 145a Rn. 34 ff.

Verhängung einer sechsmonatigen Freiheitsstrafe führen[113] und stattdessen den Anwendungsbereich der Geldstrafe gem. § 47 StGB eröffnen.[114] So wird vorgebracht, dass eine Geldstrafe angesichts der meist mittellosen Klientel ins Leere laufen wird oder gar zu weiterer Kriminalität durch den Rückgriff auf kriminelle Mittel zur Beschaffung des Geldes führt.[115] Allerdings überzeugt diese Argumentation nicht, da die Geldstrafe ausdrücklich auch bei Mittellosen vorgesehen ist. Der Tagessatz muss dann entsprechend niedrig angesetzt werden. Ferner dürfte jedoch eine Bewährungsstrafe gem. § 56 StGB angesichts einer schlechten Prognose kaum in Betracht kommen und in den Fällen, in denen auf eine unbedingte Freiheitsstrafe entschieden wird, werden bereits erfolgte Resozialisierungseffekte zurückgeworfen.[116] Überdies setzt sich das Problem im Prozess fort, da in dem meisten Fällen der Bewährungshelfer als Zeuge im Verfahren auftritt.[117] So kann das grundsätzliche Vertrauen in die Bewährungshilfe allgemein erschüttert werden und ein wesentlicher Eckpfeiler auf dem Weg in die Gesellschaft wegbrechen.

Auf Grund der dargestellten Streitstände und der Ausweitung des strafbewchrten Weisungskatalogs in den Reformgesetzen der vergangenen Jahre, ist ein sensibler und differenzierter Umgang mit der Strafvorschrift des § 145a StGB durch die Führungsaufsichtsstellen und die Gerichte zu fordern. Im Bereich der bloßen Verhaltensregeln ist dabei eine Bestrafung mangels Rechtsgutsgefährdung rechtsstaatlich nicht zu halten und eine entsprechende Einengung zu fordern. Verhältnismäßig wenig Beachtung in der Literatur wird überdies der Tatsache geschuldet, dass mit der Regelung gegen europäische Vorgaben verstoßen wird. Nach der sog. *Rule 84 des Council of Europe*[118] ist es nämlich unzulässig, dass ein Verstoß gegen eine Weisung eine Straftat darstellt. Begründet wird dies damit, dass eine Sanktionseskalation provoziert werde, die gerade verhindert werden soll.[119] Zwar entfalten die Rules als bloße Empfehlungen (sog. *soft law*) keine rechtliche Bindungswirkung, jedoch geben sie von den jeweiligen Mit-

---

113 Auf Grund des regelmäßig geringen Unrechtsgehalts sind auch die häufigen Verurteilungen zu einer Freiheitsstrafe von unter sechs Monaten zu erklären, vgl. oben unter *3.7.1.*

114 Vgl. *Laufhütte/Rissing-van Saan/Tiedemann* 2009, § 145a Rn. 34.

115 Vgl. *Laufhütte/Rissing-van Saan/Tiedemann* 2009, § 145a Rn. 35.

116 Vgl. *Laufhütte/Rissing-van Saan/Tiedemann* 2009, § 145a Rn. 34 ff.

117 Vgl. *v. Glasenapp* 1979, S. 33.

118 Vgl. *Council of Europe* 1992, Rule 84.

119 Vgl. *Morgenstern* 2002, S. 281. *Morgenstern* weist in diesem Zusammenhang darauf hin, dass auch weitere Mitgliedstaaten gegen diese Regelung verstoßen, vgl. *Morgenstern* 2002, S. 281 f.

gliedstaaten beschlossene Verhaltenserwartungen vor.[120] Überdies beziehen nationale Fachgerichte und auch das BVerfG solche Empfehlungen in ihre Entscheidungsfindung mit ein und Verstöße gegen Europaratsregelungen weisen eine Indizwirkung der Verfassungswidrigkeit auf.[121]

3.8 Die Führungsaufsicht als Forschungsgegenstand

Betrachtet man die Entwicklung, welche die Führungsaufsicht in den vergangenen Jahren genommen hat, so verwundert es, dass es so gut wie keine aktuelle empirische Forschung zu der Wirkweise der Führungsaufsicht gibt. Dieses Forschungsdesiderat steht dabei im krassen Widerspruch zu der heutigen Bedeutung der Führungsaufsicht in der Praxis.[122] So wurde in der Vergangenheit immer wieder der Ruf nach entsprechender Forschung laut und an vielen Stellen auf diesen Mangel hingewiesen.[123] Der Zweite Periodische Sicherheitsbericht formuliert bspw. in Bezug auf die 1998 eingeführte Möglichkeit einer unbefristeten Führungsaufsicht, dass keine verallgemeinerungsfähige Aussagen darüber getroffen werden können, da keine empirische Untersuchungen existieren.[124]

3.8.1 *Einzelne Forschungen zur Führungsaufsicht*

Exemplarisch sollen an dieser Stelle chronologisch einige Forschungen vorgestellt werden, welche sich mit der Wirkweise der Führungsaufsicht in der Praxis beschäftigten bzw. einzelne Aspekte der Führungsaufsicht beleuchteten. Dabei beanspruchte nur die Studie von *Weigelt/Hohmann-Fricke* eine allgemeine Aussagekraft im Hinblick auf die Führungsaufsicht im gesamten Bundesgebiet.

---

120 Vgl. *Dünkel/Pruin* 2012, S. 127.

121 Vgl. *Dünkel/Pruin* 2012, S. 127 mit Verweis auf BVerfG, Urt. v. 31.5.2006 – v BvR 2402/04, juris. Zu der Problematik vgl. ausführlich *Morgenstern* 2002, S. 281 ff.

122 Dabei bestand schon kurz nach der Einführung der Führungsaufsicht im Jahre 1975 das Bedürfnis nach fundierten Informationen über die Führungsaufsicht, vgl. *Hagenkort* 1978, S. 352; *Jacobsen* 1990, S. 15.

123 Vgl. etwa *Neubacher* 2004, S. 73; *Morgenstern* 2006, S. 152; *Weigelt/Hohmann-Fricke* 2006, S. 217; *Dessecker* 2012, S. 631; BT-Drucks. 10/2720, S. 25. Des Weiteren betonten die Sachverständigen *Dessecker*, *Reckling* und *Konrad* im Rahmen ihrer Stellungnahmen zu dem Reformgesetz von 2007 die Notwendigkeit empirischer Forschung, vgl. unten unter *5.4*. So sprach *Reckling* von der „Unabdingbarkeit entsprechender Forschung", *Konrad* von der „dringenden Gebotenheit entsprechender Forschung" und *Dessecker* bemühte das Bild einer „Kriminalpolitik im Blindflug".

124 Vgl. *Bundesministerium des Innern/Bundesministerium der Justiz* 2006, S. 633.

Die Arbeit[125] von *Schulz* wurde 1981 von der Rechtswissenschaftlichen Fakultät der Albert-Ludwigs-Universität in Freiburg i. Br. als Dissertation angenommen. Nach einer historischen Betrachtung der Führungsaufsicht sowie der allgemeinen Darstellung ihrer Rechtsnatur und ihrer Ziele, enthält die Arbeit einen empirischen Teil. In diesem erfasst *Schulz* die Handhabung der Führungsaufsicht in Baden-Württemberg. Ziel der Untersuchung war dabei eine erste Bilanz in Form einer Bestandsaufnahme der 1975 eingeführten Führungsaufsicht zu ziehen.[126] Dazu bezog *Schulz* mit Hilfe eines Erfassungsbogens insgesamt 650 Akten der acht Führungsaufsichtsstellen in Baden-Württemberg in die Untersuchung ein, was jedem zweiten Registereintrag entsprach.[127] Der Erhebungsbogen erfasste dabei die wesentliche Ausgestaltung des jeweiligen Falls im Hinblick auf den Eintrittsgrund, den äußeren Ablauf der Maßregel, die zugrunde liegende Aburteilung, die Tätigkeit der Gerichte und Bewährungshelfer und auch die persönlichen Verhältnisse des Probanden, soweit die Akten hierzu Angaben enthielten.[128] Ergänzt wurde die Aktenanalyse durch eine Befragung der Leiter der Führungsaufsichtsstellen.

Als wesentliche Ergebnisse[129] der Untersuchung zeigte sich, dass sich die meisten Anordnungen der Führungsaufsicht (69%) auf die nachträgliche Maßregelaussetzung gem. § 67d Abs. 2 StGB stützten. In 71,6% der Fälle wurden den Probanden Weisungen erteilt, gegen die in 16,9% der Fälle verstoßen wurde. Dabei wurde bei Verstößen gegen strafbewehrte Weisungen gem. § 68b Abs. 1 StGB in keinem Fall von dem Antragsrecht der Führungsaufsichtsstellen in § 145a S. 2 StGB Gebrauch gemacht. Nahezu alle Probanden (97,1%) waren einem Bewährungshelfer unterstellt und 83,2% der Bewährungshelfer berichteten der Aufsichtsstelle schriftlich über den Verlauf der Führungsaufsicht. Was die Zusammenarbeit mit den übrigen zuständigen Stellen (v. a. Gericht und Staatsanwaltschaft) angeht, so bemängelten die Leiter der Aufsichtsstellen einen unzureichenden Informationsaustausch. So würden die Aufsichtsstellen nur in geringem Umfang in die entsprechenden gerichtlichen Entscheidungen einbezogen werden und die Staatsanwaltschaft informiere nicht rechtzeitig und inhaltlich unzureichend über neue Führungsaufsichtsfälle.

---

125 *Schulz* 1982.

126 Vgl. *Schulz* 1982, S. 91. Um eine deskriptive-statistische Untersuchung der Handhabung handelt es sich auch bei *Kober* 1984. *Kober* entwickelte dazu einen speziellen Fragebogen, welchen sie an die Bewährungshelfer in Berlin verteilte und ermittelte so die Daten von 591 im Jahre 1979/80 beendeten Führungsaufsichten in Berlin.

127 Der Erhebungszeitraum umfasste die Jahrgänge 1975-1978. In diesem Zeitraum erfassten die Führungsaufsichtsstellen insgesamt 1304 Einträge, sodass aus forschungsökonomischen Gründen nur jeder zweite Registereintrag gezogen wurde.

128 Vgl. *Schulz* 1982, S. 94.

129 Vgl. *Schulz* 1982, S. 159 ff.

Aus den so gefundenen Ergebnissen trug *Schulz* Reformvorschläge vor, welche sich v. a. auf die Entbindung der mit der Führungsaufsicht befassten Personen von sonstigen Verpflichtungen bezogen, um der Zielvorstellung der Maßregel als nachbetreuende Sanktion gerecht werden zu können. Des Weiteren forderte *Schulz* die Verbesserung des Informationsflusses der zuständigen Stellen und einen engeren persönlichen Kontakt der Führungsaufsichtsstelle mit dem Probanden. Was die konkrete rechtliche Ausgestaltung der Führungsaufsicht angeht, so trug *Schulz* die Auffassung der Leiter der Aufsichtsstellen vor, es bei den jetzigen Regelungen zu belassen. Insofern kam *Schulz* in seiner Untersuchung zu dem Ergebnis, dass kurz nach der Einführung der Führungsaufsicht, das „Ob" der Maßregel nicht zu diskutieren sei, sondern vielmehr die praktische Anwendung im Verwaltungsweg, also das „Wie". Grundsätzlich hielten auch die Leiter der Aufsichtsstellen die Institution der Führungsaufsicht in Anbetracht der Besonderheiten des erfassten Personenkreises für eine sinnvolle Einrichtung.

Auch die 1985 erschienene Arbeit[130] von *Jacobsen* enthält neben einem allgemeinen Teil, welcher sich v. a. mit der Geschichte und der rechtlichen Ausgestaltung der Führungsaufsicht beschäftigt, einen empirischen. So sichtete *Jacobsen* in Niedersachsen die Akten von insgesamt 563 Führungsaufsichtsfällen, was auf Grund von Mehrfachunterstellungen die Begutachtung von 534 Probanden umfasste. Die Stichtage waren dabei der 1. Juli 1981 und der 1. Januar 1982. Erfasst wurden so ca. 60% der insgesamt etwa 900 Probanden in Niedersachsen, wobei zwei Führungsaufsichtsstellen in der Analyse nicht berücksichtigt wurden.[131] Inhaltlich ging es *Jacobsen* in seiner Untersuchung v. a. darum, allgemeingültige Aussagen in Bezug auf die bis dahin noch wenig bekannte Klientel der Führungsaufsicht zu treffen. Dabei kam er zu dem Schluss, dass die Probanden der Führungsaufsicht von einer deutlichen Heterogenität gekennzeichnet sind, wobei er die Probanden in die Gruppe der Strafentlassenen und die Gruppe der ehemals in einer Maßregel Untergebrachten einteilte. Die festgemachten Unterschiede bezogen sich sowohl auf sozialbiografische Daten, als auch auf die Voraussetzungen für die Anordnung und die konkrete Ausgestaltung der Führungsaufsicht. Diese Erkenntnis durfte jedoch auch 1985 insofern keine überraschende gewesen sein, als dass die jeweiligen Voraussetzungen in Bezug auf eine Strafhaft bzw. eine Maßregelunterbringung naturgemäß unterschiedliche waren. Insofern bestand die Leistung dieser Untersuchung darin, die bestehenden Unterschiede statistisch aufzuzeigen.

Zusammenfassend bezweifelte *Jacobsen* die Tauglichkeit der Führungsaufsicht vor dem Hintergrund der noch nicht ausreichend aufgebauten Strukturen. So forderte er in diesem Zusammenhang u. a. die entsprechenden Strukturen zu schaffen, um dem Zweck der Maßregel gerecht zu werden.

---

130 *Jacobsen* 1985.

131 Vgl. *Jacobsen* 1985, S. 76.

Ähnlich wie *Schulz* und *Jacobsen* lieferte auch *Brusten* in seiner Arbeit[132] statistische Befunde zur Führungsaufsicht, um der Frage nachzugehen, was in den ersten zehn Jahren nach deren Einführung geschehen ist. *Brusten* versuchte anhand empirischer Daten zur Struktur und Entwicklung der Führungsaufsicht jene Frage zu beantworten. Dabei beschränkte er sich im Wesentlichen auf die von der Führungsaufsichtsstelle Köln geführten Personalbögen und dort vorliegende Akten. Trotz dieser Einschränkung erhob *Brusten* den Anspruch, allgemein gültige Aussagen im Hinblick auf die Entwicklung der Klientel der Führungsaufsicht treffen zu können.[133] Was den Erhebungszeitraum anging, so erstreckte sich die Ersterhebung von Juni 1979 bis März 1980. Es folgten Ergänzungserhebungen im Juni 1982, im Januar 1984 und im Frühjahr 1985. Inhaltlich konzentrierte sich auch *Brusten* auf die Probandenstruktur im Hinblick auf die gesetzlichen Grundlagen für die Anordnung und zeigte dabei u. a., dass die Vollverbüßer (§ 68f StGB) bereits 1983/84 die größte Gruppe der Führungsaufsichtsprobanden darstellte. Ferner erfasste *Brusten* u. a. auch die Deliktstruktur der Probanden in Anbetracht der zugrunde liegenden Tat. Es zeigte sich, dass der weitaus größte Teil nicht etwa wegen Gewalt- oder Sexualstraftaten verurteilt wurde, sondern v. a. wegen Diebstahls. U. a. wegen dieser Erkenntnis zeichnete *Brusten* das Bild der Heterogenität der erfassten Klientel. Ferner beleuchtete *Brusten* auch die Praxis der Weisungserteilung gem. § 68b StGB. Er differenzierte dabei in die strafbewehrten Weisungen gem. § 68b Abs. 1 sowie die nicht strafbewehrten in § 68b Abs. 2 StGB und gewann die Erkenntnis einer selektiven Nutzung des abschließenden Katalogs gem. § 68b Abs. 1 StGB.

Insgesamt handelt es sich auch bei der Untersuchung von *Brusten* um eine deskriptive Beschreibung der Entwicklung der Führungsaufsicht, welcher durch die Berücksichtigung mehrerer Jahrgänge ein dynamisches Element innewohnt. In seinem Fazit stellte er dabei die Vollverbüßerregelung des § 68f StGB vor dem Hintergrund in Frage, dass sie sich nach den Erfahrungen der Bewährungshilfe kaum von den unter Bewährungsaufsicht stehenden Probanden unterscheide.

Fernholz-Niemeier untersuchte in ihrer Dissertation[134] aus dem Jahr 1992 die praktische Handhabung der Strafvorschrift des § 145a StGB. Als Erhebungsmethode wählte sie dazu die Aktenanalyse, wobei sie die Akten der Führungsaufsichtsstellen und die Akten der Staatsanwaltschaften heranzog. Dabei untersuchte sie in einer Totalerhebung alle im Jahr 1985 und im 1. Halbjahr

---

132 *Brusten* 1986. Die Untersuchung ist dabei Teil eines umfangreichen Forschungsprojekts zur „Genese und Implementation der Führungsaufsicht", vgl. *Brusten* 1986, S. 287 mit Verweis auf *Brusten* 1982, *Floerecke/Brusten* 1985 und *Floerecke* 1986.

133 Vgl. *Brusten* 1986, S. 287.

134 *Fernholz-Niemeyer* 1992.

1986 beendeten Führungsaufsichten, bei denen es mindestens zu einer Antragstellung nach § 145a StGB kam. Insgesamt wurden in diesem Zeitraum 3.170 Führungsaufsichten beendet, wobei es lediglich in 34 Fällen zu mindestens einer entsprechenden Antragstellung kam. Neben der Untersuchung der praktischen Anwendung des § 145a StGB erfasste *Fernholz-Niemeyer* auch allgemeine Daten zur Ausgestaltung der jeweiligen Führungsaufsichtsfälle.

Im Hinblick auf die Anwendung des § 145a StGB zeigte sich als Ergebnis der Untersuchung, dass sämtliche auf Grund dieser Vorschrift eingeleiteten Verfahren mit Verurteilungen endeten. Dabei handelte es sich meistens um kurze Freiheitsstrafen, welche nicht zur Bewährung ausgesetzt wurden. Trotz der sehr geringen Bedeutung der Strafvorschrift des § 145a StGB in der Praxis spricht sich *Fernholz-Niemeyer* in ihrem Fazit für die Beibehaltung der Vorschrift als Druckmittel zur Einhaltung der Weisungen aus.

Weigelt und *Hohmann-Fricke* machten es sich mit ihrer 2006 veröffentlichten Untersuchung[135] zur Aufgabe, einen Beitrag zur damals aktuellen Reformdiskussion um die Führungsaufsicht zu leisten, indem sie bisher unbekannte empirische Faktoren der Maßregel aufzeigen wollten.[136] Dabei stand die Frage nach der Legalbewährung der Probanden im Mittelpunkt. Hierzu wurde eine etwaige erneute registrierte Straffälligkeit in einem vierjährigen Rückfallzeitraum betrachtet und so der Erfolg der Maßregel gemessen.

Grundlage für die Untersuchung bildete die kommentierte Rückfallstatistik aus dem Jahre 2003.[137] Sie beinhaltet u. a. eine Auswertung aller im Bezugsjahr 1994 ergangenen Verurteilungen zu einer ambulanten Sanktion und der Entlassungen aus freiheitsentziehenden Strafen oder Rechtsfolgen.[138] Insofern waren also auch Probanden der Führungsaufsicht erfasst. Dabei betrachtet die Statistik in einem vierjährigen Zeitraum neu angefallene formelle oder informelle Sanktionierungen der so im Jahre 1994 erfassten Verurteilten anhand des Bundeszentralregisters. Was die Untersuchungspopulation angeht, so wurden diejenigen Probanden in die Rückfalluntersuchung mit einbezogen, welche 1994 der Führungsaufsicht unterstellt wurden bzw. ihr hätten unterstellt werden können.[139] Anhand der Daten wurden die entsprechenden Probanden in drei Gruppen eingeteilt; und zwar in die *Anordnungsgruppe* (§ 68 Abs. 1 StGB), die *Vollverbüßergruppe* (§ 68f StGB) und die *Maßregelgruppe* (§§ 67 ff. StGB). Insgesamt

135 *Weigelt/Hohmann-Fricke* 2006.

136 Vgl. *Weigelt/Hohmann-Fricke* 2006, S. 216.

137 *Jehle/Heinz/Sutterer* 2003.

138 Vgl. *Heinz* 2004, S. 35.

139 Vgl. *Jehle/Heinz/Sutterer* 2003, S. 220.

wurden so 2.764 (potentielle) Führungsaufsichtsprobanden in die Untersuchung einbezogen.

Von der so erfassten Anordnungsgruppe wurden 84% innerhalb von vier Jahren wieder rückfällig.[140] Bei der Gruppe der Vollverbüßer wurde differenziert in diejenigen, bei denen die Führungsaufsicht tatsächlich angeordnet wurde und diejenigen, bei denen die Führungsaufsicht hätte angeordnet werden können. Letztere wurden zu 64% wieder rückfällig, während bei den der Führungsaufsicht unterworfenen Vollverbüßern sogar eine Rückfallquote von 70% auftrat. Die Maßregelgruppe wies im Vergleich eine deutlich niedrigere Rückfallquote auf. So wurden 35% derjenigen rückfällig, bei denen neben der Strafe die Unterbringung in einem psychiatrischen Krankenhaus angeordnet wurde und 63% derjenigen, die aus der Entziehungsanstalt entlassen wurden. Die aus der Sicherungsverwahrung Entlassenen wiesen eine Rückfallquote von 51% auf. Eine noch niedrigere Rückfallquote wiesen diejenigen Probanden auf, bei denen die Maßregel isoliert, d. h. ohne Strafe, verhängt wurde. So wiesen diejenigen, die (isoliert) in einem psychiatrischen Krankenhaus untergebracht waren, eine Rückfallquote von lediglich 12% auf und diejenigen, welche (isoliert) in der Entziehungsanstalt interniert waren, eine von 56%.

Auf den ersten Blick zeigt die Studie eine insgesamt recht hohe Rückfallquote der Führungsaufsichtsprobanden, wobei *Weigelt/Hohmann-Fricke* es unterlassen, eine Bewertung im Hinblick auf den Erfolg bzw. Misserfolg der Maßregel vorzunehmen.

Die Dissertation[141] von *Kwaschnik* enthält u. a. neben einer ausführlichen Darstellung der rechtlichen Regelungen der Führungsaufsicht einen kleinen empirischen Teil, in dem die Ergebnisse einer Befragung zu der praktischen Handhabung der Führungsaufsicht in Schleswig-Holstein vorgestellt werden. Bewährungshelfer, Sachbearbeiter und Leiter der Führungsaufsichtsstellen wurden im Sommer 2006 nach den Stärken und Schwächen der bestehenden rechtlichen Regelungen gefragt sowie nach einer persönlichen Einschätzung der geplanten Neuregelungen im Gesetzentwurf der Bundesregierung zur Reform der Führungsaufsicht.[142] Insgesamt beantworteten 31 Bewährungshelfer, drei Sachbearbeiter und zwei Leiter der Führungsaufsichtsstellen den entsprechenden Fragebogen in verwertbarer Weise. Als wesentliches Ergebnis dieser Befragung stellte *Kwaschnik* fest, dass sich die Bewährungshelfer für die Beibehaltung der Füh-

---

140 In der Untersuchung wird von einem engen Rückfallbegriff ausgegangen, welcher nur die justiziell bekannt gewordenen und im BZR registrierten Straftaten erfasst, vgl. *Jehle/Heinz/Sutterer* 2003, S. 223 mit Verweis auf die Rückfallbegriffe bei *Heinz/Jehle* 2004, S. 11 ff.

141 *Kwaschnik* 2008.

142 BT-Drucks. 16/1993. Zur konkreten Durchführung der Untersuchung vgl. *Kwaschnik* 2008, S. 469 ff. Zu der Reform von 2007 vgl. ausführlich unten unter 5.

rungsaufsicht, jedoch gegen die Ausweitung des erfassten Personenkreises aussprachen. Des Weiteren bewerteten die Bewährungshelfer die jeweilige Fallbelastung als eher hoch und sie sprachen sich für die Abschaffung einer Aufsichtsstelle aus. Diese Aufgabe solle in Zukunft den Strafvollstreckungskammern obliegen. Die von der Bundesregierung vorgeschlagenen Neuregelungen wurden als befriedigend bewertet.

Insgesamt gibt die Befragung einen kleinen und nicht repräsentativen Einblick in die Arbeit der mit der Führungsaufsicht betrauten Stellen. Anerkennenswert ist dabei, dass die Praktiker darin zu Wort kommen, was (eigentlich) Voraussetzung für jegliche gesetzliche Neuregelung sein muss.

Als mit Abstand umfassendste Forschung im Bereich der Führungsaufsicht ist die momentan in Tübingen unter der Leitung von *Kinzig* laufende Evaluierung der Reform der Führungsaufsicht zu bezeichnen. Sie knüpft an die Reform von 2007 an und zielt darauf ab, rechtstatsächliche und rechtsdogmatische Erkenntnisse zur Führungsaufsicht unter Einbeziehung ausgewählter rechtsvergleichender Befunde zusammenzustellen.[143] Dabei soll ein Überblick über die Wirkweise der reformierten Führungsaufsicht zusammengestellt werden, um etwaige rechtspolitische Schlussfolgerungen ziehen zu können. Da die Untersuchung im Auftrag des Bundesministeriums der Justiz durchgeführt wird, wurde die Aufgabenstellung für die Evaluationsstudie relativ klar vorgegeben. Die zentrale Fragestellung betrifft die Umsetzung der Reform von 2007, insbesondere im Hinblick auf die Nutzung des erweiterten Instrumentariums (sowohl in Bezug auf die Weisungen, das Druckmittel des § 145a StGB sowie die an der Schnittstelle zwischen Maßregelvollzug und Führungsaufsicht operierende forensische Ambulanz). Etwas anders gelagert ist die zweite Fragestellung, in der es um die Änderungen in Bezug auf die Vollstreckungsreihenfolge bei Freiheitsstrafe und Maßregelvollzug geht und die v. a. das gesetzgeberische Ziel der Entlastungseffekte bei den Maßregeleinrichtungen überprüfen soll. Es geht daher im Sinne einer Implementationsstudie darum, zu überprüfen, ob die selbst gesteckten Ziele der Reform tatsächlich erreicht wurden. Dabei ist zu differenzieren: Eine umfangreiche statistische Auswertung soll die Frage beantworten, ob das differenzierte bzw. erweitere Instrumentarium genutzt wird. Damit eng verbunden ist die Frage, ob die entsprechende Infrastruktur (Einrichtung, Personal) v. a. bei den forensischen Ambulanzen vorhanden ist bzw. wie die vorhandene Infrastruktur (Führungsaufsichtstellen) mit den gesteckten Zielen, v. a. der Vermeidung der Doppelbetreuung, umgegangen ist. Zum anderen soll – auch unter dem Stichwort des „user view" – qualitativ überprüft werden, inwie-

---

143   Die Konzeption des Forschungsvorhabens ist abrufbar auf der Internetpräsenz des Lehrstuhls für Kriminologie, Straf- und Sanktionenrechts der Eberhard-Karls-Universität Tübingen unter: http://www.jura.uni-tuebingen.de/einrichtungen/ifk/forschung/fuehrungsaufsicht-projektskizze (22.7.2013).

weit die Praxis die neuen Regelungen akzeptiert und welche Schwierigkeiten sie ggf. sieht.

Was die methodische Herangehensweise angeht, so gliedert sich das Vorhaben in insgesamt fünf „Untersuchungsschritte". Mit Hilfe einer rechtswissenschaftlichen Analyse soll die Grundlage für die anschließende rechtstatsächliche Erhebung geschaffen werden. Dazu soll u. a. die einschlägige Literatur und Rechtsprechung herangezogen werden. Daneben sollen die – in geringem Umfang – vorliegenden statistischen Befunde herangezogen und ausgewertet werden. In einem dritten Schritt folgt dann eine umfangreiche Aktenanalyse. Hierzu sollen in den einzelnen Bundesländern laufende und beendete Fälle anhand der Führungsaufsichtsakten erhoben werden. Wie viele Akten so insgesamt erhoben werden sollen, lässt die Konzeption offen. Um dem Anspruch gerecht zu werden qualitative Aussagen in Bezug auf die Akzeptanz der Maßregeln in der Praxis zu treffen, sollen des Weiteren umfangreiche Fragebogen ausgeteilt werden. Teilnehmer dieser Befragung sollen die Leiter der Führungsaufsichtsstellen sowie der forensischen Ambulanzen sein. Daneben werden die Leiter der psychiatrischen Krankenhäuser und Entziehungsanstalten, zufällig ausgewählte Mitarbeiter der Therapiepraxis, eine Stichprobe von Bewährungshelfern und jeweils zwei Richtern der Strafvollstreckungskammern der 119 Landgerichte in die Befragung einbezogen. Insgesamt sollen so ca. 1.300 Personen befragt werden. Um die so gewonnenen Erkenntnisse zu vertiefen wird es in einem fünften Schritt unternommen, 12 leitfadenorientierte Experteninterviews mit Personen aus dem oben genannten Kreis durchzuführen.

Da das ausgeschriebene Forschungsprojekt darüber hinaus auch einen Ländervergleich enthalten soll, ist es als umfangreich und in der Sache komplex einzuschätzen. Die Laufzeit des Projekts ist für zwei Jahre festgesetzt und begann am 1. Oktober 2011.

3.8.2 Zusammenfassung des Forschungsstands und Schlussfolgerungen für die eigene empirische Erhebung

Betrachtet man den Forschungsstand, so bestätigt sich die „Unabdingbarkeit empirischer Forschung" im Bereich der Führungsaufsicht. Zwar war die Führungsaufsicht in den oben genannten Arbeiten bereits Forschungsgegenstand, jedoch liegen gerade die Arbeiten von *Schulz*, *Jacobsen* und *Brusten*, welche es sich zur Aufgabe machten, anhand einer empirischen Auswertung von Akten Aussagen zur Handhabung der Führungsaufsicht zu treffen, schon mehr als 25 Jahre zurück. Daneben beschäftigten sich die Arbeiten von *Fernholz-Niemeyer* und *Weigelt/Hohmann-Fricke* mit Einzelaspekten der Führungsaufsicht, während sich die Arbeit von *Kwaschnik* v. a. den theoretischen Grundlagen der Führungsaufsicht widmet. Als aktuelles Forschungsprojekt setzt sich die Evaluierung der Reform der Führungsaufsicht durch *Kinzig* sehr hohe Ziele, wenn sie bundesweit Führungsaufsichtsakten auswertet und darüber hinaus zahlreiche

Interviews mit beteiligten Personen führt. Ziel dieser Forschung soll es sein, für das Bundesgebiet allgemeingültige Aussagen zu treffen und daraus rechtspolitische Schlussfolgerungen zu ziehen. Insofern ist es das einzige Forschungsvorhaben, welches sich zur Aufgabe macht, die Führungsaufsicht im gesamten Bundesgebiet zu beleuchten.

In der eigenen Untersuchung wird die aktuelle Handhabung der Führungsaufsicht in Mecklenburg-Vorpommern aufgezeigt. Auf Grund der Methode der Aktenanalyse ähnelt die Vorgehensweise dabei derjenigen von *Schulz, Jacobsen* und *Brusten*. Während diese Arbeiten jedoch jeweils nur einen Teil der im Bundesland geführten Führungsaufsichtsakten betrachteten, wurde in der vorliegenden Arbeit eine Totalerhebung eines kompletten Jahrgangs durchgeführt. Konnte durch die Arbeiten von *Schulz, Jacobsen* und *Brusten* die Handhabung der Führungsaufsicht in den jeweiligen Bundesländern in den Anfangsjahren nach der Einführung der Führungsaufsicht ansatzweise dargestellt werden, so wird es hier unternommen die aktuelle Handhabung der Führungsaufsicht in Mecklenburg-Vorpommern anhand von rechtstatsächlichen Aussagen darzustellen. Daneben wird auch der Frage nachgegangen, inwieweit die durch die Reform von 2007 neu eingefügten bzw. konkretisierten Neuregelungen hier Anwendung finden. Einen nicht unwesentlichen Teil der eigenen Forschung macht darüber hinaus die Fragestellung aus, inwieweit die Führungsaufsicht in Mecklenburg-Vorpommern durch die organisatorische Neustrukturierung konkrete Änderungen erfuhr und ob und ggf. wie sich dadurch die Handhabung der Führungsaufsicht verändert hat. Dazu wurden zusätzlich qualifizierte Interviews mit den Mitarbeitern der Aufsichtsstelle geführt und des Weiteren erste Statistiken seit der Gründung der zentralen Führungsaufsichtsstelle herangezogen.

Vor diesem Hintergrund setzt es sich diese Arbeit zum Ziel, ein umfassendes Bild des Führungsaufsichtswesens in Mecklenburg-Vorpommern abzubilden und konkrete rechtspolitische Vorschläge zu formulieren. In diesem Zusammenhang soll auch eine vorsichtige Bewertung der zentralen Neustrukturierung der Führungsaufsicht in Mecklenburg-Vorpommern gegeben werden, um der Frage nachzugehen, ob Mecklenburg-Vorpommern in diesem Zusammenhang taugt, eine „Vorreiterrolle" auf nationaler Ebene einzunehmen. Durch die umfangreiche Darstellung der Regelungen in Mecklenburg-Vorpommern dürften dann auch die Daten aus dem bundesweiten Projekt für Mecklenburg-Vorpommern kaum repräsentativ sein.

Insofern soll die vorliegende Arbeit jener „Kriminalpolitik im Blindflug" wenigstens ein Stück weit entgegenwirken und einen kleinen Beitrag zu einem rationalen Umgang mit dieser zum Teil emotional belegten Thematik leisten.

Vorab wird jedoch die historische Entwicklung der Führungsaufsicht bis zur Gegenwart dargestellt, um zu verdeutlichen, welche Bedeutung der Führungsaufsicht seit ihrer Entstehung beigemessen wurde. So wird der Frage nachgegangen, welche kriminalpolitischen Anschauungen sich im Umgang mit dieser Maßregel über die Jahre herausgebildet haben.

4. Die historische Entwicklung der Führungsaufsicht

Auch wenn die Führungsaufsicht erst im Rahmen des 2. StrRG vom 4. Juli 1969 Eingang in das StGB gefunden hat, am 1. Januar 1975 in Kraft trat und damit eine relativ junge Maßregel darstellt,[144] so lässt sich der Gedanke gefährliche Straftäter auch außerhalb des Straf- bzw. Maßregelvollzugs zu überwachen und zu betreuen bereits in zahlreichen gewohnheitsrechtlichen, richterrechtlichen und gesetzlichen Regeln weit vor jenem Reformgesetz finden. Vor diesem Hintergrund handelt es sich um eine seit langer Zeit gewachsene und etablierte Form der Strafe bzw. Maßregel,[145] die in Form der sog. *Polizeiaufsicht* Eingang in das RStGB von 1871 gefunden hat.

Um jedoch die Entstehung und Zielsetzung der Führungsaufsicht und ihrer einzelnen gewachsenen Regelungen in der heutigen Form besser zu begreifen und die aktuellen Veränderungen zu durchdringen, ist die Darstellung der historischen Entwicklung der Führungsaufsicht angezeigt.

4.1 Die historische Entwicklung der Polizeiaufsicht

Bereits weit vor der Polizeiaufsicht gem. §§ 38, 39 StGB a. F. existierten im deutschen Recht des Mittelalters besondere Sicherheitsmaßnahmen, die darauf abzielten als gefährlich geltende Personen zu überwachen, wobei es sich dabei um die von den Gerichten entwickelte sog. *poena extraordinaria* (außerordentliche Strafe) handelte.[146] Dieses Institut, welches auf den mittelalterlichen Strafprozess im Rahmen der *Carolina*[147] von 1532 zurückgeht, fand dort Anwendung, wo eine Strafe aus prozessualen Gründen nicht verhängt werden konnte, jedoch trotzdem ein Strafbedürfnis bestand.[148] Häufig handelte es sich dabei

---

144   Auch die Maßregeln der Besserung und Sicherung der Unterbringung in einem psychiatrischen Krankenhaus gem. § 63 StGB, der Unterbringung in einer Entziehungsanstalt gem. § 64 StGB und die Maßregel des Berufsverbots gem. § 70 StGB gehen in heutiger Form auf das 2. StrRG zurück, während die Maßregel der Sicherungsverwahrung gem. § 66 StGB bereits durch das GewohnheitsverbrecherG vom 24.11.1933 eingeführt und durch das 1. und 2. StrRG neu gefasst wurde. Die Maßregel der Entziehung der Fahrerlaubnis gem. § 69 StGB hat durch das StraßenverkehrssicherungsG vom 19.12.1952 Eingang in das StGB gefunden.

145   Die Unterscheidung in Strafe und Maßregel (sog. Zweispurigkeit) setzte sich erst seit dem GewohnheitsverbrecherG vom 24.11.1933 durch.

146   Vgl. *Schulz* 1982, S. 33. *Grote* sieht in der poena extraordinaria sogar den Ursprung für die spätere Polizeiaufsicht, vgl. *Grote* 1920, S. 3.

147   Auch bekannt als Constitutio Criminalis Carolina (CCC), welche heute als erstes allgemeines deutsches Strafgesetzbuch gilt.

148   Vgl. *Schmidt* 1995, S. 167; *Schulz*, S. 33; *Fuhr* 1892, S. 3.

nach *Klusmann* um die schwersten Verbrecher, welche die Folter ohne Geständnis überstanden und von einer weiteren verbrecherischen Betätigung abgehalten werden sollten.[149] Dabei reichten die Sicherheitsmaßnahmen von Sicherheitsleistungen in Geld über Anzeigepflichten bezüglich Aufenthaltsänderungen bis hin zur Einsperrung.[150] Gegen Ende des 18. Jahrhunderts wurde zusätzlich die Beaufsichtigung durch Verwandte und die Polizei eingeführt, wobei neben dem Schutz der Allgemeinheit bereits auch die Unterstützung des Beaufsichtigten im Hinblick auf sein rechtschaffendes Fortkommen im Vordergrund stand.[151] Solche Sicherheitsmaßnahmen wurden dabei ohne gesetzliche Grundlage angewendet, auch wenn in Form der *Carolina* grundsätzlich bereits eine Normierung für die Strafbarkeit existierte. Jedoch räumte diese den Gerichten auch einen darüber hinausgehenden Entscheidungsspielraum ein, sodass die betreffende Person solchen Sicherheitsmaßnahmen hilflos gegenüberstand. Letztlich handelte es sich um eine reine Verdachtsstrafe.

4.1.1 Das Gesetzlichkeitsprinzip

Erst im 18. und 19. Jahrhundert mit dem aufkommenden Gedanken des Gesetzlichkeitsprinzips wie wir es heute verstehen,[152] wurde der Ruf nach einer ausdrücklichen gesetzlichen Grundlage für solch ein Vorgehen laut, obwohl die Idee den Souverän an Recht und Gesetz zu binden und den Bürger vor willkürlichen Maßnahmen zu schützen sehr alt ist und bereits weit vor der *Carolina* existierte.[153] Trotzdem fand in Deutschland mit dem *Allgemeinen Landrecht für die preußischen Staaten* erst 1794 das Gesetzlichkeitsprinzip erstmals Eingang in eine umfassende Kodifikation.

Auslöser für dieses neue Denken war die Aufklärungsphilosophie des 18. Jahrhunderts unter *Montesquieu* (1689-1755), *Voltaire* (1694-1778) und *Beccaria* (1738-1794). Sie forderte im Rahmen des Strafrechts, dass die Ausübung der staatlichen Macht unter Einschluss der Macht des Richters ausdrücklich einer gesetzlichen Grundlage bedarf, um somit den einzelnen Bürger vor willkürlicher Machtausübung seitens des Souveräns zu schützen. Vor diesem Hintergrund fand das Gesetzlichkeitsprinzip Eingang in die von der Aufklärung maßgeblich beeinflusste französische Menschenrechtserklärung von 1789, in de-

---

149 *Klusmann* 1920, S. 12.

150 Vgl. *Schulz* 1982, S. 33.

151 *Schulz* 1982, S. 34 f.

152 Heute in Art. 103 Abs.2 GG und § 1 StGB niedergelegt.

153 Vgl. dazu ausführlich *Krey* 1983, S. 3 ff.

ren Artikel 7 das Postulat nach der Herrschaft des Gesetzes im Strafrecht formuliert wurde. So heißt es dort aus dem Französischen übersetzt,[154]

> *dass niemand angeklagt, verhaftet oder gefangen gehalten werden darf, es sei denn in den durch das Gesetz bestimmten Fällen und nur in den von ihm vorgeschriebenen Formen, und dass derjenige, der willkürliche Anordnungen verlangt, erlässt, ausführt oder ausführen lässt, bestraft werden muss.*

Diese Forderung fand Eingang in die deutschen strafrechtlichen Gesetzeswerke bis zum heutigen StGB. So formulierte *von Hippel*, dass diese Epoche für das Strafrecht „die Abschüttelung des Mittelalters und die Heraufführung der Gegenwart" bedeutete.[155] Im Mittelpunkt stand dabei die Freiheit des Bürgers als vernunftbegabtes Individuum, das in Folge des Gesellschaftsvertrags nur den bestehenden Gesetzen verpflichtet und im Übrigen vor jeglicher richterlichen Willkür geschützt ist.[156] Insofern beherrschte die Idee der Freiheitsverbürgung durch Gesetzesbindung das gesetzgeberische Denken in den deutschen Partikularstaaten des Deutschen Bundes im 19. Jahrhundert und so leitete die Aufklärungsbewegung einen neuen Abschnitt in der deutschen Strafrechtsgesetzgebung ein.

An die Spitze dieser strafrechtlichen Reformbewegung in den deutschen Partikularstaaten setzte sich dabei Preußen.[157] *Friedrich II.* (1712-1786), auch *Friedrich der Große* genannt, war es, der die Ideen der französischen Aufklärungsphilosophie aufnahm und als preußischer Gesetzgeber und oberster Strafrichter[158] in die Praxis überführte. Diese umfassenden Kompetenzen ermöglichten ihm das geltende Recht grundlegend zu erneuern und machten Preußen zum Wegbereiter einer modernen Kriminalpolitik, die sich an den drei Leitprinzipien der Säkularisierung, der Rationalisierung und der Humanisierung orientierte.[159]

---

154 Im Original: „Nul homme ne peut être accusé, arrêté ni détenu que dans les cas déterminés par la loi, et selon les formes qu'elle a prescrites. Ceux qui sollicitent, expédient, exécutent ou font exécuter des ordres arbitraires, doivent être punis; mais tout citoyen appelé ou saisi en vertu de la loi doit obéir à l'instant; il se rend coupable par la résistance." Abgedruckt bei *Krey* 1983, S. 16.

155 *v. Hippel* 1932, S. 38.

156 *Dreier* 2008, Art. 103 Abs. 2 GG Rn. 1.

157 *v. Liszt* 1932, S. 62.

158 So behielt sich *Friedrich der Große* bei gewichtigen Strafsachen das Bestätigungsrecht vor, sodass die entsprechenden Akten stets dem königlichen Kabinett vorgelegt werden mussten. An diesem Bestätigungsrecht hielt er strikt fest, auch wenn die Justizminister eine Beschränkung des Bestätigungsrechts anstrebten, vgl. hierzu *Schmidt* 1995, S. 248.

159 *Schmidt* 1995, S. 248.

Jedoch leitete *Friedrich der Große* sogar schon weit vor dem Zeitpunkt, in dem sich die Gedanken der Aufklärung in deutschen Partikularstrafgesetzbüchern niederschlugen, eine rationale und humane Kriminalpolitik ein, indem er zum Beispiel die Folter bereits 1740 nur noch in Ausnahmefällen für rechtens erklärte.[160] In den folgenden Jahren ordnete er weitere Reformen des Strafrechts an,[161] die sich an den drei Leitprinzipien orientierten und letztlich in der Gesamtreform des Strafrechts von 1779 mündeten. Vor diesem Hintergrund fiel die eigentliche Entstehung einer umfassenden Kodifikation des Strafrechts in Form des *Allgemeinen Landrechts für die Preußischen Staaten*, das unter dem neuen Preußenkönig *Friedrich Wilhelm II.* 1794 in Kraft trat, in die Regierungszeit von *Friedrich dem Großen* und kann als herausragende gesetzgeberische Leistung in der Zeit des preußischen aufgeklärten Absolutismus bezeichnet werden.[162] In diesem umfassenden Gesetzeswerk wurde das strafrechtliche Gesetzlichkeitsprinzip in II, 20, § 9 normiert. Dort heißt es:

> *„Handlungen und Unterlassungen, welche nicht in den Gesetzen verboten sind, können als eigentliche Verbrechen nicht angesehen werden, wenn gleich Einem oder dem Anderen daraus ein wirklicher Nachtheil entstanden seyn sollte. "*

Damit ist in Deutschland das Gesetzlichkeitsprinzip erstmals im *Allgemeinen Landrecht für die Preußischen Staaten* manifestiert worden und die übrigen deutschen Partikularstaaten[163] orientierten sich an diesem Leitbild.[164] So wurde u. a. auch im bayerischen StGB von 1813 das Gesetzlichkeitsprinzip normiert und von *Johann Anselm von Feuerbach* auf die lateinische Formel *„nullum crimen sine lege, nulla poena sine crimine"* gebracht.[165] Auch für ihn, der Anfang des 19. Jahrhunderts das deutsche Strafrecht wesentlich prägte, stand das Gesetz im Mittelpunkt seiner strafrechtlichen Lehre.

---

160 Anweisung vom 3.6.1940 an den Justizminister *Samuel Freiherr von Cocceji*, vgl. hierzu *Schmoeckel* 2000, S. 19. Die Folter sollte danach weiterhin bei u. a. Hochverrat, Landesverräterei und bei großen Mordtaten, bei denen viele Menschen getötet wurden angewendet werden. Vollständig abgeschafft wurde die Folter 1754, vgl. *Berner* 1867, S. 32.

161 Ein Überblick findet sich bei *Schmidt* 1995, S. 249 f.

162 *Hattenhauer* 1994, S. 1.

163 Ein ausführliches Verzeichnis deutscher Partikularstrafgesetzbücher von 1813-1869 findet sich bei *Binding* 1991, S. 38 ff.

164 *Berner* spricht in diesem Zusammenhang sogar davon, dass das Strafrecht des Allgemeinen Landrechts einen stürmischen Umschwung der Begriffe und der Dinge bewirkte und so den Anfang einer großen Revolutionsperiode bedeutete, vgl. *Berner* 1867, S. 213.

165 *Sellert/Rüping* 1989, S. 365.

Insofern gilt Preußen als Wegbereiter für die Etablierung des Gesetzlichkeitsprinzips in Deutschland.

4.1.2 Die Bedeutung des Gesetzlichkeitsprinzips für die Polizeiaufsicht in den deutsche Partikularstaaten

Vor dem Hintergrund der aufklärerischen Reformimpulse und der Etablierung des Gesetzlichkeitsprinzips wurde dann auch die Forderung laut eine gesetzliche Grundlage für eine besondere Polizeiaufsicht zur Verhinderung von Straftaten zu schaffen.[166] In diesem Zusammenhang entstanden in den deutschen Partikularstrafgesetzbüchern gesetzliche Regelungen zu einer Polizeiaufsicht.[167] Exemplarisch sollen dazu im Folgenden Beispiele zu den gesetzlichen Regelungen aus den damaligen Strafgesetzbüchern Bayerns, Badens, Württembergs und Preußens dargestellt werden.

Das bayerische Strafgesetzbuch von 1813 normierte in Art. 117 die besondere Polizeiaufsicht. Darin hieß es:

„Wer wegen eines zweiten Rückfalls die Strafe des Arbeitshauses oder wegen eines ersten Rückfalls die Strafe des Zuchthauses überstanden hat, wird auf vier bis zehn Jahre unter besondere Polizei-Aufsicht gestellt. "

Dieses Institut wurde mit dem Argument für notwendig erachtet, dass solche Rückfalltäter einen besonderen Hang zu Verbrechen in sich tragen und somit eine besondere Gefahr für die bürgerliche Gesellschaft darstellen.[168] Daneben trat die Polizeiaufsicht gem. Art. 59 in Fällen an sich strafloser Versuche ein, die mit Todes- oder Kettenstrafe oder mit Zucht- oder Arbeitshaus bedroht waren sowie bei tätiger Reue nach einem gelegten Brand. Die Ausgestaltung dieser Polizeiaufsicht bestimmte Art. 36, welcher die Begrenzung an einen bestimmten Aufenthaltsort zu einem wesentlichen Bestandteil der besonderen Polizeiaufsicht erklärte, da eine Beaufsichtigung anderenfalls unmöglich wäre.[169]

---

166 *Dannecker* 2007, S. 29. Das erste Strafgesetzbuch, das eine Polizeiaufsicht normierte, war das Josephinische Strafgesetzbuch von 1787, welches im zweiten Teil in § 32 normierte, dass bei leichtem Diebstahl der Schuldige auch nach ausgestandener Strafe unter die „Aufmerksamkeit der Polizei" gestellt wird, vgl. *Klusmann* 1920, S. 13.

167 Eine ausführliche Zusammenstellung zu den gesetzlichen Regelungen der Polizeiaufsicht in den deutschen Partikularstrafgesetzbüchern findet sich bei *Schulz* 1982, S. 47 ff.

168 *Redaktion des allgemeinen Regierungsblatts* 1813, S. 295.

169 *Redaktion des allgemeinen Regierungsblatts* 1813, S. 119.

Im Strafgesetzbuch für das Königreich Bayern von 1861 konnten die Gerichte gem. Art. 36 die Verurteilten unter Polizeiaufsicht stellen, wobei die Anordnung bei jeder Verurteilung wegen eines Verbrechens zulässig war. Bei einer Verurteilung wegen eines Vergehens oder einer Übertretung war eine Anordnung jedoch nur in den gesetzlich vorgesehenen Fällen zulässig. Hierzu zählten u. a. die Kuppelei gem. Art. 221, der Rückfall bei vorsätzlichen Körperverletzungen und Schlägereien gem. Art. 242 oder die Erpressung gem. Art. 303.[170] Die Begrenzung an einen bestimmten Aufenthaltsort wurde gegenüber dem Strafgesetzbuch von 1813 in Art. 38 konkretisiert, indem das Betreten gewisser Häuser, Anstalten, Plätze oder Bezirke, sowie der Aufenthalt in einzelnen bestimmten Gemeinden von der Distriktspolizeibehörde untersagt werden konnte. Dabei betonte der Gesetzgeber, dass die Behörden davon nur im Hinblick auf das rechtliche Fortkommen des Verurteilten Gebrauch machen sollten, um sie wieder in die Gesellschaft zu integrieren.[171]

In Baden wurde die Polizeiaufsicht ausdrücklich vor dem Hintergrund der Besserung des Straftäters in das Strafgesetzbuch für das Großherzogtum Baden von 1845 aufgenommen und ihr in diesem Sinne eine besondere Bedeutung beigemessen, da die Gesetzgebungskommission ausdrücklich darauf hinwies, dass die Strafanstalten eine Besserung verlässlich kaum leisten könnten.[172] Trotzdem sollte dabei dem Umstand Rechnung getragen werden, dass die Anordnung der Polizeiaufsicht für den Betroffenen erhebliche Einschränkungen bedeutete. Deswegen sollte der Anwendungsbereich restriktiv gehandhabt werden.[173] § 25 (Polizeiliche Aufsicht) lautete:

„Gegen den Inländer, welcher zu einer Zuchthausstrafe verurtheilt wird, ist zugleich, in sofern er für die öffentliche Sicherheit besonders gefährlich erscheint, auf Stellung unter polizeilich Aufsicht zu erkennen."

Die Dauer betrug dabei gem. § 26 zwischen einem Jahr und fünf Jahren und die weitere rechtliche Ausgestaltung war in den §§ 27-32 normiert. Auch hier sollte bei der Anwendung der Polizeiaufsicht die Bedeutung der Anordnung für den Verurteilten berücksichtigt und am jeweiligen Einzelfall gemessen werden, um den Betroffenen nicht zweckwidrig in seinem rechtlichen Fortkommen zu beschränken.[174]

---

170 Zusammenstellung der gesetzlich vorgesehenen Fälle bei *Schubert* 1989, S. 108.

171 Vgl. *Schubert* 1989, S. 111.

172 Vgl. *Schulz* 1982, S. 52.

173 Vgl. *Schulz* 1982, S. 52.

174 Vgl. *Schubert* 1989, Strafgesetzbuch für das Großherzogthum Baden, S. 85.

Das Strafgesetzbuch für das Königreich Württemberg von 1839 normierte in Art. 42 die Stellung unter polizeiliche Aufsicht:

*„Die Stellung unter polizeiliche Aufsicht nach erstandener Strafe findet vermöge gesetzlichen Erkenntnisses nur Statt, wenn nach der Beschaffenheit des verübten Verbrechens oder Vergehens und der Persönlichkeit des Thäters zu besorgen ist, daß derselbe die öffentliche Ordnung oder Sicherheit gefährden möchte. Sie darf auf nicht weniger als **ein**, und nicht mehr als **fünf** Jahre erkannt werden."*

Auch wenn Art. 42 als Generalklausel formuliert ist, indem auf die öffentliche Sicherheit und Ordnung abgestellt wird, so wird dabei doch deutlich, dass von einer restriktiven Anwendung der polizeilichen Aufsicht in Einzelfällen ausgegangen wurde. Jedoch wurden unter den Tatbestand nicht etwa nur gemeingefährliche Verbrechen subsumiert, was die Begrifflichkeiten der *öffentlichen Ordnung und Sicherheit* an sich nahe legen würden. Auch Verbrechen und Vergehen gegen den Einzelnen sollten mit dem Argument davon erfasst werden, dass der gefährdete Einzelne ebenso wie die gefährdete Mehrzahl einen Anspruch darauf habe, vom Gesetz geschützt zu werden.[175] Was die rechtliche Ausgestaltung anbelangte, so beinhaltete Art. 43 das Verbot den Wohnort ohne Erlaubnis zu verlassen und Art. 44 bestimmte, dass der unter Aufsicht Gestellte unfähig ist, seine staats- und gemeindebürgerlichen Aktiv- und Passivwahlrechte wahrzunehmen.

Bis zum Strafgesetzbuch für die Preußischen Staaten von 1851 hatte die Polizei gem. §§ 410 und 569 der Preußischen Kriminalordnung von 1805 die Pflicht vorzeitig entlassene Straftäter zu beaufsichtigen.[176] Darunter war eine administrative Beaufsichtigung zu verstehen, die auf keiner besonderen gesetzlichen Grundlage fußte.[177] § 410 lautete:

„Der Richter kann den von der Instanz Losgesprochenen, von dem zu befürchten ist, daß er die wiedererlangte Freiheit missbrauchen werde, der Polizeiobrigkeit seines Wohnortes zu sorgfältiger Beobachtung anzeigen und ist diese verbunden, den Entlassenen sorgfältig zu beobachten und dem Richter von allen denjenigen Umständen Nachricht zu geben, welche auf das begangene Verbrechen Beziehung haben und sich nach der Entlassung des Verdächtigen ergeben."

---

175 Vgl. *Schubert* 1989, Commentar, S. 78 f.

176 *Grote* 1920, S. 8.

177 *Braune* 1889, S. 809.

§ 569 der Kriminalordnung formulierte eine strenge Aufsicht von solchen Straftätern, die auf Grund einer ehrlichen Anstellung außerhalb des Gefängnisses in die Freiheit entlassen werden konnten.

Im Strafgesetzbuch von 1851 wurde die Polizeiaufsicht dann als Nebenstrafe eingeführt und in zahlreichen Regelungen normiert. Dabei wurde – im Gegensatz zum Württembergische Strafgesetzbuch von 1839 – darauf verzichtet eine Polizeiaufsicht im Wege einer Generalklausel einzuführen und es entstand ein relativ differenzierter Anwendungsbereich der Polizeiaufsicht in den gesetzlich bestimmten Fällen.[178] So stand es in zahlreichen Vorschriften im Ermessen des Richters die Polizeiaufsicht anzuordnen, wobei zwischen *Kann-* und *Soll-*Regelungen unterschieden wurde.[179] Bspw. lautete § 216 (Diebstahl):

„Der Diebstahl und der Versuch des Diebstahls wird mit Gefängnis nicht unter Einem Monate und mit zeitiger Untersagung der bürgerlichen Ehrenrechte bestraft. Der Schuldige kann sogleich unter Polizei-Aufsicht gestellt werden.“

*Kann-*Regelungen beinhalteten u. a. auch die §§ 235 (Erpressung) und 237 (Hehlerei). Hingegen enthielt u. a. der § 219 (Diebstahl nach Rückfälligkeit) eine *Soll-*Regelung, da von einem solchen Täter von einer größeren Gefahr der Rückfälligkeit ausgegangen werden konnte.

Daneben existierten aber auch obligatorische Normierungen der Polizeiaufsicht, bei denen eben gerade kein Ermessensspielraum des Richters bestand. Dies war u. a. der Fall bei schweren Formen des Diebstahls gem. § 218, bei Raub gem. § 231 oder bei bestimmten versuchten Verbrechen gem. § 32. In § 32 heißt es bspw.:

„Der Versuch eines Verbrechens wird wie das Verbrechen selbst bestraft. Dem Richter bleibt jedoch überlassen, die Festsetzung des Strafmaßes innerhalb der dafür vorgeschriebenen Grenzen darauf Rücksicht zu nehmen, dass das Verbrechen nicht vollendet worden ist. Ist das Verbrechen mit der Todesstrafe oder mit lebenslänglicher Zuchthausstrafe bedroht, so tritt statt derselben zeitige Zuchthausstrafe von mindestens zehn Jahren nebst Stellung unter Polizei-Aufsicht ein. Insoweit bei dem vollendeten Verbrechen unter Umständen eine der Art oder dem Maaße nach mildere Strafe eintritt, soll dieselbe auch bei dem Versuche zur Anwendung kommen.“

---

178 *Schulz* 1982, S. 48.

179 Eine Zusammenstellung der Ermessensregelungen findet sich bei *Goehrke* 1921, S. 28 f.; *Fuhr* 1892, S. 156.

Die §§ 26-29 regelten die rechtliche Ausgestaltung der Polizeiaufsicht. So lag die Dauer der Polizeiaufsicht gem. § 26 zwischen einem Jahr und zehn Jahren. In den §§ 27 und 28 waren Aufenthaltsverbote im Rahmen der Polizeiaufsicht normiert und wer gegen solche Beschränkungen verstieß, wurde gem. § 116 mit Gefängnis von einer Woche bis zu sechs Monaten bestraft. Die Beschränkungen in den §§ 27 und 28 mussten jedoch genau bestimmt sein. Insofern entfiel eine Strafbarkeit gem. § 116, wenn dem Betroffenen eine über diese Bestimmungen hinausgehende Beschränkung auferlegt wurde, da eine solche Bestimmung nicht verbindlich war (bspw. die Beschränkung den Wohnort auch bei Tage nur nach vorheriger Meldung verlassen zu dürfen, denn ein solches Verbot war gem. § 28 ausschließlich auf die Nachtzeit beschränkt).[180] § 29 besagte, dass bei Ausländern anstatt auf die Polizeiaufsicht auf eine Landesverweisung zu erkennen ist.

Trotz dieser relativ differenzierten Regelungstechnik wurde das Instrument der polizeilichen Aufsicht im Hinblick auf die Schwere der Straftat und die individuelle Rückfallgefahr häufig undifferenziert angewendet, was die Integration der Betroffenen in die Gesellschaft erschwerte. Vor diesem Hintergrund erging durch das preußische Innenministerium 1866 eine Verwaltungsanweisung, welche die Betroffenen in zwei Aufsichtsklassen einteilte, wobei nur gegen die zweite das volle Kontrollinstrumentarium der Polizeiaufsicht zulässig war.[181] In Bezug auf die erste Aufsichtsklasse wurden lediglich Erkundigungen bei der Ortsverwaltung über die Lebensverhältnisse des Betroffenen für zulässig erklärt. Insofern zählten zu der ersten Klasse Straftäter weniger schwerer Delikte, während von der zweiten Klasse solche Täter erfasst wurden, die schwere und v. a. gemeingefährliche Verbrechen begangen hatten.[182]

4.1.3 Die Polizeiaufsicht im RStGB von 1871

Als es um die Schaffung eines reichseinheitlichen Strafgesetzbuchs ging, musste der Gesetzgeber die verschiedenen gesetzlichen Regelungen der Polizeiaufsicht in den deutschen Partikularstrafgesetzbüchern berücksichtigen und dabei die Frage beantworten, ob und in welcher Form eine Polizeiaufsicht Eingang in ein Strafgesetzbuch für das gesamte Reich finden kann. Letztlich wurde dabei das Strafgesetzbuch für die Preußischen Staaten von 1851 zum Vorbild für das

---

180 *Schubert* 1991, S. 75.

181 Diese Regelung erfolgte in Anlehnung an die bereits existierende Differenzierung in zwei Aufsichtsklassen im Königreich Sachsen, vgl. *Fuhr* 1892, S. 147. Ein Abdruck der Anweisung des preußischen Ministers des Innern vom 22.5.1866 findet sich ebenfalls bei *Fuhr* 1892, S. 338 ff.

182 Eine Zuordnung zu der ersten Aufsichtsklasse erfolgte vornehmlich dann, wenn der Betroffene nachweisen konnte, einer sicheren Beschäftigung bei einer vertrauenswürdigen Person nachzugehen, vgl. *Grote* 1920, S. 11.

Strafgesetzbuch für den Norddeutschen Bund, das am 1. Januar 1871 in Kraft trat und am 15. Mai zum Reichsgesetz erklärt wurde. Der Grundsatz „*nullum crimen sine lege, nulla poena sine crimine*" wurde darin zum Fundament der reichsrechtlichen Strafrechtspflege[183] und das Strafgesetzbuch von 1851 wurde in abgewandelter Form in das neue Gesetz übernommen. Was die Ausgestaltung der Polizeiaufsicht anging, so wurde den Erfahrungen Rechnung getragen, die sich in der praktischen Anwendung der entsprechenden Regelungen im *Preußischen Strafgesetzbuch* von 1851 zeigten. Vor diesem Hintergrund wurden in Bezug auf die Normierung der Polizeiaufsicht im RStGB folgende wesentlichen Leitlinien formuliert:[184]

- Die Polizeiaufsicht sollte bei Verbrechen fakultativ Anwendung finden und nicht mehr obligatorisch. Begründet wurde diese Leitlinie damit, dass die Resozialisierung des Betroffenen nach der Entlassung durch die obligatorische Anordnung der Polizeiaufsicht in einem Urteil, das häufig viele Jahre zurücklag, wesentlich erschwert werde und es in vielen Fällen einer polizeilichen Beaufsichtigung gar nicht mehr bedürfe.
- Im Urteil des Richters sollte nicht mehr auf die Anordnung der Polizeiaufsicht erkannt werden, sondern nur noch auf deren Zulässigkeit. Über eine etwaige Anordnung nach der Strafverbüßung sollte dann die Landespolizeibehörde entscheiden.[185]
- Die Polizeiaufsicht sollte nur dort angewendet werden, wo von einer Gefahr für die öffentliche Sicherheit und Ordnung auch tatsächlich auszugehen war. Insofern sollte die Polizeiaufsicht bei leichteren Delikten wie zum Beispiel dem einfachen Diebstahl oder Betrug nicht zur Anwendung kommen.
- Die Dauer der Polizeiaufsicht sollte auf fünf Jahre beschränkt sein, da die Rückfallgefahr nur in den ersten Jahren nach der Entlassung bestehe und die Entlassenen nicht zu lange mit dem Makel der Beaufsichtigung behaftet werden sollten.[186]

Der Betroffene sollte durch die neu gefassten Regelungen der Polizeiaufsicht also nur noch dann in seiner Freiheit eingeschränkt werden, wenn es unbedingt erforderlich war. Einer gedeihlichen Resozialisierung nach der Haftentlas-

---

183 Vgl. *Eisenhardt* 2008, S. 376.

184 Vgl. *Hassenpflug* 1963, S. 27 f.; *Fuhr* 1892, S. 187.

185 Durch die Entscheidung der Landespolizei- anstelle der Ortspolizeibehörde sollte einer etwaigen Befangenheit der örtlichen Polizeibehörde vorgebeugt werden, vgl. *Fuhr* 1892, S. 187.

186 Vgl. *Goehrke* 1921, S. 43.

sung sollte im Übrigen nichts im Weg stehen.[187] Vor diesem Hintergrund wurde die Polizeiaufsicht in das RStGB eingeführt und in den §§ 38, 39 und 361 Abs. 1 und 2 normiert. § 38 nannte die Voraussetzungen, welche die Anordnung der Polizeiaufsicht ermöglichten:

> *„Neben einer Freiheitsstrafe kann in den durch das Gesetz bestimmten Fällen auf die Zulässigkeit von Polizeiaufsicht erkannt werden. Die höhere Landespolizeibehörde erhält durch ein solches Erkenntnis die Befugnis, nach Anhörung der Gefängnisverwaltung den Verurteilten auf die Zeit von höchstens fünf Jahren unter Polizeiaufsicht zu stellen. Diese Zeit wird von dem Tage berechnet, an welchem die Freiheitsstrafe verbüßt, verjährt oder erlassen ist.“*

Solche gesetzlich bestimmten Fälle waren u. a. in den §§ 85 Nr. 4 (vorsätzlicher Hochverrat), 115 Abs.2 (Aufruhr), 180 Abs. 1 und 181 Abs. 2 (Kuppelei), 248 (Diebstahl und Unterschlagung), 256 (Erpressung) und 325 (bestimmte gemeingefährliche Delikte) RStGB niedergelegt.[188] Dem Richter oblag es also lediglich auf die Zulässigkeit der Polizeiaufsicht zu erkennen. Die eigentliche Anordnung erfolgte dann durch die höhere Landespolizeibehörde.[189] Diese Regelung wurde damit begründet, dass die Behörde eher als der Richter in der Lage sei die tatsächlichen Lebensverhältnisse des Betroffenen zu ermitteln und so die individuell zu treffenden Maßnahmen besser koordinieren könne.[190] Die Polizeiaufsicht im RStGB bedeutete also mehr als eine bloße Überwachungsfunktion der Polizei, da ihr durch das Gesetz die Entscheidung verliehen wurde die Polizeiaufsicht überhaupt anzuordnen. Insofern bestimmte die Polizei nicht nur das „Wie“ der Polizeiaufsicht, sondern auch das „Ob“. Was die rechtliche Ausgestaltung anging, so regelte § 39 die rechtlichen Wirkungen der Polizeiaufsicht:

> *„1. Dem Verurteilten kann der Aufenthalt an einzelnen bestimmten Orten von der höheren Landespolizeibehörde untersagt werden;*

---

187 Jedoch betonte *Schwarze* in seinem Commentar zum Strafgesetzbuch für das Deutsche Reich ausdrücklich, dass die Polizeiaufsicht nicht dem Besserungszweck diene, sondern Präventionsmaßregel zum Schutz des Publikums ist, vgl. *Schubert/Regge/Schmid u. a.* 1992, S. 227.

188 Eine komplette Darstellung der gesetzlich geregelten Fälle findet sich bei *Goehrke* 1921, S. 46 ff.; *Fuhr* 1892, S. 191 ff.

189 In den Leitlinien war noch von der Landespolizeibehörde die Rede. Durch die Formulierung „höhere Landespolizeibehörde“ sollte lediglich klargestellt werden, dass nicht etwa die Ortspolizeibehörde, sondern die ihr übergeordnete Polizeibehörde zuständig sein sollte, um etwaigen Befangenheiten entgegenzuwirken, vgl. *Hassenpflug* 1963, S. 37.

190 *Hassenpflug* 1963, S. 36.

2   die höhere Landespolizeibehörde ist befugt, den Ausländer aus dem
     Bundesgebiete zu verweisen;

3.   Haussuchungen unterliegen keiner Beschränkung hinsichtlich der Zeit,
     zu welcher sie stattfinden dürfen."

Um die auferlegten Beschränkungen mit Nachdruck durchsetzen zu können
wurde in § 361 die Strafbarkeit für solche Handlungen normiert, die sich gegen
erteilte Aufenthaltsbeschränkungen und Ausweisungen richteten:

„Mit Haft wird bestraft:

1.   wer, nachdem er unter Polizeiaufsicht gestellt worden ist, den infolge
     derselben auferlegten Beschränkungen zuwiderhandelt;

2.   wer, nachdem er des Bundesgebietes oder des Gebietes eines Bundes-
     staates verwiesen ist, ohne Erlaubnis zurückkehrt."

Insofern konnten also nur solche Verhaltensweisen bestraft werden, die sich
gegen gem. § 39 Nr.1 RStGB erteilte zulässige Weisungen richteten. Ein Verstoß gegen andere Weisungen, wie die häufig vorgekommenen Meldeauflagen,
durfte folglich nicht bestraft werden.

Die Polizeiaufsicht wurde damit als Neben- bzw. Nachstrafe verstanden,
auch wenn sie v. a. eine präventive und keine vergeltende Zielrichtung hatte.[191]
Erst mit dem GewohnheitsverbrecherG aus dem Jahre 1933 wurde das System
der Zweispurigkeit, d. h. das Nebeneinander von vergeltenden Strafen einerseits
und sichernden Maßregeln andererseits, gesetzlich normiert. Im RStGB existierte eine solche Unterscheidung noch nicht, obwohl es neben der Polizeiaufsicht auch schon andere Regelungen gab, die zielgerichtet nur der Sicherung
dienten.[192]

4.2 Die Kritik an der Polizeiaufsicht des RStGB

Schon vor ihrer Einführung in das RStGB war die Polizeiaufsicht ständiger Kritik ausgesetzt und trotz der relativ differenzierten Regelungstechnik setzte sich
die Kritik nach der gesetzlichen Normierung unverändert fort.[193] Schon allein
gegen die Aufnahme an sich in das RStGB regte sich heftiger Widerstand, der
v. a. aus den Reihen von denjenigen kam, die in der Praxis täglich mit diesem

---

191   *Schulz* 1982, S. 57; *Schubert/Regge/Schmid u. a.*1992, S. 90.

192   Etwa die Aberkennung der Eidesfähigkeit gem. § 161 oder die Überweisung gemein-
      lästiger Täter an die Landespolizeibehörde gem. § 362 RStGB, vgl. *Laufhütte/Rissing-
      van Saan/Tiedemann* 2008, Vor § 61 Rn. 6.

193   Eine Darstellung der in der Literatur aufgetretenen Reformvorschläge mit auch rechts-
      vergleichenden Bezügen findet sich bei *Fuhr* 1892, S. 280 ff.

Institut zu tun hatten. Als besonders problematisch an der Polizeiaufsicht wurde dabei ihre Doppelfunktion erachtet. Auf der einen Seite sollte das Institut den Zweck erfüllen, weitere Straftaten der Freigelassenen zu verhindern, auf der anderen Seite zeigte sich, dass durch eine strenge polizeiliche Beaufsichtigung die Wiedereingliederung in die Gesellschaft nicht unerheblich erschwert wurde. Insofern stellte die praktische Durchführung der Polizeiaufsicht die Rechtsanwender vor schwierige Fragen, welche vor dem Hintergrund des Sicherheitsbedürfnisses der Gesellschaft vor vermeintlich gefährlichen Tätern meistens zum Nachteil der Beaufsichtigten gelöst wurde, zumal gerade die präventiv arbeitende Polizei sowohl über das „Wie" als auch über das „Ob" zu entscheiden hatte. *Gennat* fasste diesen Kritikpunkt prägnant zusammen, indem er formulierte:

„Die Polizeiaufsicht in ihrer gegenwärtigen Gestaltung und Handhabung bedeutet allgemein oft Verderb für denjenigen, der zum ersten Mal mit ihr in Berührung kommt, sie ist aber ein Popanz für den Wissenden, d. h. jenen, der den Rummel kennt."[194]

Vor diesem Hintergrund wurde gefordert, dass die Polizeiaufsicht nur in einer Art Anwendung finden soll, die den Betroffenen nicht bloßstellt und ihm vielmehr hilft ein rechtlich verantwortliches Leben in Freiheit zu führen, um einen etwaigen Rückfall zu verhindern.[195]

Darüber hinaus kritisierten die Rechtsanwender die Erfolglosigkeit der Polizeiaufsicht im Hinblick auf eine Senkung der Rückfallwahrscheinlichkeit und bezeichneten sie bisweilen als sinn- und zwecklos. So wurde die gänzliche Abschaffung der Polizeiaufsicht mit dem Argument gefordert, dass sie weder zu einem besseren Schutz der Gesellschaft vor Rückfalltaten beitrage noch den unter Aufsicht Gestellten helfe, sich in die Gesellschaft zu integrieren.[196] Vor diesem Hintergrund schade die Polizeiaufsicht mehr, als dass sie Nutzen bringe und die Konsequenz hieraus müsse die Streichung aus dem RStGB sein.[197]

Die einhellige Kritik an der Polizeiaufsicht wurde umso deutlicher, nachdem *Fuhr* die Ergebnisse seiner Umfrage aus dem Jahre 1890 veröffentlichte.[198] In dieser fragte er die mit der Durchführung der Polizeiaufsicht befassten Stellen nach deren Erfahrungen und Einschätzungen im Umgang mit der Polizeiauf-

---

194 *Gennat* 1905, S. 47. *Sichart* formulierte in diesem Zusammenhang ferner: „Die Polizeiaufsicht bildet ein mächtiges Hindernis für das ehrliche Fortkommen und damit für die bürgerliche Besserung des Strafgefangenen, [...].", vgl. *Sichart* 1905, S. 204.

195 *Goehrke* 1921, S. 67 f.

196 *Jacobsen* 1984, S. 255.

197 Vgl. *Kwaschnik* 2008, S. 61.

198 Vgl. *Fuhr* 1892, S. 234 ff.

sicht. Im Ergebnis waren die meisten Befragten zwar der Auffassung, dass es in einzelnen Fällen notwendig sei, die Entlassenen weiterhin zu beaufsichtigen und zu betreuen, sich jedoch der aktuelle Umgang mit diesem Institut als wenig effizient darstelle. Die Erfolge wurden u. a. als „gleich Null" bezeichnet.

Ferner wurde geäußert, dass sich nur die „Dummköpfe" der unter Aufsicht gestellten verrieten und der „verschlagene" Verbrecher immer Wege finden würde seine kriminellen Machenschaften vor der Polizei zu verbergen.[199] Insofern ließen sich gerade die als gefährlich geltenden Täter nur schwer von einer polizeilichen Aufsicht beeindrucken.

Insgesamt waren sich die kritischen Stimmen einig, dass die Polizeiaufsicht weder geeignet sei die Gesellschaft effektiv vor Rückfalltaten zu schützen noch den Zweck erfülle den Entlassenen bei seiner Wiedereingliederung in die Gesellschaft zu unterstützen.

4.2.1 Die Polizeiaufsicht in den Entwürfen von 1909 und 1911 zu einem neuen StGB

Um der v. a. aus der Praxis vorgetragenen Kritik zu begegnen, wurde in den Entwürfen zu einem neuen Strafgesetzbuch von 1909 und 1911 über eine Neuregelung der Polizeiaufsicht nachgedacht. Im Rahmen der längst als notwendig erkannten Überarbeitung des deutschen Strafrechts,[200] sollte die Polizeiaufsicht als Maßnahme zur Resozialisierung von Neigungstätern überarbeitet werden.

So wurde im sog. *Vorentwurf* zu einem deutschen Strafgesetzbuch von 1909 auf die Polizeiaufsicht als Nebenstrafe verzichtet und eine Aufenthaltsbeschränkung in § 53 des Vorentwurfs vorgeschlagen, über die das zuständige Gericht befinden sollte.[201] Damit wollte der Gesetzgeber den kritischen Stimmen aus der Lehre und der Praxis begegnen, ohne jedoch wirklich von der Polizeiaufsicht abzuweichen. Denn trotz der zahlreichen Einwände gegen die Polizeiaufsicht an sich, gingen die Verfasser des Vorentwurfs weiterhin von der Notwendigkeit eines der Polizeiaufsicht ähnlichen Instituts aus. Insofern wurde durch § 53 die Polizeiaufsicht nur formell abgeschafft, was v. a. daraus deutlich wird, dass sich am Verfahren wesentlich nichts änderte.[202] Auch die Höchstfrist von fünf Jahren wurde beibehalten und weitergehende polizeiliche Kontrollmaßnahmen wie die Haussuchungen gem. § 39 Nr. 3 RStGB in die StPO verlagert. Letztlich

---

199 *Hassenpflug* 1963, S. 91.

200 Vgl. *Liszt* 1932, S. 80.

201 *Schulz* 1982, S. 59.

202 Vgl. *Hassenpflug* 1963, S. 98; *Schulz* 1982, S. 59 f.

brachte der Vorentwurf keine Veränderungen mit sich und beließ alles beim Alten.[203]

Der Vorentwurf löste 1911 einen Gegenentwurf aus, in dem die Überarbeitung der Polizeiaufsicht des Vorentwurfs auf Grund fehlender Innovation kritisiert wurde. Der Gegenentwurf ging zwar weiterhin davon aus, dass es in der ersten Zeit nach der Entlassung aus der Haft einer Beaufsichtigung bedürfe, jedoch hierfür Meldepflichten ausreichend seien.[204] Die Polizeiaufsicht sollte dabei durch die sog. *Schutzaufsicht* in § 60 des Gegenentwurfs ersetzt werden. Die Schutzaufsicht war dabei – im Gegensatz zu dem eher repressiven Institut der Polizeiaufsicht – als fürsorgende Betreuung des Straftäters nach der Entlassung gedacht. Maßgeblich für diesen Vorschlag war dabei die Überzeugung, dass eine erfolgreiche Resozialisierung ausschließlich durch eine intensive persönliche Betreuung gelingen könne und durch repressive Maßnahmen nicht zu erreichen sei.[205] Folglich stand bei den Überlegungen im Gegenentwurf die Fürsorge des Gefangenen im Vordergrund.[206] Die Ausgestaltung des Gegenentwurfs sollte dabei in den §§ 55 Abs. 2 Nr. 2, 56 und 60 des Gegenentwurfs geregelt sein. Dabei sollte die Schutzaufsicht unter Ausschluss der Polizei vom Vormundschaftsgericht angeordnet und die Betreuung mit Hilfe von Fürsorgevereinen und Einzelpersonen umgesetzt werden. Insofern wurde in dem Gegenentwurf bereits das Prinzip der Zweispurigkeit deutlich.[207]

Im Gegensatz zu dem Vorentwurf von 1909 stellte sich der Gegenentwurf tatsächlich als innovativ dar und *Goehrke* bezeichnete die Schutzaufsicht als „Polizeiaufsicht der Zukunft", auch wenn er befürchtete, dass es noch einige Zeit dauern würde bis die Polizeiaufsicht überwunden ist.[208] Mit dieser Einschätzung sollte er Recht behalten, da der Gegenentwurf zwar 1913 noch von der Strafrechtskommission ausgearbeitet wurde, jedoch auf Grund des Ausbruchs des I. Weltkriegs nicht mehr in das Gesetzgebungsverfahren gelangte.

4.2.2 Die Polizeiaufsicht in den Entwürfen der Weimarer Zeit

Während der Zeit des I. Weltkriegs wurde die Strafrechtsreform unterbrochen und ab 1919 wieder aufgenommen. Die Entwürfe von 1919, 1922, 1925 und

---

203 Vgl. *Goehrke* 1921, S. 68.

204 Vgl. *Goehrke* 1921, S. 69.

205 *Laufhütte/Rissing-van Saan/Tiedemann* 2008, Vor § 68 Rn. 17.

206 *Koch* 1922, S. 16.

207 Vgl. *Kwaschnik* 2008, S. 69. Der von den Vertretern beider Schulen verfasste Gegenentwurf galt insgesamt im Vergleich zu dem noch von der klassischen Schule bestimmten Vorentwurf als fortschrittlich, was sich nicht zuletzt in der Differenzierung zwischen Strafen und Maßregeln widerspiegelte, vgl. *Jescheck* 1996, S. 99.

208 *Goehrke* 1921, S. 73.

1927 eines neuen Strafgesetzbuchs nahmen sich dabei vor, die Polizeiaufsicht zu reformieren, wobei alle das Institut der Schutzaufsicht, wie es im Entwurf von 1913 erarbeitet wurde, übernahmen.

Der Entwurf von 1919 sah ein Aufenthaltsverbot in § 103, eine entsprechende Strafbewehrung bei Verstößen gegen ein solches Aufenthaltsverbot in § 200 und die Schutzaufsicht gegenüber Jugendlichen in § 133 Abs. 2 vor.[209] Auf eine Schutzaufsicht gegenüber Erwachsenen wurde verzichtet.[210] Für sie sollte es bei einem bloßen Aufenthaltsverbot bleiben.

1922 legte der damalige Reichsjustizminister *Gustav Radbruch* den Entwurf eines Allgemeinen Deutschen Strafgesetzbuchs vor, den sog. *Radbruchschen Entwurf.*[211] In ihm sollte die Polizeiaufsicht abgeschafft und durch eine Schutzaufsicht ersetzt werden. Ziel des Entwurfs war es die wie eine Ehrenstrafe wirkende Polizeiaufsicht durch eine Schutzaufsicht zu ersetzen, die darauf gerichtet war Rückfalltaten zu verhindern, indem dem Betroffenen helfend beigestanden wird. Dies sollte durch eine Gewöhnung an ein rechtmäßiges Leben in Freiheit und eine Unterstützung im Hinblick auf das wirtschaftliche Fortkommen verwirklicht werden.[212] Insofern sollte die stigmatisierende Polizeiaufsicht einer fürsorglichen Schutzaufsicht weichen, um eine erfolgreiche Wiedereingliederung in die Gesellschaft zu ermöglichen.

Doch trotz des viel versprechenden Vorhabens – nicht nur im Hinblick auf die Reformierung der Polizeiaufsicht – wurde der Entwurf nie durch das Kabinett verabschiedet.[213] Die Leistung des Radbruchschen Entwurfs wurde jedoch anerkannt, was v. a. daraus deutlich wurde, dass die Vorschläge in dem amtlichen Entwurf eines Allgemeinen Deutschen Strafgesetzbuchs von 1925 übernommen wurden.[214] Darin sollte die Polizeiaufsicht einer Schutzaufsicht im

---

209 Vgl. *Schulz* 1982, S 63.

210 Da das Institut der Schutzaufsicht zumindest für Jugendliche im Entwurf von 1919 existierte, ist die Aussage im Leipziger Kommentar, dass die Schutzaufsicht in allen Entwürfen der Weimarer Zeit mit Ausnahme des Entwurfs von 1919 übernommen wurde, nicht richtig, vgl. (zur Aussage im Kommentar) *Laufhütte/Rissing-van Saan/ Tiedemann* 2008, Vor § 68 Rn. 17.

211 Die Bezeichnung „Radbruchscher Entwurf" geht darauf zurück, dass die Begründung der Leitlinie des Entwurfs von *Radbruch* selbst formuliert wurde. Was die inhaltliche Ausgestaltung angeht, so wurde jedoch v. a das Gedankengut der Reformbestrebungen Österreichs und Deutschlands aufgenommen, vgl. *Schubert/Regge* 1995, S XI.

212 Vgl. *Schulz* 1982, S. 63.

213 Zwar stand der Entwurf am 5.11.1922 auf der Tagesordnung der Kabinettsitzung, jedoch wurde die Beratung wieder abgesetzt. Darüber hinaus sah *Radbruch* den Entwurf vielmehr als Diskussionsgrundlage, da er es als schwierig erachtete vor dem Hintergrund der vielen weltanschaulichen und parteipolitischen Auseinandersetzungen in kurzer Zeit einen Konsens zu finden, vgl. *Schubert/Regge* 1995, S. XII.

214 *Schulz* 1982, S. 63; *Aschrott/Kohlrausch* 1926, im Vorwort.

Sinne des Gegenentwurfs von 1911 weichen,[215] wobei die nähere Ausgestaltung in einem Strafvollstreckungsgesetz geregelt werden sollte. Was das Ziel dieser Umbildung anging, so wurde auf die Ausführungen im Radbruchschen Entwurf Bezug genommen. Insofern stand also die Fürsorge im Vordergrund. Dabei sollte sich der Anwendungsbereich auf bedingt aus der Haft bzw. aus Heil-, Pflege- oder Trinkerheilanstalten entlassene Täter oder aus der Sicherungsverwahrung entlassene erstrecken; daneben auf nicht zurechnungsfähige, vermindert zurechnungsfähige und trunksüchtige Verbrecher.[216] Diese Orientierung ist vor dem Hintergrund zu sehen, dass es zu dieser Zeit auch für bedingt Entlassene noch keine Bewährungshilfe als Institution gab.

Vielseitige Kritik am Entwurf von 1925 führte zu zahlreichen Änderungen und letztlich zu dem so entstandenen amtlichen Entwurf von 1927.[217] Jedoch brachte dieser in Bezug auf die Polizeiaufsicht keine wesentlichen Veränderungen, sodass die Polizeiaufsicht abgeschafft und die Schutzaufsicht übernommen werden sollte. Auch ein späterer Entwurf aus dem Jahre 1930 lehnte sich an den Entwurf von 1927 an und sah in diesem Zusammenhang keine Änderungen vor.

Letztlich kam es auf Grund der instabilen politischen Lage in der Weimarer Zeit zu keiner Strafrechtsreform, sodass die Polizeiaufsicht keine Änderung erfuhr. Auch verstummte die Diskussion um eine Reformierung der Polizeiaufsicht vor dem Hintergrund des aufkommenden nationalsozialistischen Gedankenguts, das sich in diesem Zusammenhang in Form des Kampfes gegen sog. *gefährliche Gewohnheits- und Berufsverbrecher* zeigte, gänzlich.[218]

4.3 Die Polizeiaufsicht in der Zeit des Nationalsozialismus

Im Rahmen des Kampfes gegen gefährliche Gewohnheits- und Berufsverbrecher kam es in der nationalsozialistischen Zeit zu einer sog. *planmäßigen Überwachung des Verbrechertums* durch die Polizei.[219] Diese Forderung wurde vereinzelt auch schon in der Weimarer Zeit laut,[220] jedoch erst ab 1933 umgesetzt. Dabei erfuhr das Institut der Polizeiaufsicht jedoch keine Neuregelung im Rahmen des Gesetzes gegen gefährliche Gewohnheitsverbrecher und über Maß-

---

215 *Grünhut* behauptete 1926, dass die Schutzaufsicht in der Anwendung des künftigen Strafrechts eine hervorragende Rolle spielen wird, vgl. *Grünhut* 1926, S. 173.

216 Vgl. *Bundesminister der Justiz* 1925, S. 43.

217 *Hippel* 1932, S. 46.

218 *Hassenpflug* 1963, S. 101.

219 Im Folgenden wird die vorbeugende Verbrechensbekämpfung gegenüber nicht-politischen Verbrechen dargestellt. Politische Verbrechen wurden durch die Geheime Staatspolizei verfolgt und durch die sog. Schutzhaft umgesetzt, vgl. dazu ausführlich *Werle* 1989, S. 532 ff.; *Schwegel* 2005, S. 41 ff.

220 Vgl. *Schulz* 1982, S. 65.

regeln der Besserung und Sicherung vom 24. November 1933. Vielmehr wurden die entsprechenden Neuregelungen zu einer planmäßigen Überwachung des Verbrechertums durch die Polizei in den Anfangsjahren auf interne Verwaltungsvorschriften, Einzelanordnungen oder Geheimbefehle gestützt und durch die Verordnung zum Schutz von Volk und Staat vom 28. Februar 1933 (sog. *Reichstagsbrandverordnung*)[221] versucht zu legitimieren. Darüber hinaus wurde eine andere Rechtsgrundlage behauptet, indem die polizeilichen Maßnahmen einfach unmittelbar auf den Führerwillen gestützt wurden; und zwar als Ausprägung des allgemeinen Auftrags des Führers an die Polizei, Staatsschutzkorps zu sein.[222]

Die vorbeugende Bekämpfung von Verbrechen wurde dabei mit den Begriffen der sog. *Vorbeugungshaft* und der sog. *planmäßigen Überwachung* gekennzeichnet.[223] Gestützt auf die Reichstagsbrandverordnung wurde durch den Erlass des preußischen Ministers des Innern vom 13. November 1933 die vorbeugende Polizeihaft gegenüber Berufsverbrechern eingeführt.[224] Am 10. Februar 1934 wurde dieser Erlass ergänzt durch einen Runderlass, der eine polizeiliche Überwachung des Berufsverbrechertums etablierte. Letztlich brachte dann der Runderlass vom 14. März 1937 eine reichseinheitliche Regelung der Vorbeugungshaft und planmäßigen Überwachung.[225]

Was die Ausgestaltung der Vorbeugungshaft angeht, so war sie als schärfstes Mittel der polizeilichen Kontrolle des Verbrechers gedacht und gegenüber der planmäßigen Überwachung subsidiär. Erst, wenn eine polizeiliche Überwachung keinen Erfolg versprach, sollte die Vorbeugungshaft angeordnet werden.[226] Angewendet wurde die Haft v. a. dann, wenn gegen Auflagen im Rahmen einer Überwachung verstoßen wurde oder der Überwachte straffällig wurde;[227] des Weiteren gegenüber sog. *Gemeingefährlichen* und sog. *Asozia-*

---

221 Dadurch wurden die Kernfreiheitsrechte der Weimarer Reichsverfassung außer Kraft gesetzt, vgl. *Werle* 1989, S. 51.

222 Vgl. *Werle* 1989, S. 51; *Werle* 1991, S. 12.

223 *Werle* 1989, S. 488.

224 Die Vorbeugungshaft wurde darin als Ergänzung zu der durch das Gesetz gegen gefährliche Gewohnheitsverbrecher und über Maßregeln der Besserung und Sicherung eingeführten Sicherungsverwahrung gesehen und sollte auch dort zur Anwendung kommen, wo die Voraussetzungen für die Unterbringung in der Sicherungsverwahrung nicht gegeben waren, vgl. *Wagner* 1996, S. 201.

225 Vgl. zur Entwicklung in der Zeit des Nationalsozialismus *Laufhütte/Rissing-van Saan/ Tiedemann* 2008, Vor § 68 Rn. 19; eingehend *Werle* 1989, S. 488 ff.; *Hassenpflug* 1962, S. 102 ff.

226 *Werle* 1989, S. 499.

227 *Werle* 1989, S. 500.

len.[228] Vollstreckt wurde die Vorbeugungshaft in Konzentrationslagern und war grundsätzlich zeitlich unbegrenzt.[229] Vor diesem Hintergrund kann die Vorbeugungshaft als eine Machtdemonstration des nationalsozialistischen Polizeiapparats und als Mittel der Einschüchterung der Bevölkerung verstanden werden. *Wagner* bezeichnet die Vorbeugungshaft in diesem Zusammenhang als „Abschreckungskonzeption selektiven Terrors".[230]

Die weniger eingriffsintensive Vorbeugungsmaßnahme war demgegenüber die planmäßige Überwachung. Sie entsprang der Idee, dass es nicht nötig sei alle Berufsverbrecher einzusperren. Vielmehr sollten die Überwachten zu einer legalen Lebensführung durch ein engmaschiges Netz der Kontrolle gezwungen werden. Die darüber hinaus drohende Vorbeugungshaft schwebte dabei als „Damoklesschwert" über ihnen, wodurch die Wiedereingliederung erzwungen werden sollte.[231] So verlieh die planmäßige Überwachung der Polizei eine umfassende Kontrollbefugnis gegenüber Berufs- und einer Gruppe von Sexualtätern. Im Einzelnen bedeutete dies:[232]

- Der Überwachte durfte ohne polizeiliche Genehmigung seinen Wohnsitz nicht verlassen.
- Die Polizei konnte ihm verbieten sich zur Nachtzeit außerhalb der Wohnung aufzuhalten.
- Ihm konnte durch die Polizei verboten werden, einen Kraftwagen oder ein Motorrad zu führen.
- Außerdem konnte ihm untersagt werden bestimmte Orte überhaupt aufzusuchen und
- unter Chiffre in Zeitungen zu inserieren, wobei es auf den jeweiligen Inhalt ankam.

Bei etwaigen Zuwiderhandlungen drohte die oben aufgeführte Vorbeugungshaft.

Natürlich existierten die Regelungen der Polizeiaufsicht gem. §§ 38, 39 RStGB weiter, wobei die planmäßige polizeiliche Überwachung diesen engen Rahmen deutlich überschritt. Letztlich traten die Regelungen der Polizeiaufsicht

---

228 Vgl. dazu ausführlich *Werle* 1989, S. 500 ff.

229 Vgl. *Werle* 1989, S. 506 f. Zu der quantitativen Entwicklung der Vorbeugungshaft vgl. *Wagner* 1996, S. 204 ff.

230 Vgl. *Wagner* 1996, S. 203.

231 *Wagner* 1996, S. 203.

232 Vgl. dazu die Übersichten bei *Schulz* 1982, S. 65; *Hassenpflug* 1963, S. 75; *Wagner* 1996, S. 202 f.

hinter denen der planmäßigen polizeilichen Überwachung zurück und waren damit faktisch bedeutungslos.[233]

Aus diesen Ausführungen wird deutlich, dass die Vorgehensweise der Polizei im Dritten Reich insgesamt und auch in Bezug auf den Umgang mit einer polizeilichen Überwachung von als gefährlich geltenden Tätern jeglicher Rechtsstaatlichkeit entbehrte. Nahm die Polizeiaufsicht seit der Etablierung des Gesetzlichkeitsprinzips stets eine positive Entwicklung in Richtung effektiver Kontrolle von wirklich gefährlichen Tätern samt fürsorglicher Betreuung zur erfolgreichen Wiedereingliederung in die Gesellschaft, so muss die Zeit des Nationalsozialismus als Stillstand bzw. Zäsur in dieser Entwicklung betrachtet werden.

Trotzdem sollen die Erfolge derartiger Vorbeugungsmaßnahmen beträchtlich gewesen sein und der Rückgang der Schwerstkriminalität in den 1930er Jahren wurde u. a. auf die Vorbeugungshaft und die planmäßige polizeiliche Überwachung zurückgeführt.[234] *Hassenpflug* spricht in diesem Zusammenhang sogar davon, dass Kriminalbeamte in der Zeit nach dem NS-Regime geradezu bedauerten, dass es solche Möglichkeiten nicht mehr gebe.[235] Jedoch dürfen die Statistiken aus der damaligen Zeit nicht undifferenziert betrachtet werden und bedürfen einer kritischen Würdigung. So fehlen in ihnen die vom Regime verübten Taten ebenso wie die zahlreichen Individualtaten, die sich gegen Regimegegner oder Minderheiten richteten. So spricht *Wagner* in diesem Zusammenhang von einer „Erfolgsbilanz mit Schönheitsfehlern".[236] Vor diesem Hintergrund und auf Grund dieser mit rechtsstaatlichen Grundsätzen unvereinbaren Regelungen wurden die Vorbeugungshaft und die planmäßige polizeiliche Überwachung nicht in die Gesetzgebung der Bundesrepublik übernommen. Vielmehr kehrte man neben einer sichernden auch wieder zu einer betreuenden Beaufsichtigung zurück.

4.4 Von der Polizeiaufsicht zur Führungsaufsicht

Nach dem Ende der nationalsozialistischen Herrschaft kam mit dem Entwurf eines Strafgesetzbuchs von 1962 neue Bewegung in die Reformüberlegungen zur Polizeiaufsicht.[237] Dieser Entwurf entstammte den Ausarbeitungen der Großen

---

233 Vgl. *Werle* 1989, S. 496 f.

234 Vgl. *Schulz* 1982, S. 66; *Hassenpflug* 1963, S. 103; *Laufhütte/Rissing-van Saan/Tiedemann* 2008, Vor § 68 Rn. 19.

235 Vgl. *Hassenpflug* 1963, S. 103.

236 Vgl. *Wagner* 1996, S, 214 ff.

237 In den 1950er Jahren wurden hinsichtlich der Reformierung der Regeln der Polizeiaufsicht verschiedene Vorschläge unverbindlicher Art gemacht. Vgl. dazu die Darstellung bei *Hassenpflug* 1963, S. 106 ff. Was die Entwicklung des gesamten Strafrechts seit

Strafrechtskommission von 1954-1959 und wurde 1962 von der Bundesregierung im Bundestag eingebracht.[238] Ein wesentlicher Gedanke des Entwurfs war dabei die Beibehaltung der Differenzierung zwischen den Strafen auf der einen Seite und den Maßregeln auf der anderen. Damit sollte das Prinzip der Zweispurigkeit, das durch das GewohnheitsverbrecherG von 1933 eingeführt wurde, beibehalten werden. Hintergrund dieser Prämisse war die Erkenntnis, dass es Mittel geben müsse, die dann greifen, wenn die schuldabhängige Strafe nicht in der Lage ist dem gefährlichen Täter zu begegnen. Vor diesem Hintergrund machte es sich der Entwurf von 1962 zur Aufgabe das System der Maßregeln der Besserung und Sicherung gegenüber den bestehenden Regelungen zu erweitern und zu verfeinern.[239] So wurde im Entwurf die Sicherungsaufsicht als ambulante Maßregel aufgenommen, die an die Stelle der Polizeiaufsicht treten sollte. Dabei orientierte sich der Entwurf an der Schutzaufsicht des Gegenentwurfs von 1911.[240] Zur bestehenden Polizeiaufsicht sollte lediglich ein „loser Zusammenhang" bestehen.[241]

Dem Anwendungsbereich der Sicherungsaufsicht lag dabei zum einen der Gedanke zugrunde, dass auch derjenige, der seine Strafe voll verbüßt hat, ebenso einer Leitung und Aufsicht[242] in Freiheit bedarf wie derjenige, dessen Strafe bzw. Strafrest zur Bewährung ausgesetzt wird. Zum anderen sollte die Sicherungsaufsicht dazu dienen, die freiheitsentziehenden Maßregeln der Sicherungsverwahrung und der vorbeugenden Verwahrung zu vermeiden. Vor diesem Hintergrund hieß es in der Begründung des Entwurfs von 1962, dass die Sicherungsaufsicht unter bestimmten Voraussetzungen für Rückfalltäter, für Täter mit einem unsteten Leben, für Täter schwerer Verbrechen, für Vollverbüßer und für aus freiheitsentziehenden Maßregeln wie der Sicherungsverwahrung oder der

---

1945 bis dahin angeht vgl. die prägnante Darstellung bei *Baumann/Weber/Mitsch*, welche die wichtigsten Neuerungen nennt, vgl. *Baumann/Weber/Mitsch* 1995, S. 66 f.

238 Vgl. *Jescheck* 1969, S. 66. Zwar hatte die Bundesregierung den Entwurf 1960 bereits beschlossen und er ging auch dem Bundesrat zur Abstimmung zu; jedoch gab dieser auf Grund der endenden Legislaturperiode keine Stellungnahme mehr ab, vgl. *Kwaschnik* 2008, S. 81.

239 Vgl. BT-Drucks. IV/650, S. 97. *Ehrhardt* bezeichnete 1963 den Ausbau des Maßregelrechts als konsequent und einzigen vertretbaren Weg einer Strafrechtsreform gegenüber einem reinen Vergeltungsstrafrecht bzw. einem reinen Maßregelrecht, vgl. *Ehrhardt* 1964, S. 217. *Bruns* begrüßte bereits 1959 sehr, dass sich die Strafrechtskommission für dieses dualistische System entschieden hat, vgl. *Bruns* 1959, S. 210.

240 S. oben unter *4.2.1*.

241 Vgl. BT-Drucks. IV/650, S. 100.

242 *Kutschbach* kennzeichnet 1964 die Bedeutung dieser Doppelfunktion in der Praxis des Bewährungshelfers, vgl. *Kutschbach* 1964, S. 203 ff.

Unterbringung in einem Arbeitshaus entlassene Täter vorgesehen ist.[243] Durch die aufgezeigte Klientel der Sicherungsaufsicht wird dann auch der entscheidende Unterschied zur Bewährung deutlich. Während sich die Bewährungsunterstellung auf sog. *gefährdete* Täter bezog, sollten der Sicherungsaufsicht die sog. *gefährlichen* Täter unterstellt werden.[244] Den beiden Instituten war in ihrer Zielsetzung dabei identisch, dass dem Betroffenen geholfen werden sollte sich in die Gesellschaft zu integrieren. Der entscheidende Unterschied war jedoch, dass bei der Sicherungsaufsicht die Resozialisierung gegenüber dem Schutz der Allgemeinheit nachrangig war.[245] Hieraus stammt somit unser heutiges Verständnis in der Unterscheidung zwischen Bewährung und Führungsaufsicht.

4.4.1 Die rechtliche Ausgestaltung der Sicherungsaufsicht im Entwurf eines Strafgesetzbuchs von 1962

Normiert wurde die Sicherungsaufsicht in den §§ 81 Nr. 6, 91-98 des Entwurfs. § 81 gab dabei eine Übersicht über die einzelnen Maßregeln der Besserung und Sicherung, während in den §§ 91-98 die rechtliche Ausgestaltung der Sicherungsaufsicht niedergelegt wurde.[246] Die Voraussetzungen der Sicherungsaufsicht formulierte dabei § 91. Aus ihm wurde deutlich, dass die Sicherungsaufsicht v. a. für die Gruppe jener gefährlichen Täter zur Anwendung kommen sollte. So heißt es in § 91:

„I
Hat jemand
1.   als Rückfalltäter zeitiges Zuchthaus oder Gefängnis verwirkt,
2.   wegen einer Straftat zeitiges Zuchthaus oder Gefängnis oder wegen gewerbsmäßiger Unzucht (§ 223), Anlockens zur Unzucht (§ 224), Bettelei (§ 354) oder Landstreicherei (§ 356) Strafhaft verwirkt und die Tat aus Arbeitsscheu oder aus Hang zu einem unsteten oder ungeordneten Leben begangen oder

---

243   Vgl. Begründung des Entwurfs eines Strafgesetzbuchs von 1962, BT-Drucks. IV/650, S. 100 f.

244   Vgl. *Laufhütte/Rissing-van Saan/Tiedemann* 2008, § 68 Rn. 21.

245   Vgl. BT-Drucks. IV/650, S. 208. *Zipf* zieht an dieser Stelle wieder eine Parallele zwischen der Polizeiaufsicht und der Sicherungsaufsicht im Entwurf von 1962, wenn er sagt, dass bei beiden Instituten eindeutig die Überwachungsfunktion im Vordergrund steht, vgl. *Zipf* 1974, S. 276.

246   Die einzelnen Vorschriften des Entwurf von 1962 finden sich u. a. abgedruckt in *Bundesminister der Justiz* 1962, S. 44 ff.; *Baumann* 1966, S. 7 ff.

3. wegen einer Straftat, bei der das Gesetz Sicherungsaufsicht besonders vorsieht, zeitiges Zuchthaus oder Gefängnis von mindestens sechs Monaten verwirkt,

so kann das Gericht neben der Strafe Sicherungsaufsicht anordnen, wenn die Gefahr besteht, daß er ein gesetzwidriges Leben führen wird.

II

Die Vorschriften über die Sicherungsaufsicht unter anderen Voraussetzungen bleiben unberührt. "

Absatz 2 verwies dabei auf besonders geregelte Fälle wie die Sicherungsaufsicht nach Vollverbüßung gem. § 97 Abs. 1 des Entwurfs oder die Aussetzung der Unterbringung in einem Arbeitshaus, die Unterbringung in der Sicherungsverwahrung und die vorbeugende Verwahrung, §§ 105, 107 Abs. 3[247] § 91 Abs. 1 beinhaltete dabei eine fakultative Regelung, da der Richter bei Vorliegen der Voraussetzungen auf die Anordnung der Sicherungsaufsicht erkennen konnte. Damit wurde dem Richter eine elastische und individuelle Handhabung des Instituts ermöglicht,[248] wobei jedoch der erfasste Täterkreis eine sehr heterogene Gruppierung darstellte. Diese Heterogenität spiegelte sich nicht zuletzt auch darin wider, dass neben der oben aufgezählten Klientel allein bei gesetzlich vorgesehener Sicherungsaufsicht 82 verschiedene Straftaten erfasst waren.[249]

§ 92 des Entwurfs regelte den Inhalt und die Ausgestaltung der Sicherungsaufsicht. Gem. § 92 Abs. 1 musste das Gericht dem Verurteilten Weisungen erteilen, um ihn von weiteren Straftaten abzuhalten und zu einem rechtschaffenen Leben zu führen. Des Weiteren war in den Absätzen 2 bis 4 des § 92 geregelt wer die Überwachung der erteilten Weisungen übernehmen soll. In Betracht kamen dabei als Aufsichtsstelle eine Überwachungsbehörde oder ein Bewährungshelfer. Wenn es keiner besonderen Aufsichtsstelle bedurfte, so oblag es gem. § 92 Abs. 5 dem Gericht die Überwachung zu übernehmen.

Die Ausgestaltung der Weisungen war in § 93 des Entwurfs niedergelegt, wobei zwischen dem abschließenden Katalog in Absatz 1 und der darüber hinaus gehenden generalklauselartigen Formulierung in Absatz 2 unterschieden wurde. Diese Differenzierung schlug sich dabei v. a. in § 429 nieder, welcher einen Verstoß gröblicher oder beharrlicher Art gegen eine Weisung des Katalogs aus § 93 Abs. 1 unter Strafe stellte. Insofern handelte es sich nur bei den in § 93 Abs. 1 aufgeführten Weisungen um strafbewehrte. Der abschließende Katalog nannte dabei zehn Weisungen, welche bestimmte Aufenthaltsbeschränkungen (§ 93 Abs. 1 Nr. 1-3), Kontaktverbote (§ 93 Abs. 1 Nr. 4), Tätigkeitsverbote (§ 93 Abs. 1 Nr. 5), Verbote bestimmte Gegenstände und Fahrzeuge zu

---

247 Vgl. BT-Drucks IV/650, S. 220.

248 Vgl. *Ehrhardt* 1963, S. 235.

249 *Floerecke* 1989, S. 12.

besitzen (§ 93 Abs. 1 Nr. 6, 7) und bestimmte Meldepflichten (§ 93 Abs. 1 Nr. 8, 9, 10) umfasste. Sowohl die Weisungen gem. § 93 Abs. 1 als auch die Weisungen gem. § 93 Abs. 2 durften dabei gem. § 93 Abs. 3 keinen unzumutbaren Eingriff in die Lebensführung des Verurteilten enthalten.[250] Zweck der Weisungen war nach der Begründung des Entwurfs die Lebensführung des Betroffenen zu lenken. Durch die freiheitsbeschränkenden Weisungen kennzeichnete er die Sicherungsaufsicht dabei als „ambulante Verwahrung" und betonte das Wesen der Sicherungsaufsicht als das mildere Mittel im Vergleich zu der Sicherungsverwahrung und der vorbeugenden Verwahrung.[251] Aus diesen Ausführungen wird wiederum die Intention des damaligen Gesetzgebers deutlich, durch die freiheitsbeschränkende Sicherungsaufsicht die freiheitsentziehende Sicherungsverwahrung bzw. vorbeugende Verwahrung zu vermeiden. Letztlich handelt es sich im Kern dieser systematischen Betrachtung um eine Ausprägung des Verhältnismäßigkeitsgrundsatzes.

Die Dauer der Sicherungsaufsicht war gem. § 94 des Entwurfs auf zwei bis fünf Jahre beschränkt und § 95 regelte die Zuständigkeit des erkennenden Gerichts und des Vollstreckungsgerichts.[252] § 96 normierte die Beendigung der Sicherungsaufsicht, wobei das Gericht die Sicherungsaufsicht auch abkürzen konnte. In § 98 war abschließend das Verhältnis der Sicherungsaufsicht zu der Aussetzung zur Bewährung geregelt.

Insgesamt unterschieden sich die Regelungen der Sicherungsaufsicht im Entwurf von 1962 im Hinblick auf den Anwendungsbereich, die Ausgestaltung und die Anordnungszuständigkeit wesentlich von der Polizeiaufsicht des geltenden Rechts. So kam die Begründung des Entwurfs zu dem Schluss, dass die Sicherungsaufsicht mit der Polizeiaufsicht kaum noch etwas gemein habe und versprach sich von der Sicherungsaufsicht mehr Nutzen als von der bisweilen ineffektiven Polizeiaufsicht.[253]

---

250 Auf Anregung des Bundesrats wurde diese Bestimmung mit Zustimmung der Bundesregierung umformuliert. § 93 Abs. 3 lautete danach: „Bei den Weisungen dürfen an die Lebensführung des Verurteilten keine unzumutbaren Anforderungen gestellt werden.", vgl. *Bundesminister der Justiz* 1962, S. 50.

251 BT-Drucks. IV/650, S. 220.

252 Die Zuständigkeit des Gerichts in Bezug auf die Freiheitsbeschränkungen des Betroffenen im Zusammenhang mit der Auferlegung von Weisungen war eine rechtsstaatliche Notwendigkeit im Vergleich zu der Polizeiaufsicht des geltenden Rechts. Dort oblag es der Polizei, eine entsprechende Beaufsichtigung anzuordnen bzw. zu gestalten. Das Gericht konnte lediglich auf die Zulässigkeit der Polizeiaufsicht erkennen, vgl. oben unter *4.1.3.*

253 Vgl. BT-Drucks. IV/650, S. 208.

4.4.2 Der Alternativentwurf eines Strafgesetzbuchs von 1966 und die Entstehung der Führungsaufsicht

Der Entwurf eines Strafgesetzbuchs von 1962 wurde in leicht abgewandelter Form 1966 dem Bundestag zur Beschlussfassung vorgelegt und im Rahmen der parlamentarischen Beratungen entstand ein Alternativ-Entwurf eines Strafgesetzbuchs,[254] welcher zusammen mit dem Entwurf von 1962 in die Beratungen des Sonderausschusses für die Strafrechtsreform einbezogen wurde. Der Entwurf ging dabei aus einem Arbeitskreis von deutschen und schweizerischen Strafrechtslehrern zurück, die sich gegen den konservativen Entwurf wandten.[255] Der Alternativentwurf lehnte die Sicherungsaufsicht ab. Hintergrund dieser ablehnenden Haltung war die vielfach geäußerte Kritik am Institut der Sicherungsaufsicht. So wurde ihm u. a. vorgeworfen durch die Einbeziehung eines sehr großen in Betracht kommenden Täterkreises unübersichtlich und ausufernd zu sein.[256] *Preiser* formulierte in diesem Zusammenhang, dass die Fassung der Sicherungsaufsicht im Entwurf von 1962 viel zu kompliziert sei.[257] Im Hinblick auf die vorgesehene Sicherungsaufsicht im Zusammenhang mit einer Strafaussetzung wurde die Überflüssigkeit der Sicherungsaufsicht damit begründet, dass der Alternativentwurf sowohl bei der Strafaussetzung als auch bei der obligatorischen Strafrestaussetzung nach Verbüßung von zwei Dritteln der Strafe (§ 48 des Alternativentwurfs) Bewährungshilfe vorsieht.[258] Des Weiteren war ein Hauptkritikpunkt die Doppelfunktion der Sicherungsaufsicht, da sie zum einen den Betroffenen fürsorglich betreuen, zum anderen jedoch auch überwachen sollte.[259] Ferner wurde auch die Strafvorschrift des § 429 kritisiert. Sie sei mit rechtsstaatlichen Grundsätzen nicht vereinbar.[260] Darüber hinaus wurde bemängelt, dass in dem Entwurf die Sicherungsfunktion gegenüber der betreuenden Komponente den Vorrang haben sollte, was auf ein insgesamt repressiv verstandenes Sanktionssystem des Entwurfs zurückzuführen war.[261]

---

254 Vgl. *Schulz* 1982, S. 71.

255 *Joecks/Miebach* 2005, C. Rn. 85.

256 Vgl. *Hassenpflug* 1963, S. 124; *Grünwald* 1964, S. 665.

257 *Preiser* 1969, S. 251.

258 Vgl. *Baumann* 1966, S. 147.

259 Vgl. *Schultz* 1966, S. 128; *Kühnel* 1972, S. 25. *Bayerl* spricht in diesem Zusammenhang von einer Spannung zwischen den Gesichtspunkten der Hilfe für den Verurteilten und dem Rechtsgüterschutz, vgl. *Bayerl* 1971, S. 9.

260 Vgl. *Schultz* 1966, S. 123; *Grünwald* 1964, S. 664.

261 *Schulz* 1982, S. 71; *Jescheck* 1978, S. 80.

Vor diesem Hintergrund wurde die Sicherungsaufsicht im Alternativentwurf eines Strafgesetzbuchs nicht übernommen. Der Alternativentwurf äußerte in Bezug auf die Sicherungsaufsicht u. a.:

> *„Die Zweckbestimmung der Sicherungsaufsicht ist unklar; teils ist sie als Bewährungshilfe, teils als bloße Überwachung gedacht, ohne daß Kriterien dafür angegeben werden, welchem Zweck sie im Einzelfall dienen soll."*[262]

Trotzdem entschloss sich der Sonderausschuss nur zu wenigen, jedoch nicht unwesentlichen Veränderungen, sodass das Gerüst der Sicherungsaufsicht im Entwurf von 1962 letztlich bestehen blieb. Die Änderungen im Hinblick auf den Entwurf von 1962 waren nach Auffassung des Sonderausschusses jedoch derart grundlegend, dass er von einer „neuen Konzeption" sprach.[263] Diese neue Konzeption engte den erfassbaren Täterkreis ein[264] und betonte die Ausrichtung des Instituts an der fürsorglichen Betreuung im Gegensatz zu der Überwachungsfunktion.[265] Um diesen vorrangigen Zweck in Bezug auf eine vorrangige Betreuung und die Unterscheidung zu der Polizeiaufsicht bzw. zu der Sicherungsaufsicht zu betonen, wurde die neu geschaffene Regelung als Führungsaufsicht bezeichnet.[266] Des Weiteren wurde dem Betroffenen obligatorisch ein Bewährungshelfer zur Seite gestellt.[267]

Im Rahmen des Entwurfs eines Zweiten Gesetzes zur Reform des Strafrechts (2. StrRG) wurden die im Regierungsentwurf vorgeschlagenen Regelungen der Führungsaufsicht durch den Bundestag beschlossen und am 4. Juli 1969 ausgefertigt. Nach einigen kleineren Änderungen durch das Einführungsgesetz zum Strafgesetzbuch vom 2. März 1974 trat die Führungsaufsicht am 1. Januar 1975 in Kraft.[268] Damit wurde das Institut der Führungsaufsicht wie wir es heute kennen im deutschen Sanktionssystem als freiheitsbeschränkende Maßregel der Besserung und Sicherung etabliert.

---

262 Vgl. *Baumann* 1966, S. 147.

263 *Laufhütte/Rissing-van Saan/Tiedemann* 2008, § 68 Rn. 22.

264 Insbesondere wurden die von § 91 Abs. 1 Nr. 2 des Entwurfs von 1962 erfassen gemeinlästigen Täter vom erfassten Täterkreis ausgenommen, vgl. *Schulz* 1982, S. 73.

265 *Laufhütte/Rissing-van Saan/Tiedemann* 2008, § 68 Rn. 22.

266 *Schulz* 1982, S. 73.

267 *Raabe* 1973, S. 22.

268 Zu den kleineren Änderungen vgl. *Kwaschnik* 2008, S. 93 f.; *Schulz* 1982, S. 76.

4.4.3 Die wesentlichen rechtlichen Regelungen der Führungsaufsicht durch das 2. StrRG im Vergleich zum Entwurf von 1962

Die Führungsaufsicht wurde in den §§ 68 a-g StGB[269] normiert. Dabei nannte § 68 StGB die Voraussetzungen der Führungsaufsicht und unterschied dabei zwischen der fakultativen gerichtlichen Anordnung der Führungsaufsicht in Absatz 1 und der gesetzlich eintretenden in Absatz 2. Im Vergleich zu dem Entwurf von 1962 wurde der erfasste Täterkreis dahingehend eingeengt, als dass die von § 91 Abs. 1 Nr. 2 StGB[270] noch erfassten sog. *gemeinlästigen Täter* keine Berücksichtigung mehr fanden. Stattdessen umfasste der Anwendungsbereich der Führungsaufsicht i. V. m. einer Freiheitsstrafe Rückfalltäter gem. § 68 Abs. 1 Nr. 1 StGB, Täter einer Straftat, bei der das Gesetz Führungsaufsicht besonders vorsieht und der Täter eine zeitige Freiheitsstrafe von mindestens sechs Monaten verwirkt hat gem. § 68 Abs. 1 Nr. 2 StGB sowie solche Täter, bei denen eine Freiheitsstrafe von mindestens zwei Jahren wegen einer vorsätzlichen Straftat vollständig vollstreckt wurde gem. § 68f StGB (Vollverbüßer). Daneben trat die Führungsaufsicht gem. § 68 Abs. 2 StGB i. V. m. der Aussetzung einer freiheitsentziehenden Maßregel der Besserung und Sicherung kraft Gesetzes ein.

Was den durch die Führungsaufsicht erfassten Täterkreis im Vergleich zu dem in dem Entwurf von 1962 erfassten hinsichtlich seiner „Qualität" angeht, so unterschied die Führungsaufsicht damit nicht mehr zwischen gefährlichen und gefährdeten Tätern.[271] Der Entwurf von 1962 ging nämlich noch davon aus, dass hinsichtlich der lediglich gefährdeten Täter eine Sicherungsaufsicht in einigen Fällen entbehrlich sei. Stattdessen sollten in diesen Fällen gem. § 107 Abs. 1 des Entwurfs vielmehr die Regeln über die Strafaussetzung zur Bewährung zur Anwendung kommen bzw. die Begleitung des Betroffenen durch das Gesundheitsamt, durch eine Überwachungsbehörde oder einen Bewährungshelfer übernommen werden. Unter gefährdeten Tätern wurden dabei solche verstanden, bei der insbesondere die Unterbringung in einer Heil- oder Pflegeanstalt (entspricht dem heutigen psychiatrischen Krankenhaus) oder einer Entziehungsanstalt ausgesetzt wurde.[272] Die Sicherungsaufsicht sollte dagegen bei den gefährlichen

---

269 Zu den einzelnen Regelungen der §§ 68 a-g StGB vgl. Anhang. Vgl. des Weiteren im Anhang auch die Übergangsregelung gem. Art. 314 EGStGB und die Regelung in Bezug auf die Rückwirkung gem. Art. 303 EGStGB. Gem. Art. 314 Abs. 2 EGStGB trat Führungsaufsicht ein, wenn die Unterbringung in einer Heil- oder Pflegeanstalt, in einer Trinkerheilanstalt oder einer Entziehungsanstalt oder in der Sicherungsverwahrung vor dem 1.1.1975 bedingt ausgesetzt wurde. Einen ersten Überblick über die rechtlichen Regelungen der Führungsaufsicht im Gesetz von 1975 gibt *Kleinknecht* 1972, S. 123 ff.

270 S. oben unter *4.4.1*

271 Vgl. *Schulz* 1982, S. 74.

272 *Laufhütte/Rissing-van Saan/Tiedemann* 2008, § 68 Rn. 21.

Tätern zur Anwendung kommen. Unter die gefährlichen Täter wurden dabei gem. §§ 105, 107 Abs. 3 des Entwurfs diejenigen gefasst, welche aus der Unterbringung in einem Arbeitshaus, der im Entwurf von 1962 vorgesehenen vorbeugenden Verwahrung[273] oder der Sicherungsverwahrung entlassen wurden. Insofern wurden und werden von der Führungsaufsicht auch die lediglich gefährdeten Täter erfasst, was sich in der Heterogenität der unter Führungsaufsicht gestellten Probanden widerspiegelt.

Während § 92 Abs. 2-5 des Entwurfs von 1962 formulierte, dass für die Überwachung der Weisungen als Aufsichtsstelle eine Überwachungsbehörde oder ein Bewährungshelfer bzw. das Gericht zuständig sein soll, wurde in § 68a StGB normiert, dass der Verurteilte einer Aufsichtsstelle untersteht und ihm für die Dauer der Führungsaufsicht ein Bewährungshelfer bestellt wird. Damit schied der Bewährungshelfer als Aufsichtsstelle aus. Hintergrund dieser Festlegung war die Prämisse, dass die Überwachungs- und Kontrollaufgaben auf der einen Seite und die unterstützend betreuende Komponente auf der anderen Seite strikt getrennt werden sollten, um dem zuständigen Bewährungshelfer einen Rollenkonflikt zu ersparen.[274]

Hinsichtlich des abschließenden Weisungskatalogs in § 68b Abs. 1 StGB wurden die Weisungen des § 93 Abs. 1 des Entwurfs von 1962 in leicht modifizierter Form übernommen. So wurde lediglich die Weisung gem. § 93 Abs. 1 Nr. 3 des Entwurfs gestrichen, wonach der Verurteilte angewiesen werden konnte, seine Wohnung nicht ohne zwingenden Grund zur Nachtzeit zu verlassen, wenn ihm dies Gelegenheit zu weiteren Straftaten bieten kann. Außerdem wurde das in § 93 Abs. 1 Nr. 4 des Entwurfs vorgesehene Verkehrsverbot mit bestimmten Personen gestrichen. Bei der Erstellung des Weisungskatalogs wurden die Erfahrungen berücksichtigt, die sich in der Vergangenheit bei der Polizeiaufsicht und der Strafaussetzung zur Bewährung zeigten und die Streichung der bezeichneten Weisungen war insofern der fehlenden Überwachungsmöglichkeit geschuldet.[275]

Festgehalten wurde auch an der Strafbewehrtheit eines Verstoßes gegen eine Katalogweisung des § 68b Abs. 1 StGB. § 145a StGB normierte, dass ein Verstoß gegen eine solche Katalogweisung mit Freiheitsstrafe bis zu einem Jahr oder mit Geldstrafe bestraft wird, wenn der Zweck der Maßregel dadurch gefährdet wird. Inhaltlich entsprach § 145a StGB somit der Regelung des § 429 des Entwurfs von 1962 und war damit Nachfolgerin der Regelung im Rahmen

---

273 Die Maßregeln des Arbeitshauses und der vorbeugenden Verwahrung wurden durch das 2. StRG gestrichen.

274 Vgl. *Schulz*, 1982, S. 74.

275 Vgl. *Floerecke* 1989, S. 125; *Schulz* 1982, S. 75.

der Polizeiaufsicht gem. § 361 Nr. 1 StGB a. F.[276] Auch § 68b Abs. 2 entsprach im Wesentlichen der Regelung des § 93 Abs. 2 des Entwurfs von 1962, wobei § 68b Abs. 2 StGB zusätzlich auf § 56c Abs. 3 StGB verwies, wonach die Weisung sich einer Heilbehandlung, die mit einem körperlichen Eingriff verbunden ist, oder einer Entziehungskur zu unterziehen oder in einem geeigneten Heim oder einer geeigneten Anstalt Aufenthalt zu nehmen, nur mit Einwilligung des Verurteilten erteilt werden darf.

Betrachtet man zusammenfassend die Entwicklung der Führungsaufsicht vor dem Hintergrund des Entwurfs von 1962, des Alternativentwurfs von 1966 und der neuen Konzeption von 1969, so ist festzustellen, dass sich letztlich die Sicherungsaufsicht des Entwurfs von 1962 in der Maßregel der Führungsaufsicht wiederfindet. Zwar wurde im Vergleich zum Entwurf von 1962 der in Betracht kommende Täterkreis dahingehend eingeengt, als dass die gemeinlästigen Täter vom Anwendungsbereich der Führungsaufsicht ausgeschlossen wurden und der Katalog der Straftaten, bei denen das Gesetz Führungsaufsicht vorsieht, verkleinert wurde. Jedoch erfolgte gleichzeitig eine Ausweitung, indem auch die gefährdeten Täter zusätzlich vom Anwendungsbereich erfasst wurden. Ferner kritisierte der Alternativentwurf ausdrücklich die Tatsache, dass der Sicherungsfunktion im Entwurf von 1962 im Vergleich zu der betreuenden Komponente der Vorrang eingeräumt wurde. Diesem Einwand trug die neue Konzeption insoweit Rechnung, als dass sie in § 68a Abs. 1 StGB die helfende und betreuende Aufgabe der Aufsichtsstelle und des Bewährungshelfers in Umkehrung zu § 92 Abs. 3 des Entwurfs von 1962 vor die überwachende in § 68 Abs. 3 StGB stellte. Außerdem erhielt das neue Institut in Abgrenzung zu der Bezeichnung Sicherungsaufsicht und in Anlehnung an die vorgegebene vorrangige Stellung der betreuenden Komponente den Namen Führungsaufsicht.[277]

Vor dem Hintergrund, dass das Gerüst der Führungsaufsicht dem der Sicherungsaufsicht wegen mangelnder wesentlicher Unterschiede entspricht, war der Ausdruck „neue Konzeption" nicht überzeugend und erschien überhöht. Vielmehr drängt sich aus heutiger Sicht der Eindruck einer „Umetikettierung im wahren Sinne des Wortes" auf. So sprach *Floerecke* in diesem Zusammenhang auch davon, dass die wesentlichen Elemente der Polizeiaufsicht und der Sicherungsaufsicht in der Führungsaufsicht erhalten blieben.[278]

---

276 Vgl. oben unter *4.1.3.*

277 In diesem Zusammenhang sprach *Hager* bereits 1976 von einer Abänderung des Maßregelsystems, durch welche die sozialpädagogische Komponente stärker betont werden sollte, vgl. *Hager* 1976, S. 126. Ähnlich auch *Dölling* und *Floerecke*, die als Ziel der Strafrechtsreformgesetze von 1969 die Verbesserung der resozialisierenden Einwirkung auf den Täter nannten, vgl. *Dölling* 1992, S. 260; *Floerecke* 1985, S. 120.

278 Vgl. *Floerecke* 1989, S. 170.

4.5 Die wesentlichen gesetzlichen Änderungen der Führungsaufsicht seit 1975 bis zur Reform von 2007

Bis zur umfassenden Reform der Führungsaufsicht und zur Änderung der Vorschriften über die nachträgliche Sicherungsverwahrung vom 13. April 2007, erfuhren die gesetzlichen Regelungen der Führungsaufsicht v. a. im Rahmen des 23. Strafrechtsänderungsgesetzes vom 13. April 1986[279] und des Gesetzes zur Bekämpfung von Sexualdelikten und anderen gefährlichen Straftaten vom 30. Januar 1998[280] Änderungen. Dabei führte v. a. das Gesetz von 1998 zu einigen Verschärfungen der Maßregel.

Außerdem wurde im Laufe der Jahre der Anwendungsbereich des § 68 Abs. 1 StGB immer weiter ausgeweitet, indem bei vielen Straftatbeständen die Anordnung der Führungsaufsicht besonders vorgesehen wurde.[281] Des Weiteren fand die Führungsaufsicht kraft Gesetzes im Anschluss an freiheitsentziehende Maßregeln durch das *Gesetz zur Einführung der nachträglichen Sicherungsverwahrung* vom 28. Juli 2004 einen weiteren Anwendungsfall mit der Einfügung des § 67d Abs. 6 StGB.[282] Danach erklärt das Gericht die Maßregel der Unterbringung in einem psychiatrischen Krankenhaus gem. § 63 StGB für erledigt, wenn es feststellt, dass die Voraussetzungen der Maßregel – Gefährlichkeit für die Allgemeinheit infolge des Zustandes des Straftäters – nicht mehr vorliegen oder die weitere Vollstreckung der Maßregel unverhältnismäßig wäre. Gem. § 67d Abs. 6 S. 2 StGB tritt mit der Entlassung aus dem Vollzug Führungsaufsicht ein. Jedoch ordnet das Gericht gem. § 67d Abs. 6 S.3 StGB den Nichteintritt der Führungsaufsicht an, wenn zu erwarten ist, dass der Betroffene auch ohne sie keine Straftaten mehr begehen wird.

Durch diese Änderungen wurde der Anwendungsbereich der Führungsaufsicht erweitert und der Trend sichtbar, die Führungsaufsicht als ein gegenüber vielen Tätergruppen anwendbares Kontrollinstrumentarium einzusetzen. Dieser Trend spiegelte sich zuvor bereits in den gesetzlichen Änderungen der Vorschriften zur Führungsaufsicht im Rahmen des 23. Strafrechtsänderungsgesetzes und des Gesetzes zur Bekämpfung von Sexualdelikten und anderen gefährlichen Straftaten wider.[283]

---

279 BGBl. 1986, I S. 393.

280 BGBl. 1998, I S. 160.

281 Vgl. gesamten Katalog in *Laufhütte/Rissing-van Saan/Tiedemann* 2008, § 68 Rn. 3.

282 BGBl. 2004, I S. 1838.

283 So stellt auch *Boetticher* in Bezug auf das Gesetz von 1998 fest, dass der Kreis der Straftäter, die potentiell unter Führungsaufsicht fallen, (noch) weiter gezogen wurde, vgl. *Boetticher* 2000, S. 205.

4.5.1 Änderungen durch das 23. Strafrechtsänderungsgesetz vom 13. April 1986

Durch das 23. Strafrechtsänderungsgesetz wurde dem § 67d StGB ein neuer Absatz 5 hinzugefügt und § 68 Abs. 1 StGB auf Grund der Streichung des § 48 StGB neu formuliert. Hauptzielsetzung des Änderungsgesetzes war es jedoch die Regelungen der Strafaussetzung zur Bewährung gem. § 56 Abs. 2 StGB und die Strafrestaussetzung der zeitigen Freiheitsstrafe gem. § 57 Abs. 2 StGB der Rechtsprechung und den praktischen Erfahrungen anzupassen.[284] Jedoch wurde das Änderungsgesetz auch zum Anlass genommen, Änderungen in Bezug auf die Führungsaufsicht vorzunehmen. Dabei berief sich der Gesetzesentwurf auf die Erfahrungen, die sich im Rahmen der seit dem 1. Januar 1975 geltenden Regelungen zur Führungsaufsicht zeigten.[285]

4.5.1.1 Einfügung des § 67d Abs. 5 StGB

§ 67d Abs. 5 StGB trägt dem Postulat der Besserung durch die Maßregel der Entziehungsanstalt insoweit Rechnung, als dass das Gericht demgemäß bestimmt, dass der Vollzug der Unterbringung in der Entziehungsanstalt endet, wenn ihr Zweck in Form einer Besserung als aussichtslos erscheint. Eine solche atypische Beendigung kommt dabei mit wohl deutlich über 40% aller beendeten Fälle einer solchen Unterbringung in der Praxis häufig vor.[286] Gem. § 67d Abs. 5 S. 2 StGB tritt dann Führungsaufsicht ein.[287] Damit wurden die gesetzlichen Anwendungsfälle der Führungsaufsicht im Anschluss an freiheitsentziehende Maßregeln der Besserung und Sicherung um einen weiteren gesetzlichen Anwendungsfall erweitert. Die Begründung des Gesetzesentwurfs der Bundesregierung hielt diese Regelung vor dem Hintergrund der Therapieunwilligkeit vieler nach § 64 StGB untergebrachten Täter und der damit einhergehenden negativen Auswirkungen auf die Vollzugseinrichtungen für erforderlich.[288]

---

284 Vgl. BT-Drucks. 10/2720, S. 1.

285 Vgl. BT-Drucks. 10/2720, S. 2.

286 Vgl. *Metrikat* 2002, S. 261, wobei sich *Metrikats* Studie auf Niedersachsen beschränkt.

287 In dem Gesetzesentwurf der Bundesregierung zu einem Strafrechtsänderungsgesetz war noch die Einfügung eines Abs. 3 zu § 64 StGB vorgesehen, der die entsprechende Möglichkeit der Beendigung des Vollzugs regelte. In § 67 Abs.5 sollte stattdessen lediglich die Anordnung der Führungsaufsicht kraft Gesetzes normiert sein, vgl. BT-Drucks. 10/2720, S. 12. Der Bundesrat sorgte mit seiner Stellungnahme dafür, dass die Möglichkeit der Beendigung des Vollzugs aus systematischen Gründen auch in § 67d Abs. 5 StGB normiert wird, vgl. BT-Drucks. 10/2720, S 24, 30.

288 BT-Drucks. 10/2720, S. 12.

Auf Grund der Tatsache, dass das Gesetz gem. § 67 Abs. 5 S. 1 StGB zwingend den Vollzug von mindestens einem Jahr in der Entziehungsanstalt voraussetzte, bevor eine Beendigung der Maßregel wegen Aussichtslosigkeit durch das Gericht bestimmt werden kann, ist die Vorschrift jedoch in Bezug auf die Mindestvollzugszeit für verfassungswidrig erklärt worden, blieb im Übrigen in ihrer Gültigkeit jedoch unberührt.[289] Das BVerfG sah die Mindestvollzugszeit als unvereinbar mit Art. 2 Abs.2 S. 1, 2 GG an. Denn hieraus leitet das BVerfG die Forderung ab, dass eine Unterbringung in einer Entziehungsanstalt zu beenden ist, wenn keine Aussicht auf einen Behandlungserfolg besteht.[290] Da eine entsprechende Erkenntnis regelmäßig bereits vor Ablauf einer mindestens einjährigen Unterbringung in der Entziehungsanstalt vorliege, sei eine darüber hinaus gehende Unterbringung verfassungswidrig. Die Regelung des § 67d Abs. 5 StGB setzt heute keine Mindestvollzugszeit mehr voraus.[291] Die Vorschrift findet also unabhängig von einer Mindestvollzugszeit Anwendung, sobald jene Aussichtslosigkeit festgestellt ist. Um eine solche Erfolglosigkeit festzustellen, ist aber wohl von einer mindestens drei Monate andauernden Unterbringung auszugehen.[292]

4.5.1.2 Neuformulierung des § 68 Abs. 1 StGB

Durch die Streichung des § 48 StGB a. F. wurde § 68 Abs. 1 StGB neu formuliert. § 48 StGB a. F. nannte für bestimmte Rückfalltäter bei einer erneuten Verurteilung eine Mindeststrafandrohung von sechs Monaten. Bei diesen Tätern konnte das Gericht gem. § 68 Abs. 1 Nr. 1 StGB a. F. neben der Freiheitsstrafe Führungsaufsicht anordnen. In dem Gesetzesentwurf der Bundesregierung zum Strafrechtsänderungsgesetz wurde der Vorschlag der Streichung des § 48 StGB damit begründet, dass sich die Vorschrift als wenig praktikabel erwies. So stehe

---

289 Vgl. BVerfGE 91, S. 34.

290 Der damalige Gesetzesentwurf der Bundesregierung führte in Bezug auf die Mindestvollzugszeit von einem Jahr an, dass diese notwendig sei, um zu verhinden, dass jemand, der keine Bereitschaft zur Mitarbeit zeige, früher entlassen wird als derjenige, der bereit ist an einer erfolgreichen Behandlung mitzuwirken, vgl. BT-Drucks. 10/2720, S. 12. Diese Argumentation ist indes wenig überzeugend, da im Falle einer vorzeitigen Beendigung des Vollzugs nunmehr Führungsaufsicht kraft Gesetzes gem. § 67d V 2 StGB eintrat, während bei einer Erledigung wegen Ablaufs der Höchstfrist nach damaligen Recht gerade keine Führungsaufsicht vorgesehen war. Insofern bestand auch ohne die Mindestvollzugszeit von einem Jahr sehr wohl der Anreiz, an einer erfolgreichen Behandlung mitzuwirken.

291 Neufassung mit Wirkung vom 20.7.2007, BGBl. I. 2007, S. 1327.

292 Vgl. *Schneider* 2008, S. 69. Jedoch erfolgen im Durchschnitt die Beendigungen wegen Erfolglosigkeit tatsächlich wohl nach deutlich mehr als einem Jahr, vgl. *Schalast/ Leygraf* 1999, S. 487.

bei schweren Delikten ohnehin eine Mindeststrafe von mehr als sechs Monaten im Raum und bei Taten mit Bagatellcharakter sei eine Verurteilung zu mehr als sechs Monaten Freiheitsstrafe oft nur schwer mit dem Schuldgrundsatz zu vereinbaren.[293] Insofern trug die Neuformulierung des § 68 StGB der Streichung des § 48 StGB Rechnung, wobei die Begründung des Gesetzesentwurfs davon ausging, dass die Neufassung keine nennenswerte Veränderungen nach sich ziehen werde, zumal bei einer Mehrzahl der von § 48 StGB erfassten Straftaten das Gesetz ohnehin Führungsaufsicht besonders vorsehe.[294]

4.5.2 Änderungen durch das Gesetz zur Bekämpfung von Sexualdelikten und anderen gefährlichen Straftaten vom 30. Januar 1998

Das Gesetz ist ein Musterbeispiel für eine durch die Öffentlichkeit veranlasste Kriminalpolitik. Vor diesem Hintergrund konzentrierte sich die Regelungsmaterie auch auf die von der Öffentlichkeit besonders wahrgenommenen Sexual- und Wiederholungstäter, welche in den 1990er Jahren die Gemüter im besonderen Maße erhitzten. So führte das Gesetz zu Verschärfungen im Umgang mit dieser Tätergruppe, welche sich auch auf die Regelungen der Führungsaufsicht bezogen.

4.5.2.1 Kriminalpolitischer Ausgangspunkt und Entwicklung der Gesetzgebung

Das Gesetz entstand in einem kriminalpolitisch sehr angespannten und von populistischen Äußerungen geprägten Klima. Ausgangspunkt für die in der Öffentlichkeit herrschende Auffassung, dass der Gesetzgeber gefordert sei für einen besseren Schutz vor Sexualtätern und gefährlichen Gewalttätern zu sorgen, waren spektakuläre Sexualstraftaten[295] von zum Teil einschlägig vorbestraften Tätern und die entsprechende Berichterstattung in den Medien in den 1990er Jahren.[296] Insofern konzentrierte sich auch die kriminalpolitische Diskussion

---

293 BT-Drucks. 10/2720, S. 10.

294 BT-Drucks. 10/2720, S. 14.

295 In diesen Taten und den darauf folgenden Reaktionen der Medien und der Öffentlichkeit sah auch der damalige Bundesjustizminister *Schmidt-Jortzig* den Anlass für das gesetzgeberische Tätigwerden, vgl. *Schmidt-Jortzig* 1998, S. 441. Vgl. dazu auch die Stellungnahme der Deutschen Gesellschaft für Sexualforschung, vgl. *Deutsche Gesellschaft für Sexualforschung* 1998, S. 368 ff. Einen Überblick zu den Aufsehen erregenden Fällen gibt *Milde* 2006, S. 39 ff. Beachtung fand in diesem Zusammenhang auch der Fall *Dutroux* in Belgien. Zu den Auswirkungen dieses Falls in Belgien vgl. *Dünkel/Lappi-Seppälä/Morgenstern u. a.* 2010, S. 53.

296 Die erhöhte Sensibilität gegenüber Gewaltverbrechen allgemein spiegelte sich nach *Stockhausen* auch in der Entwicklung des Fernsehprogramms von 1985 bis 1995 wider.

primär auf Sexualstraftäter,[297] wobei der Wahlkampf des Herbstes 1998 dabei wohl auch keine unwesentliche Rolle spielte. Tatsächlich verzeichnete die polizeiliche Kriminalstatistik keinen Anstieg der genannten Delikte. Vielmehr verringerte sich die Zahl der Opfer von Sexualdelikten.[298]

Auf die allgemein in der Bevölkerung vorherrschende Stimmung reagierte Bayern und brachte bereits am 19. November 1996 einen Gesetzesentwurf zur Verbesserung des Schutzes der Gesellschaft vor gefährlichen Straftätern in den Bundesrat ein.[299] Neben diesem bayerischen Entwurf legten sowohl die Bundesregierung am 11. März 1997[300] als auch der Bundesrat am 28. April 1997[301] jeweils einen entsprechenden Entwurf vor. Letztlich wurde der Gesetzesentwurf der Bundesregierung im Rechtsausschuss angenommen, im Bundestag am 14. November 1997 beschlossen und nach der Zustimmung des Bundesrats am 26. Januar 1998 ausgefertigt. Verkündet wurde das Gesetz am 30. Januar 1998 und trat am 31. Januar 1998 in Kraft.[302]

Insofern reagierte der Gesetzgeber schnell auf jenes angespannte Klima in der Bevölkerung und verschärfte mit dem Gesetz die gesetzlichen Regelungen in Bezug auf die genannten Tätergruppen. Auf Grund dieser Schnelligkeit zog *Albrecht* deswegen auch in kritischer Perspektive die Parallele zu der sog. *„democracy at work"*-These, welche das Handeln des Gesetzgebers als unmittelbare Folge öffentlicher Erwartungen sieht.[303]

So stieg der Anteil an Sendungen, die sich mit Kriminalität im weitesten Sinne beschäftigten, in Bezug auf das Gesamtprogramm in diesen Jahren von 3,5% auf 15,4%, vgl. *Stockhausen* 2008, S. 73. Die angeblich latente Bedrohung durch Sexualtäter spiegelte sich auch in einem veränderten Umgang mit dieser Tätergruppe wider, vgl. *Beier* 1995, S 335 ff.

297 *Boetticher* konstatierte in diesem Zusammenhang, dass sich die Justiz seit diesem Gesetz stärker als zuvor mit Sexualstraftätern befasste, vgl. *Boetticher* 2004, S. 16.

298 Vgl. *Dolde* 1997, S. 330; *Boetticher* 1998, S. 355; *Schüler-Springorum* 2003, S. 575. Kritisch zu der Annahme äußert sich jedoch *Rosenau*, der zwar nicht von einem Anstieg der Fallzahlen ausgeht, jedoch von der Unzulässigkeit der These, die Zahlen hätten abgenommen, vgl. *Rosenau* 1999, S. 389.

299 BR-Drucks. 876/96.

300 BR-Drucks. 163/97.

301 BR-Drucks. 13/7559.

302 BGBl. I 1998, S. 160.

303 Vgl. *Albrecht* 1999, S. 864. Kritisch zu einer solchen *„publicity-orientierten"* Gesetzgebung äußern sich *Streng* 1999, S. 857 ff.; *Hamm* 2004, S. 1302.

4.5.2.2 Zielsetzung und Inhalt

Die Zielsetzung des Gesetzes war die Verbesserung des Schutzes der Bevölkerung vor Sexualdelikten und anderen gefährlichen Straftaten. Die Erforderlichkeit einer solchen Verbesserung erachtete die Bundesregierung durch die bekannt gewordenen schweren Straftaten der letzten Jahre als gegeben.[304] Erreicht werden sollte dieses Ziel dabei v. a. durch Änderungen im Bereich des strafrechtlichen Sanktionensystems und im Bereich des Strafvollzugsrechts. Im Mittelpunkt stand dabei v. a. der Schutz der Bevölkerung vor Sexualstraftätern[305] und Wiederholungstaten, wobei nach *Schmidt-Jortzig* dem Gesetz der Gedanke zu Grunde lag, dass eine erfolgreiche Behandlung im Vollzug (zunächst) den besten Schutz vor einer Rückfälligkeit biete.[306] Bestehe jedoch trotz langjähriger Inhaftierung und diverser Therapieversuche die Gefährlichkeit fort, so müsse darauf entschieden reagiert werden.[307] Vor diesem Hintergrund führte das Gesetz im Ergebnis auch nicht etwa zu einer Milderung im Umgang mit der bezeichneten Tätergruppe, sondern zu einer Verschärfung.

Insgesamt änderte das Gesetz v. a. Vorschriften im Bereich des allgemeinen Teils des StGB, des Strafvollzugsgesetzes und der StPO. Der wesentliche Inhalt des Änderungsgesetzes umfasste dabei

- die Verschärfung der Vorschriften der Sicherungsverwahrung[308],
- die Klarstellung der Voraussetzungen für die Strafrestaussetzung zur Bewährung,
- die Verlegung von Sexualstraftätern in sozialtherapeutische Anstalten,
- die Erteilung einer Therapieweisung auch gegen den Willen des Verurteilten,
- die unbefristete Führungsaufsicht bei Therapieverweigerung und
- die Verlängerung der Registerfristen bei Sexualstraftätern.[309]

---

304 Vgl. BT-Drucks. 13/7163.

305 Vgl. dazu auch *Kusch* 1997, S. 89 ff.; *Schall/Schreibauer* 1997, S. 2412 ff.

306 Vgl. *Schmidt-Jortzig* 1998, S. 442.

307 Vgl. *Schmidt-Jortzig* 1998, S. 442.

308 Durch die Einfügung des Absatzes 3 zu § 66 StGB, der die Anordnungsvoraussetzungen gegenüber Gewalt- und Sexualstraftätern absenkte, indem in bestimmten Fällen vom Erfordernis der vorangegangenen Inhaftierung bzw. der Verurteilung abgesehen wurde (vgl. § 66 Abs. 3 StGB), die Möglichkeit der unbefristeten Sicherungsverwahrung in § 67d Abs. 3 StGB und die Verschärfung der Prognoseanforderungen in den Fällen der §§ 67d Abs. 2 und 3 StGB i. V. m. §§ 463 Abs. 3 i. V. m. 454 Abs. 2 StPO.

309 Vgl. dazu auch den ausführlicheren Überblick über die einzelnen gesetzlichen Änderungen bei *Hammerschlag/Schwarz* 1998, S. 321 ff.

4.5.2.3 Die wesentlichen Änderungen der Führungsaufsicht im Einzelnen

Im Bereich der Führungsaufsicht bezogen sich die Änderungen durch das Gesetz auf die Ausweitung des Katalogs in §§ 181b StGB, die Verschärfung des § 68f StGB, die Möglichkeit der Anordnung einer unbefristeten Führungsaufsicht in § 68c Abs. 2 StGB und den obligatorischen Eintritt der Führungsaufsicht in den Fällen des § 67d Abs. 3 StGB. Damit wurden die Regelungen der Führungsaufsicht auf verschiedenen Stufen verschärft und konzentrierten sich dabei vorrangig auf die Erfassung von Sexualstraftätern. Letztlich wurde damit dem Beschluss der Herbstkonferenz der Justizminister der Länder vom 20./21. November 1996 gefolgt, welcher die Grundlage für den Gesetzesentwurf aus Bayern bildete.[310]

Gem. § 181b StGB kann in den dort katalogartig genannten Fällen gem. § 68 Abs. 1 StGB Führungsaufsicht angeordnet werden. Dieser Katalog wurde durch das Gesetz um weitere Straftatbestände gegen die sexuelle Selbstbestimmung ergänzt, sodass bei jeder Verurteilung zu einer mindestens sechsmonatigen Freiheitsstrafe wegen einer Tat gegen die sexuelle Selbstbestimmung gem. §§ 174 bis 180, §§ 180b bis 181a und 182 StGB nunmehr Führungsaufsicht gem. § 68 Abs. 1 StGB angeordnet werden konnte.[311] Damit wurde der Kreis der potentiell erfassten Tätergruppe weiter ausgeweitet.

Vor dem Gesetz trat Führungsaufsicht gem. § 68f StGB kraft Gesetzes nur ein, wenn eine Freiheitsstrafe von mindestens zwei Jahren wegen einer vorsätzlichen Straftat vollständig vollstreckt wurde. Im Zuge des Gesetzes wurde die Vorschrift dahingehend geändert, dass Führungsaufsicht daneben auch dann eintritt, wenn eine Freiheitsstrafe von mindestens einem Jahr wegen einer in § 181b StGB genannten (Sexual-)Straftat voll verbüßt wurde.[312] Diese Schärfung gegenüber Sexualstraftätern sollte dem Umstand Rechnung tragen, dass diese zwar theoretisch im Rahmen des fakultativen § 68 Abs. 1 StGB i. V. m. § 181b StGB unter Führungsaufsicht gestellt werden konnten, die Gerichte hiervon praktisch jedoch kaum Gebrauch machten. Insofern sollte die Gruppe der Sexualstraftäter durch die Neuregelung des § 68f StGB kraft Gesetzes erfasst werden. Begründet wurde diese Neuregelung mit dem angeblich erhöhten Rückfallrisiko dieser Tätergruppe und dem damit einhergehenden Schutzinteres-

---

310 Vgl. BR-Drucks. 876/96, S. 82.

311 Art. 1 Nr. 10 des Gesetzes zur Bekämpfung von Sexualdelikten und anderen gefährlichen Straftaten.

312 Art. 1 Nr. 9 des Gesetzes zur Bekämpfung von Sexualdelikten und anderen gefährlichen Straftaten.

se der Bevölkerung.[313] Jedoch ist zu bedenken, dass die Führungsaufsicht in diesem Zusammenhang nicht als „Allheilmittel" verstanden werden kann, da sie nicht in der Lage ist, gefährliche Sexualstraftäter vollständig zu kontrollieren.[314]

Vor der Einführung der unbefristeten Führungsaufsicht gem. § 68c Abs. 2 StGB war die Höchstdauer der Führungsaufsicht auf fünf Jahre beschränkt. Durch die Neuregelung wurde die Möglichkeit geschaffen, eine über die Höchstfrist des § 68c Abs. 1 StGB hinausgehende unbefristete Führungsaufsicht anzuordnen, wenn der Verurteilte in eine bestimmte nach § 68b Abs. 2 S. 2, 4 StGB erteilte Weisung sich einer entsprechenden Behandlung zu unterziehen nicht einwilligt bzw. einer solchen Weisung nicht nachkommt und eine Gefährdung der Allgemeinheit durch die Begehung weiterer erheblicher Straftaten zu befürchten ist, § 86c Abs. 2 Nr. 1, 2 StGB. Dabei sind heute[315] sowohl Behandlungen erfasst, die mit einem körperlichen Eingriff gem. § 68b Abs. 2 S. 4 i. V. m. § 56c Abs. 3 Nr. 1 StGB verbunden sind als auch solche, die es nicht sind, § 68b Abs. 2 S. 2 StGB.

Die Schaffung der unbefristeten Führungsaufsicht war dabei der Tatsache geschuldet, dass die Möglichkeit geschaffen werden sollte, Druck auf nicht behandlungsbereite Täter auszuüben, da eine Streichung des Einwilligungserfordernisses, welche einer Zwangstherapie gleichkommen würde, als verfassungsrechtlich problematisch eingestuft wurde.[316] Faktisch ist die Möglichkeit der Anordnung einer unbefristeten Führungsaufsicht in den Fällen, in denen die Führungsaufsicht nicht im Zusammenhang mit der Aussetzung einer freiheitsentziehenden Maßregel eintritt, die einzige Sanktionsmöglichkeit. Denn bei einer Aussetzung droht der Widerruf gem. § 67g Abs. 1 Nr. 2 StGB in dem Fall eines gröblichen oder beharrlichen Verstoßes gegen die Befolgung einer entsprechenden Weisung gem. § 68b Abs. 1 StGB.[317] Außerdem handelt es sich bei einer Weisung gem. § 68b Abs. 2 StGB nicht um eine nach § 145a StGB strafbewehrte.

---

313 Vgl. dazu den Bericht des Rechtsausschusses (6. Ausschuß), BT-Drucks. 13/9062.

314 So auch *Schall/Schreibauer* 1997, S. 2419.

315 § 68b Abs. 2 StGB lautete in der Fassung von 1998: Das Gericht kann dem Verurteilten für die Dauer der Führungsaufsicht oder für eine kürzere Zeit weitere Weisungen erteilen, namentlich solche, die sich auf Ausbildung, Arbeit, Freizeit, die Ordnung der wirtschaftlichen Verhältnisse oder die Erfüllung von Unterhaltspflichten beziehen. § 56c Abs. 3 ist anzuwenden. Insofern war eine entsprechende Behandlungsweisung ursprünglich immer mit einem körperlichen Eingriff verbunden.

316 Vgl. BT-Drucks. 13/9062, S. 11.

317 Insofern hätte es in diesen Fällen der zusätzlichen Sanktionsmöglichkeit der unbefristeten Führungsaufsicht nicht bedurft, vgl. *Kindhäuser/Neumann/Paeffgen* 2010, § 68c Rn. 7.

Insofern sollte die Kontrolle des nicht bereitwilligen Verurteilten über den Ablauf der Höchstfrist hinaus erstreckt werden können. Um dem Verhältnismäßigkeitsgrundsatz in diesem Zusammenhang Rechnung zu tragen, wurde in § 68e Abs. 4 StGB normiert, dass das Gericht spätestens mit Verstreichen der Höchstfrist gem. § 68 Abs. 1 S. 1 StGB prüfen muss, ob zu erwarten ist, dass der Verurteilte ohne die Führungsaufsicht keine Straftaten mehr begehen wird. Ist das der Fall, so hat das Gericht die Führungsaufsicht aufzuheben. Insgesamt handelt es sich bei der Regelung des § 68c Abs. 2 StGB um eine sehr umstrittene und es wird die Frage aufgeworfen, ob es sich nicht vielmehr um eine Zwangstherapie auf Umwegen und damit um einen Verstoß gegen die Menschenwürde gem. Art. 1 GG und den Verhältnismäßigkeitsgrundsatz handelt.[318]

Darüber hinaus ist umstritten, ob eine solche mittelbar aufgezwungene Therapiebereitschaft überhaupt erfolgversprechend sein kann. Der damalige Bundesjustizminister *Schmidt-Jortzig* ging jedoch davon aus, dass eine gegen die Einwilligung des Verurteilten eingeleitete Therapie die erforderliche Bereitschaft erzeugt und berief sich dabei (ohne Angabe entsprechender Literatur) auf die Wissenschaft.[319] In diesem Zusammenhang wird davon ausgegangen, dass die Kooperation zwar zwingende Voraussetzung für das Gelingen einer Behandlung ist, eine angedrohte Konsequenz für den Fall des Nichtkooperierens jedoch eine Wirkung für die Handlungsmotivation erzeugen kann und die somit getroffene Kooperation eine ganz normale Entscheidung darstellt.[320] Eine solche Auffassung dürfte jedoch die eigentliche Motivation für eine derart hervorgerufene Kooperationsbereitschaft lediglich übertünchen. Denn letztlich bleibt es wohl dabei, dass die Motivation, sich nun doch einer Behandlung zu stellen, auf die angedrohte Konsequenz im Falle der Weigerung zurückzuführen ist. Von Freiwilligkeit, welche auf autonomen Gründen fußen muss, kann dann keine Rede mehr sein. So werden zu Recht gegenüber einer solchen „Zwangstherapie" erhebliche Bedenken geäußert und die Erfolgsaussichten einer solchen Vorgehensweise bezweifelt.[321]

Eine weitere Ausweitung des erfassten Täterkreises erfuhr die Führungsaufsicht durch die Einfügung des § 67d Abs. 3 StGB. Vor dem Gesetz war die

---

318 Vgl. *Morgenstern* 2006, S. 153; weitere Nachweise bei *Tröndle/Fischer* 2010, § 68c Rn. 7. Hingegen hält *Schöch* einen solchen Initialzwang für legitim, da der Verurteilte innerhalb des bereits auferlegten Übels eine Verlängerung der Führungsaufsicht erfährt, was nach *Schöch* keine zusätzliche Sanktionierung darstellt, vgl. *Schöch* 1998, S. 1260.

319 Vgl. *Schmidt-Jortzig* 1998, S. 442.

320 Vgl. *Kreuzer* 1998, § 22 Rn. 5 f.; ähnlich *Ostendorf* 2003, S. 4.

321 Vgl. Anhörung zum Gesetzgebungsverfahren BT-Prot. Nr. 59; *Dünkel* 1997, S. 90; *Kusch* 1997, S. 90 f.

Dauer der Sicherungsverwahrung gem. § 67d Abs. 1 S. 1 StGB a. F. auf zehn Jahre begrenzt und nach der Entlassung war die Führungsaufsicht nicht vorgesehen. Mit der Neuregelung des Absatzes 3 wurde nun zum einen die Möglichkeit geschaffen den Sicherungsverwahrten über die Höchstfrist von zehn Jahren hinaus zu verwahren, wenn die Gefahr besteht, dass der Untergebrachte infolge seines Hanges erhebliche Straftaten begehen wird, durch welche die Opfer körperlich oder seelisch schwer geschädigt werden, § 67d Abs. 3 S. 1 StGB.[322] Zum anderen wurde in § 67d Abs. 3 S. 2 StGB normiert, dass mit der Entlassung aus der Sicherungsverwahrung Führungsaufsicht kraft Gesetzes eintritt. Begründet wurde diese Regelung mit dem Bedürfnis, auch nach der Entlassung auf die Lebensführung des Entlassenen Einfluss nehmen zu können.[323] Damit wurde die Führungsaufsicht kraft Gesetzes im Zusammenhang mit freiheitsentziehenden Maßregeln ein weiteres Mal ergänzt und § 68 Abs. 2 StGB entsprechend geändert.

Insgesamt bedeuteten die durch das Gesetz eingeführten gesetzlichen Änderungen eine deutliche Verschärfung im Umgang mit der bezeichneten Tätergruppe. Dabei erfuhr die Führungsaufsicht ein weiteres Mal eine Ausweitung ihres erfassbaren Täterkreises und damit einhergehend eine höhere Fallbelastung der zuständigen Stellen.[324] Die Idee einen besseren Schutz der Allgemeinheit durch ein durch die Öffentlichkeit heraufbeschworenes Gesetz zu erreichen, darf bezweifelt werden. Denn eine solche Gesetzesfindung steht nur in seltenen Fällen mit einer rationalen Kriminalpolitik im Einklang. Insofern wurde das Gesetz bisweilen als Folge symbolischer und aktionistisch geprägter Politik bezeichnet.[325]

---

322 Nachdem die Möglichkeit der potentiell unbefristeten Sicherungsverwahrung gewichtiger Kritik aus der Wissenschaft in Bezug auf das Rückwirkungsverbot gem. Art. 103 Abs. 2 GG bei sog. Altfällen ausgesetzt war, entschied das Bundesverfassungsgericht (zunächst) in seinem Urteil vom 5.2.2004, dass die Vorschrift mit dem Grundgesetz vereinbar ist. Nachdem der EGMR am 17.12.2009 entschied, dass die unbefristete Verlängerung menschenrechtswidrig ist, sah sich das Bundesverfassungsgericht noch mal mit der Frage der Verfassungsmäßigkeit des § 67d Abs. 3 StGB konfrontiert und erklärte die Vorschrift mit seinem Urteil vom 4.5.2011, neben sämtlichen anderen die Sicherungsverwahrung betreffenden Vorschriften, für verfassungswidrig. Zu der Kritik vgl. *Best* 2002, S. 97 ff. m. w. N.

323 Vgl. BT-Drucks. 13/9062, S. 10.

324 Vgl. *Boetticher* 2000, S. 201 ff.

325 Vgl. *Dünkel* 1997, S. 9; kritisch äußerte sich auch *Schöch* 1998, S. 1262.

4.6 Abschließende Zusammenfassung und Würdigung der Entstehung der Führungsaufsicht

Insgesamt erstrecken sich die Entwicklung und die Herausbildung der Führungsaufsicht damit über mehrere Jahrhunderte, wobei jedoch erst die Polizeiaufsicht des RStGB von 1871 als wirkliche Vorgängerin der heutigen Führungsaufsicht verstanden werden kann. Stand am Anfang dieser gesamten Entwicklung noch die Sicherungsfunktion im Vordergrund, so soll die Betonung heute vorrangig auf der betreuenden und helfenden Komponente der Maßregel liegen, mit dem Ziel eine Wiedereingliederung der erfassten Straftäter zu realisieren. Dabei ist diese Umkehrung letztlich auf die Idee der Schutzaufsicht aus dem Entwurf zu einem neuen Strafgesetzbuch von 1911 zurückzuführen, welche im Gegensatz zu der Polizeiaufsicht die betreuende Komponente herausstellte und für die Überwachung Meldepflichten als ausreichend erachtete. Auf Grund der deutlichen Kritik der Polizeiaufsicht wurde die Idee der Schutzaufsicht dann auch in sämtlichen Entwürfen der Weimarer Zeit übernommen. Wegen des Ausbruchs des ersten Weltkrieges und der politischen Instabilität der Weimarer Zeit konnte diese neue Idee der Schutzaufsicht jedoch nicht in Form einer Gesetzesänderung realisiert werden. Stattdessen wurde die Rechtsstaatlichkeit durch die Zeit des Nationalsozialismus durchbrochen und infolgedessen artete auch der Umgang mit als gefährlich geltenden Tätern aus. Insofern lässt sich in diesem Zusammenhang von einem Rückschritt in der Entwicklung der Führungsaufsicht sprechen. Dennoch wurden die angeblich großen Erfolge der Rückfallverhütung auch auf die während der nationalsozialistischen Herrschaft etablierten Mittel der Vorbeugungshaft und der polizeilichen Überwachung zurückgeführt. Vor diesem Hintergrund wurde eine solche Überwachung noch in den 1950er Jahren bisweilen für gutgeheißen.[326] Die Polizeiaufsicht wurde in der Zeit des Nationalsozialismus von den Mitteln der vorbeugenden Verbrechensbekämpfung in Form der Vorbeugungshaft und der polizeilichen Überwachung verdrängt und kam kaum noch zur Anwendung. Sie lebte dann erst wieder nach der nationalsozialistischen Herrschaft auf und existierte bis zu der Einführung der Führungsaufsicht weiter.

Im Rahmen der Vorarbeiten zum 2. StrRG wurde in dem Entwurf von 1962 die Sicherungsaufsicht vorgesehen, welche zwar an der Schutzaufsicht orientiert war, jedoch trotzdem die sichernde Komponente in den Vordergrund stellte. Erst die Kritik an der Schaffung einer solchen Sicherungsaufsicht durch den Alternativentwurf von 1966, welcher die Sicherungsaufsicht gänzlich ablehnte, führte dann zu der Schaffung der Führungsaufsicht als eine Art Kompromisslösung.[327]

---

326 Vgl. etwa Nachweise bei *Schulz* 1982, S. 66.

327 *Rasch* spricht in diesem Zusammenhang von einem Zielkonflikt, vgl. *Rasch* 1990, S. 160.

In ihr wurde die betreuende Komponente gegenüber der sichernden betont und somit spiegelt sich letztlich die Idee der Schutzaufsicht aus dem Entwurf von 1911 in ihr wider. Trotzdem geht die heutige Führungsaufsicht im Hinblick auf ihre sichernde Komponente über die Schutzaufsicht und die Idee des Entwurfs von 1911 hinaus, indem den beteiligten Stellen heute ein umfassendes – und immer weiter ausgebautes[328] – Überwachungsinstrumentarium zur Verfügung gestellt wird. Insofern wurde die Idee der Schutzaufsicht nicht konsequent weitergedacht und verfolgt.

Will man versuchen die Entwicklung und verschiedenen Ansätze auf dem Weg zu der heutigen Führungsaufsicht seit ihrer entfernten Vorläuferin in Form der poena extraordinaria des 16. Jahrhunderts bis zu ihrer Einführung 1975 auf einen gemeinsamen Nenner zu bringen, so sind es zwei Aspekte, die in diesem Zeitraum stets das Thema beherrschten: das Bedürfnis, dass es einer nachgehenden Betreuung entlassener gefährlicher bzw. gefährdeter Täter bedarf und die Kritik an der konkreten Umsetzung dieses Bedürfnisses. Hieran hat sich auch bis heute nichts geändert.

---

328 Vgl. unten unter *4.6* und *6.4*.

5. Das Gesetz zur Reform der Führungsaufsicht und zur Änderung der Vorschriften über die nachträgliche Sicherungsverwahrung vom 13. April 2007

Auch wenn die Maßregel der Führungsaufsicht seit ihrem Inkrafttreten 1975 einige rechtliche Neuerungen erfuhr, so blieb sie im Kern unverändert. Die wenigen Änderungen bezogen sich dabei v. a. auf eine Ausweitung des erfassbaren Täterkreises, wobei die Regelungen in Bezug auf die faktische Seite in Form des tatsächlichen Umgangs mit der Maßregel nahezu unberührt blieben. Ziel des Gesetzes vom 13. April 2007 war es nun, eine effizientere praktische Handhabung der Führungsaufsicht zu normieren.

5.1 Gang des Reformgesetzes

Schon im Rahmen seiner Stellungnahme zu dem Gesetzesentwurf der Bundesregierung vom 14. Januar 1985 bezüglich eines Strafrechtsänderungsgesetzes,[329] verdeutlichte der Bundesrat die Notwendigkeit die Regelungen der Führungsaufsicht einer grundlegenden Prüfung zu unterziehen.[330] Die Erfahrungen in der Praxis hätten gezeigt, dass in Bezug auf den Umgang mit dem Institut der Führungsaufsicht zahlreiche Unzulänglichkeiten und Unklarheiten vorliegen, die einer Bereinigung bedürfen. So forderte der Bundesrat die Bundesregierung explizit auf, die Regelungen der Führungsaufsicht in Absprache mit den Ländern einer umfassenden Prüfung zu unterziehen, um einen entsprechenden Gesetzentwurf vorlegen zu können. Zwar reagierte die Bundesregierung auf diese Forderung, indem sie sich im Benehmen mit den Landesjustizverwaltungen mit den Vorarbeiten für eine Novellierung der Vorschriften der Führungsaufsicht befasste und einen Rohentwurf zur Reform des Rechts der Führungsaufsicht erarbeitete.[331] Jedoch blieb es bei diesem Entwurf, was wohl auch auf die Anstrengungen in Bezug auf die Wiedervereinigung zurückzuführen ist.

Dies zeigt, dass es schon mehr als 20 Jahre vor der umfassenden Reform Bestrebungen gab, die Maßregel der Führungsaufsicht einer umfangreichen Neugestaltung zu unterziehen. Letztlich blieben die Arbeiten im Zusammenhang mit der Wiedervereinigung stecken und die rechtlichen Regelungen der Führungsaufsicht wurden in der Folge nur punktuell verändert.

---

329 Entwurf zum 23. Strafrechtsänderungsgesetz, vgl. oben unter *4.5.1*

330 Vgl. BT-Drucks. 10/2720, S. 25. Auch im Rahmen der XVI. Bundestagung der Deutschen Bewährungshilfe e. V. (DBH) wurden 1999 die Notwendigkeit einer entsprechenden Prüfung diskutiert und entsprechende Vorschläge erarbeitet, vgl. *Antons* 1992, S. 282 ff.

331 Vgl. Unterrichtung durch die Bundesregierung zur Beurteilung des strafrechtlichen Sanktionssystems, BT-Drucks. 10/5828, S. 6.

Erst ab 2000 wurde die Idee einer umfassenden Reform der Führungsaufsicht durch den Strafrechtsausschuss der Konferenz der Justizminister wieder aufgenommen und konsequent vorangetrieben. Er verständigte sich darauf, die Frage einer Reform auf der Grundlage einer umfassenden Praxisumfrage zu beantworten.[332] So wurde 2003 unter der Leitung des Justizministeriums von Nordrhein-Westfalen eine solche Umfrage in Bezug auf die Führungsaufsicht vorgenommen, welche der Justizministerkonferenz in Form eines Berichts des Strafrechtsausschusses vorgelegt wurde.[333] Dieser Bericht stellte dann auch die Grundlage für einen Referentenentwurf zur Reform der Führungsaufsicht dar, indem er als Ergebnis der Umfrage das Bedürfnis herausstellte, die Führungsaufsicht als Instrument zur Einwirkung auf Entlassene – trotz begrenzter Wirkung – beizubehalten.[334] Letztlich bat die Konferenz der Justizminister die Bundesregierung im November 2004 auf dieser Grundlage einen entsprechenden Gesetzesentwurf zu erarbeiten.[335]

5.2 Der Gesetzentwurf der Bundesregierung

Der in der Folge erarbeitete Gesetzesentwurf zur Reform der Führungsaufsicht wurde am 16. Juni 2006 von der Bundesregierung vorgelegt[336] und lehnte sich dabei im Wesentlichen an die im Referentenentwurf vorgeschlagenen Regelungen an.[337] Erklärtes Ziel des Gesetzesentwurfes war es dabei, eine effizientere und praktische Handhabung zu ermöglichen. Schon im Koalitionsvertrag der

---

332 Vgl. Gesetzentwurf der Bundesregierung zur Reform der Führungsaufsicht, BT-Drucks. 16/1993, S. 12.

333 Vgl. *Vollbach* 2006, S. 41.

334 Vgl. *Vollbach* 2006, S. 41; auch der DBH-Fachverband sprach sich trotz der ausgewiesenen Zweifel an der Wirksamkeit der Führungsaufsicht in seiner Stellungnahme zur Neufassung der Vorschriften über die Führungsaufsicht grundsätzlich für die Beibehaltung der Maßregel aus. Die Stellungnahme des DBH ist abrufbar auf der Internetpräsenz des DBH unter: http://www.dbh-online.de/stellung/dbh-stellungnahme-fuehrungsaufsicht -2004-03.pdf. In diesem Zusammenhang sprach sich auch der Fachbereich „Soziale Dienste DJG NW" im Dezember 2003 für die Beibehaltung der Führungsaufsicht aus, da das Schutzbedürfnis der Allgemeinheit gegen eine ersatzlose Abschaffung spreche. Die Stellungnahme des Fachbereichs ist abrufbar unter: http://www.gesmat. bundesgerichtshof.de/gesetzesmaterialien/15_wp/fuehrungsaufsicht/stellung_fb_soz_d_ djg_nw.pdf (22.7.2013).

335 Vgl. BT-Drucks. 16/1993, S. 12.

336 BT-Drucks. 16/1993.

337 Der Referentenentwurf wurde am 5.7.2005 vorgelegt, vgl. Pressemitteilung des Bundesministeriums der Justiz vom 5.7.2005, abrufbar auf der Internetpräsenz des Ministeriums unter: http://www.gesmat.bundesgerichtshof.de/gesetzesmaterialien/15_wp/ fuehrungsaufsicht/pm_bmj_5_7_05.pdf (22.7.2013).

CDU/CSU und SPD vom 11. November 2005 war explizit von einer konsequenteren und effizienteren Gestaltung die Rede.[338] Inhaltlich sah der Gesetzesentwurf neben einer Vereinfachung[339] und Ausweitung der bestehenden Vorschriften, insbesondere die Schaffung eines Kriseninterventionsinstrumentariums sowie die Normierung der forensischen Ambulanz als nachbetreuende Institution vor. Daneben sollten auch die Befugnisse der Führungsaufsichtsstelle erweitert werden, um eine bessere Kontrolle der Probanden zu ermöglichen. Nachfolgend wird zunächst der Gesetzesentwurf (*5.2.1* und *5.2.2*) vorgestellt, anschließend die Stellungnahmen der Verbände (*5.3*) sowie der Sachverständigen in der Anhörung des Rechtsausschusses im Bundestag (*5.4*). Die endgültige gesetzliche Regelung ergibt sich aus der Beschlussfassung, die 2007 als Gesetz verabschiedet wurde (*5.5*) und dem *Anhang* am Ende der Arbeit.

5.2.1 Die im Gesetzentwurf vorgesehenen Neuregelungen im Überblick

Im Wesentlichen beinhaltete der Entwurf 13 Neuregelungen, welche sowohl Änderungen im StGB als auch in der StPO vorsahen. Im Einzelnen sah der Entwurf[340] vor:

- die Ausweitung des strafbewehrten Weisungskatalogs des § 68b Abs. 1 StGB,

- die Normierung der forensischen Ambulanz als psychiatrische, psycho- oder sozialtherapeutische Nachsorgeeinrichtung für Maßregelvollzugspatienten und Haftentlassene in § 68b Abs. 2 StGB und § 68a Abs. 7 StGB-E,

- die Erhöhung des Strafrahmens für Weisungsverstöße von maximal einem Jahr auf drei Jahre Freiheitsentzug in § 145a StGB,

- die Schaffung einer Befugnis der Führungsaufsichtsstelle den Probanden zur Aufenthaltsermittlung auszuschreiben, wenn der Aufenthaltsort unbekannt ist gem. § 463a Abs. 1 StPO-E,

- die Schaffung einer Befugnis der Führungsaufsichtsstelle Vorführungsbefehle zu erlassen gem. § 463a Abs. 3 StPO-E,

---

338 Vgl. Koalitionsvertrag zwischen CDU, CSU und SPD vom 11.11.2005, S. 122. Dabei wurde betont, dass v. a. der Schutz vor gefährlichen Straftätern verbessert werden soll.

339 In diesem Zusammenhang wurde auch eine Anpassung an eine geschlechterneutrale Sprache vorgenommen, was jedenfalls nicht zu einer Vereinfachung im Hinblick auf die Lesbarkeit führte.

340 Vgl. BT-Drucks. 16/1993, S. 12 f.

- die Schaffung der Möglichkeit einer vorübergehenden Krisenintervention bei Probanden, deren Unterbringung nach §§ 63, 64 StGB zur Bewährung ausgesetzt ist gem. § 67h StGB-E,

- den Eintritt der Führungsaufsicht nach Erledigung der Unterbringung nach § 64 StGB wegen Ablaufs der Höchstfrist gem. § 67d Abs. 4 StGB-E,

- die Schaffung einer unbefristeten Führungsaufsicht unter bestimmten Voraussetzungen gem. § 68c Abs. 3 Nr. 1, 2 StGB-E,

- die Ermöglichung des Widerrufs der Aussetzung der Unterbringung in einer Maßregel, wenn der Widerrufsgrund zwischen der Entscheidung über die Aussetzung und dem Beginn der Führungsaufsicht bzw. der Rechtskraft der Aussetzungsentscheidung entstanden ist gem. § 67g Abs. 1 S. 2 StGB,

- die Klarstellung, dass die mit Aussetzung einer Maßregel in den Fällen des § 67b Abs. 2, § 67c Abs. 1 S. 2 und Absatz 2 Satz 4 sowie § 67d Abs. 2 S. 2 StGB kraft Gesetzes eintretende Führungsaufsicht mit dem Wirksamwerden der Aussetzungsentscheidung beginnt gem. § 68c Abs. 4 StGB-E,

- die Vermeidung von parallel laufenden Führungsaufsichten und von Doppelbetreuungen infolge von Führungsaufsichten, die neben dem Straf- oder Maßregelvollzug fortlaufen gem. § 68e Abs. 1 StGB-E,

- die Neuregelung der Verjährung der Führungsaufsicht gem. §§ 79 Abs. 4 S. 1, 79 Abs. 4 S. 2 Nr. 1 StGB-E und

- die Neuregelung der Voraussetzungen im Hinblick auf eine Gesamtfreiheitsstrafe für den Eintritt der Führungsaufsicht bei Vollverbüßern gem. § 68f Abs. 1 S. 1 StGB.

5.2.2 Die einzelnen vorgesehenen Neuregelungen und deren Zielsetzung

Im Folgenden werden die wesentlichen vorgesehenen Regelungen des Gesetzesentwurfs der Bundesregierung[341] und deren Hintergrund dargestellt. Hinsichtlich der Zielsetzung der vorgesehenen Regelungen werden dabei v. a die jeweiligen Begründungen des Entwurfs herangezogen.

5.2.2.1 Die Ausweitung des Weisungskatalogs des § 68b StGB

Der Entwurf machte es sich zur Aufgabe den Weisungskatalog des § 68b StGB zu ergänzen. Dabei wurde jedoch nicht nur der strafbewehrte Katalog des ersten

---

341 BT-Drucks. 16/1993.

Absatzes erweitert, sondern auch Ergänzungen des zweiten Absatzes vorgenommen. Hinsichtlich des abgeschlossenen Katalogs des ersten Absatzes bezogen sich
die geplanten Neuregelungen auf die Neuformulierung bzw. Konkretisierung der
Nr. 3 (Kontakt- und Verkehrsverbot) und der Nr. 7 (Meldepflicht) sowie die
Neueinfügung der Nr. 10 (Verbot berauschende Mittel zu sich zu nehmen) und
der Nr. 11 (Vorstellungspflicht).

Der nicht abgeschlossene Katalog des zweiten Absatzes sollte die als besonders bedeutsam erkannte Nachsorgeweisung ausdrücklich erwähnen.[342]

Das Kontakt- und Verkehrsverbot

Beinhaltete § 68b Abs. 1 S. 1 Nr. 3 StGB schon ein Verbot bestimmte Personen
bzw. Personen einer bestimmten Gruppen, die dem Verurteilten Gelegenheit
oder Anreiz zu weiteren Straftaten bieten können, nicht zu beschäftigen, auszubilden oder zu beherbergen, so formulierte § 68b Abs. 1 S. 1 Nr. 3 StGB-E zusätzlich ein Kontakt- und Verkehrsverbot gegenüber bestimmten Personen.[343]
Das Kontaktverbot soll dabei verhindern, dass keine Kontaktaufnahme zu den
bezeichneten Personen erfolgt, während das Verkehrsverbot darauf abzielt, einen bereits bestehenden Kontakt zu verbieten.[344] Der Gesetzesentwurf begründete diese Ergänzung der Vorschrift v. a. vor dem Hintergrund eines besseren
Opferschutzes und der Hoffnung weiterer Straftaten vorzubeugen. So könne der
Verurteilte angewiesen werden, generell eine Kontaktaufnahme zu potentiellen
Opfern – wie etwa Kinder und Jugendliche – zu unterlassen bzw. mit dem Opfer
der Anlasstat keinen Kontakt aufzunehmen bzw. nicht mit ihm zu verkehren.[345]
In diesem Zusammenhang sah der Entwurf in § 406d Abs. 2 Nr. 1 StPO-E außerdem vor, dass dem Verletzten auf Antrag mitzuteilen ist, ob dem Verurteilten
eine entsprechende Weisung erteilt worden ist.

Die Erteilung einer entsprechenden Weisung gem. § 68b Abs. 2 StGB sei
gängige Praxis der Strafvollstreckungskammern und gehöre zu deren „festem
Repertoire", sodass durch die rechtliche Verortung im strafbewehrten Katalog
des § 68b Abs. 1 StGB, die Reaktionsmöglichkeiten bei einem Weisungsverstoß
wesentlich erweitert und verbessert werde.[346] Letztlich sollte also durch die
Neuformulierung keine neue Möglichkeit geschaffen ein entsprechendes Verbot
auszusprechen, sondern die Durchsetzbarkeit einer solchen Weisung verbessert

---

342 Vgl. BT-Drucks. 16/1993, S. 20.

343 Ein solches Verbot existierte bereits im Rahmen der Weisung des § 56c Abs. II Nr. 3
StGB.

344 Vgl. die Begründung des Gesetzesentwurfs, BT-Drucks. 16/1993, S. 18.

345 Vgl. BT-Drucks. 16/1993, S. 18.

346 Vgl. BT-Drucks. 16/1993, S. 18.

werden, was dem übergeordneten Ziel des Reformgesetzes in Form einer effizienteren Handhabung entsprach.

Die Meldepflicht

Die angestrebte Neuformulierung des § 68b Abs. 1 S. 1 Nr. 7 StGB war der Tatsache geschuldet, dass der persönliche Kontakt zwischen dem Verurteilten und der bestimmten Person des Bewährungshelfers von entscheidender Bedeutung für das Gelingen der Führungsaufsicht ist. Zwar formulierte § 68b Abs. 1 S. 1 Nr. 7 StGB bereits die Weisung sich zu bestimmten Zeiten bei der Aufsichtsstelle oder einer bestimmten Dienststelle zu melden, jedoch ergänzte der Entwurf die Vorschrift ausdrücklich um die Möglichkeit, eine solche Meldepflicht auf einen persönlichen Bewährungshelfer zu erstrecken, wobei Dienststelle im Sinne der Nr. 7 grundsätzlich auch die Dienstelle des bestimmten Bewährungshelfers sein kann.[347] Die Weisung mit einem bestimmten Bewährungshelfer zu sprechen, war jedoch davon nicht gedeckt.[348] Um eine solche Weisung zu erteilen, wurde zuvor vielmehr eine entsprechende Weisung gem. § 68b Abs. 2 StGB auferlegt. Insofern bestand also auch hier schon die Möglichkeit einer entsprechenden Weisungserteilung und durch die beabsichtigte Normierung im strafbewehrten Katalog des ersten Absatzes, sollte wiederum die Effektivität im Sinne der besseren Durchsetzbarkeit erhöht werden.[349]

Das Verbot berauschende Mittel zu sich zu nehmen und die Vorstellungspflicht

Während § 68b Abs. 1 StGB in seinen Nummern drei und sieben lediglich Ergänzungen erfahren sollte, sah der Gesetzesentwurf darüber hinaus vor, den bestehenden Katalog durch die Neueinfügung von zwei Weisungen zu ergänzen. So sollte dem Katalog eine zehnte und eine elfte Weisung hinzugefügt werden.

§ 68b Abs. 1 S. 1 Nr. 10 StGB-E lautete:

„Das Gericht kann die verurteilte Person für die Dauer der Führungsaufsicht oder für eine kürzere Zeit anweisen, keine alkoholischen Getränke oder andere berauschende Mittel zu sich zu nehmen, wenn auf Grund bestimmter Tatsachen Gründe für die Annahme bestehen, dass der Konsum solcher Mittel zur

---

347 Vgl. OLG Stuttgart, Beschl. v. 6. 3. 1990 – 3 Ws 7/90, juris; *Joecks/Miebach* 2005, § 68b Rn. 17.

348 Vgl. *Joecks/Miebach* 2005, § 68b Rn. 17 m. w. N.

349 *Schneider* spricht in diesem Zusammenhang davon, dass die inhaltliche Änderung nur in der Strafandrohung zu sehen ist, welche der Bewährungshelfer wohl kaum anregen würde, um seine Betreuungsaufgabe nicht zu stören, vgl. *Laufhütte/Rissing-van Saan/ Tiedemann* 2008, § 68b Rn. 32.

Begehung weiterer Straftaten beitragen wird, und sich Alkohol- und Suchtmittelkontrollen zu unterziehen, die nicht mit einem körperlichen Eingriff verbunden sind."

Die Einfügung dieser Weisung sollte den Erfahrungen Rechnung tragen, welche eine Suchtmittelabhängigkeit als Risikofaktor für das Gelingen eines straffreien Lebens erkannten. So begründete der Gesetzesentwurf die Einfügung der Nummer zehn mit Verweis auf die Forschung.[350] Ausdrücklich in die Weisung mit aufgenommen wurde die Möglichkeit dem Verurteilten aufzuerlegen, sich Alkohol- und Suchtmittelkontrollen in Form von Urinkontrollen und Alkoholmessungen zu unterziehen, welche jedoch nicht mit einem körperlichen Eingriff verbunden sind. Da es sich um die Schaffung einer strafbewehrten Weisung handelte, wurde sie aus Verhältnismäßigkeitsgründen auf solche Kontrollen beschränkt.[351] Nach der Begründung des Gesetzesentwurfs bliebe jedoch die Möglichkeit bestehen den Verurteilten gem. § 68b Abs. 2 StGB anzuweisen, sich einer Kontrolle in Form einer Blutentnahme zu unterziehen, wenn sich dieser damit einverstanden zeigt, § 68b Abs. 2 S. 4 StGB.[352]

Durch diese ausdrückliche „Suchtmittelweisung" im strafbewehrten Katalog des § 68b Abs. 1 StGB, welche die Gerichte zuvor gem. § 68b Abs. 2 StGB anordneten,[353] wurde wiederum die Intention des Gesetzgebers deutlich, die Effektivität in Form einer besseren Durchsetzbarkeit zu erhöhen.

§ 68b Abs. 1 S. 1 Nr. 11 StGB-E lautete:

„Das Gericht kann die verurteilte Person für die Dauer der Führungsaufsicht oder für eine kürzere Zeit anweisen, sich zu bestimmten Zeiten oder in bestimmten Abständen bei einer Ärztin oder einem Arzt, einer Psychotherapeutin oder einem Psychotherapeuten oder einer forensischen Ambulanz vorzustellen."

Die Begründung des Gesetzesentwurfs geht davon aus, dass ein Therapiezwang wenig erfolgversprechend ist, da die Mitarbeit des Betroffenen unerläss-

---

350 Vgl. BT-Drucks. 16/1993, S. 19 mit Verweis auf *Seifert/Bolten/Müller-Mussavi* 2003, S. 132. *Schneider* gibt jedoch in diesem Zusammenhang zu bedenken, dass eine solche Weisung einer Wiedereingliederung auch entgegenwirken kann, vgl. *Laufhütte/Rissing-van Saan/Tiedemann* 2008, § 68b Rn. 36.

351 Vgl. BT-Drucks. 16/1993, S. 19.

352 Vgl. BT-Drucks. 16/1993, S. 19. Kritisch dazu *Ostendorf*, der u. a. die Möglichkeit einer solchen Weisung, die mit einem körperlichen Eingriff verbunden ist, für eine Umgehung des Verbots in der „Suchtmittelweisung" des ersten Absatzes sieht, vgl. *Kindhäuser/Neumann/Paeffgen* 2010, § 68b Rn. 18.

353 Vgl. *Schönke/Schröder* 2010, § 68b Rn. 14a.

lich sei;[354] außerdem sei ein entsprechender Zwang erheblichen verfassungsrechtlichen Bedenken ausgesetzt. Insofern sollte durch die Normierung dieser
Weisung zwangsweise ein entsprechender Kontakt zwischen dem Verurteilten
und dem Behandelnden in der Hoffnung hergestellt werden, dass eine Therapierung ohne Zwangscharakter zustande kommt. In diesem Zusammenhang
könne davon gesprochen werden, dass das erste Behandlungsziel eine hinreichende Motivation sei.[355] Im Falle der Nichtbefolgung dieser Vorführungswei-
sung sah der Entwurf durch die Einfügung des § 463a Abs. 3 StPO-E die
Möglichkeit vor, einen entsprechenden Vorführungsbefehl zu erlassen. Folglich
wurde in diesem Zusammenhang die Durchsetzbarkeit der „Vorstellungsweisung" in doppelter Hinsicht sichergestellt; zum einen durch die Strafbewehrung
des § 145a StGB und zum anderen durch die Möglichkeit des Gerichts auf
Antrag des Leiters der Führungsaufsichtsstelle einen entsprechenden Vorführ-
rungsbefehl zu erlassen.

Der nicht abgeschlossene und auch nicht strafbewehrte Katalog des Absatzes zwei des § 68b StGB sollte um zwei Sätze erweitert werden. In § 68b Abs. 2
S. 2 StGB-E sollte ausdrücklich eine Nachsorgeweisung normiert werden, nach
der das Gericht die verurteilte Person insbesondere anweisen kann, sich psychiatrisch, psycho- oder sozialtherapeutisch betreuen und behandeln zu lassen. Die
vorgesehene Normierung dieser Therapieweisung war der Tatsache geschuldet,
dass eine ambulante therapeutische Nachsorge die Wahrscheinlichkeit einer
Rückfälligkeit senkt und auch zu einer Sicherung von Therapieerfolgen im Vollzug beitragen kann.[356] Was die praktische Umsetzung einer solchen Nachsorgeweisung angeht, so sollte die forensische Ambulanz als nachbetreuende Einrichtung etabliert werden. So formulierte § 68b Abs. 2 S. 3 StGB-E, dass die
Betreuung und Behandlung durch eine forensische Ambulanz erfolgen kann.

5.2.2.2 Die Normierung der forensischen Ambulanz

Auf Grund der guten Erfahrungen in der Praxis mit einer spezialisierten forensischen Nachbetreuung, welche in der Lage ist die Dauer einer Unterbringung auf
einem angemessenen Niveau zu halten, sah der Gesetzesentwurf in §§ 68a
Abs. 7 und § 68b Abs. 2 StGB-E vor, die forensische Ambulanz zu normieren.[357] Dabei formulierte der Gesetzesentwurf jedoch nicht die Pflicht für

---

354 Vgl. BT-Drucks. 16/1993, S. 19 mit Verweis auf *Schneider* 1999, S. 297.

355 Vgl. BT-Drucks. 16/1993, S. 19 mit Verweis auf *Rosenau* 1999, S. 397 m. w. N.

356 Vgl. BT-Drucks. 16/1993, S. 20.

357 Vgl. BT-Drucks. 16/1993, S. 17. In seiner Begründung geht der Entwurf dabei beispielhaft auf die bereits bestehenden bzw. sich im Aufbau befindlichen Nachsorginstitutio-
nen in Hessen, Nordrhein-Westfalen, Niedersachsen, Berlin, Bayern und Baden-Würt-

den Aufbau einer entsprechenden Nachsorgeeinrichtung zu sorgen. Vielmehr sollte die forensische Ambulanz in die rechtlichen Regelungen der Führungsaufsicht aufgenommen und ihr Verhältnis zu den übrigen an der Führungsaufsicht Beteiligten in § 68a Abs. 7 StGB-E geregelt werden, um die Grundlage für einen Aufbau eines Netzes an forensischen Ambulanzen zu sorgen.[358] In diesem Zusammenhang sah der Entwurf in § 68a Abs. 7 S. 3 StGB-E vor, dass die Mitarbeiter der forensischen Ambulanz sich gegenüber dem Gericht, der Aufsichtsstelle, der Bewährungshelferin oder dem Bewährungshelfer zu offenbaren haben, soweit dies für deren Aufgabenerfüllung erforderlich ist. Mit dieser Klarstellung sollte eine Befugnisnorm geschaffen werden, um eine drohende Strafbarkeit gem. § 203 Abs. 1 StGB (Verletzung von Privatgeheimnissen) zu vermeiden.[359]

Die vorgesehene Normierung der forensischen Ambulanz in den Regelungen der Führungsaufsicht war der Erkenntnis geschuldet, dass ein flächendeckendes Netz an entsprechender Nachbetreuung (noch) nicht existiert. Insofern sollte ein Anstoß für den Auf- bzw. Ausbau entsprechender Einrichtungen gegeben werden, wobei es den Ländern überlassen wurde, dieses Ziel umzusetzen. So appellierte die damalige Justizministerin des Bundes *Zypries* in einer Pressemitteilung am 5. Juli 2005 an alle Bundesländer, „forensische Ambulanzen zu schaffen, um die psychiatrische, psycho- oder sozialtherapeutische Nachsorge für ehemalige Patientinnen und Patienten des psychiatrischen Maßregelvollzugs und für Haftentlassene zuverlässig sicher zu stellen."[360]

5.2.2.3 Die Erhöhung des Strafrahmens des § 145a StGB

In Bezug auf die Strafvorschrift des § 145a StGB sah der Entwurf vor, den Strafrahmen von bis zu einem Jahr auf bis zu drei Jahre zu erhöhen. Begründet wurde dies zum einen mit der Erfahrung, dass die Verurteilten auf Grund der geringen Strafdrohung kaum zu motivieren seien die ihnen auferlegten Weisungen einzuhalten; zum anderen sollte durch die Ausweitung des Strafrahmens ermöglicht werden, differenzierter auf etwaige Weisungsverstöße zu reagieren.[361] Nicht zuletzt betont die Begründung des Entwurfs, dass von der Erhöhung des

---

temberg ein. Auch *Seifert/Schiffer/Bode* halten eine forensische Nachsorge für unverzichtbar, vgl. *Seifert/Schiffer/Bode* 2005, S. 650 ff.

358 Vgl. BT-Drucks. 16/1993, S. 18.

359 Vgl. BT-Drucks. 16/1993, S. 18.

360 Vgl. Pressemitteilung des Bundesministerium der Justiz vom 5.7.2005, abrufbar auf der Internetpräsenz des Ministeriums unter: http://www.gesmat.bundesgerichtshof.de/gesetzesmaterialien/15_wp/fuehrungsaufsicht/pm_bmj_5_7_05.pdf (22.7.2013). Dabei bezieht sich die Pressemitteilung konkret auf den Referentenentwurf.

361 Vgl. BT-Drucks. 16/1993, S. 24.

Strafrahmens das Institut der Führungsaufsicht nach außen hin aufgewertet werde.[362]

5.2.2.4 Die Erweiterung der Befugnisse der Führungsaufsichtsstelle in § 463a Abs. 1, 3 StPO-E

Um die Befugnisse der Führungsaufsichtsstelle in Fällen, bei denen der Aufenthalt des Verurteilten nicht bekannt ist, zu erweitern, sah der Entwurf in § 463a Abs. 1 S. 2 StPO-E vor, dass der Leiter der Führungsaufsichtsstelle die Ausschreibung zur Aufenthaltsermittlung (§ 131a Abs. 1 StPO) anordnen kann. Bisher bestand in solchen Fällen gem. § 463a Abs. 1 S. 1 StPO-E lediglich die Möglichkeit, von öffentlichen Behörden Auskunft zu verlangen bzw. einfache Ermittlungen vorzunehmen. Diese Situation sah die Begründung des Entwurfs vor dem Hintergrund einer effektiven Wahrnehmung der Führungsaufsicht als unbefriedigend an.[363] Für die Maßnahme an sich verwies der neu einzufügende Satz zwei auf die in § 131a Abs. 1 StPO normierten Prinzipien, dabei insbesondere auf § 131a Abs. 5 StPO, der die Ausschreibung in allen Fahndungshilfsmitteln der Strafverfolgungsbehörde für zulässig erklärt.[364] Die Begründung betont dabei ausdrücklich, dass vor einer entsprechenden Anordnung zu prüfen ist, ob nicht ein milderes Mittel, bspw. in Form von Erkundigungen bei Meldebehörden, angewendet werden kann, um dem Verhältnismäßigkeitsgrundsatz gerecht zu werden.[365]

Des Weiteren sollte durch die Einfügung des § 463a Abs. 3 StPO-E für eine bessere Durchsetzbarkeit der Weisungen gem. § 68b Abs. 1 S. 1 Nr. 7 StGB (Meldepflicht) und Nr. 11 StGB-E (Vorstellungspflicht) gesorgt werden. Denn neben der Strafvorschrift des § 145a StGB stand der Aufsichtsstelle kein Mittel zur Verfügung, den Verurteilten zur Befolgung der ihm auferlegten Weisungen zu bewegen.[366] So formulierte Absatz drei des Entwurfs, dass das Gericht auf Antrag der Aufsichtsstelle einen Vorführungsbefehl erlassen kann, wenn der Verurteilte einer entsprechenden Weisung nicht nachgekommen ist und er in der Ladung darauf hingewiesen wurde, dass in diesem Fall seine Vorführung zulässig ist. Was die formellen Anforderungen angeht, so verweist die Begründung des Entwurfs auf die in § 230 Abs. 2 StPO niedergelegten Grundsätze.[367]

---

362 Vgl. BT-Drucks. 16/1993, S. 24.

363 Vgl. BT-Drucks. 16/1993, S. 25.

364 Vgl. *Graalmann/Erb/Löwe u. a.* 2010, § 463a Rn. 9.

365 Vgl. BT-Drucks. 16/1993, S. 25 mit Verweis auf *Meyer-Goßner* 2010, § 131a Rn. 1.

366 Vgl. *Graalmann/Erb/Löwe u. a.* 2010, § 463a Rn 13.

367 Vgl. BT-Drucks. 16/1993, S. 25.

5.2.2.5 Die Krisenintervention gem. § 67h StGB-E

§ 67h StGB-E sah die Schaffung eines Kriseninterventionsinstrumentariums vor:

> *„Während der Dauer der Führungsaufsicht kann das Gericht die ausgesetzte Unterbringung nach den §§ 63 oder 64 für eine Dauer von höchstens drei Monaten wieder in Vollzug setzen, wenn eine akute Verschlechterung des Zustands der aus der Unterbringung entlassenen Personen oder ein Rückfall in ihr Suchtverhalten eingetreten ist und die Maßnahme erforderlich ist, um einen Widerruf nach § 67g zu vermeiden. Unter den Voraussetzungen des Satzes 1 kann es die Dauer der Maßnahme verlängern; sie darf insgesamt sechs Monate nicht überschreiten. § 67g Abs. 4 gilt entsprechend. "*

Dieses Kriseninterventionsinstrumentarium war der für erforderlich gehaltenen Möglichkeit geschuldet, auf kritische Entwicklungen kurzfristig reagieren zu können. So heißt es in der Begründung des Gesetzesentwurfs, dass durch eine kurzzeitige Wiedereinweisung in den Vollzug einer außerhalb des Vollzugs eingetretenen kritischen Entwicklung des Verurteilten durch eine – im besten Fall durch den vorigen Therapeuten durchgeführte – Behandlung entgegengewirkt werden könne, ohne den Widerruf bemühen zu müssen.[368] Insofern sollte eine höhere Durchlässigkeit zwischen ambulanter und stationärer Betreuung geschaffen werden, welche im Bereich der nichtforensischen Versorgung bereits erfolgreich funktioniere.[369] Im Referentenentwurf war ursprünglich auch vorgesehen, eine freiwillige Krisenintervention zu verankern, welche jedoch im Gesetzesentwurf der Bundesregierung keine Aufnahme mehr fand.[370] Die Begründung des Gesetzesentwurfs betont in diesem Zusammenhang jedoch ausdrücklich, dass die Möglichkeit einer freiwilligen Wiederaufnahme durch die Neuregelung nicht obsolet werde. Denn das Einverständnis des Patienten sei ohnehin die beste Grundlage für eine stationäre Krisenintervention und mache eine Zwangsmaßnahme gem. § 67h StGB-E nicht erforderlich.[371] Insofern spiegelt sich darin auch die Ausprägung des Verhältnismäßigkeitsgrundsatzes wider.

---

368 Vgl. BT-Drucks. 16/1993, S. 16.

369 Vgl. BT-Drucks. 16/1993, S. 16.

370 Vgl. *Kindhäuser/Neumann/Paeffgen* 2010, § 67h Rn. 8a mit Verweis auf *Feest* 2006, vor § 136 Rn. 30 m. w. N., wonach ein freiwilliger Aufenthalt auch nur schwer vorstellbar, jedoch nicht ausgeschlossen ist.

371 Vgl. BT-Drucks. 16/1993, S. 17.

5.2.2.6   Eintritt von Führungsaufsicht nach § 67d Abs. 4 StGB-E

Gem. § 67d Abs. 1 S. 1 StGB darf die Unterbringung in einer Entziehungsanstalt zwei Jahre nicht übersteigen. Nach dem Ablauf dieser Höchstfrist ist der Untergebrachte zu entlassen. Dabei spielt es auch keine Rolle, ob die Therapie erfolgreich gewesen ist oder eine Rückfallgefahr weiter besteht. Diesem Zustand wollte der Gesetzesentwurf abhelfen und fügte dem § 67d Abs. 4 StGB Satz 3 hinzu, der im Falle der Entlassung aus dem Vollzug der Unterbringung Führungsaufsicht vorsah. Damit sollte sichergestellt werden, dass der Untergebrachte zwar entlassen, jedoch auch weiter kontrolliert wird. Denn gerade in diesen Fällen habe die Praxis gezeigt, dass es risikoreich ist, solche Verurteilte ohne weitere Betreuung in die Freiheit zu entlassen.[372]

5.2.2.7   Die unbefristete Verlängerung der Führungsaufsicht in § 68c Abs. 3 StGB-E

Durch die Einfügung des § 68c Abs. 3 StGB-E sollte die Möglichkeit geschaffen werden, die Führungsaufsicht über die in § 68c Abs. 1 S. 1 StGB-E genannte Höchstfrist, unbefristet zu verlängern. Dabei knüpft die Neuregelung an die Möglichkeit des § 68c Abs. 3 StGB-E an, den Verurteilten unbefristet unter Führungsaufsicht zu stellen. Insofern handelte es sich bei der Neuregelung des Absatzes drei um eine Erweiterung des Absatzes zwei. So lautete § 68c Abs. 3 Nr. 1 StGB-E:[373]

> *„Das Gericht kann die die Führungsaufsicht über die Höchstdauer nach*
> *Absatz 1 Satz 1 hinaus unbefristet verlängern, wenn*
> *1.   in Fällen der Aussetzung der Unterbringung in einem psychiatrischen*
> *Krankenhaus nach § 67d Abs. 2 auf Grund bestimmter Tatsachen*
> *Gründe für die Annahme bestehen, dass die betroffene Person andern-*
> *falls alsbald in einen Zustand nach §§ 20 oder 21 geraten wird, infolge*
> *dessen eine Gefährdung der Allgemeinheit durch die Begehung weite-*
> *rer erheblicher rechtswidriger Taten zu befürchten ist oder*
> *2.   gegen die verurteilte Person wegen einer in § 181b genannten Straftat*
> *eine Freiheitsstrafe oder Gesamtfreiheitsstrafe von mehr als zwei Jah-*
> *ren verhängt oder die Unterbringung in einem psychiatrischen Kran-*
> *kenhaus angeordnet wurde und sich insbesondere aus dem Verstoß ge-*
> *gen Weisungen nach § 68b Abs. 1 oder 2 konkrete Anhaltspunkte dafür*
> *ergeben, dass eine Gefährdung der Allgemeinheit durch die Begehung*
> *weiterer erheblicher Straftaten zu befürchten ist."*

---

372   Vgl. BT-Drucks.16/1993, S. 16.
373   Vgl. BT-Drucks. 16/1993, S. 9.

Die Neueinfügung des § 68c Abs. 3 Nr. 1 StGB-E begründete der Gesetzesentwurf v. a. damit, dass es nicht selten vorkomme, dass Entlassene kurz vor dem Ende der Unterstellung unter Führungsaufsicht ankündigen, erforderliche Medikamente nicht mehr einzunehmen und insofern die Gefahr bestehe, dass deren seelischer Gesundheitszustand entsprechend leiden wird.[374] Insofern setzt die unbefristete Verlängerung nach Nr. 1 voraus, dass infolge dessen eine Gefährdung der Allgemeinheit durch die Begehung weiterer erheblicher Straftaten zu befürchten ist.

Die Neueinfügung der Nummer zwei sollte den Schutz der Allgemeinheit vor erheblichen Straftaten erhöhen, da v. a. bei Sexualstraftätern eine längerfristige Betreuung sinnvoll sein könne.[375] Die Begründung verweist dabei auf eine Meta-Evaluation internationaler Rückfallstudien für Sexualstraftäter,[376] nach der die Rückfälligkeit auch nach einem Risikozeitraum von vier bis fünf Jahren weiter erheblich steigt.[377] Ebenso wie die Nr. 1 des Entwurfs setzt die unbefristete Verlängerung nach Nr. 2 voraus, dass sich konkrete Anhaltspunkte dafür ergeben, dass eine Gefährdung der Allgemeinheit durch die Begehung weiterer erheblicher Straftaten zu befürchten ist.[378]

In § 68c Abs. 4 StGB-E wurde der Beginn der Führungsaufsicht klar gestellt. Demnach beginnt die Führungsaufsicht in den Fällen des § 68 Abs. 1 StGB mit der Rechtskraft ihrer Anordnung, in den Fällen des § 67b Abs. 2, des § 67c Abs. 1 S. 2 und Abs. 2 S. 4 und des § 67d Abs. 2 S. 2 StGB mit der Rechtskraft der Aussetzungsentscheidung oder zu einem gerichtlich angeordneten späteren Zeitpunkt.

5.2.2.8 Die Ausweitung der Widerrufsmöglichkeit in § 67g Abs. 1 S. 2 StGB-E

Die Neuregelung des § 67g Abs. 1 S. 2 StGB-E war dem Umstand geschuldet, dass es bisher nicht möglich war, die Aussetzung zu widerrufen, wenn der Widerrufsgrund nach Erlass, aber vor dem „Wirksamwerden" der Aussetzungsentscheidung eintritt.[379] Denn gem. § 67g Abs. 1 Nr. 1 StGB kam es bisher darauf

---

374 Vgl. BT-Drucks. 16/1993, S. 21.

375 Vgl. BT-Drucks. 16/1993, S. 21.

376 Vgl. BT-Drucks. 16/1993, S. 21.

377 Vgl. BT-Drucks. 16/1993, S. 21 mit Verweis auf *Schneider* 2002, S. 251 ff. m. w. N.

378 In diesem Zusammenhang erstaunt es, dass *weitere* erhebliche Straftaten zu befürchten sein müssen, da sich die Regelung des § 68c Abs. 3 Nr. 2 StGB-E ausschließlich auf Sexualstraftäter bezieht. Logisch wäre es gewesen, solche weitere Taten ebenfalls auf Taten im Sinne des § 181b StGB zu beschränken, vgl. dazu auch *Schönke/Schröder* 2010, § 68c Rn. 3 d.

379 Vgl. BT-Drucks. 16/1993, S. 16.

an, dass eine rechtwidrige Tat während der Dauer der Führungsaufsicht begangen wurde; also zwischen der Rechtskraft der Entscheidung über die Aussetzung und dem Ende der Führungsaufsicht. Mit der Neueinfügung des Satzes zwei des Entwurfs sollte nun die Möglichkeit des Widerrufs vor jenem „Wirksamwerden" geschaffen werden, indem niedergelegt wurde, dass Satz eins Nr. 1 („während der Führungsaufsicht") entsprechend gilt, wenn der Widerrufsgrund zwischen der Entscheidung über die Aussetzung und dem Beginn der Führungsaufsicht (§ 68c Abs. 4) entstanden ist. Denn es könne nicht darauf ankommen, ob die Entscheidung über die Aussetzung schon wirksam war als der Widerrufsgrund eingetreten ist.[380]

5.2.2.9 Die Vermeidung von parallel laufenden Führungsaufsichten gem. § 68e Abs. 1 StGB-E

Mit der Neuregelung des § 68e Abs. 1 StGB-E wurden zwei Zielsetzungen verfolgt. Zum einen sollten parallel laufende Führungsaufsichten verhindert und zum anderen die Führungsaufsicht im Falle einer Unterbringung gem. §§ 63, 64 StGB beendet werden.

Da parallel verlaufende Führungsaufsichten nach bisherigem Recht möglich waren und dies lediglich einen höheren Verwaltungsaufwand erforderte anstatt einen höheren Nutzen zu bringen,[381] formulierte § 68e Abs. 1 S. 1 Nr. 3 StGB-E, dass die Führungsaufsicht, soweit sie nicht unbefristet ist, mit Eintritt einer neuen Führungsaufsicht endet.

Des Weiteren sollten Doppelbetreuungen bei stationären Unterbringungen (mit Ausnahme der Sicherungsverwahrung) verhindert werden. Denn nach bisherigem Recht lief die Führungsaufsicht während des Vollzugs einer solchen Unterbringung weiter, was zu einer Doppelbetreuung durch die Anstalt einerseits und die Führungsaufsichtsstelle und dem Bewährungshelfer andererseits führte.[382] Die Begründung führt vor diesem Hintergrund aus, dass während dieser Zeit eine zusätzliche Betreuung außerhalb der Anstalt als unnötig erscheine, da die Anstalten regelmäßig über mehr Betreuungsangebote verfügen.

---

380 Vgl. BT-Drucks. 16/1993, S. 16.

381 Vgl. BT-Drucks. 15/1993, S. 22. Die Begründung des Gesetzesentwurfs gibt dazu ein Beispiel parallel laufender Führungsaufsichten: Eine bereits wegen eines anderen Delikts unter Führungsaufsicht stehende Person wird wegen eines Vorsatzdelikts erneut zu einer Freiheitsstrafe von zwei Jahren verurteilt, die sie voll verbüßt. Mit ihrer Entlassung aus dem Strafvollzug tritt gem. § 68f StGB Führungsaufsicht ein. Sie tritt neben die bereits bestehende, in deren Dauer die Zeit des Strafvollzugs nicht eingerechnet wurde, § 68c Abs. 3 S. 2 StGB.

382 Vgl. BT-Drucks. 16/1993, S. 22.

5.2.2.10 Die Neuregelung der Verjährung der Führungsaufsicht gem. §§ 79 Abs. 4 S. 1, 79 Abs. 4 S. 2 Nr. 1 StGB-E

Nach bisherigem Recht betrug die Verjährungsfrist für die gerichtlich angeordnete Führungsaufsicht fünf Jahre gem. § 79 Abs. 4 S. 3 StGB und für die gesetzlich eintretende zehn Jahre gem. § 79 Abs. 4 S. 2 StGB. Der Entwurf sah nun vor diese Differenzierung aufzuheben und legte in § 79 Abs. 4 S. 2 Nr. 1 StGB-E fest, dass die Frist jeweils fünf Jahre beträgt, wobei in den Fällen der unbefristeten Führungsaufsicht gem. § 68c Abs. 2 S. 1 oder Abs. 3 StGB die Vollstreckung nicht verjähren sollte, § 79 Abs. 4 S. 1 StGB-E. In der Begründung des Entwurfs heißt es dazu, dass eine Betreuung in Form der Führungsaufsicht nur in einem begrenzten Zeitraum nach der Aussetzung bzw. Entlassung erforderlich und insofern die vorgesehene Begrenzung der Höchstfrist – entsprechend der gesetzlich vorgesehenen Höchstdauer der Führungsaufsicht[383] – angemessen sei.[384]

5.2.2.11 Die Neuregelung der Voraussetzungen für den Eintritt der Führungsaufsicht bei Vollverbüßern gem. § 68f Abs. 1 S. 1 StGB

Der Entwurf sah hinsichtlich der Vollverbüßerregelung in § 68f StGB vor, klar zu stellen, ob für den Eintritt der Führungsaufsicht bei Vollverbüßern bereits eine Gesamtfreiheitsstrafe ausreicht. Denn § 68f Abs. 1 S. 1 StGB lautete, dass mit der Entlassung des Verurteilten aus dem Strafvollzug Führungsaufsicht eintritt, wenn eine Freiheitsstrafe von mindestens zwei Jahren wegen einer vorsätzlichen Straftat oder eine Freiheitsstrafe von mindestens einem Jahr wegen einer in § 181b genannten Straftat vollständig vollstreckt wurde. In diesem Zusammenhang war es strittig, ob für den Eintritt der Führungsaufsicht wenigstens eine der Einzelstrafen auf Freiheitsstrafe von mindestens zwei Jahren wegen einer Vorsatztat bzw. in den Fällen des § 181b StGB auf Freiheitsstrafe von mindestens einem Jahr lauten müsse oder bereits eine entsprechende Gesamtfreiheitsstrafe ausreiche.[385] Mit seiner Klarstellung entschied sich der Entwurf für die zweite Auffassung. Demnach lautete § 68f Abs. 1 S. 1 StGB-E:

> „Ist eine Freiheitsstrafe oder *Gesamtfreiheitsstrafe* von mindestens zwei Jahren wegen vorsätzlicher Straftaten oder eine Freiheitsstrafe

---

383 Insofern sind die Fälle der unbefristeten Führungsaufsicht gem. § 68c Abs. 2 S. 1 oder Abs. 3 StGB im Hinblick auf eine Verjährungsfrist herauszunehmen. Der Entwurf begründete dies mit dem höheren Betreuungsbedarf dieses Personenkreises, vgl. BT-Drucks. 16/1993, S. 24.

384 Vgl. BT-Drucks. 16/1993, S. 24.

385 Vgl. BT-Drucks. 16/1993, S. 22 f. m. w. N.

oder *Gesamtfreiheitsstrafe* von mindestens einem Jahr wegen Straftaten der in § 181b genannten Art vollständig vollstreckt worden, tritt mit der Entlassung der verurteilten Person aus dem Strafvollzug Führungsaufsicht ein."

Der Entwurf begründete seine Entscheidung für die zweite Auffassung mit dem Zweck der Führungsaufsicht, welcher in der Betreuung und Kontrolle liegt. Insofern richte sich das Bedürfnis in erster Linie nach der Dauer des Strafvollzugs, und zwar unabhängig davon, ob es sich um die volle Verbüßung einer Einzel- oder Gesamtstrafe handelt; wobei ein entsprechender Bedarf bei längerem Vollzug grundsätzlich als umso größer einzuschätzen ist.[386] Zu Bedenken ist jedoch, dass auch gute Argumente für die Einzelstrafe von zwei Jahren gesprochen hätten. So wäre eine gesteigerte Warnfunktion längerer Freiheitsstrafen entstanden und der Täterkreis wäre stärker begrenzt worden.

5.3 Stellungnahmen einschlägiger Fachverbände zu der geplanten Reform der Führungsaufsicht

Um eine praktische Einschätzung des Gesetzesvorhabens zu erhalten, leitete das Bundesministerium der Justiz den Referentenentwurf, der die Grundlage für den späteren Gesetzesentwurf bildete, entsprechenden Fachverbänden zu.[387] So äußerten sich der DBH-Fachverband, die Katholischen Bundes-Arbeitsgemeinschaft Straffälligenhilfe, die Bundespsychotherapeutenkammer und der Deutsche Richterbund zu dem geplanten Vorhaben.

Die Stellungnahme des DBH-Fachverbandes

Der DBH-Fachverband äußerte sich am 27. September 2005 umfassend zu dem geplanten Vorhaben, indem er detailliert zu den einzelnen vorgesehenen Regelungen Stellung nahm.[388] Insgesamt begrüßte er die geplanten Neuerungen, wo-

---

386 Vgl. BT-Drucks. 16/1993, S. 23. Für die Fälle, bei denen die Gesamtfreiheitsstrafe auf Einzelstrafen sowohl für Vorsatz- als auch für Fahrlässigkeitstaten beruht, nennt der Entwurf die Möglichkeit, dass die Vollstreckungsbehörden nach den §§ 458 Abs. 1, 463 Abs. 1 StPO gerichtlich klären lassen können, ob der Strafanteil für die Vorsatztaten mindestens zwei Jahre bzw. in den Fällen des § 181b StGB mindestens ein Jahr beträgt.

387 Da der Referentenentwurf die Grundlage für den Gesetzesentwurf der Bundesregierung bildete und inhaltlich nicht von diesem abwich, können sämtliche Stellungnahmen auch auf den späteren Entwurf bezogen werden.

388 Die Stellungnahme ist im Internet abrufbar auf der Internetpräsenz des DBH unter: http://www.dbh-online.de/stellung/FA_Stellungn_DBH_ausf_09-05 (22.7.2013) bzw. bei *Kerner* 2006, S. 49 ff.

bei er jedoch einzelne Regelungen im Hinblick auf ihre Praktikabilität als problematisch einschätzte. So sah der DBH in der Normierung einer Krisenintervention in § 67h StGB grundsätzlich ein sinnvolles Instrumentarium, wies aber gleichzeitig auf zu erwartende praktische Probleme hin. Probanden, deren Unterbringung gem. §§ 63, 64 StGB zur Bewährung ausgesetzt ist, würden in vielen Fällen mit der Wiederinvollzugsetzung der Unterbringung nicht einverstanden sein, da sie immerhin mit einem Freiheitsentzug von bis zu zwei Monaten oder darüber hinaus verbunden ist. So könne der Proband gegen einen Beschluss nach § 67h StGB sofortige Beschwerde nach § 463 Abs. 5 StPO einlegen, was zu einer großen Zeitspanne zwischen Anordnung und Rechtskraft führen würde. Eine solche Zeitspanne sei jedoch gerade der Krisenintervention besonders abträglich, da es das erklärte Ziel der Regelung sei, kurzfristig auf krisenhafte Situationen zu reagieren. Insofern würde das gut gemeinte Instrument entwertet und stattdessen wohl weiter der rechtlich problematische Sicherungsunterbringungsbefehl nach § 453c Abs. 1 StPO bemüht werden.[389] Im Zusammenhang mit der nachsorgenden Betreuung der Entlassenen hielt der DBH dann auch die rechtliche Normierung der forensischen Ambulanz für eine sinnvolle Regelung, wobei er auch hier Bedenken im Hinblick auf eine flächendeckende Umsetzung vor dem Hintergrund der angespannten Haushaltslage äußerte.

Des Weiteren stand der DBH der vorgesehenen Erweiterung des strafbewehrten Weisungskatalogs in § 68b Abs. 1 StGB positiv gegenüber. Als äußerst bedenklich schätzte der Fachverband dagegen die nicht strafbewehrte Weisung des § 68b Abs. 2 S. 2 StGB ein, welcher vorsah dem Probanden aufzuerlegen sich psychiatrisch, psycho- oder sozialtherapeutisch behandeln zu lassen. Da eine solche Weisung ohne ausdrückliche Einwilligung des Probanden erteilt werden könne, sei sie auf Grund des Zwangscharakters wenig erfolgversprechend und verfassungsrechtlich wohl nur in engen Grenzen zulässig.[390]

Was die Ausweitung der unbefristeten Führungsaufsicht angeht, so tat sich der DBH mit einer Stellungnahme schwer und trug vor, dass die Regelung erst erprobt werden müsse, um eine Einschätzung vorzunehmen. Jedoch ging er davon aus, dass die Regelung nur in Ausnahmefällen zur Anwendung kommen

---

389 Nach dem Gesetzesentwurf der Bundesregierung war es jedoch erklärtes Ziel, durch die Schaffung der Krisenintervention gem. § 67h StGB das Instrument des Sicherungsunterbringungsbefehls in diesem Zusammenhang zu verdrängen, vgl. BT-Drucks. 16/1993, S. 12 f.

390 Zu beachten ist in diesem Zusammenhang jedoch, dass eine solche Therapieweisung, die mit einem körperlichen Eingriff verbunden ist, gem. § 68b Abs. 2 S. 4 i. V. m. § 56c Abs. 3 StGB nur mit Einwilligung des Verurteilten zulässig ist. So war es auch schon im Gesetzesentwurf bzw. im Referentenentwurf vorgesehen. Entgegen seiner Stellungnahme vom 27.9.2005 spricht der Fachverband in seiner Stellungnahme vom 2.3.2007 von der Unverzichtbarkeit einer verbindlichen Behandlungsweisung.

würde und warnte vor einem erhöhten Personalbedarf im Falle einer nennens-
werten Anwendung der Vorschrift.

Hinsichtlich der vorgesehenen Regelung in § 68e Abs. 1 StGB-E, welcher
das Ruhen der Führungsaufsicht während freiheitsentziehender Maßnahmen an-
ordnet, gab der Verband zu bedenken, dass die Praxis gezeigt habe, dass oft ein
Bedürfnis besteht den Kontakt zwischen Proband und Bewährungshelfer während der freiheitsentziehenden Maßnahmen bestehen zu lassen. Dieses Bedürfnis
sei vor dem Hintergrund einer erfolgreichen Entlassungsvorbereitung zu bedenken und eine etwaige Doppelbetreuung hinzunehmen.

Als nicht zwingend bezeichnete der Fachverband die Erhöhung des Strafrahmens des § 145a StGB von einem Jahr auf drei Jahre, da die Strafvorschrift
in der Praxis kaum eine Rolle spiele. Außerdem sei in Fällen, bei denen der Anlass für die Führungsaufsicht Verurteilungen zu relativ kurzen Freiheitsstrafen –
wie etwa die Möglichkeit bei einer Verurteilung von mindestens sechs Monaten
gem. § 68 Abs. 1 StGB – waren, die Reaktion auf einen Weisungsverstoß mit
einer diesbezüglich drohenden Verurteilung von bis zu drei Jahren überzogen.

Was die übrigen vorgesehenen und vom DBH in seine Stellungnahme auf-
genommenen Regelungen angeht, so bezeichnete der DBH-Fachverband diese
als vernünftig und zweckmäßig. Darüber hinaus war es dem Verband ein Anlie-
gen auf generelle Probleme im Zusammenhang mit dem geplanten Vorhaben
und der generellen Situation in Bezug auf die Führungsaufsicht an sich einzugehen.[391] So wies der Fachverband in seiner Stellungnahme abschließend darauf
hin, dass es v. a. darauf ankommen wird, hinreichende organisatorische Strukturen im Bereich der Führungsaufsicht zu schaffen, um eine angestrebte Reform
zu realisieren.[392] Dabei bemängelte der Verband die Tatsache, dass bundesweit
keine genauen Zahlen in Bezug auf das Fallaufkommen der Führungsaufsicht
existieren, wobei er die Zahl der unter Führungsaufsicht gestellten Probanden
auf ca. 20.000 schätzte. Gerade diese große praktische Bedeutung der Maßregel
erfordere eine entsprechende Organisation, welche in den einzelnen Bundesländern sehr unterschiedlich ausfalle. Außerdem falle es vielen mit Führungsaufsichtsprobanden betrauten Bewährungshelfern häufig schwer, diese über das Instrument Führungsaufsicht und seine konkrete Bedeutung ausreichend zu
informieren. Hierzu sei es sinnvoll, bundeseinheitliche Merkblätter zu entwickeln.

Insgesamt ließ sich aus der Stellungnahme des DBH-Fachverbandes grundsätzlich eine positive Einstellung in Bezug auf die anstehende Reform der Führungsaufsicht entnehmen. Dabei deutlich wurde jedoch die Beleuchtung der ein-

---

391 Ausführlich bei *Kerner* 2006, S. 54 f.
392 Ähnlich auch *Dessecker* 2007, S. 277.

zelnen Regelungen aus praktischer Sicht, was zu den aufgezeigten einzelnen Bedenken führte.

Die Stellungnahme der KAGS

Äußerte sich der DBH-Fachverband ausdrücklich positiv zu dem geplanten Gesetzesvorhaben, so übte die KAGS daran harsche Kritik.[393] Der Entwurf sei nicht geeignet, das Instrument der Führungsaufsicht nachhaltig zu verbessern, da er kriminalpolitisch inakzeptable Vorschläge enthalte, zudem unausgewogen und daher abzulehnen sei. Die KAGS nahm dabei nur zu ausgewählten Neuregelungen Stellung, welche jedoch den Kern des Gesetzesvorhabens bildeten.[394]

Betrachtet man jedoch die konkreten Stellungnahmen der KAGS zu den geplanten Neuregelungen, so relativiert die Arbeitsgemeinschaft ihre in den einleitenden Worten der Stellungnahme harsche Kritik in der Folge selbst. Lediglich den Regelungen in Bezug auf die Schaffung einer unbefristeten Verhängung der Führungsaufsicht und die Erhöhung der Strafandrohung in § 145a StGB auf drei Jahre in den Fällen des Verstoßes gegen strafbewehrte Weisungen stand sie kritisch gegenüber. So sei eine unbefristete Führungsaufsicht aus Sicht von Fachleuten vor dem Hintergrund eines besseren Schutzes der Allgemeinheit als erfolglos anzusehen und die KAGS lehnte die neue Möglichkeit ab. In Bezug auf die Erhöhung der Strafandrohung befürchtete die Arbeitsgemeinschaft, dass eine häufigere Verhängung von Freiheitsstrafe die Folge sei, was dann dazu führen würde, dass die Menschen schneller und nachhaltiger kriminalisiert werden würden. Des Weiteren bezweifelte sie zumindest, ob ein Verstoß gegen eine Weisung überhaupt kriminelles Unrecht begründen kann. Nicht zuletzt auf Grund der Annahme, dass eine Erhöhung der Strafandrohung nicht zu einer bezweckten größeren Abschreckung führen würde, lehnte die KAGS auch diese Regelung ab.

Als begrüßenswert bezeichnete die Arbeitsgemeinschaft dagegen grundsätzlich die Schaffung eines Kriseninterventionsinstrumentariums, die Normierung der forensischen Ambulanzen und die Ausweitung des strafbewehrten Weisungskatalogs. Wie zuvor auch der DBH-Fachverband zweifelte die KAGS jedoch an der Schaffung eines flächendeckenden Netzes an forensischen Ambulanzen, da auch sie die angespannte Haushaltslage als Hinderungsgrund sah.

Trotz der in der Sache nicht grundsätzlich ablehnenden Stellungnahme der KAGS, lehnte sie das Vorhaben in der vorliegenden Form ab. Diese Auffassung

---

393 Die Stellungnahme ist abrufbar auf der Internetpräsenz der KAGS unter: http://www.kags.de/index.php?option=com_docman&task=cat_view&gid=29&limit=5 &limitstart=0&order=hits&dir=ASC&Itemid=69 (22.7.2013).

394 Die KAGS nahm Stellung zu den Neuregelungen der §§ 67h, 68a, 68b, 68c und 145a StGB.

begründete sie dabei mit der Annahme, dass das geplante Vorhaben mehr zu einer Verschärfung der Kontrolle als zu einer nachhaltigen Unterstützung der Probanden führen würde und das Vorhaben damit eine vorherrschende restriktive Haltung im Umgang mit Straftätern widerspiegelt. Damit eine effektive Betreuung ermöglicht werden kann, seien entsprechende Kapazitäten zu schaffen, welche jedoch auf Grund des Mangels an finanziellen Mitteln vorerst wohl nicht zu realisieren sei. Insofern würden die unterstützenden Komponenten von den sanktionierenden verdrängt werden. Die KAGS lehnte das Vorhaben deswegen ab.

Die Stellungnahme der BPtK

Als weitere Organisation nahm am 14. November 2006 die Bundespsychotherapeutenkammer zu dem Gesetzesentwurf der Bundesregierung Stellung.[395] Auch sie stand dem Vorhaben grundsätzlich positiv gegenüber und betonte dabei v. a. die Ausweitung der Möglichkeit einer nachsorgenden Betreuung durch forensische Ambulanzen, gerade in Bezug auf die Schaffung einer Krisenintervention in § 67h StGB-E.[396] Jedoch wies auch die Kammer in diesem Zusammenhang darauf hin, dass das Gelingen einer derartigen Nachbetreuung von der jeweiligen Umsetzung in den einzelnen Bundesländern abhänge. So müssten hierfür zwingend die entsprechenden finanziellen Mittel bereitgestellt werden. Vor diesem Hintergrund formulierte die BPtK ausdrücklich, dass sie bezweifelt, dass diese Mittel bereitgestellt werden und sie erwartete, dass keine Ausweitung der Betreuung durch forensische Ambulanzen realisiert werden würde.

Im Gegensatz zu den vorigen Stellungnahmen äußerte sich die BPtK des Weiteren ausdrücklich zu der geplanten Neuregelung in § 68a Abs. 7 S. 3 StGB-E und bezeichnete sie als zu pauschal und voreilig. § 68a Abs. 7 S. 3 StGB-E sah vor, dass sich die in § 203 Abs. 1 Nr. 1, 2 und 5 StGB genannten Personen gegenüber dem Gericht, der (Führungs-)Aufsichtsstelle, der Bewährungshelferin oder dem Bewährungshelfer zu offenbaren haben, soweit dies für deren Aufgabenerfüllung erforderlich ist. Mit dieser Befugnisnorm sollten die jeweiligen „Geheimnisträger" vor einer etwaigen Strafbarkeit gem. § 203 Abs. 1 StGB geschützt werden.[397] Die BPtK sah hierin eine Gefahr für das Vertrauensverhältnis zwischen Behandelndem und Patient, deren Sicherung gerade die Verschwiegenheit bilde. So könne die Lockerung der Schweigepflicht den Therapie-

395 Die Stellungnahme ist auf der Internetpräsenz der Bundespsychotherapeutenkammer abrufbar unter: http://www.bptk.de/stellungnahmen/einzelansicht/artikel/reform-der-f.html (22.7.2013).

396 Eine solche Krisenintervention sei gerade vor dem Hintergrund eines kurzfristigen Eingreifens zur Vermeidung eines Widerrufs sachgerecht.

397 Vgl. BT-Drucks. 16/1993, S. 18.

erfolg nachhaltig gefährden. Zu pauschal sei dabei, dass das Gesetz keine Angaben dazu macht, ab wann eine entsprechende Information erforderlich sei. So stehe der Willkür „Tür und Tor" offen und die Kammer lehnte die Neuregelung entschieden ab.

Was die Ausweitung des Weisungskatalogs in § 68b StGB angeht, so entsprach die Stellungnahme im Wesentlichen derjenigen der KAGS. Dabei trug die Kammer wiederum vor, das die geplante Vorstellungsweisung in § 68b Abs. 1 S. 1 Nr. 11 StGB und deren Gelingen in der Praxis ein entsprechendes Versorgungsangebot voraussetzt.

Außerdem sei die Erhöhung der Strafandrohung in § 145a StGB zumindest aus fachlicher Sicht nicht zu rechtfertigen, da durch diese Erhöhung keine verstärkte Abschreckung zu erwarten sei. So folgert die BPtK daraus, dass diese Neuregelung vielmehr dem gesellschaftlichen Trend nach einem restriktiveren Umgang mit Straftätern geschuldet sei.

Aus der Stellungnahme der Bundespsychotherapeutenkammer wird die Sichtweise aus der Perspektive der betreuenden Aufgabe der Führungsaufsicht nach Entlassung deutlich. So nahm sie auch nur in dieser Hinsicht zu den geplanten Neuregelungen Stellung. Dabei hielt sie die meisten dieser Regelungen für sinnvoll, bezweifelte jedoch deren Umsetzung und damit einhergehend deren Erfolg in der Praxis, da zwingende Voraussetzung eine entsprechende und noch zu schaffende Organisationsstruktur sei. Insgesamt bewertete die BPtK das geplante Gesetzesvorhaben als Ausdruck eines generell restriktiveren Umgangs mit Straftätern.

Die Stellungnahme des Deutsche Richterbundes

In seiner kurzen Stellungnahme zum Entwurf eines Gesetzes zur Reform der Führungsaufsicht gab der Deutsche Richterbund eine Beurteilung zu den geplanten Neuerungen ab, ohne dabei detailliert auf diese im Einzelnen einzugehen.[398] Dabei wird im Vergleich zu derjenigen der KAGS eine andere Sichtweise in Bezug auf die geplanten Neuerungen deutlich. Sprach die KAGS von einer erwarteten Erfolgosigkeit der zu schaffenden Regelungen, war der Deutsche Richterbund von der effektiveren Gestaltung der Führungsaufsicht überzeugt. Dabei sah der Bund in der Erweiterung der Befugnisse der Führungsaufsichtsstelle, in dem Ausbau des strafbewehrten Weisungskatalogs und der Erhöhung der Strafandrohung bei entsprechenden Weisungsverstößen eine Verbesserung der Sicherheit vor gefährlichen Entlassenen. Der Richterbund begrüßte insofern den Ausbau der überwachenden Komponenten im Gegensatz zur KAGS. Auch die Schaffung eines Kriseninterventionsinstrumentariums hieß der

---

398 Die Stellungnahme ist auf der Internetpräsenz des Deutschen Richterbundes abrufbar unter: http://www.drb.de/cms/index.php?id=309&L=0 (22.7.2013).

Bund vor dem Hintergrund eines besseren Opferschutzes für gut. So wie der DBH-Fachverband und die KAGS betonte der Richterbund jedoch auch, dass eine effektivere Ausgestaltung der Führungsaufsicht einen Mehrbedarf an Personal erfordere.

Betrachtet man die vier aufgezeigten Stellungnahmen so wird deutlich, dass sie den geplanten Neuregelungen grundsätzlich positiv gegenüber standen. Bemerkenswert ist dabei, dass alle vier, trotz der aufgezeigten verschiedenen Sichtweisen auf das Institut der Führungsaufsicht – entweder als vorrangig betreuendes oder als vorrangig sicherndes Instrument –, die Schwierigkeit in der Schaffung notwendiger Organisationsstrukturen im Hinblick auf einen erhöhten Personalbedarf sahen. Dabei wurde v. a. auf Grund der angespannten Haushaltslage bezweifelt, ob es möglich sein wird, ein flächendeckendes Netz an forensischen Ambulanzen zu schaffen, um eine wirklich effektive Nachbetreuung zu ermöglichen. Letztlich waren die Stellungnahmen mit der Forderung an den Gesetzgeber verbunden, eine entsprechende Organisationsstruktur zu schaffen.

5.4 Die Stellungnahmen in der Anhörung des Rechtsausschusses

Im Rahmen des Gesetzgebungsverfahrens fand am 7. März 2007 eine öffentliche Anhörung im Rechtsausschuss des Deutschen Bundestages statt, in deren Rahmen acht Sachverständige zu dem Gesetzesvorhaben der Bundesregierung Stellung nahmen.[399] Im Grunde begrüßten sämtliche Gutachter das geplante Vorhaben der Bundesregierung, auch wenn sie in ihren Stellungnahme nicht ohne Kritik blieben.

So schlug *Dessecker* die gänzliche Abschaffung der Strafvorschrift des § 145a StGB auf Grund ihrer verschwindend geringen Anwendung in der Praxis mit dem Verweis auf die Strafverfolgungsstatistik des Statistischen Bundesam-

---

[399] Die einzelnen Stellungnahmen sind dem Protokoll der 51. Sitzung des Rechtsausschusses vom 7.3.2007 angehängt, vgl. Beschlussempfehlung und Bericht des Rechtsausschusses (6. Ausschuss) zu dem Gesetzesentwurf der Bundesregierung (BT-Drucks. 16/1993), BT-Drucks. 16/4740, S. 14. Als Sachverständige nahmen an der öffentlichen Anhörung teil: *Axel Dessecker*, Kriminologische Zentralstelle e. V. (Wiesbaden); *Gabriele Jansen*, Rechtsanwältin; *Matthias Koller*, Richter am Landgericht Göttingen; *Norbert Konrad*, Charité-Universitätsmedizin Berlin, Institut für forensische Psychiatrie; *Rüdiger Müller-Isberner*, Ärztlicher Direktor des Zentrums für Soziale Psychiatrie Haina (Kloster), Klinik für forensische Psychiatrie Haina; *Peter Reckling*, Bundesgeschäftsführer des DBH – Fachverband für Soziale Arbeit, Strafrecht und Kriminalpolitik, Köln; *Franz Streng*, Friedrich-Alexander-Universität Erlangen-Nürnberg, Institut für Strafrecht, Strafprozessrecht und Kriminologie und *Thomas Wolf*, Vorsitzender Richter am Landgericht Marburg.

tes vor.[400] In diesem Zusammenhang sei dann auch eine Differenzierung in strafbewehrte Weisungen gem. § 68b Abs. 1 StGB und nicht strafbewehrte gem. § 68b Abs. 2 StGB nicht mehr erforderlich. So ging *Dessecker* dann auch nicht auf den im Entwurf vorgesehenen Ausbau des Weisungskatalogs ein. Ganz anders hingegen *Koller*, der ausführlich zu den einzelnen neuen Weisungsmöglichkeiten Stellung nahm und in diesem Zusammenhang auch Bedenken äußerte.[401] So hieß er das Kontakt- und Verkehrsverbot in § 68b Abs. 1 S. 1 Nr. 3 StGB-E grundsätzlich für gut und formulierte die Erwartung, dass diese Regelung zu einem verbesserten Schutz der Allgemeinheit beitragen werde. Insbesondere sei davon auszugehen, dass solche Täter in ihrem Handeln begrenzt werden können, die vor der Missbrauchshandlung einen Kontakt suchen, um ein dadurch später entstandenes Vertrauensverhältnis entsprechend auszunutzen. Dies habe sich bereits bei entsprechenden Weisungen, die bisher auf § 68b Abs. 2 StGB gestützt wurden, in der Praxis gezeigt. Jedoch könne eine lückenlose Kontrolle solcher Weisungen nicht erreicht werden, zumal die neue Weisung nicht in der Lage sei, sämtliche Probanden zu erreichen.[402] Was die Einfügung von § 68b Abs. 1 S. 1 Nr. 10 StGB-E (Suchtmittelverbot und Abstinenzkontrolle) angeht, so begrüßte *Koller* diese Regelung und trat dem Argument entgegen, dass von Suchtkranken nicht erwartet werden könne, eine solche Weisung zu befolgen.[403] Denn die Zielgruppe dieser Weisung seien die nach § 64 StGB (Entziehungsanstalt) bereits behandelten Personen und solche, bei denen eine Suchtkrankheit noch gar nicht vorliegt. Für diese Probanden sei eine entsprechende Weisung sehr wohl zumutbar. Des Weiteren würde eine Abstinenzkontrolle zum einen negative Entwicklungen rechtzeitig aufzeigen und zum anderen erfahrungsgemäß eine zur Abstinenz motivierende Wirkung entfalten. Außerdem hielt *Koller* die Einfügung einer Vorstellungsweisung in § 68b Abs. 1 S. 1 Nr. 11 StGB-E im Zusammenspiel mit der Behandlungsweisung in § 68b Abs. 2 Nr. 2 StGB-E für sinnvoll. Denn durch die Pflicht sich vorzustellen, könne die Motivation des Probanden erwachsen, einer entsprechenden indizierten Behandlung nachzukommen. Die Behandlungsweisung in § 68b Abs. 2 Nr. 2 StGB-E diene dann insoweit der Absicherung der Bereitschaft, der Behandlung auch nachzukommen. Wichtig bei dieser Weisung sei jedoch, dass sie nicht nur als *Nachsorge*weisung ausgestaltet ist, damit die Anwendbarkeit auf Fälle wie nach § 67b StGB (Aussetzung zugleich mit der Anordnung) nicht ausgeschlossen wird. *Streng* gab in diesem Zusammenhang jedoch zu bedenken,

---

400 Vgl. Protokoll der 51. Sitzung, Zusammenstellung der Stellungnahmen, S. 3 f.

401 Vgl. Protokoll der 51. Sitzung, Zusammenstellung der Stellungnahmen, S. 12 ff.

402 *Koller* ging in diesem Zusammenhang davon aus, dass diejenigen Täter, die ihre Opfer wahllos aussuchen, von der Neuregelung nicht erreicht werden können und ihr Handeln demgemäß nicht zu begrenzen sei.

403 So etwa *Schalast* 2006, S. 60 f.

dass eine solche Weisung in Form einer Verpflichtung zu einer Therapie – denn im Falle der Nichtbefolgung der Weisung gem. § 68c Abs. 2 Nr. 1 StGB droht unbefristete Führungsaufsicht – vor dem Hintergrund der Menschenwürde und auch der Erfolgsaussichten problematisch sei.[404]

Insgesamt wurde die Ausweitung der Weisungsmöglichkeiten in § 68b StGB von den Sachverständigen überwiegend begrüßt. V. a. hinsichtlich der Ergänzung der Katalogweisungen des § 68b Abs. 1 StGB wurde keine Kritik laut. Vorsichtige Bedenken wurden jedoch bezüglich der Nachsorgeweisung in § 68b Abs. 2 S. 2 StGB-E geäußert. So führte *Konrad* an, dass eine solche Weisung grundsätzlich begrüßenswert sei, jedoch den damit einhergehenden erhöhten Fallzahlen ein in der Praxis deutlich unzureichendes Angebot gegenüberstehen wird.[405] In diesem Zusammenhang sprach auch *Dessecker* davon, dass eine Effektivierung der mit der Führungsaufsicht befassten Stellen – dabei nannte er insbesondere den Ausbau der personellen Ausstattung der Bewährungshilfe – notwendige Voraussetzung für eine entsprechende Reform ist. Auch *Reckling* bezeichnete den Pensenschlüssel als ein Grundproblem.[406] In diesem Zusammenhang formulierte *Streng* das Postulat, dass eine erhebliche personelle Aufstockung bei der Bewährungshilfe und im therapeutischen Bereich erfolgen müsse, um tatsächlich Erfolge zu erzielen.[407]

Plädierte *Dessecker* in seiner Stellungnahme für die Abschaffung der Strafvorschrift des § 145a StGB, so sprach sich *Koller* ausdrücklich für die Beibehaltung der Vorschrift aus. So könne in bestimmten Fällen – *Koller* nannte dabei bspw. einen Verstoß eines Pädophilen gegen ein entsprechendes Kontaktverbot – angemessen auf Weisungsverstöße reagiert und dadurch der kriminelle Gehalt der Handlung unterstrichen werden.[408] Auch die Erhöhung der Strafobergrenze auf drei Jahre begrüßte *Koller*, da die bisherige Strafdrohung von einem Jahr nicht geeignet gewesen sei, für die Einhaltung entsprechender Weisungen zu sorgen. Daneben regte *Koller* an, weitere „weichere" Instrumentarien wie eine Geldbuße oder Beugehaft neben dem § 145a StGB zu schaffen.[409] Was die vorgesehene Erhöhung des Strafrahmens angeht, so standen jedoch sämtliche anderen Sachverständigen, die sich dazu äußerten, dem Vorhaben kritisch bzw. ablehnend gegenüber. So ließe sich nach *Konrad* eine Erhöhung empirisch nicht begründen und die bisherige Strafandrohung von bis zu einem Jahr könne

---

404 Vgl. Protokoll der 51. Sitzung, Zusammenstellung der Stellungnahmen, S. 45.

405 Vgl. Protokoll der 51. Sitzung, Zusammenstellung der Stellungnahmen, S. 34.

406 Vgl. Protokoll der 51. Sitzung, Zusammenstellung der Stellungnahmen, S. 42.

407 Vgl. Protokoll der 51. Sitzung, Zusammenstellung der Stellungnahmen, S. 45 m. w. N.

408 Vgl. Protokoll der 51. Sitzung, Zusammenstellung der Stellungnahmen, S. 30.

409 Vgl. Protokoll der 51. Sitzung, Zusammenstellung der Stellungnahmen, S. 30.

sehr wohl motivierend wirken.[410] Auch *Reckling* hielt eine Erhöhung des Strafmaßes für nicht zwingend, zumal bei leichteren Anlasstaten, auf Grund derer Führungsaufsicht angeordnet wurde, eine Verurteilung gem. § 145a StGB unverhältnismäßig sei.[411] *Streng* wies in diesem Zusammenhang auf das grundsätzliche Problem des § 145a StGB hin, der letztlich einen bloßen Ungehorsam in Form eines Weisungsverstoßes zu einer Straftat konstruiere; durch die Erhöhung des Strafrahmens würde dieses Konstrukt nun eine dramatische Zuspitzung erfahren.[412] Eine gewisse Akzeptanz würde die Strafvorschrift wohl lediglich als Druckmittel zur Befolgung der Weisungen erfahren, zumal sie in der Praxis kaum zu Verurteilungen führt, so *Streng* weiter.[413]

Hinsichtlich der ausdrücklichen Normierung der forensischen Ambulanz als (nach-)betreuende Institution erfuhr das Gesetzesvorhaben v. a. von denjenigen Sachverständigen Lob, die sich in der Praxis mit der forensisch-psychiatrischen Komponente der Führungsaufsicht beschäftigen. Konsens bestand unter den Sachverständigen darüber, dass die forensische Ambulanz im Rahmen der betreuten Wiedereingliederung eine sinnvolle und erfolgversprechende Institution darstellen kann. So erfolge der Übergang zwischen einer stationären und einer ambulanten Sanktion abrupt und eine Betreuung in dieser Zeit sei in der Regel wenig vorbereitet.[414] Nach *Streng* ist die forensische Ambulanz insofern in der Lage diese Lücke zu schließen, was verschiedene Modellprojekte in der Vergangenheit auch bewiesen hätten.[415] Was die Offenbarungspflicht der Mitarbeiter der forensischen Ambulanz in § 68a Abs. 7 S. 3 StGB-E angeht, so äußerte

---

410 Vgl. Protokoll der 51. Sitzung, Zusammenstellung der Stellungnahmen, S. 34. Auch *Weigelt* weist in diesem Zusammenhang darauf hin, dass die Höhe der Strafe kaum Einfluss auf die Kriminalität ausüben kann, vgl. *Weigelt* 2006, S. 254.

411 Vgl. Protokoll der 51. Sitzung, Zusammenstellung der Stellungnahmen, S. 42; ähnlich auch *Streng* in seiner Stellungnahme, vgl. Protokoll der 51. Sitzung, Zusammenstellung der Stellungnahmen, S. 46 m. w. N.

412 Vgl. Protokoll der 51. Sitzung, Zusammenstellung der Stellungnahmen, S. 46.

413 Vgl. Protokoll der 51. Sitzung, Zusammenstellung der Stellungnahmen, S. 47.

414 Vgl. Protokoll der 51. Sitzung, Zusammenstellung der Stellungnahmen, S. 44. *Müller-Isberner* wies in diesem Zusammenhang auf die Erfahrungen der seit 1988 in Hessen betriebenen forensischen Fachambulanz hin, welche eindeutige kriminalpräventive Erfolge zu verzeichnen hätte. So würde eine solche ambulante Kriminaltherapie zu früheren Entlassungen führen, eine Verringerung der Rückfallraten bewirken und demzufolge zu einer nicht unerheblichen Kostenersparnis führen, vgl. Protokoll der 51. Sitzung, Zusammenstellung der Stellungnahmen, S. 38.

415 Vgl. Protokoll der 51. Sitzung, Zusammenstellung der Stellungnahmen, S. 44. Auch *Koller* betonte in seiner Stellungnahme den Sinn solcher Einrichtungen und verwies dabei auf die Praxis in Niedersachsen, vgl. Protokoll der 51. Sitzung, Zusammenstellung der Stellungnahmen, S. 17 f.

Konrad Bedenken im Hinblick auf die Formulierung der Vorschrift und das Verhältnis zwischen Therapeuten und Patient. So sei es schwierig einzuschätzen, wann eine entsprechende Offenbarung erforderlich ist, damit die einschlägigen Einrichtungen (Gericht, Aufsichtsstelle und Bewährungshelfer) ihrer Aufgabenerfüllung nachkommen können. Ferner würde sich der Therapeut in einer Situation befinden, in der er „in einer von Misstrauen geprägten Organisation einen Freiraum schaffen müsse", damit sich der Proband entsprechend öffnet.[416] *Koller* sah dabei in der Regelung eine gelungene Grundlage für eine konstruktive Zusammenarbeit der beteiligten Institutionen, welche Voraussetzung für eine wirksame unterstützende Begleitung und Kontrolle sei.[417] Bedenken im Hinblick auf die praktische Handhabung im Umgang mit den forensischen Ambulanzen wurden jedoch hinsichtlich der Finanzierung geäußert. So bezweifelte *Reckling*, dass ein entsprechendes Netz an forensischen Ambulanzen in ganz Deutschland aufgebaut werden wird und gab zu bedenken, dass das Bundessozialgericht die Finanzierung durch die Krankenkassen abgelehnt hat. Insofern sei es Aufgabe der Bundesländer für einen entsprechenden Ausbau der Ambulanzen zu sorgen.[418]

Um auf etwaige Verschlechterungen angemessen reagieren zu können, sahen alle Sachverständigen in der Krisenintervention des § 67h StGB-E eine sinnvolle Neuregelung. *Müller-Isberner* empfand jedoch die Formulierung „akute Verschlechterung" als Voraussetzung für eine entsprechende Intervention als zu eng, da es in den Fällen einer tatsächlichen Verschlechterung bereits zu spät sein könne. Vielmehr sei auf ein „Delinquenzrisiko" abzustellen.[419] Für *Koller* stellte die Schaffung einer solchen Krisenintervention eine der wichtigsten Regelungen des Gesetzesvorhabens dar und er sah in § 67h StGB-E eine Alternative zu dem in solchen Fällen vielfach angewandten und rechtlich in diesen Fällen fragwürdigen Sicherungsunterbringungsbefehl gem. § 453c StPO.[420]

Im Hinblick auf die Bewertung der unbefristeten Führungsaufsicht in § 68c Abs. 3 StGB-E vertraten die Sachverständigen in ihren Stellungnahme unter-

---

416 Vgl. Protokoll der 51. Sitzung, Zusammenstellung der Stellungnahmen, S. 35. So auch *Streng* in seiner Stellungnahme, vgl. Protokoll der 51. Sitzung, Zusammenstellung der Stellungnahmen, S. 45.

417 Vgl. Protokoll der 51. Sitzung, Zusammenstellung der Stellungnahmen, S. 18.

418 Vgl. Protokoll der 51. Sitzung, Zusammenstellung der Stellungnahmen, S. 40. Entsprechend nannte *Koller* in seiner Stellungnahme den Auf- bzw. Ausbau als Kostenfaktor der Reform, vgl. Protokoll der 51. Sitzung, Zusammenstellung der Stellungnahmen, S. 32.

419 Vgl. Protokoll der 51. Sitzung, Zusammenstellung der Stellungnahmen, S. 38.

420 Vgl. Protokoll der 51. Sitzung, Zusammenstellung der Stellungnahmen, S. 19.

schiedliche Ansichten. So erklärte *Müller-Isberner* die Möglichkeit unbefristeter Führungsaufsicht als geradezu unverzichtbar für Probanden mit chronischer Problematik[421] und *Dessecker* betonte, dass – trotz grundrechtlicher Bedenken in Bezug auf langjährige Sanktionen – in bestimmten Fällen praktische Erfahrungen für eine langjährige Überwachungsmöglichkeit sprechen, wobei er auf entsprechende Ergebnisse von Katamnesestudien verwies.[422] Dabei gab *Dessecker* jedoch zu bedenken, dass mit der Regelung des § 68c Abs. 3 Nr. 2 StGB-E eine Sonderregelung für Sexualstraftäter eingeführt werden soll, die einer rationalen Rechtfertigung entbehrt. *Koller* hingegen sprach von einer sachgerechten Erweiterung gegenüber Sexualstraftätern und verwies dabei auf eine Untersuchung zur Rückfallprognose.[423] Darüber hinaus regte er eine Erweiterung des Anwendungsbereichs des § 68c Abs. 3 Nr. 2 StGB-E an, indem nach seiner Ansicht neben den Tätern, bei denen die Unterbringung in einem psychiatrischen Krankenhaus nach § 63 StGB angeordnet wurde, auch Täter erfasst werden sollten, die in einer Entziehungsanstalt gem. § 64 StGB untergebracht waren. *Reckling* tat sich hinsichtlich einer Bewertung ohne Erprobung der unbefristeten Führungsaufsicht schwer und äußerte, dass eine entsprechende Anordnung nur in eng begrenzten Ausnahmefällen zur Anwendung kommen würde.[424]

Sofern die Sachverständigen auf die übrigen vorgesehenen Neuregelungen des Entwurfs eingingen, stimmten sie diesen in ihrer Bewertung grundsätzlich zu. So wurde bspw. die Erweiterung der gesetzlichen Anwendungsfälle der Führungsaufsicht durch § 67d Abs. 4 StGB-E für gut geheißen. So sei die Erfassung derjenigen Verurteilten, die wegen Ablaufs der Höchstfrist aus der Entziehungsanstalt zu entlassen sind, sinnvoll, da gerade diese Personen häufig größeren Problemlagen ausgesetzt sind, welche eine nachsorgende Betreuung bzw. Kontrolle als notwendig erscheinen lassen. So sprach *Koller* auch von einer überfälligen Ergänzung.[425] Auch *Dessecker* bezeichnete diese Neuregelung als gut begründbar, gab dabei jedoch wiederum zu bedenken, dass ein Ansteigen der Fallzahlen die Folge sein werde und plädierte generell für eine Begrenzung der Führungsaufsicht kraft Gesetzes.[426]

---

421 Vgl. Protokoll der 51. Sitzung, Zusammenstellung der Stellungnahmen, S. 37.

422 Vgl. Protokoll der 51. Sitzung, Zusammenstellung der Stellungnahmen, S. 9 mit Verweis auf *Hanson/Scott/Richard* 1995, S. 331 ff. und *Prentky/Lee/Knight* 1997, S. 651 ff.

423 Vgl. Protokoll der 51. Sitzung, Zusammenstellung der Stellungnahmen, S. 21 mit Verweis auf *Stadtland/Hollweg/Kleindienst* 2006, S. 593.

424 Vgl. Protokoll der 51. Sitzung, Zusammenstellung der Stellungnahmen, S. 41.

425 Vgl. Protokoll der 51. Sitzung, Zusammenstellung der Stellungnahmen, S. 16.

426 In diesem Zusammenhang wies *Dessecker* ein weiteres Mal auf die beschränkte Ausstattung in der Praxis hin, welche in diesem Zusammenhang zielgerichtet eingerichtet

Hinsichtlich der Erweiterung der Befugnisse der Leiter der Führungsaufsichtsstellen in §§ 463a Abs. 1 und 3 StPO-E, äußerte *Wolf* Kritik an der ursprünglich vorgesehenen Möglichkeit des Leiters einen Vorführungsbefehl zu erlassen. *Wolf* brachte vor, dass diese Befugnis gegen den Richtervorbehalt gem. Art. 104 GG verstoßen würde, da die Leitung in vielen Bundesländern nicht durch einen Richter besetzt sei.[427] Grundsätzlich wurden die Möglichkeiten eine Ausschreibung gem. § 463a Abs. 1 S. 2 StPO-E bzw. einen Vorführungsbefehl gem. § 463a Abs. 3 StGB-E zu veranlassen als sinnvoll bewertet. *Reckling* äußerte dazu in Bezug auf den Vorführungsbefehl die Erwartung, dass durch diese Neuregelung in Fällen, in denen der Verurteilte einer Melde- (§ 68b Abs. 1 S. 1 Nr. 7 StGB) bzw. Vorstellungsweisung (§ 68b Abs. 1 S. 1 Nr. 11 StGB-E) nicht nachkommt, ein Widerruf vermieden werden kann.[428]

Was die Klarstellung in Bezug auf die Mindestvollzugszeit im Rahmen der Vollverbüßerregelung des § 68f StGB angeht, so sprach *Koller* von der wünschenswerten Klärung einer strittigen Frage, auch wenn er Bedenken dahingehend äußerte, dass ein Kontrollübermaß gegenüber „Kleinkriminellen" die Folge sein könnte.[429] *Dessecker* verdeutlichte in diesem Zusammenhang wiederum, dass durch die Klarstellung die Fallzahlen in denjenigen Gerichtsbezirken steigen werden, die bisher eine entsprechende Gesamtstrafe nicht ausreichen ließen.[430] Dabei verband er seine diesbezügliche Stellungnahme mit der Forderung, § 68f StGB dahingehend zu ändern, die seit 1998 bestehende Sonderregelung[431] gegenüber Sexualstraftätern aufzuheben und verwies dabei auf diesbezügliche empirische Forschung.[432]

Insgesamt sprachen sich alle Sachverständigen in ihren Stellungnahmen grundsätzlich für die Reform der Führungsaufsicht aus. Besonders begrüßt wurde dabei, dass den Erfahrungen aus der Praxis – v. a. durch den Ausbau der Nachbetreuung – Rechnung getragen werden sollte. Insofern war dem Gesetzesvorhaben nicht vorzuwerfen, dass es sich um ein wenig durchdachtes und kurz-

---

werden müsste, vgl. Protokoll der 51. Sitzung, Zusammenstellung der Stellungnahmen, S. 6.

427 Vgl. Protokoll der 51. Sitzung, Zusammenstellung der Stellungnahmen, S. 52. So auch *Koller*, vgl. Protokoll der 51. Sitzung, Zusammenstellung der Stellungnahmen, S. 24.

428 Vgl. Protokoll der 51. Sitzung, Zusammenstellung der Stellungnahmen, S. 42.

429 Vgl. Protokoll der 51. Sitzung, Zusammenstellung der Stellungnahmen, S. 16.

430 Vgl. Protokoll der 51. Sitzung, Zusammenstellung der Stellungnahmen, S. 6.

431 Vgl. oben unter *4.5.2.*

432 Vgl. Protokoll der 51. Sitzung, Zusammenstellung der Stellungnahmen, S. 6 f. mit Verweis auf *Jehle/Heinz/Sutterer* 2003, S. 69 ff.; *Hirtenlehner/Birklbauer* 2005, S. 114 f.; *Dünkel/Geng* 1994, S. 54 f.

fristig umgesetztes handelt.[433] Neben kleineren Kritikpunkten an den einzelnen gesetzlichen Neuregelungen wurde jedoch deutlich, dass es für die Umsetzung in der Praxis mehr als die bloße Normierung im StGB bzw. in der StPO bedurfte. So wies *Dessecker* mehrmals auf die Notwendigkeit hin, dass eine entscheidende Voraussetzung für das Gelingen der Reform der Ausbau der mit der Führungsaufsicht befassten Stellen sei. V. a. müsste für eine ausreichende Bereitstellung personeller Ressourcen im Bereich der Bewährungshilfe gesorgt werden. In diesem Zusammenhang wies *Reckling* darauf hin, dass die durchweg als positiv gesehene Normierung der forensischen Ambulanz erst überhaupt den Aus- bzw. Aufbau in den einzelnen Bundesländern voraussetzt. Diese Etablierung stehe dabei bislang auf noch keinem finanziell tragfähigen Boden.

Des Weiteren wiesen die Sachverständigen *Dessecker*, *Reckling* und *Konrad* ausdrücklich auf den Forschungsbedarf in Bezug auf die Wirkweise der Führungsaufsicht hin und sprachen damit eines der Grundprobleme der Führungsaufsicht an. So formulierte *Konrad*, dass sich das Ziel des Gesetzes, eine effiziente praktische Handhabung der Führungsaufsicht zu schaffen, nicht auf empirisches Material stützen könne und es insofern dringend geboten sei, die neu geschaffenen Regelungen mit einer Implementationsforschung zu begleiten.[434] *Reckling* sprach von der Unabdingbarkeit wissenschaftlicher Untersuchungen[435] und *Dessecker* führte an, dass in Bezug auf die Führungsaufsicht kaum aussagekräftige Daten existieren und die Gesetzgebung in Bezug auf die Führungsaufsicht Gefahr laufe, eine „Kriminalpolitik im Blindflug" zu betreiben.[436] Wenigstens die angestrebte Reform müsse nach ihrer Verabschiedung evaluiert werden.

5.5 Die Beschlussempfehlung und der Bericht des Rechtsausschusses (6. Ausschuss) zu dem Gesetzentwurf der Bundesregierung

In seiner Beschlussempfehlung und seinem Bericht vom 20. März 2007[437] empfahl der Rechtsausschuss Änderungen einiger Regelungsvorschläge des Gesetzesentwurfs der Bundesregierung und berücksichtigte dabei im Wesentlichen die

---

433 So auch *Morgenstern* 2006, S. 154.

434 Vgl. Protokoll der 51. Sitzung, Zusammenstellung der Stellungnahmen, S. 33.

435 Vgl. Protokoll der 51. Sitzung, Zusammenstellung der Stellungnahmen, S. 40.

436 Vgl. Protokoll der 51. Sitzung, Zusammenstellung der Stellungnahmen, S. 3 mit Verweis auf *Heinz* 1998, S. 811.

437 Vgl. Beschlussempfehlung und Bericht des Rechtsausschusses (6. Ausschuss) zu dem Gesetzentwurf der Bundesregierung – Drucks. 16/1993 – Entwurf eines Gesetzes zur Reform der Führungsaufsicht, BT-Drucks. 16/4740.

Vorschläge der Stellungnahme des Bundesrats.[438] Darüber hinaus fanden auch einzelne Anregungen aus der Sachverständigenanhörung Berücksichtigung. Insgesamt blieb es jedoch bei der Beibehaltung der wesentlichen im Gesetzesentwurf vorgesehenen Regelungen. Die wesentlichen Änderungsvorschläge sollen im Folgenden kurz dargestellt werden.

§ 67h StGB-E wurde in Satz 2 ergänzt, um zu verdeutlichen, dass die Maßnahme bei Vorliegen der entsprechenden Voraussetzungen auch mehrfach angeordnet werden kann. So lautete § 67h Satz 2 StGB nach dem Beschluss des Rechtsausschusses:

„Unter den Voraussetzungen des Satzes 1 kann *es die Maßnahme erneut anordnen oder ihre* Dauer verlängern; die Dauer der Maßnahme darf insgesamt sechs Monate nicht überschreiten."

Was die von *Müller-Isberner* geäußerten Bedenken im Hinblick auf die Voraussetzung der *„akuten Verschlechterung"* in Satz 1 anging,[439] so stellte der Rechtsausschuss klar, dass von einer solchen Verschlechterung bereits dann gesprochen werden kann, wenn diese ein solches Maß erreicht hat, dass bei einer ungehinderten Weiterentwicklung voraussichtlich ein Widerruf auf Grund drohender Straftaten erforderlich ist.[440] Insofern sollte einer von *Müller-Isberner* befürchteten zu engen Auslegung der Begrifflichkeit entgegengewirkt werden.

In Bezug auf die Weisung gem. § 68b Abs. 1 S. 1 Nr. 8 StGB wurde beschlossen die Worte „des Wohnorts" zu streichen und stattdessen den Begriff „der Wohnung" zu verwenden. So lautete § 68b Abs. 1 S. 1 Nr. 8 StGB nach dem Beschluss:

„Das Gericht kann die verurteilte Person für die Dauer der Führungsaufsicht oder für eine kürzere Zeit anweisen, […]
8.   jeden Wechsel *der Wohnung* oder des Arbeitsplatzes unverzüglich der Aufsichtsstelle zu melden."

Begründet wurde diese Änderung mit dem Ziel der Reform eine effizientere Handhabung des Instituts der Führungsaufsicht zu erreichen. Denn bliebe es bei der ursprünglichen Fassung, so müsste der Proband einen Wohnungswechsel innerhalb desselben Wohnorts der Aufsichtsstelle nicht melden, was dem Bedürf-

---

438   Vgl. Stellungnahme des Bundesrates. Entwurf eines Gesetzes zur Reform der Führungsaufsicht, BR-Drucks. 256/06.

439   Vgl. oben unter *5.4.*

440   Vgl. BT-Drucks. 16/4740, S. 23.

nis der Praxis nach einer möglichst umfassenden Betreuung und Überwachung widerspreche.[441]

Eine weitere Änderung erfuhr die Vorschrift des § 68b StGB durch die Ersetzung der noch im Entwurf vorgesehenen *Nachsorge*weisung durch eine generelle Therapieweisung. Der Sachverständige *Koller* trug in der Anhörung vor, dass die Anwendbarkeit einer entsprechenden Weisung für Fälle des § 67b StGB (Aussetzung zugleich mit der Anordnung) nicht ausgeschlossen sein dürfe, was durch die Formulierung als Nachsorgeweisung der Fall wäre.[442] Insofern schlug er eine generelle Behandlungsweisung vor, welche dann letztlich im Beschluss des Rechtsausschusses Beachtung fand. In diesem Zusammenhang wurde dann auch als Konsequenz die Nachsorgeweisung in § 68c Abs. 2 Nr. 2 StGB als generelle Therapieweisung formuliert.

Auch die Änderungsbeschlüsse in Bezug auf die Regelung des § 68c Abs. 3 Nr. 2 StGB trugen Anregungen aus der Sachverständigenanhörung Rechnung. Zum einen wurde beschlossen den Anwendungsbereich der Regelung insoweit auszubauen, dass neben den Tätern, bei denen eine Unterbringung in einem psychiatrischen Krankenhaus gem. § 63 StGB angeordnet wurde, auch solche Täter erfasst werden, deren Unterbringung nach § 64 StGB in einer Entziehungsanstalt erfolgte. Warum diese Tätergruppe in dem Entwurf nicht erfasst werden sollte, blieb *Koller* in seiner Stellungnahme unklar.[443]

Des Weiteren verdeutlichte der Beschluss, dass sich konkrete Anhaltspunkte für die Gefährlichkeit des Täters nicht nur aus dem Verstoß gegen Weisungen ergeben können, sondern auch aus anderen Anhaltspunkten.[444] Insofern wurde der Wortlaut des § 68c Abs. 3 Nr. 2 StGB dahingehend ergänzt, dass das Gericht die Führungsaufsicht über die Höchstdauer nach § 68c Abs. 1 S. 1 StGB hinaus unbefristet verlängern kann, wenn – neben anderen Voraussetzungen – sich aus dem Verstoß gegen Weisungen nach § 68b Abs. 1 oder Abs. 2 *oder auf Grund anderer bestimmter Tatsachen* konkrete Anhaltspunkte dafür ergeben, dass eine Gefährdung der Allgemeinheit durch die Begehung weiterer erheblicher Straftaten zu befürchten ist.

Sah der Entwurf der Bundesregierung noch vor, dass der *Leiter* der Aufsichtsstelle einen Vorführungsbefehl gem. § 463a Abs. 3 StPO-E erlassen kann, so sah die Beschlussempfehlung nunmehr vor, dem Leiter der Aufsichtsstelle lediglich die Möglichkeit eines entsprechenden Antrags einzuräumen. Den Vor-

---

441 Vgl. BR-Drucks. 256/06, S. 2.

442 Vgl. oben unter *5.4.*

443 Vgl. Protokoll der 51. Sitzung, Zusammenstellung der Stellungnahmen, S. 22.

444 Vgl. BT-Drucks. 16/4740, S. 25.

führungsbefehl erlassen sollte dann das *Gericht.* In der Begründung verwies der Rechtsausschuss dabei auf die Begründung der Stellungnahme des Bundesrats zum Gesetzesentwurf. Darin heißt es, dass die Formulierung des Entwurfs vor dem Hintergrund des Richtervorbehalts gem. Art. 104 Abs. 2 S. 1 GG erheblichen Bedenken ausgesetzt sei. Denn über die Zulässigkeit einer freiheitsentziehenden Maßnahme habe allein der Richter zu entscheiden.[445] Diese Bedenken trug auch *Wolf* in seiner Stellungnahme vor und wies darauf hin, dass die Leitung der Führungsaufsichtsstelle häufig nicht durch einen Richter besetzt sei.[446]

Mit der Einfügung des § 68a Abs.8 StGB schlug der Rechtsausschuss eine differenzierte Ausgestaltung der Informationspflichten der beteiligten Stellen vor. Dieser Vorschlag trug dabei der Anregung des Bundesrats Rechnung im Laufe des Gesetzgebungsverfahrens eine Regelung aufzunehmen, die im Einklang mit dem Recht auf informationelle Selbstbestimmung im Rahmen der Vorstellungsweisung gem. § 68b Abs. 1 S. 1 Nr. 11 StGB steht.[447] Denn die mit der Behandlung im Sinne des § 68b Abs. 1 S. 1 Nr. 11 StGB betraute Person sei unbedingt von der Schweigepflicht zu entbinden, um der notwendigen Kontrolldichte Rechnung zu tragen.[448] Diese Bedenken nahm der Rechtsausschuss auf, da er es ebenfalls für notwendig erachtete, dass die zuständigen Stellen die entsprechenden Informationen soweit wie erforderlich austauschen dürfen.[449] Um jedoch dem bisweilen schwerwiegenden Eingriff in das allgemeine Persönlichkeitsrecht gem. Art. 2 Abs. 1 i. V. m. Art. 1 Abs. 1 GG zu begegnen, schlug der Rechtsausschuss eine differenzierte Formulierung in Absatz 8 vor. Der Entwurf der Bundesregierung sah eine solche „Durchbrechung der Schweigepflicht" lediglich in § 68a Abs. 7 S. 3 StGB-E vor. Der Rechtsausschuss formulierte folgenden § 68a Abs.8:

445　Vgl. BR-Drucks. 256/06, S. 4.

446　Vgl. oben unter *5.4.*

447　Vgl. BT-Drucks. 16/1993, S. 27. Die Bundespsychotherapeutenkammer lehnte in ihrer Stellungnahme § 68a Abs. 7 S. 3 StGB-E als zu pauschal und unbestimmt ab, vgl. oben unter *5.3.* Auch *Konrad* äußerte in seiner Stellungnahme Bedenken im Hinblick auf die Formulierung der Vorschrift und befürchtete negative Auswirkungen auf das Vertrauensverhältnis zwischen Therapeut und Patient, vgl. oben unter *5.4.*

448　BT-Drucks. 16/1993, S. 27.

449　Vgl. BT-Drucks. 16/4740, S. 24. Die Beschlussempfehlung und der Bericht des Rechtsausschusses gehen in diesem Zusammenhang ausführlich auf einschlägige Fallkonstellationen ein, welche einen Informationsaustausch erforderlich machen. Darüber hinaus nimmt der Ausschuss kritisch zu der verfassungsrechtlich bedenklichen bisherigen Praxis der Gerichte Stellung, den Probanden anzuweisen, dessen Therapeuten von seiner Schweigepflicht zu entbinden.

*(8) Die in Absatz 1 Genannten und die in § 203 Abs. 1 Nr. 1, 2 und 5
genannten Mitarbeiterinnen und Mitarbeiter der forensischen Ambulanz haben fremde Geheimnisse, die ihnen im Rahmen des durch § 203
geschützten Verhältnisses anvertraut oder sonst bekannt geworden
sind, einander zu offenbaren, soweit dies notwendig ist, um der verurteilten Person zu helfen, nicht wieder straffällig zu werden. Darüber
hinaus haben die in § 203 Abs. 1 Nr. 1, 2 und 5 genannten Mitarbeiterinnen und Mitarbeiter der forensischen Ambulanz solche Geheimnisse
gegenüber der Aufsichtsstelle und dem Gericht zu offenbaren, soweit
aus ihrer Sicht*

1. *dies notwendig ist, um zu überwachen, ob die verurteilte Person einer
   Vorstellungsweisung nach § 68b Abs. 1 Satz 1 Nr. 11 nachkommt oder
   im Rahmen einer Weisung nach § 68b Abs. 2 Satz 2 und 3 an einer Behandlung teilnimmt,*

2. *das Verhalten oder der Zustand der verurteilten Person Maßnahmen
   nach § 67g, § 67h oder § 68c Abs. 2 oder Abs. 3 erforderlich erscheinen lässt oder*

3. *dies zur Abwehr einer erheblichen gegenwärtigen Gefahr für das Leben, die körperliche Unversehrtheit, die persönliche Freiheit oder die
   sexuelle Selbstbestimmung Dritter erforderlich ist."
   In den Fällen der Sätze 1 und 2 Nr. 2 und 3 dürfen Tatsachen im Sinne
   von § 203 Abs. 1, die von Mitarbeiterinnen und Mitarbeitern der forensischen Ambulanz offenbart wurden, nur zu den dort genannten Zwecken verwendet werden.*

Insgesamt wird aus dem Bericht des Rechtsausschusses deutlich, dass die
Stellungnahmen der Sachverständigen teilweise beachtet und in den Bericht
bzw. in die Beschlussempfehlung mit aufgenommen wurden. Wie oben bereits
erwähnt, stellte die Reform der Führungsaufsicht somit ein sehr durchdachtes
Konstrukt dar, bei dem die Erfahrungen aus der Praxis Berücksichtigung fanden.
Insofern spiegelt sich hierin auch die damalige Intention des Gesetzgebers wider, eine effizientere praktische Handhabung zu ermöglichen. So fanden auch
die oben vorgestellten Änderungsvorschläge des Rechtsausschusses im Gesetz
zur Reform der Führungsaufsicht und zur Änderung der Vorschriften über die
nachträgliche Sicherungsverwahrung Eingang. Das Reformgesetz wurde am
22. März 2007 vom Bundestag beschlossen, am 13. April 2007 verkündet und
trat am 18. April 2007 in Kraft.[450]

---

450 Siehe dazu im Anhang auf die rechtlichen Regelungen zur Führungsaufsicht nach dem
    Reformgesetz mit Wirkung vom 18.4.2007. Die einzelnen Änderungen durch das
    Reformgesetz sind dabei kursiv gedruckt.

6. Das Gesetz zur Neuordnung des Rechts der Sicherungs-verwahrung und zu begleitenden Regelungen vom 22. Dezember 2010 und seine Folgen

Bis 2010 erfuhr die Führungsaufsicht nach der umfassenden Reform von 2007 keine weiteren rechtlichen Neuerungen. Erst mit dem Gesetz vom 22. Dezember 2010 wurde der abschließende Weisungskatalog in § 68b Abs. 1 S. 1 Nr. 12 StGB ausdrücklich um die Möglichkeit einer elektronischen Aufenthaltsüberwachung ergänzt, um die Überwachung von Tätern mit einer negativen Legalprognose zu verbessern. Daneben wurde in § 68c Abs. 3 StGB die Möglichkeit ausgedehnt, die Führungsaufsicht unbefristet zu verlängern.[451]

6.1 Kriminalpolitischer Hintergrund

Handelte es sich bei der Reform der Führungsaufsicht aus dem Jahr 2007 um ein sehr durchdachtes Konstrukt, welches – wie oben dargestellt[452] – gerade den Erfahrungen aus der Praxis Rechnung trug, so stellte das Neuordnungsgesetz die schnelle Reaktion auf die Rechtsprechung des EGMR und deren Folgen auf nationaler Ebene dar.[453] In diesem Zusammenhang bezogen sich die Regelungen des Neuordnungsgesetzes im Wesentlichen auch auf das Recht der Sicherungs-verwahrung[454] sowie die Schaffung des Gesetzes zur Therapierung und Unterbringung psychisch gestörter Gewalttäter.[455] Daneben erfuhr die Führungs-aufsicht in der Neuordnung als „begleitende Regelung" die oben angesprochenen Erweiterungen.

---

451 Des Weiteren erfolgte in § 68e StGB eine Klarstellung im Umgang mit den Beendigungsgründen in § 68e Abs. 1 S. 1 StGB, vgl. dazu ausführlich den Gesetzentwurf der Fraktionen der CDU/CSU und FDP. Entwurf eines Gesetzes zur Neuordnung des Rechts der Sicherungsverwahrung und zu begleitenden Regelungen, BT-Drucks. 17/3403, S. 40.

452 Vgl. oben unter 5.

453 Der Gesetzesentwurf wurde am 22.10.2010 im Deutschen Bundestag eingebracht, das Gesetz am 22.12.2010 beschlossen und es trat am 2.1.2011 in Kraft.

454 Vgl. zur Geschichte der Sicherungsverwahrung *Stisser* 2012, S. 35 ff.

455 Vgl. u. a. *Kinzig* 2011, S. 177.; *Kreuzer* 2011, S. 122; *Müller* 2010, S. 207; *Drenk-hahn/Morgenstern* 2010, S. 183 ff.

6.1.1 Die Rechtsprechung des BVerfG und des EGMR zur nachträglichen Verlängerung der Höchstfrist der Sicherungsverwahrung

Anlass für das Neuordnungsgesetz war die Entscheidung des EGMR zu der Sicherungsverwahrung vom 17. Dezember 2009.[456] In dem Beschwerdefall des Beschwerdeführers *M.* ging es um die Regelung des § 67d Abs. 3 S. 1 StGB, welcher durch das Gesetz zur Bekämpfung von Sexualdelikten und anderen gefährlichen Straftaten von 1998[457] eingeführt wurde und ursprünglich Gegenstand einer Verfassungsbeschwerde des *M.* war. Vor dieser Neuregelung war die Unterbringung in der Sicherungsverwahrung gem. § 67d Abs. 1 StGB a. F. auf zehn Jahre begrenzt. Diese Höchstgrenze wurde im Reformgesetz von 1998 aufgehoben und an ihre Stelle trat die Regelung des § 67d Abs. 3 S. 1 StGB. Danach erklärt das Gericht die Maßregel für erledigt, wenn von dem Täter keine Gefahr ausgeht. Es hat also eine sorgfältige Prüfung in dieser Hinsicht stattzufinden und die Maßregel war damit von potentiell unbegrenzter Dauer.[458] Die Streitfrage bestand nun darin, ob aus der Sicht des damals einsitzenden Beschwerdeführers *M.* gegen das Rückwirkungsverbot gem. Art. 103 Abs. 2 GG verstoßen wurde, da mit der absoluten Höchstfrist bei *M.* die Erwartungshaltung bestand, nach zehn Jahren entlassen zu werden.[459] Mit Urteil vom 5. Februar 2004[460] verneinte das BVerfG dies. Im Leitsatz heißt es hierzu:

„Der Anwendungsbereich von Art. 103 Abs. 2 GG ist auf staatliche Maßnahmen beschränkt, die eine missbilligende hoheitliche Reaktion auf ein rechtswidriges, schuldhaftes Verhalten darstellen und wegen dieses Verhaltens ein Übel verhängen, das dem Schuldausgleich dient."

---

456 EGMR (Nr. 19359/04). Eine sehr umfangreiche Erörterung der Entwicklung des Rechts der Sicherungsverwahrung seit dem maßgeblichen Urteil des EGMR geben *Drenkhahn/Morgenstern* 2012.

457 BGBl. 1998 I, S. 160. Vgl. dazu oben unter *4.5.2.* Die Fachöffentlichkeit sowie die Verwahrten wurden von dem Inkrafttreten dieser Regelung überrascht, vgl. *Ullenbruch* 1998, S. 326; *Bartsch/Kreuzer* 2009, S. 53 f.

458 In der Praxis schien die Vollstreckung über zehn Jahre hinaus auch die Regel und nicht die Ausnahme zu sein, vgl. *Bartsch* 2007, S. 399. Nach *Kreuzer* waren 238 erstmals Sicherungsverwahrte von den Auswirkungen des Wegfalls der Zehn-Jahres-Grenze betroffen, vgl. *Kreuzer* 2011, S. 5.

459 Vgl. *Dünkel* 2004, S. 44. Bereits 2002 behandelte *Best* u. a. diese Frage, vgl. *Best* 2002, S. 97 ff.

460 BVerfGE 109, S. 133.

Mit dieser Entscheidung bekräftigte das BVerfG, dass der Grundsatz des Verbots der Rückwirkung nur für im Hinblick auf den Schuldausgleich verhängte Strafen gelten soll und nicht für die schuldunabhängigen Maßregeln der Besserung und Sicherung,[461] wie die Sicherungsverwahrung.[462] Das BVerfG erklärte damit § 2 Abs. 6 StGB, welcher die Maßregeln vom Rückwirkungsverbot ausschließt, als verfassungsgemäß.[463]

Gegen diese Entscheidung wandte sich *M.* mit der Beschwerde an den EGMR gem. Art. 34 EMRK und machte eine Verletzung von Art. 5 Abs. 1 (Recht auf Freiheit und Sicherheit) und Art. 7 Abs. 1 EMRK (Keine Strafe ohne Gesetz) geltend. In seiner Entscheidung vom 17. Dezember 2009 stellte der EGMR daraufhin einstimmig fest, dass durch die Rückwirkung der Aufhebung der Zehn-Jahres-Grenze sowohl eine Verletzung von Art. 5 Abs. 1 EMRK als auch von Art. 7 Abs. 1 EMRK vorliegt.

In seiner Begründung führte der EGMR in Bezug auf einen Verstoß gegen Art. 5 Abs. 1 a EMRK aus, dass es keinen ausreichenden Kausalzusammenhang zwischen der ursprünglichen Verurteilung des *M.* im Jahre 1986 und seinem durch die Regelung von 1998 potentiell unbegrenzten Freiheitsentzug gab. § 5 Abs. 1 a EMRK lautet:

> *„Jede Person hat das Recht auf Freiheit und Sicherheit. Die Freiheit darf nur in den folgenden Fällen und nur auf die gesetzliche vorgeschriebene Weise entzogen werden:*
>
> *a)* *rechtmäßige Freiheitsentziehung nach Verurteilung durch ein zuständiges Gericht;*
>
> *b)* *rechtmäßige Festnahme oder Freiheitsentziehung wegen Nichtbefolgung einer rechtmäßigen gerichtlichen Anordnung oder zur Erzwingung der Erfüllung einer gesetzlichen Verpflichtung;*
>
> *c)* *rechtmäßige Festnahme oder Freiheitsentziehung zur Vorführung vor die zuständige Gerichtsbehörde, wenn hinreichender Verdacht besteht, dass die betreffende Person eine Straftat begangen hat, oder wenn begründeter Anlass zu der Annahme besteht, dass es notwendig ist, sie an der Begehung einer Straftat oder an der Flucht nach Begehung einer solchen zu hindern;*

---

461 In diesem Zusammenhang entwickelte das Bundesverfassungsgericht auch das sog. Abstandsgebot, vgl. dazu *Dünkel* 2004, S. 42; *Dünkel/van Zyl Smit* 2004, S. 47.

462 Vgl. *Dünkel/van Zyl Smit* 2004, S. 51. Zu der historischen Entwicklung der Sicherungsverwahrung, vgl. etwa *Bartsch* 2010, S. 29 ff.; *Kinzig* 1996, S. 7 ff.; *Mushoff* 2007, S. 9 ff., 279 ff.

463 Die Entscheidung fand in der Fachwelt große Beachtung, vgl. etwa *Dünkel/van Zyl Smit* 2004, S. 619; *Elsner/Schobert* 2007, S. 278; *Hörnle* 2006, S. 383; *Kinzig* 2004, S. 911; *Laubenthal* 2004, S. 703; *Mushoff* 2004, S. 137; *Boetticher* 2005, S. 417 ff.

d) *rechtmäßige Freiheitsentziehung bei Minderjährigen zum Zweck über-*
     wachter Erziehung oder zur Vorführung vor die zuständige Behörde;

e) *rechtmäßige Freiheitsentziehung mit dem Ziel, eine Verbreitung anste-*
     ckender Krankheiten zu verhindern, sowie bei psychisch Kranken, Al-
     kohol- oder Rauschgiftsüchtigen und Landstreichern;

f) *rechtmäßige Festnahme oder Freiheitsentziehung zur Verhinderung*
     der unerlaubten Einreise sowie bei Personen, gegen die ein Auswei-
     sungs- oder Auslieferungsverfahren im Gange ist."

Eine Rechtfertigung auf Grund eines anderen Buchstabens gem. Art. 5
Abs. 1 EMRK lag ebenfalls nicht vor.[464] *Nach* Verurteilung bedeute in diesem
Zusammenhang mehr als dass die Freiheitsentziehung bloß nach der Verurteilung erfolgen müsse; vielmehr müsse ein kausaler Zusammenhang zwischen der
ursprünglichen Verurteilung und der fortdauernden Freiheitsentziehung bestehen. Einen solchen sah der EGMR gerade nicht, da die Fortdauer der Sicherungsverwahrung über die Zehn-Jahres-Höchstgrenze hinaus nicht als kausale
Folge des Ausgangsurteils zu sehen ist, sondern als Folge der Gesetzesänderung
des § 67d Abs. 3 StGB im Jahre 1998.

Des Weiteren sah der EGMR in der nachträglichen Verlängerung der Zehn-
Jahres-Höchstgrenze einen Verstoß gegen Art. 7 Abs. 1 EMRK. Art. 7
Abs. 1 EMRK lautet:

> *„(1) Niemand darf wegen einer Handlung oder Unterlassung verurteilt*
> *werden, die zur Zeit ihrer Begehung nach innerstaatlichem oder inter-*
> *nationalem Recht nicht strafbar war. Es darf auch keine schwerere als*
> *die zur Zeit der Begehung angedrohte Strafe verhängt werden."*

Bei der Beurteilung, ob ein Verstoß gegen Art. 7 Abs. 1 EMRK vorliegt,
ging es im Kern um die Frage, was unter Strafe im Sinne des Art. 7
Abs. 1 EMRK zu verstehen ist. Dazu betonte der EGMR, dass der Begriff Strafe
autonom auszulegen sei und es dem Gerichtshof obliege eine Sanktion als Strafe
im Sinne der Vorschrift zu qualifizieren. Insoweit sah sich der Gerichtshof also
nicht an die Auffassung Deutschlands gebunden, zwischen der Strafe auf der
einen Seite und der Maßregel der Besserung und Sicherung auf der anderen
Seite zu unterscheiden.[465] Doch gerade auf Grund dieser Differenzierung
entschied das BVerfG 2004, dass kein Verstoß gegen das Rückwirkungsverbot
vorliege. Der EGMR qualifizierte die Sicherungsverwahrung jedoch als Strafe

---

464 Der EGMR prüfte eine Rechtfertigung aus Art. 5 Abs. 1 lit. c und e EMRK. Vgl. in die-
     sem Zusammenhang auch die Untersuchungen zu psychischen Auffälligkeiten bei Ge-
     fangenen bei *Drenkhahn/Dudeck* 2007, S. 134 ff. Zu der Auslegung der Begriffe der
     EMRK vgl. *Morgenstern* 2002, S. 150 ff.

465 Hierzu kritisch *Grosse-Brömer/Klein* 2010, S. 173.

im Sinne der Vorschrift und führte dazu u. a. aus, dass die Sicherungsverwahrung ebenso wie die Freiheitsstrafe einen Freiheitsentzug zur Folge habe
und der Sicherungsverwahrte zudem in einer Strafvollzugsanstalt untergebracht
wird. Des Weiteren unterscheide sich auch der Vollzug der Sicherungsverwahrung kaum von dem Vollzug der Freiheitsstrafe, was sich in den wenigen
Vorschriften des Strafvollzugsgesetzes zur Sicherungsverwahrung widerspie-
gele. Darüber hinaus könne die Sicherungsverwahrung als eine der schwersten
Sanktionen verstanden werden und von ihr gehe zweifelsfrei ein Element der
Abschreckung aus. Vor diesem Hintergrund ist die Sicherungsverwahrung Strafe im Sinne des Art. 7 Abs. 1 EMRK und durch die nachträgliche Verlängerung
der Zehn-Jahres-Höchstgrenze liege eine Verletzung gegen das Rückwirkungsverbot aus § 7 Abs. 1 EMRK vor.

Am 16. März 2010 beantragte die Bundesregierung die Verweisung zur
Überprüfung des Urteils an die Große Kammer des EGMR. Diese lehnte den
Antrag ohne Begründung am 10. Mai 2010 ab. Damit wurde das Urteil gegen
Deutschland gem. Art. 44 EMRK rechtskräftig.[466]

6.1.2 Die Folgen des Urteils gegen Deutschland

In der Folge gab es große Unsicherheiten im Umgang mit dem rechtskräftigen
Urteil des EGMR.[467] So standen die Gerichte v. a. vor der Frage, wie in den
sog. *Parallelfällen*[468] zu entscheiden ist. Was den entschiedenen Fall anging, so
bestimmte Art. 46 EMRK den Umgang mit dem Straßburger Urteil. Dessen Absatz 1 lautet:

> *„Die Hohen Vertragsparteien verpflichten sich, in allen Rechtssachen,
> in denen sie Partei sind, das endgültige Urteil des Gerichtshofs zu
> befolgen. "*

---

466 Das Urteil fand große Beachtung in der Wisssenschaft, vgl. etwa *Kinzig* 2010, S. 233;
Müller 2010, S. 207 ff.; *Freund* 2010, S. 193; *Laue* 2010, S. 198.

467 Vgl. dazu u. a. *Eisenberg* 2010, S. 1508; *Laue* 2010, S. 198; *Drenkhahn/Morgenstern*
2012, S. 175 ff.; *Radtke* 2010, S. 537 ff.; *Greger* 2010, S. 676 ff. Zu einem Schweizer
„Parallelfall" vgl. *Werwie-Haas* 2008, S. 35.

468 Unter Parallelfälle fallen diejenigen Verurteilten, die ebenfalls vor der maßgeblichen
Gesetzesänderung von 1998 in der Sicherungsverwahrung untergebracht waren und deren Unterbringung seit mehr als zehn Jahren vollstreckt wird.

Insofern musste *M.* frei gelassen werden.[469] Da die EMRK in Deutschland keinen Verfassungsrang hat,[470] sondern lediglich den eines einfachen Gesetzes, bedeutet dies jedoch nicht automatisch, dass in den Parallelfällen genauso zu entscheiden war.[471] Vor diesem Hintergrund entwickelte sich in der Zeit nach dem rechtskräftigen Urteil vom 10. Mai 2010 eine unterschiedliche Entscheidungspraxis der Vollstreckungs- und Oberlandesgerichte, sodass einige der als Parallelfall betroffenen Sicherungsverwahrten frei gelassen wurden und andere nicht.[472] Um diesem Zustand einer unterschiedlichen Spruchpraxis zu begegnen, wurde durch das Gesetz zur Sicherung der Einheitlichkeit der Rechtsprechung bei Entscheidungen zur Sicherungsverwahrung vom 24. Juli 2010 eine Divergenzvorlage in § 121 Abs. 2 Nr. 3 GVG eingeführt.[473] Darin wurde bestimmt, dass ein Oberlandesgericht die Sache dem BGH vorlegen muss, wenn es in dieser Frage von einer Entscheidung eines anderen Oberlandesgerichts, die nach dem 1. Januar 2010 ergangen ist, abweichen will.[474]

Auf Grund des Straßburger Urteils und der damit verbundenen aufgezeigten Unsicherheit im Umgang mit dem Recht der Sicherungsverwahrung im Allgemeinen, sah sich der Gesetzgeber gezwungen zu handeln.[475] Dabei standen die Debatte um die Sicherungsverwahrung und die Freilassungen von als gefährlich geltenden Sicherungsverwahrten im Zentrum einer bisweilen aufgeheizten Berichterstattung der Medien. So wurde bspw. die Einrichtung eines „Internetprangers" nach amerikanischem Vorbild gefordert, der die Öffentlichkeit über die Entlassung von Sexualstraftätern informieren soll.[476] V. a. aber die durchgeführten sog. *polizeilichen Dauerobservation* von entlassenen Sicherungsver-

---

469 Vgl. *Drenkhahn/Morgenstern* 2012, S. 172 mit Verweis auf *Esser* 2002, S. 869; *Polakiewicz* 1993, S. 32; *Werwie-Haas* 2008, S. 52.

470 Dazu *Voßkuhle* 2010, S. 4.

471 Vgl. *Greger* 2010, S. 677; *Müller* 2011, S. 429.

472 Vgl. zu der entsprechenden Praxis der Rechtsprechung. *Radtke* 2010, S. 539.

473 BGBl. 2010, I S. 976.

474 Vgl. dazu ausführlich *Drenkhahn/Morgenstern* 2012, S. 175 ff.

475 Einen knappen Überblick über die Konsequenzen des Urteils des EGMR auf nationaler Ebene gibt *Schöch*, vgl. *Schöch* 2012, S. 47 ff.

476 Dies forderte u. a. der Vorsitzende der Polizeigewerkschaft *Wendt*, vgl. *Baur/Burkhardt/Kinzig* 2012, S. 131. Die Autoren legen in ihrem Beitrag überzeugend dar, an welchen verfassungsrechtlichen, einfachgesetzlichen und kriminologischen Gründen die Schaffung eines solchen Prangers scheitern würde, vgl. *Baur/Burkhardt/Kinzig* 2012, S. 131 ff.

wahrten stand vor dem Hintergrund finanzieller, organisatorischer und rechtlicher Probleme im Zentrum der Diskussion.[477]

6.1.3 Die rechtliche Problematik der polizeilichen Dauerobservation

Durch das Urteil des EGMR und die darauf folgenden Entlassungen von als gefährlich geltenden Straftätern, öffnete sich für viele eine Lücke im System strafrechtlicher präventiver Sicherung,[478] welche eigentlich durch die Einführung der Möglichkeit einer unbefristeten Sicherungsverwahrung im Gesetz von 1998[479] nie hätte entstehen sollen. Polizeiliche Dauerobservationen sollten diese vermeintliche Lücke in der Folge schließen.[480] Vor diesem Hintergrund drängen sich neben der Frage nach dem Verhältnis zwischen dem Strafrecht auf der einen Seite und dem Polizeirecht auf der anderen weitere rechtliche Fragestellungen auf, welche sowohl das einfache Recht als auch das Verfassungsrecht betreffen. So beschäftigten sich bereits einige Verwaltungs-[481] und auch Oberverwaltungsgerichte[482] in den vergangenen Jahren mit dieser Problematik und auch das BVerfG[483] äußerte sich – wenn auch sehr zurückhaltend – dazu. Dabei formulierten die meisten Gerichte zwar Zweifel an der Rechtmäßigkeit einer solchen polizeilichen Dauerobservation, jedoch gingen sie dabei von einer – zumindest übergangsweise – rechtmäßigen Vorgehensweise aus und ließen die Polizei gewähren. So vergingen knapp drei Jahre seit der rechtskräftigen Ent-

---

477 Vgl. *Drenkhahn/Morgenstern* 2010, S. 180.

478 Vgl. *Lorenz* 2011, S. 415; *Böhm* 2011, S. 15.

479 Vgl. dazu oben unter *4.5.2.*

480 Konkret handelt es sich um eine 24-Stunden-Überwachung. Bei der Polizeidirektion Freiburg wurde dafür eigens die sog. Besondere Aufgabenorganisation Überwachung ehemals sicherungsverwahrter Personen (BAO ÜSV) eingerichtet, der insgesamt 145 Polizeibeamte sowie anlassbezogen Kräfte eines Mobilen Einsatzkommandos angehören, vgl. *Amann/Steinle* 2011, S. 22. Die Kosten betragen pro überwachte Person und Monat ca. 150.000 €, vgl. *Eisenbarth/Ringhof* 2013, S. 567.

481 Vgl. VG Saarland, Beschl. v. 15.9.2010 – 6 L 746/10, juris; VG Freiburg, Beschl. v. 29.12.2010 – 4 K 2629/10, 4 K 2631/10, 4 K 2633/10, juris; VG Aachen, Urt. v. 24.1.2011 – 6 K 140/10, juris; VG Freiburg, Beschl. v. 16.8.2011 – 4 K 917/11, juris; VG Saarland, Urt. v. 28.11.2012 – 6 K 745/10, juris; VG Freiburg, Urt. v. 14.2.2013 – 4 K 1115/12, juris.

482 Vgl. OVG Saarland, Beschl. v. 16.12.2010 – 3 B 284/10, juris; VGH Baden-Württemberg, Beschl. v. 8.11.2011 – 1 S 2538/11, juris; VGH Baden-Württemberg, Beschl. v. 31.1.2013 – 1 S 1817/12, juris.

483 Vgl. BVerfG, Beschl. v. 8.11.2012 – 1 BvR 22/12, juris.

scheidung des EGMR vom 10. Mai 2011, ehe ein Gericht für den Kläger[484] entschied und dessen weitere Observation untersagte.[485]

Die herangezogenen rechtlichen Grundlagen für solche Dauerobservationen finden sich in den polizeirechtlichen Regelungen der Länder. Konkret wird die Observation auf die Standardmaßnahme der besonderen Mittel der Datenerhebung[486] gestützt,[487] wobei zusätzlich auch die polizeirechtliche Generalklausel[488] als Ermächtigungsgrundlage diskutiert wird.[489] Fraglich ist schon, ob es

---

484 Dieser wurde am 10.9.2010 auf Grund der Rechtsprechung des EGMR aus der Sicherungsverwahrung entlassen und seitdem fortlaufend auf Grundlage des § 22 Abs. 1 Nr. 1 PolG Baden-Württemberg observiert. Die entsprechende Anordnung durch den Leiter der Polizeidirektion Freiburg wurde in der Folge insgesamt 17 Mal verlängert, sodass der Kläger insgesamt rund 2,5 Jahre ohne Unterbrechung observiert wurde. Sobald er sein Zimmer in einem Übergangswohnheim verließ, folgten ihm stets vier bis fünf Polizisten, vgl. VG Freiburg, Urt. v. 14.2.2013 – 4 K 1115/12. *Amann/Steinle* weisen in diesem Zusammenhang darauf hin, dass die Polizei durch diese Observationen über ihre Grenzen hinaus belastet wird und in anderen Bereichen zu Aufgabereduzierungen gezwungen ist, vgl. *Amann/Steinle* 2011, S. 23.

485 Vgl. VG Freiburg, Urt. v. 14.2.2013 – 4 K 1115/12, juris.

486 Vgl. § 22 Abs. 1 PolG Baden-Württemberg:
(1) Besondere Mittel der Datenerhebung sind:
1. die voraussichtlich innerhalb einer Woche länger als 24 Stunden dauernde oder über den Zeitraum einer Woche hinaus stattfindende Observation (längerfristige Observation),
2. der verdeckte Einsatz technischer Mittel der verdeckte Einsatz technischer Mittel zur Anfertigung von Lichtbildern und Bildaufzeichnungen sowie zum Abhören und Aufzeichnen des nicht öffentlich gesprochenen Wortes auf Tonträger,
3. der verdeckte Einsatz technischer Mittel zur Feststellung des Aufenthaltsortes oder der Bewegungen einer Person oder einer beweglichen Sache,
4. der Einsatz von Polizeibeamten unter Geheimhaltung ihrer wahren Identität (Verdeckte Ermittler) und
5. der Einsatz von Personen, deren Zusammenarbeit mit der Polizei Dritten nicht bekannt ist (Vertrauenspersonen).
Entsprechende Regelungen in den anderen Bundesländern finden sich in § 33 PAG Bayern; § 25 ASOG Berlin; § 32 PolG Brandenburg; § 32 PolG Bremen; § 9 PolDVG Hamburg; § 15 SOG Hessen; § 33 SOG Mecklenburg-Vorpommern; § 34 SOG Niedersachsen; § 16 a PolG Nordrhein-Westfalen; § 28 POG Rheinland-Pfalz; § 28 PolG Saarland; § 28 PolG Sachsen; § 17 SOG Sachsen-Anhalt; § 185 LVwG Schleswig-Holstein; § 34 PAG Thüringen.

487 *Baur* spricht in diesem Zusammenhang bereits von einer Verharmlosung der Maßnahme vor dem Hintergrund der Schwere des Eingriffs, vgl. *Baur* 2012, S. 188.

488 Vgl. §§ 1, 3 PolG Baden-Württemberg:
§ 1 PolG Baden-Württemberg (Allgemeines)
(1) Die Polizei hat die Aufgabe, von dem Einzelnen und dem Gemeinwesen Gefahren abzuwehren, durch die die öffentliche Sicherheit oder Ordnung bedroht wird, und

sich bei der dargestellten Dauerobservation durch die Polizei überhaupt um eine Datenerhebung handelt und die Norm somit als Ermächtigungsgrundlage taugt. Die polizeirechtlichen Bestimmungen der Länder geben vor, dass es sich um die Erforschung von personenbezogenen Daten handelt, die bei dem Betroffenen zu erheben sind.[490] Gem. § 3 Abs. 1 BDSG wird der Begriff der personenbezogenen Daten als die „Einzelangaben über persönliche oder sachliche Verhältnisse einer bestimmten oder bestimmbaren Person (Betroffener)"[491] definiert. Zweck der Erhebung ist es dabei, eine Gefahrensituation abzuwehren, deren Vorliegen erst durch die Datenerhebung erforscht wird.[492] Insofern ist der Zweck der Beschaffung der Daten deren Verarbeitung.[493] Bei der polizeilichen Dauerobservation von entlassenen Straftätern handelt es sich hingegen gerade nicht um die Erforschung eines bestimmten Sachverhalts. Vielmehr ist der Zweck der Observation die Überwachung selbst. Die Erforschung von persönlichen oder sachlichen Verhältnissen spielt dabei überhaupt keine Rolle und so handelt es sich um keine vorbereitende Datenerhebung, sondern um eine Maßnahme eigener Art, die unmittelbar auf den Schutz der Allgemeinheit gerichtet ist. Die Dauerobservation tritt hier an die Stelle des aus Rechtsgründen nicht mehr zulässigen Vollzugs der Sicherungsverwahrung.[494] Folglich ist es rechtswidrig eine polizeiliche Dauerobservation auf die Standardmaßnahme der besonderen Mittel der Datenerhebung zu stützen.

Störungen der öffentlichen Sicherheit oder Ordnung zu beseitigen, soweit es im öffentlichen Interesse geboten ist. Sie hat insbesondere die verfassungsmäßige Ordnung und die ungehinderte Ausübung der staatsbürgerlichen Rechte zu gewährleisten.
(2) Außerdem hat die Polizei die ihr durch andere Rechtsvorschriften übertragenen Aufgaben wahrzunehmen.
§ 3 PolG Baden-Württemberg (Polizeiliche Maßnahmen)
Die Polizei hat innerhalb der durch das Recht gesetzten Schranken zur Wahrnehmung ihrer Aufgaben diejenigen Maßnahmen zu treffen, die ihr nach pflichtmäßigem Ermessen erforderlich erscheinen.
Entsprechende Regelungen in den anderen Bundesländern finden sich in § 11 Abs. 2 PAG Bayern; § 17 ASOG Berlin; § 10 PolG Brandenburg; § 10 PolG Bremen; § 3 SOG Hamburg; § 11 SOG Hessen; §§ 12, 13 SOG Mecklenburg-Vorpommern; § 11 SOG Niedersachsen; § 8 PolG Nordrhein-Westfalen; § 9 POG Rheinland-Pfalz; § 8 PolG Saarland; § 3 PolG Sachsen; § 13 SOG Sachsen-Anhalt; § 174 LVwG Schleswig-Holstein; § 12 PAG Thüringen.

489 Vgl. etwa OVG Saarland, Beschl. v. 16.12.2010 – 3 B 284/10, juris.

490 Vgl. u. a. § 26 Abs. 1 SOG Mecklenburg-Vorpommern.

491 Die Landesdatenschutzgesetze definieren entsprechend.

492 Vgl. *Lorenz* 2011, S. 418.

493 Vgl. *Pieroth/Schlink/Kniesel* 2012, S. 222.

494 So auch das VG Freiburg, Urt. v. 14.2.2013 – 4 K 1115/12, juris.

Auf den ersten Blick nahe liegend erscheint es dann, auf die Generalklausel der Polizeigesetze zurückzugreifen. Diese ermächtigen die Gefahrenabwehrbehörden bei Vorliegen einer Gefahr für die öffentliche Sicherheit und Ordnung diejenigen Maßnahmen zu treffen, die nach pflichtgemäßem Ermessen notwendig erscheinen.[495] Eine solche Maßnahme könnte eine Dauerobservation darstellen. Ein Rückgriff auf die Generalklausel scheidet jedoch schon aus systematischen Gründen aus. Denn der Grundsatz vom Vorbehalt des Gesetzes fordert bei belastenden Maßnahmen, eine Ermächtigungsgrundlage, die nach Inhalt, Zweck und Ausmaß hinreichend bestimmt sein muss.[496] Die polizeirechtlichen Bestimmungen der Länder formulieren vor diesem Hintergrund[497] sog. *Standardmaßnahmen*, um diesem Grundsatz gerecht zu werden. Auf Grund der Tatsache, dass es sich bei Observationen im Allgemeinen und besonders bei längerfristigen Observationen um schwerwiegende Eingriffe in das Persönlichkeitsrecht aus Art. 2 Abs. 1 GG handelt,[498] haben die Ländergesetze entsprechende Spezialbefugnisse als Standardmaßnahmen formuliert. Bei den hier besprochenen Dauerobservationen handelt es sich um weit schwerwiegendere Eingriffe, da die Observationen zum Teil über Jahre hinweg andauern. So geht *Lorenz* sogar von einem Eingriff in die Freiheit der Person gem. Art. 2 Abs. 2 GG aus[499] und fordert, dass es für solche Eingriffe allemal verfahrensrechtlicher Schutzvorkehrungen wie eines Richtervorbehalts bedarf.[500] Insofern muss gerade eine solche Dauerobservation – wenn überhaupt – auf eine entsprechende Standardmaßnahme gestützt werden. Eine solche existiert jedoch in den Polizeigesetzen nicht. Der Rückgriff auf die polizeirechtliche Generalklausel verbietet sich.[501] Folglich verstößt die polizeiliche Dauerobservation auch gegen den im Rechtsstaatsprinzip enthaltenen Vorbehalt des Gesetzes, Art. 20 Abs. 3 GG.

---

495 Vgl. etwa § 13 SOG Mecklenburg-Vorpommern.

496 Vgl. *Schenke* 2011, S. 16.

497 Vgl. *Gusy* 2009, S. 167.

498 Vgl. BVerfG, Beschl. v. 8.11.2012 – 1 BvR 22/12, juris.

499 Denn das Grundrecht aus Art. 2 Abs. 2 GG schütze nicht nur vor der vollständigen Entziehung der körperlichen Bewegungsfreiheit, sondern auch vor Beschränkungen, vgl. *Lorenz* 2011, S. 420. Die Bewegungsfreiheit könne insofern auch schon beschränkt sein, wenn sich der Betroffene nicht mehr „vor die Haustür" traut, weil er einer dauerhaften Beschattung ausgesetzt ist, vgl. *Starck* 2010, Art. 2 Abs. 2 Rn. 197.

500 Vgl. *Lorenz* 2011, S. 420.

501 *Eisenbarth* und *Ringhof* gehen hingegen mit wenig überzeugenden Argumenten von der Tauglichkeit der Generalklausel i. V. m. den Tatbestandsvoraussetzungen der besonderen Mittel der Datenerhebung aus, vgl. *Eisenbarth/Ringhof* 2013, S. 568 f.

Darüber hinaus fordert das Polizeirecht stets das Vorliegen einer Gefahr[502] und, dass sich die Maßnahme gegen den Pflichtigen in Person des Störers[503] richtet. In den Fällen der dauerhaften Observation liegen beide Voraussetzungen nur dann vor, wenn konkrete Anhaltspunkte die Annahme rechtfertigen, dass der entlassene Straftäter erneut Straftaten begeht. Die bloß mögliche Gefahr einer Rückfälligkeit genügt dafür nicht.[504] Denn der Gefahrenbegriff des Polizeirechts ist ein anderer als der für die Verhängung der Maßregel erforderliche.[505] Der polizeirechtliche Begriff erfordert einen unmittelbaren zeitlichen Zusammenhang mit dem befürchteten Schadenseintritt,[506] während es für die Begutachtung der Gefährlichkeit im Rahmen der Anordnung der Sicherungsverwahrung eines gewissen zeitlichen Vorlaufs vor der Entlassung bedarf.[507] Auch ein Gefahrenverdacht ist im Rahmen einer entsprechenden vorbeugenden Maßnahme – wie es die meisten Polizeigesetze ebenfalls vorsehen – nicht zu begründen.[508] Insofern ist der Anknüpfungspunkt der Maßnahme die bloße Existenz des Entlassenen und dessen in der Vergangenheit begangenen Straftat(en), sodass sein sozialer Wert- und Achtungsanspruch zumindest in Frage gestellt wird sowie ein Verstoß gegen die Menschenwürde aus Art. 1 Abs. 1 GG auf Grund einer bloßen Objektivierung nahe liegt.[509]

Ein weiteres Problem in der rechtlichen Würdigung der polizeilichen Dauerobservationen offenbart sich, wenn man der Frage nachgeht, ob die Überwachung von rückfallgefährdeten Tätern bereits abschließend im Strafrecht in den §§ 68 ff. StGB geregelt ist und der Landesgesetzgeber insoweit keine Kompetenz besitzt. Wie oben dargelegt handelt es sich bei der Dauerobservation im Grunde um einen Ersatz für die aus rechtlichen Gründen unzulässige Unterbringung in der Sicherungsverwahrung. Insofern besteht ein enger Zusammenhang

---

502 Vgl. zu dem Begriff der Gefahr *Schenke* 2011, S. 37 ff.

503 Vgl. zu dem Begriff der polizeirechtlichen Verantwortlichkeit als Störer *Gusy* 2009, S. 167 ff.

504 Vgl. *Lorenz* 2011, S. 424. Dass sich die Polizei mit dieser Frage bisweilen kaum bzw. undifferenziert beschäftigt zeigen *Amann/Steinle*, die eine bloße sehr hohe Rückfallgefahr als ausreichend erachten, vgl. *Amann/Steinle* 2011, S. 21 f.

505 Vgl. *Greve/Lucius* 2012, S. 100 mit Verweis auf *Laufhütte/Rissing-van Saan/Tiedemann* 2012, § 66b Rn. 3.

506 Vgl. auch *Kunisch* 2010, S. 694.

507 Vgl. *Laufhütte/Rissing-van Saan/Tiedemann* 2012, § 66b Rn. 3.

508 Vgl. dazu die Ausführungen bei *Linke* 2013, S. 562.

509 Vgl. *Lorenz* 2011, S. 424. *Linke* verneint hingegen eindeutig einen Eingriff in die Menschenwürde, vgl. *Linke* 2013, S. 560.

mit den Regelungen der Sicherungsverwahrung,[510] welche als strafrechtliche Regelung in die konkurrierende Kompetenz des Bundes gem. Art. 74 Abs. 1 Nr. 1 StGB fallen. Denn die Maßregeln der Besserung und Sicherung unterfallen als staatliche Reaktion auf Straftaten, die an die Straftat anknüpfen und ihre sachliche Rechtfertigung aus der Anlassstat beziehen, dem Kompetenztitel Strafrecht gem. Art. 74 Abs. 1 Nr. 1 StGB.[511] Zwar kann der Landesgesetzgeber ergänzende Regelungen schaffen, sofern keine abschließende Regelung durch den Bundesgesetzgeber erfolgt ist,[512] jedoch liegt eine solche durch die Regelungen der Führungsaufsicht gem. §§ 68 ff. StGB vor. Folglich ist der Landesgesetzgeber nicht zuständig, wenn es um die Überwachung von entlassenen Straftätern geht. Die Verabschiedung entsprechender Regelungen würde schon aus formellen Gründen mangels Gesetzgebungskompetenz verfassungswidrig sein. So erklärte das BVerfG 2004 auch die von den Bundesländern Bayern und Sachsen-Anhalt verabschiedeten Regelungen zur nachträglichen Sicherungsverwahrung mangels Kompetenztitels für verfassungswidrig.[513] Durch die Einführung der Möglichkeit der elektronischen Aufenthaltsüberwachung in § 68b Abs. 1 S. 1 Nr. 12 StGB steht zudem seit 2011 ein Instrument zur Verfügung, welches eine noch engmaschigere Überwachung und Kontrolle ermöglicht. Die polizeirechtliche Dauerobservation verstößt somit auch gegen geltendes Bundesrecht.[514]

Vor dem Hintergrund der offenkundigen Rechtswidrigkeit der polizeilichen Dauerobservationen ist es erstaunlich, dass einige Fachgerichte in der Vergangenheit keinen Anlass dafür sahen, dieser Praxis einen Riegel vorzuschieben und sich nicht eindeutig gegen eine solche Vorgehensweise positionierten. In den Verfahren vor der Verwaltungsgerichtsbarkeit ging es vorwiegend um vorläufigen Rechtsschutz, in denen zwar Zweifel an der Tauglichkeit der herangezogenen Rechtsgrundlagen geäußert wurden, in der Sache jedoch nach summarischer Prüfung gegen den Antragsteller entschieden wurde. So wurde auf Grund

---

510 Diesen Zusammenhang erkannte auch das VG Aachen. Jedoch ging es mit keinem Wort auf die Frage ein, welche Auswirkungen dies auf die Gesetzgebungskompetenz gem. Art. 72 ff. GG haben könnte, vgl. VG Aachen, Urt. v. 24.1.2011 – 6 K 140/10.

511 Vgl. BVerfG, Urt. v. 10.2.2004 – 2 BvR 834/02, 2 BvR 1588/02, juris. Die Zuständigkeit des Bundesgesetzgebers für vergleichbare Maßnahmen erkannte *Ullenbruch* bereits als er das von Baden-Württemberg 2001 verabschiedete StrUBG mangels Gesetzgebungskompetenz des Landes für verfassungswidrig hielt, vgl. *Ullenbruch* 2001, S. 294.

512 Vgl. *Maunz/Dürig* 2013, Art. 72 Abs. II Rn. 5.

513 Vgl. BVerfG, Urt. v. 10.2.2004 – 2 BvR 834/02, 2 BvR 1588/02, juris. Hierzu *Dünkel/van Zyl Smit* 2004, S. 48.

514 So auch *Lorenz* 2011, S. 423.

der Schwere des Eingriffs stets der Anordnungsgrund[515] bejaht, von einem Anordnungsanspruch[516] jedoch nicht ausgegangen.[517] Auch die Beschwerden vor der höheren Instanz blieben erfolglos.[518] So heißt es etwa in dem Beschluss des Oberverwaltungsgerichts des Saarlands, dass die systematischen und teleologischen Zweifel an der Anwendbarkeit der Standardmaßnahme der besonderen Mittel der Datenerhebung[519] nicht zu der Auffassung führen, dass die Norm als Rechtsgrundlage nicht in Betracht kommt.[520] Auch die geäußerten verfassungsrechtlichen Zweifel, was die Bestimmtheit der Norm und das Fehlen von verfahrensrechtlichen Regularien angeht, genügten nach Ansicht des Gerichts nicht dazu, einen Anordnungsanspruch zu bejahen. Denn bei der im Rahmen des vorläufigen Rechtsschutzes vorzunehmenden summarischen Prüfung, könne nicht angenommen werden, dass § 28 PolG des Saarlands als Rechtsgrundlage nicht in Betracht zu ziehen ist. Auch die Anwendbarkeit der Generalklausel[521] könne zumindest für eine Übergangszeit nicht ausgeschlossen werden. Letztlich entschied das Gericht in der Folgenabwägung zum Nachteil des Antragsstellers, da die Folgen im Falle der Begehung von schweren Straftaten durch den Antragsteller erheblich schwerer einzustufen seien, als diejenigen, denen er sich durch die Fortführung seiner Observation ausgesetzt sieht. Noch weiter ging das VG Saarland[522], indem es in der Standardmaßnahme der besonderen Formen der Informationserhebung[523] ausdrücklich eine taugliche Ermächtigungsgrundlage sah und dabei die Tatsache verwischte, dass es bei der polizeilichen Dauerobservation gerade nicht um die Erhebung von Informationen geht. Ferner sei ein Verstoß gegen den Bestimmtheitsgrundsatz nicht zu erkennen und die Maßnahme verstoße auch nicht gegen den Verhältnismäßigkeitsgrundsatz, da die entsprechende Regelung einer verfassungskonformen Auslegung zugänglich sei. Verharmlosend und fast zynisch formulierte das Gericht in diesem Zusammen-

---

515   Hier geht es um die Dringlichkeit der Sache. Der Anordnungsgrund ist gegeben, wenn die vorläufige Regelung zur Abwehr wesentlicher Nachteile, zur Verhinderung drohender Gewalt oder aus sonstigen Gründen notwendig ist.

516   Hier geht es um die Hauptsache. Der Anordnungsanspruch liegt vor, wenn der in der Hauptsache verfolgte Anspruch nach summarischer Prüfung besteht.

517   Vgl. VG Saarland, Beschl. v. 15.9.2010 – 6 L 746/10, juris; VG Freiburg, Beschl. v. 16.8.2011 – 4 K 917/11, juris.

518   Vgl. OVG Saarland, Beschl. v. 16.12.2010 – 3 B 284/10, juris; VGH Baden-Württemberg, Beschl. v. 8.11.2011 – 1 S 2538/11, juris.

519   § 28 Abs. 1 i. V. m. 2 PolG des Saarlands.

520   Vgl. OVG Saarland, Beschl. v. 16.12.2010 – 3 B 284/10, juris.

521   § 8 PolG des Saarlands.

522   VG Saarland, Urt. v. 28.11.2012 – 6 K 745/10, juris.

523   § 28 Abs. 1 S. 1 Nr. 1, Abs. 2 Nr. 1 PolG Saarland.

hang, dass der Kernbereich der privaten Lebensgestaltung des Klägers unberührt bleibt, da sich die Observation ausschließlich in der Öffentlichkeit abspiele. Auch das VG Aachen ging zuvor in seinem Urteil mit ähnlicher Argumentation von der Tauglichkeit der Ermächtigungsgrundlage[524] in Bezug auf eine Dauerobservation aus.[525]

Das BVerfG erkannte in der polizeilichen Dauerobservation zwar einen schwerwiegenden Eingriff in die Persönlichkeitsrechte des Betroffenen, hatte jedoch keine durchgreifenden verfassungsrechtlichen Bedenken, die Generalklausel zumindest als Ermächtigungsgrundlage im vorläufigen Rechtsschutzverfahren ausreichen zu lassen.[526] Gleichzeitig formulierte das Gericht jedoch auch Zweifel, ob die Generalklausel Eingriffen dieser Art genüge und stellte in Frage, dass solche Maßnahmen auf Dauer von den Gerichten als von der Rechtslage gedeckt angesehen werden. Insofern sei im Hauptsacheverfahren eine abschließende Klärung zu suchen. Dieses endete mit dem Urteil des VG Freiburg vom 14. Februar 2013.[527] Darin setzte es sich ausführlich mit den rechtlichen Fragestellungen auseinander und kam zu dem Ergebnis, dass sowohl die Standardmaßnahme der besonderen Mittel der Datenerhebung[528] als auch die Generalklausel[529] keine ausreichenden Rechtsgrundlagen für die Dauerobservation darstellen.

Zusammenfassend handelt es sich mit der Praxis der polizeilichen Dauerüberwachung um eine Maßnahme, welche gleich auf mehreren Ebenen rechtswidrig ist.[530] Um etwaige Lücken im System präventiver Sicherung zu schließen, dürfen in einem Rechtstaat die ihn konstituierenden Grundsätze nicht aufgegeben werden. Ein Restrisiko muss angesichts des Freiheitsgedankens unseres Grundgesetzes hingenommen werden und der Gesetzgeber ist gefragt, wenn es darum geht, diesem Risiko in verfassungskonformer Weise zu begegnen. Das

---

524 § 16 a Abs. 1 S. 1 Nr. 2, Abs. 2 PolG Nordrhein-Westfalen.

525 VG Aachen, Urt. v. 24.1.2011 – 6 K 140/10, juris.

526 BVerfG, Beschl. v. 8.11.2012 – 1 BvR 22/12, juris. Konkret ging es um eine Verfassungsbeschwerde gegen die Beschlüsse des VG Freiburg v. 16.8.2011 und des VGH Baden-Württemberg v. 8.11.2011, in der eine Verletzung von Art. 19 Abs. 4 GG geltend gemacht wurde. Das Bundesverfassungsgericht bejahte einen Verstoß gegen Art. 19 IV GG, da der Anordnungsanspruch auf Grund veralteter psychologischer Gutachten unzureichend geprüft worden war und verwies die Sache zurück an das VG Freiburg.

527 Vgl. VG Freiburg, Urt. v. 14.2.2013 – 4 K 1115/12, juris.

528 § 22 Abs. 1 Nr. 1 PolG Baden Württemberg.

529 §§ 1, 3 PolG Baden-Württemberg.

530 *Greve* und *Lucius* gehen hingegen überraschenderweise von einer bedingten Geeignetheit der polizeirechtlichen Regelungen aus, obwohl sie die wesentlichen rechtlichen Probleme erkennen oder zumindest anschneiden, vgl. *Greve/Lucius* 2012, S. 105.

Polizeirecht ist in diesem Zusammenhang zwar nicht grundsätzlich ausgeschlossen, bleibt jedoch auf die konkrete Gefahrenabwehr beschränkt, da sein Anwendungsbereich durch die verfassungsrechtlich vorgegebenen Kompetenzen beschränkt ist.

6.2 Die Neuregelungen zur Führungsaufsicht im SiVerwNOG

Mit dem Neuordnungsgesetz reagierte der Gesetzgeber auf die Folgen des Urteils aus Straßburg. Er reformierte die Regelungen zur Sicherungsverwahrung, schuf für Parallelfälle das Therapieunterbringungsgesetz[531] und erweiterte den Weisungskatalog des § 68b Abs. 1 StGB um die Möglichkeit einer elektronischen Aufenthaltsüberwachung neben der Ausdehnung der Möglichkeit unbefristeter Führungsaufsicht in § 68c Abs. 3 StGB. Insofern sind die Neuregelungen zur Führungsaufsicht letztlich als Folge des Straßburger Urteils zu qualifizieren und sollten in diesem Zusammenhang dem Zweck dienen, die Überwachung von entlassenen Sicherungsverwahrten weiter zu verbessern. Dabei wurde der Anwendungsbereich der Neuregelungen jedoch nicht auf diese Fälle beschränkt, sodass die Neuregelungen von genereller Bedeutung für das Recht der Führungsaufsicht sind.[532]

Der Entwurf des Gesetzes der Bundesregierung zur Neuordnung des Rechts der Sicherungsverwahrung und zu begleitenden Regelungen vom 26. Oktober 2010[533] machte es sich zur Aufgabe durch die Einfügung der elektronischen Aufenthaltsüberwachung und die Ausdehnung der Möglichkeit unbefristeter Führungsaufsicht, die Kontrolle von entlassenen und weiter potentiell gefährlichen Straftätern effizienter zu gestalten. Dabei bezieht sich der Entwurf ausdrücklich auf das Straßburger Urteil und dessen Konsequenzen in Deutschland. So würde gerade von denjenigen, die auf Grund dieses Urteils aus der Sicherungsverwahrung entlassen wurden, obwohl von ihnen weiterhin zu befürchten ist, dass sie schwere Straftaten – insbesondere schwere Gewalt- oder Sexualde-

---

531 Vgl. zum Therapieunterbringungsgesetz *Morgenstern* 2011, S. 55 ff. Zu der Frage, wer unter den Anwendungsbereich von § 1 ThUG bzw. Art 5 Abs. 1 lit. e EMRK fällt vgl. *Morgenstern* 2011, Krank, S. 974 ff. Die Praktiker in der Psychiatrie befürchten durch eine derartige Unterbringungsmöglichkeit, dass letztlich die Psychiatrie für eine bloße andauernde Verwahrung missbraucht wird, vgl. etwa *Müller/Saimeh/Habermeyer* 2011, S. 116. Das Bundesverfassungsgericht hob das Gesetz de facto auf, indem es strenge Voraussetzungen für dessen Anwendbarkeit formulierte, vgl. BVerfG, Beschl. v. 11.7.2013 – 2 BvR 2302/11, 2 BvR 1279/12, juris.

532 *Brauneisen* 2011, S. 312.

533 BT-Drucks. 17/3403.

likte – begehen, eine Gefahr ausgehen.[534] Dieser Gefahr sollte durch die Neuregelungen begegnet werden.

6.2.1 Die elektronische Aufenthaltsüberwachung gem. § 68b Abs. 1 S. 1 Nr. 12 StGB

Mit der Einfügung des § 68b Abs. 1 S. 1 Nr. 12 StGB wurde der Katalog der strafbewehrten Weisungen mit der Normierung der elektronischen Aufenthaltsüberwachung[535] um eine weitere Weisungsmöglichkeit ergänzt.[536] Zwar bestand schon vor der Normierung in Absatz 1 grundsätzlich die Möglichkeit eine entsprechende Weisung auf § 68b Abs. 2 StGB zu stützen, jedoch wäre eine solche Weisung gegenüber den Vollverbüßern und den auf Grund der Erledigung einer Maßregel Entlassenen wenig praktikabel, da im Falle der Nichtbefolgung der Weisung weder eine Strafbarkeit aus § 145a StGB noch ein Widerruf gem. § 67g StGB drohen würden.[537] Insofern sollte durch die Normierung in Absatz 1 die Durchsetzbarkeit vor dem Hintergrund der Strafdrohung gem. § 145a StGB gewährleistet werden. § 68b Abs. 1 S. 1 Nr.12 StGB legt fest, dass das Gericht die verurteilte Person für die Dauer der Führungsaufsicht oder für eine kürzere Zeit anweisen kann,

„12. die für eine elektronische Überwachung ihres Aufenthaltsortes erforderlichen technischen Mittel ständig in betriebsbereitem Zustand bei sich zu führen und deren Funktionsfähigkeit nicht zu beeinträchtigen. "

Was die konkreten Einsatzmöglichkeiten der Weisung angeht,[538] so formuliert die Begründung des Gesetzesentwurfs, dass der Kontrollaspekt im Vordergrund steht, jedoch auch spezialpräventive Zwecke verfolgt werden. Zum einen könne die Aufenthaltsüberwachung auf Grund des höheren Entdeckungsrisikos der Eigenkontrolle des Täters dienen und zum anderen werde das Bewusstsein für die Einübung der entsprechenden Verhaltensweisen gestärkt; dies gelte ins-

---

534 Vgl. BT-Drucks. 17/3403, S. 1.

535 Vgl. zu der Neuregelung auch die Beiträge von *Brauneisen* 2011, S. 311 ff. und *Haverkamp/Schwedler/Wößner* 2012, S. 62 ff.

536 Dabei ist die Weisung gem. Nr. 12 von einer Einwilligung des Betroffenen unabhängig, da weder ein schwerwiegender Eingriff in die Lebensführung vorliege noch Erkenntnisse existieren, dass entsprechende Geräte gesundheitsschädigende Wirkung entfalten; so die Begründung des Entwurfs, vgl. BT-Drucks. 17/3403, S. 39.

537 Vgl. BT-Drucks. 17/3403, S. 17.

538 Zu den konkreten Einsatzmöglichkeiten und entsprechenden Formulierungsvorschlägen von Weisungen vgl. *Maltry* 2013, S. 117 ff.

besondere für pädophile Täter.[539] Was den Kontrollaspekt angeht, so erläutert der Entwurf, dass die Überwachung v. a. im Zusammenhang mit der Einhaltung aufenthaltsbezogener Weisungen und der Überwachung von Kontakt- und Verkehrsverboten sinnvoll sein kann.[540]

Vor dem Hintergrund der aufgezeigten Zweckrichtung behauptet der Gesetzesentwurf sodann, dass sich die Weisung in die Doppelfunktion der Führungsaufsicht – die unterstützende Komponente auf der einen Seite und die überwachende auf der anderen – einfügt.[541] Jedoch äußert sich die unterstützende Funktion der Führungsaufsicht nicht in der Unterstützung des Täters durch sich selbst, indem er sich davon abhält Straftaten zu begehen, sondern in der unterstützenden Funktion der zuständigen Stellen, hierbei v. a. der Bewährungshilfe. Insoweit vermag der Versuch, die neue Weisung als eine in diesem Sinne unterstützende zu qualifizieren nicht zu überzeugen. Es handelt sich vielmehr um eine weitere Verschärfung der Überwachung.

Anwendungsbereich und erfasster Personenkreis

Die Weisung wird in dem neu eingefügten § 68b Abs. 1 S. 3 StGB nur für bestimme Tätergruppen für zulässig erklärt. So nennt § 68b Abs. 1 S. 3 StGB vier Voraussetzungen. Danach muss die Führungsaufsicht auf Grund der vollständigen Vollstreckung einer Freiheitsstrafe oder Gesamtfreiheitsstrafe von mindestens drei Jahren oder auf Grund einer erledigten Maßregel eingetreten sein, wobei die Verurteilung wegen einer oder mehrerer in § 66 Abs. 3 S. 1 StGB genannten Straftaten erfolgte. Des Weiteren muss die Gefahr bestehen, dass die verurteilte Person weitere Straftaten der in § 66 Abs. 3 S. 1 StGB genannten Art begehen wird. Überdies muss die Weisung erforderlich erscheinen, um die verurteilte Person von der Begehung weiterer in § 66 Abs. 3 StGB genannten Straftaten abzuhalten.

Insofern sollen solche Fälle erfasst werden, in denen die vorherige Freiheitsentziehung bzw. Unterbringung in einer Maßregel nicht wegen einer positiven Legalprognose beendet wurden.[542] Durch den Verweis auf den Strafenkatalog des § 66 Abs. 3 StGB findet die Aufenthaltsüberwachung nur dann Anwendung, wenn insbesondere eine Sexual- oder Gewalttat begangen wurde bzw. droht. Durch die Begrenzung des erfassbaren Personenkreises sollen also diejenigen

---

539 Vgl. BT-Drucks. 17/3403, S. 17.

540 Vgl. BT-Drucks. 17/3403, S. 17. Bisher war eine Kontrolle der aufenthaltsbezogenen Weisungen nur in relativ engen Grenzen durch die Führungsaufsichtsstelle und den Bewährungshelfer sowie durch die Polizei im Rahmen von Ausschreibungen gem. §§ 463a Abs. 1 S. 1 StPO i. V. m. § 463a Abs. 1 S. 2 und Abs. 2 StPO möglich.

541 Vgl. BT-Drucks. 17/3403, S. 18.

542 Vgl. BT-Drucks. 17/3403, S. 36.

Täter erfasst werden, von denen potentiell die Gefahr der Begehung erheblicher Straftaten zu befürchten ist und die deswegen einer besonders engmaschigen Kontrolle bedürfen.

Technische Ausgestaltung und Pflichten des Verurteilten

Mit der Formulierung die für eine Überwachung erforderlichen technischen Mittel ständig in betriebsbereitem Zustand bei sich zu führen und deren Funktionsfähigkeit nicht zu beeinträchtigen, legt die Weisung dem Verurteilten sowohl eine Handlungs- als auch eine Unterlassungspflicht auf, ohne dabei jedoch die konkrete Ausgestaltung der Mittel zu benennen.[543] Diese Offenheit der Regelung in Bezug auf die technische Ausgestaltung war von dem Gesetzgeber auch beabsichtigt, da die Art und Weise der technischen Überwachung nicht festgelegt werden sollte. Vielmehr sollten die technischen Entwicklungen Berücksichtigung finden und dieser Weg sollte nicht versperrt werden.[544] In diesem Zusammenhang betont die Begründung des Entwurfs jedoch, dass diesbezügliche Neuerungen aufmerksam beobachtet werden müssen, da ein Eingreifen des Gesetzgebers für den Fall einer der Regelung widersprechenden Rechtspraxis erforderlich sein kann.[545]

Was die auferlegten Handlungs- und Unterlassungspflichten angeht, so wird dem Verurteilten auferlegt, das Gerät stets in einem hinreichend aufgeladenen Zustand zu halten, was jedoch nicht die Pflicht beinhaltet, gegebenenfalls Reparaturen durchzuführen.[546] Die konkreten Anforderungen hat dabei das Gericht gem. § 68b Abs. 1 S. 2 StGB zu bestimmen. Unter der Pflicht die Funktionsfähigkeit nicht zu beeinträchtigen fällt v. a. das Verbot die Mittel nicht zu beschädigen bzw. zu manipulieren, wobei sich die Funktionsfähigkeit auf die technischen Mittel selbst bezieht; d. h. dem Verurteilten ist kein Vorwurf zu machen, wenn er sich an Orten – bspw. U-Bahnhöfen – aufhält, die eine Ortung erschweren bzw. unmöglich machen.[547]

---

543 Die Begründung des Entwurfs nennt als mögliches Mittel den Einsatz von GPS (Global Positioning System)-Systemen, bei denen die Ortung mittels Satelliten erfolgt, vgl. BT-Drucks. 17/3403, S. 35.

544 Vgl. zu Praxiserfahrungen in Hessen im Umgang mit einer elektronischen Überwachung *Albrecht/Arnold/Schädler* 2000, S. 466 ff. und zu Erfahrungen im Umgang mit einem elektronisch überwachten Hausarrest *Krahl* 1997, S. 457 ff.; *Hochmayr* 2012, S. 537 ff; *Harders* 2014.

545 Vgl. BT-Drucks. 17/3403, S. 36.

546 Vgl. BT-Drucks. 17/3403, S. 36.

547 Vgl. BT-Drucks. 17/3403, S. 36.

Verhältnismäßigkeit der Weisung

Da die Aufenthaltsüberwachung einen Eingriff in das Recht auf informationelle Selbstbestimmung gem. Art. 2 Abs. 1 i. V. m. Art. Abs. 1 S. 1 GG darstellt,[548] wurden als begleitende Regelungen verschiedene Absicherungen normiert, um die Verhältnismäßigkeit des Eingriffs zu wahren. Hierzu wurde Absatz 4 in § 463a StPO eingefügt, der vorgibt in welchem Umfang Daten erhoben und gespeichert werden dürfen. Die Absicherungen umfassen dabei die Pflicht[549]

- des Gerichts vor Ablauf von zwei Jahren zu überprüfen, ob die Weisung aufzuheben ist, weil deren Voraussetzungen nicht mehr vorliegen, § 68d Abs. 2 StGB,
- die Daten spätestens zwei Monate nach ihrer Erhebung zu löschen, wenn sie nicht zur Überwachung verwendet werden, § 463a Abs. 4 S. 5 StPO,
- die Daten gegen unbefugte Kenntnisnahme zu sichern, § 463a Abs. 4 S. 3 StPO,
- den Zeitpunkt, die abgerufenen Daten und den Bearbeiter zu protokollieren, § 463a Abs. 4 S. 6 StPO,
- und die Pflicht sicher zu stellen, dass innerhalb der Wohnung keine über die Anwesenheit des Betroffenen hinausgehenden Daten erhoben werden, § 463a Abs. 4 S. 1 StPO.

Mit diesem Katalog an Absicherungen soll sichergestellt werden, dass eine „Rundumüberwachung" vermieden wird. Die Begründung des Gesetzesentwurfs geht in diesem Zusammenhang davon aus, dass die Verhältnismäßigkeit bei Beachtung der genannten Regelungen nicht verletzt wird.[550]

Des Weiteren wurde in § 68d Abs. 2 StGB als weitere Pflicht des Gerichts normiert, dass es vor Ablauf von zwei Jahren überprüfen muss, ob die Weisung aufzuheben ist, weil deren Voraussetzungen nicht mehr vorliegen.[551]

---

548 Vgl. zu der verfassungsrechtlichen Bewertung der Neuregelung die ausführlichen und kritischen Anmerkungen von *Harders* 2014, im Erscheinen.

549 Vgl. BT-Drucks. 17/3403, S. 18.

550 Die Begründung des Entwurfs erwähnt darüber hinaus, dass die Verhältnismäßigkeitsprüfung auch davon abhänge, ob der Betroffene selbst Anlass dafür gegeben hat, dass in sein Grundrecht auf informationelle Selbstbestimmung eingegriffen wird. Überdies sei zu bedenken, dass die Führungsaufsicht im Allgemeinen gegenüber freiheitsentziehenden Maßnahmen das mildere Mittel darstelle, vgl. BT-Drucks. 17/3403, S. 19.

551 *Häßler/Schütt/Pobocha* halten eine solche Pflicht nach zwei Jahren für zu spät und fordern eine einjährige Prüfungspflicht, vgl. *Häßler/Schütt/Pobocha* 2013, S. 61.

6.2.2 Die Verlängerung der Höchstfrist in § 68c Abs. 3 StGB

Im Zusammenhang mit der Einfügung der Aufenthaltsüberwachung wurde auch die Möglichkeit der unbefristeten Verlängerung der Führungsaufsicht in § 68c Abs. 3 ausgedehnt. In § 68c Abs. 3 S. 1 Nr. 2b StGB heißt es nun, dass die Führungsaufsicht unbefristet verlängert werden kann, wenn sie unter den Voraussetzungen des § 68b Abs. 1 S. 3 StGB eingetreten ist und die Verurteilten Verbrechen gegen Leib, Leben, Freiheit oder schwere Raub- oder Erpressungsdelikte begangen haben. Durch den Verweis auf § 68b Abs. 1 S. 3 StGB sollten gerade diejenigen Verurteilten erfasst werden, die auf Grund des Straßburger Urteils entlassen worden sind.[552] Insofern ist diese Erweiterung der Möglichkeit unbefristeter Führungsaufsicht auch als Folge jenes Urteils zu verstehen.

Zwar existierte vor dieser Neuregelung bereits die Möglichkeit die Führungsaufsicht unbefristet zu verlängern, jedoch waren diese Fälle auf andere Fallgruppen beschränkt. So bestand und besteht u. a. die Möglichkeit eine unbefristete Führungsaufsicht bei Tätern anzuordnen, die einer Weisung sich therapeutisch behandeln zu lassen nicht nachkommen, § 68c Abs. II StGB. Des Weiteren konnte und kann die Führungsaufsicht unter bestimmten Voraussetzungen bei Sexualstraftätern unbefristet verlängert werden, § 68c Abs. 3 Nr. 2 StGB a. F. bzw. § 68c Abs. 3 S. 1 Nr. 2a StGB. Mit der Neuregelung werden nun auch Gewaltstraftäter erfasst. Zwar räumt die Begründung des Gesetzesentwurfs dabei ein, dass die Wahrscheinlichkeit eines Rückfalls bei Gewaltstraftätern grundsätzlich niedriger sei als bei Sexualstraftätern, jedoch müsse bei Gewaltstraftätern mit einer negativen Legalprognose von einem erhöhten Gefährdungspotenzial ausgegangen werden, was die Möglichkeit einer unbefristeten Verlängerung der Führungsaufsicht rechtfertige.[553]

6.2.3 Bewertung der Neuregelung und Aussicht

Ähnlich wie das Gesetz zur Bekämpfung von Sexualdelikten und anderen gefährlichen Gewalttaten von 1998 reagierte der Gesetzgeber mit dem Neuordnungsgesetz auf die öffentliche Forderung, den Schutz vor gefährlichen Straftätern zu verbessern. War die Situation vor 1998 jedoch auf Grund einzelner bekannt gewordener spektakulärer Straftaten durch eine v. a. durch die Medienöffentlichkeit angeheizte Stimmung geprägt,[554] so gab daneben 2010 vornehmlich das Urteil des EGMR Anlass zu handeln. Nach dem Inkrafttreten des Neuordnungsgesetzes korrigierte das BVerfG mit seinem Urteil vom 4. Mai 2011[555]

---

552 Vgl. BT-Drucks. 17/3403, S. 19.

553 Vgl. BT-Drucks. 17/3403, S. 39.

554 Vgl. oben unter *4.5.2.1.*

555 BVerfG, Urt. v. 4.5.2011 – 2 BvR 2365/09, juris.

jedoch seine Rechtsprechung aus dem Jahr 2004 und reagierte damit auf das Straßburger Urteil und dessen Wirkung auf die deutsche Rechtsordnung.[556] So erklärte das BVerfG sämtliche Bestimmungen der Sicherungsverwahrung – und damit auch die entsprechenden Neuregelungen im Neuordnungsgesetz – als unvereinbar mit Art. 2 Abs. 2 i. V. m. Art. 104 Abs. 1 S. 1 GG bzw. Art. 20 Abs. 3 GG.[557] Um kein „rechtliches Vakuum" entstehen zu lassen, erklärte das BVerfG die entsprechenden Normen jedoch nicht für nichtig, sondern ordnete ihre Weitergeltung bis zum 31. Mai 2013 an,[558] wobei der Anwendung eine strikte Verhältnismäßigkeitsprüfung vorauszugehen hat. Insofern beinhaltete das Urteil die Aufforderung an den Gesetzgeber das Recht der Sicherungsverwahrung grundsätzlich zu überdenken und neu zu formulieren. Was die angesprochenen Parallelfälle anging, so legte das BVerfG fest, dass die Unterbringung nur dann fortdauern darf, wenn „eine hochgradige Gefahr schwerster Gewalt- oder Sexualstraftaten aus konkreten Umständen in der Person oder dem Verhalten des Untergebrachten abzuleiten ist und dieser an einer psychischen Störung im Sinne von § 1 Absatz 1 Nummer 1 des Gesetzes zur Therapierung und Unterbringung psychisch gestörter Gewalttäter (Therapierungsunterbringungsgesetz – ThUG) leidet." Andernfalls mussten die Betroffenen bis zum 31. Dezember 2011 entlassen werden. Mit dem Gesetz zur bundesrechtlichen Umsetzung des Abstandsgebots im Recht der Sicherungsverwahrung reagierte der Gesetzgeber auf das (neue) Urteil des BVerfG.[559] Es trat am 1. Juni 2013 in Kraft.[560]

Insofern wirkte sich das (neue) Urteil des BVerfG unmittelbar auf die Neuregelungen aus. Denn auch dem Therapieunterbringungsgesetz wurde sein ursprünglich vorgesehener Anwendungsbereich weitestgehend entzogen, war es doch gerade für die auf Grund des Straßburger Urteils zu entlassenen Parallelfälle gedacht. Denn bei Vorliegen einer psychischen Störung, welche eine Voraussetzung für die Unterbringung ist, können die als Parallelfall Betroffenen bei Vorliegen einer von ihnen ausgehenden hochgradigen Gefahr weiter in der Si-

---

556 Dass das Bundesverfassungsgericht bereits 2004 in der Frage der Verfassungsmäßigkeit der nachträglichen Verlängerung der Zehn-Jahres-Höchstfrist entschieden hat, stellt insoweit kein Prozesshindernis, als die Entscheidung des EGMR eine spätere rechtserhebliche Änderung der Rechtslage bedeutete. Insoweit wurde die Rechtskraft der Entscheidung aus dem Jahre 2004 überwunden, vgl. BVerfG, Urt. v. 4.5.2011 – 2 BvR 2365/09, juris.

557 Vgl. *Sonnen* 2011, S. 43 ff.

558 BVerfG, Urt. v. 4.5.2011 – 2 BvR 2365/09, juris.

559 Zu einer kritischen Bewertung der gesetzlichen Neuregelungen vgl. *Renzikowski* 2013, S. 1638 ff.; *Bartsch* 2013, S. 182 ff.

560 BGBl. 2012, I S. 2425.

cherungsverwahrung untergebracht werden. Insofern bedarf es in diesen Fällen nicht des Unterbringungsgesetzes.

Die Neuregelungen in Bezug auf die Führungsaufsicht blieben jedoch vom Urteil des BVerfG unberührt. Lediglich am Ende seines Urteils weist das BVerfG auf die Führungsaufsicht hin, indem es den Fachgerichten aufgibt, sich stets mit der Frage auseinanderzusetzen, ob und inwieweit der Gefährlichkeitsgrad des jeweiligen Beschwerdeführers durch die Führungsaufsicht reduziert werden kann.[561] Hieraus wird wiederum deutlich, dass die Neuregelungen zur Führungsaufsicht als weitere Kontrollmöglichkeiten und nicht etwa als unterstützende Komponente verstanden wurden. Insofern schließen sich die Neuregelungen als weitere Verschärfungen der Kontrollmaßnahmen gegenüber als gefährlich geltenden Sexual- und auch Gewaltstraftätern der historischen Entwicklung hin zu einem strengen Umgang mit der entsprechenden Klientel an.

Was die praktische Durchführung der elektronischen Aufenthaltsüberwachung angeht, so beschloss die 82. Justizministerkonferenz in Halle im Mai 2011 die rechtlichen Voraussetzungen für eine zentrale Überwachungsstelle aller Bundesländer im hessischen Bad Vilbel zu schaffen. Hessen verfügt dabei über die meisten Erfahrungen im Umgang mit einer solchen Überwachung, da in Pilotprojekten bereits über einen langen Zeitraum Erfahrungen im Hinblick auf einen elektronischen Hausarrest,[562] die Vermeidung von U-Haft und im Hinblick auf eine bedingte oder gnadenweise Entlassung gesammelt werden konnten.[563] Auch in Baden-Württemberg kam eine elektronische Überwachung bereits zur Anwendung. Dabei ging es um die Überwachung von Hausarrest bei Ersatzfreiheitsstrafen sowie Entlassungsvorbereitungen und die Überwachung von Lockerungen.[564] In Bayern kam eine elektronische Überwachung in einem Pilotprojekt im offenen Vollzug zur Anwendung.[565] Wie die Überwachung als Weisung im Rahmen der Führungsaufsicht eingesetzt wird, hängt letztlich von

561 Vgl. BVerfG, Urt. v. 4.5.2011 – 2 BvR 2365/09, juris.

562 Vgl. die theoretische Auseinandersetzung zu einem elektronisch überwachten Hausarrest bei *Hochmayr* 2013, S. 13 ff; *Harders* 2014.

563 Vgl. etwa *Mayer* 2004.

564 Vgl. *Wößner/Schwedler* 2013, S. 131. In Baden-Württemberg ist dieses Projekt 2013 allerdings eingestellt worden, da es zu teuer und wenig effizient erschien, vgl. die Mitteilung auf der Internetpräsenz des Justizministeriums Baden-Württembergs unter: http:// www.justiz.baden-wuerttemberg.de/servlet/PB/menu/1284373/index.html (27.8.2013).

565 Vgl. *Breuer/Endres/Vornholt* u. a. 2013, S. 146 ff.

ihrer Implementation ab und bleibt vorerst abzuwarten.[566] Die zentrale Überwachungsstelle hat am 1. Januar 2012 ihre Arbeit aufgenommen.

6.3 Die Überwachungskonzepte der Länder

Neben den vorgestellten gesetzlichen Neuregelungen wurde darüber hinaus auf Bundesländerebene seit 2006 unternommen, im Hinblick auf die Überwachung von als gefährlich geltenden entlassenen Sexual- und ggf. auch Gewaltstraftätern, sog. *Überwachungskonzepte* zu erarbeiten. Seit der Rechtsprechung des EGMR und des BVerfG sind diese Konzepte verstärkt in das Blickfeld hinsichtlich der Überwachung von entlassenen Straftätern gerückt. Die erste Konzeption entstand 2006 in Bayern unter dem Namen HEADS (Haft-Entlassenen-Auskunftsdatei-Sexualstraftäter). Diese nahmen die meisten anderen Bundesländer zum Vorbild und schufen in den folgenden Jahren eigene Konzeptionen, welche sich im Wesentlichen an die bayerische anlehnen. Heute besitzt jedes Bundesland eine eigene, wobei die Bezeichnungen variieren. Es handelt sich um Verwaltungsvorschriften, welche die Zusammenarbeit der beteiligten Institutionen wie der Führungsaufsichtsstelle, der Bewährungshilfe und v. a. der Polizei im Hinblick auf jene Überwachung regeln und koordinieren. Voraussetzung ist in den meisten Fällen, dass es sich bei den Straftätern um Führungsaufsichtsprobanden handelt.

Als Zielsetzung nennen die Konzeptionen einstimmig den Schutz der Gesellschaft vor als gefährlich geltenden Sexual- bzw. Gewaltstraftätern, welche aus der Haft bzw. aus einer Maßregeleinrichtung entlassen werden oder wurden. Dabei wird häufig die Erwartung der Bevölkerung an die Justiz und die Polizei betont, hierzu geeignete Maßnahmen zu treffen.[567] Um das Rückfallrisiko der entsprechenden Klientel zu minimieren, formulieren die einzelnen Konzeptionen dazu Handlungsanweisungen, die sich an die beteiligten Stellen richten. Die Anweisungen sollen den Informationsfluss zwischen den Beteiligten optimieren und somit die Überwachung der erfassten Klientel verbessern. Nach Maßgabe der Konzeptionen fußen die konkreten Handlungen dabei auf die jeweils einschlägigen gesetzlichen Grundlagen. Insofern handelt es sich bei den Konzeptionen nicht um die Schaffung völlig neuer Kontrollmöglichkeiten, sondern um

---

566 *Haverkamp, Schwedler* und *Wößner* zeigen in diesem Zusammenhang die möglichen Probleme auf und schauen eher kritisch in die Zukunft, vgl. *Haverkamp/Schwedler/ Wößner* 2012, S. 62 ff.

567 Vgl. etwa *Rheinland-Pfälzisches Ministerium des Innern und für Sport, Rheinland-Pfälzisches Ministerium der Justiz, Rheinland-Pfälzisches Ministerium für Arbeit, Soziales, Gesundheit, Familie und Frauen* 2008, unter 1.; vgl. *Brandenburgisches Ministerium der Justiz, Brandenburgisches Ministerium des Innern* 2008, unter 1.; vgl. *Sachsen-Anhaltisches Ministerium des Innern, Sachsen-Anhaltisches Ministerium für Justiz, Sachsen-Anhaltisches Ministerium für Soziales und Arbeit* 2008, unter 1.

eine strukturierte Vernetzung aller Beteiligten. Dabei laufen sämtliche Informationen in einer Zentralstelle zusammen, die in fast allen Bundesländern beim jeweiligen LKA angesiedelt ist. Lediglich in Bayern ist sie dem Polizeipräsidium München unterstellt. Die Erfassung sämtlicher fallrelevanter Informationen erfolgt in einigen Bundesländern in einer eigenen Datei. Neben der Sammlung sämtlicher Informationen, obliegt der Zentralstelle die Koordinierung der konkreten präventiven Maßnahmen der Polizei. Insofern weisen die einzelnen Konzeptionen der Polizei eine wesentliche Rolle im Hinblick auf die Überwachung der erfassten Klientel zu und verknüpfen die Aufgaben der Justiz mit denjenigen der Polizei.

Wie das konkrete Verfahren in den einzelnen Ländern ausgestaltet ist, soll im Folgenden kursorisch dargestellt werden.[568] Die Konzeption Mecklenburg-Vorpommerns wird dabei vorangestellt und etwas ausführlicher behandelt. Die Gliederung im Übrigen folgt dem Zeitpunkt der Einführung entsprechender Systeme in den einzelnen Bundesländern. Für die Recherche wurden die in den einzelnen Bundesländern zuständigen Stellen – meistens das LKA - kontaktiert. Daneben sind einige Konzeptionen – wie etwa FoKuS (Für optimierte Kontrolle und Sicherheit) in Mecklenburg-Vorpommern[569] – online abrufbar, sodass hier eine entsprechende Anfrage unterbleiben konnte. Darüber hinaus wurde auch die Arbeit von *Kasecker* mit einbezogen.[570] Lediglich die Konzeptionen aus den Ländern Thüringen und Berlin konnten nicht detailliert in die Betrachtung miteinbezogen werden, da sie der Öffentlichkeit nicht zugänglich sind.

---

568   Einen Überblick und eine Gegenüberstellung aller Konzeptionen gibt unten die *Tabelle 20.*

569   Vgl. http://www.lastar.mv-justiz.de/fas_lang.html (21.11.2012)

570   Vgl. *Kasecker* 2010.

154

Abbildung 6:

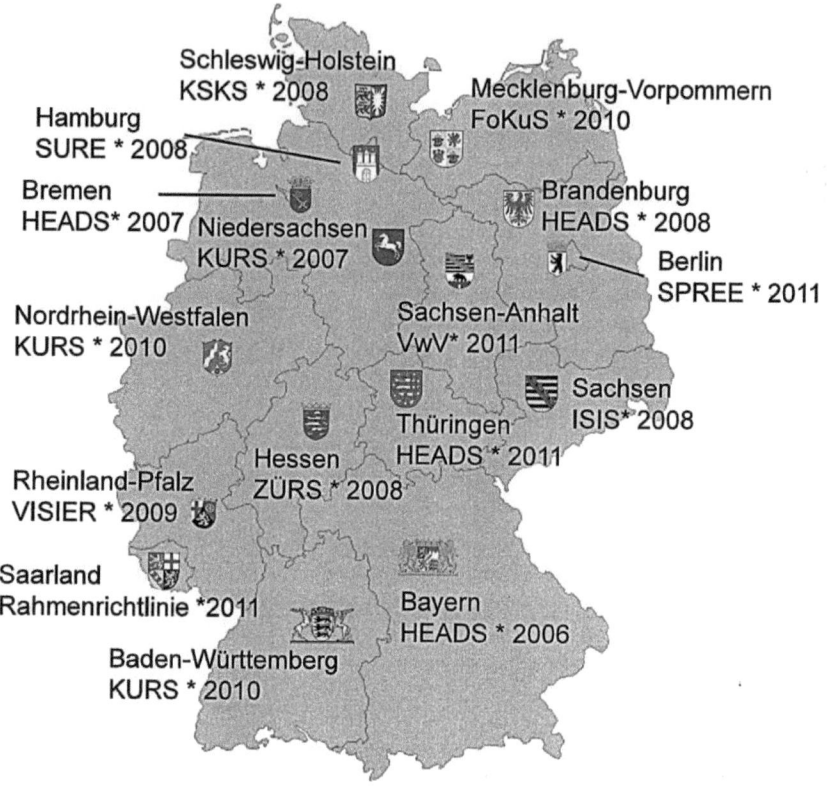

Quelle: *Obergfell-Fuchs* 2012.

6.3.1 Mecklenburg-Vorpommern

Mecklenburg Vorpommern führte am 9. März 2010 die Verwaltungsvorschrift FoKuS ein, welche am 1. April 2010 in Kraft trat. Die Konzeption wurde im Hinblick auf den Umgang mit der Weisung der elektronischen Aufenthaltsüberwachung gem. § 68b Abs. 1 S. 1 Nr. 12 StGB überarbeitet.[571] Die aktualisierte Fassung trat am 26. Juli 2012 in Kraft, ein Tag nach ihrer Verkündung.[572] Als Ziel nennt die Konzeption die Vernetzung der durch die Justiz und die Polizei zu treffenden Maßnahmen, um diese Zielgruppe der besonders rückfallgefährdeten Sexual- und Gewaltstraftäter effektiver leiten sowie kontrollieren zu können.[573] Dabei richtet sich die Vorschrift an die Justizvollzugsanstalten, die Jugendanstalt, die Staatsanwaltschaften, die Jugendrichter (soweit sie als Strafvollstreckungsleiter tätig werden), die Führungsaufsichtsstelle, die Sozialen Dienste der Justiz und die Polizeidienststellen des Landes Mecklenburg-Vorpommern.[574] Derzeit sind 153 Probanden der Konzeption unterstellt.[575]

In die Zielgruppe[576] fallen verurteilte Personen, die wegen einer Sexualstraftat gem. den §§ 174 bis 174c oder 176 bis 179 StGB, einer Straftat gem. den §§ 211, 212 StGB, eines Verbrechens mit Todesfolge oder wegen Vollrauschs[577] (§ 323a StGB) verurteilt wurden und deswegen gem. den §§ 68f oder 67d Abs. 4 bis 6 StGB ggf. i. V. m. § 7 JGG unter Führungsaufsicht stehen. Ebenfalls erfasst werden Probanden, denen die Weisung gem. § 68b Abs. 1 S. 1 Nr. 12 StGB auferlegt wurde. Erfüllen Personen diese Voraussetzungen, werden sie obligatorisch von der Konzeption erfasst, d. h. es existiert kein Ermessensspielraum. Über die Einbeziehung in die Überwachungskonzeption werden die Probanden schriftlich informiert.

Das Verfahren im Hinblick auf die Erfassung der Hauptfallgruppe der Vollverbüßer gem. § 68f StGB und der gem. § 67d Abs. 4 bis 6 StGB aus der Maß-

---

571 Unter 4.1.3 der Konzeption ist das Verfahren im Hinblick auf die Entscheidung niedergelegt, ob die Weisung gem. § 68b Abs. 1 S. 1 Nr. 12 StGB angezeigt ist, vgl. dazu ausführlicher unten unter *8.3.4.*

572 *Mecklenburg-Vorpommersches Ministerium der Justiz, Mecklenburg-Vorpommersches Ministerium für Inneres und Sport* 2012.

573 Vgl. *Mecklenburg-Vorpommersches Ministerium der Justiz, Mecklenburg-Vorpommersches Ministerium für Inneres und Sport* 2012, unter 1.

574 Vgl. *Mecklenburg-Vorpommersches Ministerium der Justiz, Mecklenburg-Vorpommersches Ministerium für Inneres und Sport* 2012, unter 2.

575 Stand: 8.7.2013.

576 Vgl. *Mecklenburg-Vorpommersches Ministerium der Justiz, Mecklenburg-Vorpommersches Ministerium für Inneres und Sport* 2012, unter 3.

577 Die im Vollrausch begangene Tat muss eine der aufgezählten Anlasstaten sein.

regel entlassenen Straftäter ist unter den Punkten 4.1.1 und 4.1.2 der Konzeption niedergelegt. Danach unterrichtet die entlassende Anstalt spätestens drei Monate vor der Entlassung eines Vollverbüßers die Staatsanwaltschaft und schlägt Weisungen für die anstehende Führungsaufsicht vor. Die Staatsanwaltschaft beantragt unverzüglich die Entscheidung der zuständigen Strafvollstreckungskammer nach § 68f StGB und unterbreitet einen Vorschlag zur Ausgestaltung der Führungsaufsicht. Die Führungsaufsichtsstelle erhält eine Durchschrift des Antrags und leitet diesen dem LKA weiter, welches diese Information an die örtlich zuständige Polizeiinspektion weiterleitet. Das LKA informiert die Führungsaufsichtsstelle darüber, welche Inspektion im einzelnen Fall zuständig ist. Nach Rechtskraft der Entscheidung über die Ausgestaltung der Führungsaufsicht veranlasst die Führungsaufsichtsstelle das LKA den Probanden zur polizeilichen Beobachtung in INPOL[578] auszuschreiben.

Für die Fallgruppe der Maßregelvollzugspatienten verläuft das Verfahren grundsätzlich wie in den Fällen der Vollverbüßer. Spätestens drei Monate vor dem Erreichen der Höchstfrist der Maßregel gem. § 67d Abs. 4 StGB informiert die entlassende Einrichtung die Staatsanwaltschaft entsprechend. In den Fällen gem. § 67d Abs. 5 und 6 StGB erfolgt die Mitteilung spätestens mit der Stellungnahme der Einrichtung in Bezug auf die Erledigung der Maßregel. In den Fällen, in denen die Erledigungserklärung der Maßregel kurzfristig erfolgt, wird das Verfahren mit dem Antrag der Erledigung der Maßregel durch die Staatsanwaltschaft eingeleitet.

Das Überwachungsverfahren ist unter dem Punkt 4.2. der Konzeption konkretisiert. Hier wird die konkrete Beteiligung der Sozialen Dienste und der Polizeidienststellen genau bestimmt. So übernehmen spezialisierte Bewährungshelfer die Betreuung der FoKuS-Probanden, welche nach dem Konzept der Sozialen Dienste zur differenzierten Leistungsgestaltung in die sog. *Fallgruppe 1* (Intensiv-Intervention) eingestuft werden. Dies hat zwingend eine 14-tägige Kontaktfrequenz zur Folge, wobei eine Zuordnung in eine andere Fallgruppe und damit eine Reduzierung der Frequenz frühestens nach einem Jahr erfolgen kann. In die Entscheidung ist die Führungsaufsichtsstelle mit einzubeziehen, welche ausnahmsweise einen vorzeitigen Wechsel in eine andere Gruppe zulassen kann.

Das Überwachungsverfahren der Polizeidienststellen sieht vor, dass die Dienststelle das zuständige Polizeirevier über den in INPOL ausgeschriebenen Führungsaufsichtsbeschluss informiert und die erforderlichen Maßnahmen[579] festlegt. Dazu findet zu Beginn der Führungsaufsicht in der Regel eine Gefährderansprache statt, welche in den Fällen der Aufenthaltsüberwachung gem.

---

578 In diesem polizeilichen Informationssystem werden bundesländerübergreifend alle relevanten Daten zu Straftaten und Straftäter gesammelt. Eine ausführliche Darstellung über das System findet sich bei *Zöller* 2003, S. 139 ff.; *Lange* 2006, S. 134 ff.

579 Vgl. zu den Maßnahmen im Einzelnen unten unter *6.3.17.*

§ 68b Abs. 1 S. 1 Nr. 12 StGB obligatorisch ist. Die weiteren zu ergreifenden Maßnahmen wie etwa vermehrte Streifenfahrten oder gezielte Kontrollen nimmt die Polizei nach eigenem Ermessen vor. Werden dabei etwaige Weisungsverstöße oder Straftaten festgestellt, informiert die Polizei unverzüglich die Führungsaufsichtsstelle und den zuständigen Bewährungshelfer. Aus ermittlungstaktischen Gründen kann stattdessen auch unverzüglich die für das Ermittlungsverfahren zuständige Staatsanwaltschaft unterrichtet werden.

Eine eigene Datei zur Erfassung der FoKuS-Probanden existiert in Mecklenburg-Vorpommern nicht. Alle FoKuS-Probanden werden mit einem entsprechenden Vermerk in INPOL zur polizeilichen Beobachtung gem. § 463a Abs. 2 StPO ausgeschrieben. Eine grundsätzliche Kategorisierung der FoKuS-Probanden nach ihrer Rückfallgefahr wird in Mecklenburg-Vorpommern nicht vorgenommen.

Derzeit wird ein Positionspapier des Kriminologischen Forschungsdienstes Mecklenburg-Vorpommern und des LKA Mecklenburg-Vorpommern erarbeitet, welche eine Evaluierung von FoKuS zum Gegenstand hat.[580] Dabei soll mit Hilfe einer Akten- und Dokumentenanalyse sowie Interviews mit Praktikern und FoKuS-Probanden v. a. der Frage nachgegangen werden, wie sich die Arbeitsprozesse der beteiligten Stellen konkret auswirken. Angelegt ist das Projekt auf fünf Jahre.

6.3.2 Bayern

Bayern führte als erstes Bundesland am 1. Oktober 2006 eine entsprechende Konzeption mit dem Namen HEADS ein.[581] Zuständig ist die HEADS-Zentralstelle der bayerischen Polizei.

Erfasst werden hiervon Sexualstraftäter im Sinne von § 181b StGB, die zu einer Freiheitsstrafe von mindestens einem Jahr verurteilt wurden. Daneben werden auch Straftäter erfasst, die wegen eines Tötungsdelikts zu einer Freiheitsstrafe von mindestens zwei Jahren verurteilt wurden und das Tötungsdelikt dabei eine sexuelle Komponente oder ein unklares Motiv aufweist. Die Aufnahme der Konzeption ist dabei nicht nur an die Unterstellung unter Führungsaufsicht nach Vollverbüßung bzw. Maßregelentlassung gebunden. Auch Bewäh-

---

580 Stand: März 2013.

581 Die Konzeption ist nicht öffentlich zugänglich, sodass schriftlich bei der Zentralen Koordinierungsstelle Bewährungshilfe der Bayerischen Justiz angefragt wurde. Diese leitete die Anfrage zur Beantwortung an das zuständige Bayerische Staatsministerium des Innern weiter. Jedoch wurde die Anfrage nicht beantwortet, sodass die Darstellung im Wesentlichen auf *Kasecker* zurückgreift, vgl. *Kasecker* 2010, S. 35 ff.

rungsfälle werden erfasst, bei denen sich im Verlauf nach anfänglicher positiver Prognose ein riskanter Verlauf darstellt.[582] Die Entscheidung, ob ein Proband in die Konzeption aufgenommen wird, trifft dabei die Führungsaufsichtsstelle; d. h. die Aufnahme in die Konzeption tritt nicht kraft Gesetzes ein. Zuvor informiert die entlassende Anstalt die Staatsanwaltschaft über die Entlassung eines potentiellen HEADS-Probanden. Die Staatsanwaltschaft prüft, ob ein entsprechendes Risiko zu sehen ist und leitet die Unterlagen an die polizeiliche Zentralstelle weiter, welche wiederum die zuständige Führungsaufsichtsstelle informiert. Die abschließende Entscheidung teilt die Führungsaufsichtsstelle der polizeilichen Zentralstelle mit. Bei positiver Entscheidung informiert die Zentralstelle die zuständigen Polizeidienststellen, welche die polizeilichen Präventiv- und Überwachungsmaßnahmen festlegen.[583] Im Hinblick auf die Bewährungsfälle informiert der Bewährungshelfer im Falle einer riskanten Entwicklung einen „runden Tisch" mit dem Gericht, Vertretern der Führungsaufsichtsstelle, der Staatsanwaltschaft, der Polizei und ggf. weiteren Beteiligten an, um die Frage einer etwaigen Aufnahme zu erörtern.[584] Bei Gefahr im Verzug informiert der Bewährungshelfer direkt die zuständige Polizeiinspektion.

Die Art und Weise der polizeilichen Maßnahmen[585] richtet sich dabei nach der Gefährlichkeitseinschätzung des Probanden, welche die Zentralstelle vornimmt. Dabei werden vier Kategorien unterschieden:

- Kategorie I: herausragendes Gefahrenpotential, von einer hohen deliktstypischen Rückfallwahrscheinlichkeit ist auszugehen,
- Kategorie II: hohes Gefahrenpotential,
- Kategorie III: mittleres Gefahrenpotential und
- Kategorie IV: unteres Gefahrenpotential, Führungsaufsicht ist abgelaufen, Indikatoren für abstrakte Rückfallgefahr liegen vor.

Im Hinblick auf die relevanten Daten des einzelnen Falls erfolgt die Speicherung in der HEADS-Datenbank, welche auf einer sog. *rsCase-Software* basiert. Dabei richtet sich die Dauer der Speicherung nach der Dauer der Führungsaufsicht bzw. der Bewährung, wobei zehn Jahre nicht überschritten werden dürfen.[586] Des Weiteren erfolgt eine Ausschreibung in das polizeiliche Informationssystem INPOL zur polizeilichen Beobachtung gem. § 463 a Abs. 2 StPO.

---

582   Vgl. *Kasecker* 2010, S. 36 mit Verweis auf die Konzeption HEADS vom 27.3.2009.

583   Vgl. *Merk* 2011, S. 13.

584   Vgl. *ABB* und *ver.di* 2007.

585   Vgl. zu den Maßnahmen im Einzelnen unten unter *6.3.17.*

586   Vgl. *Kasecker* 2010, S. 39.

Auf Antrag der Zentralstelle wird in INPOL der Zusatz „HEADS" vermerkt. Außerdem werden alle relevanten Daten für eine Speicherung in ViCLAS[587] zur Verfügung gestellt, wobei das BKA in eigener Zuständigkeit prüft, ob eine Einstellung in das System erfolgt.[588]

Im Hinblick auf die Etablierung ähnlicher Konzeptionen in anderen Bundesländern kann Bayern als „Vorreiter" bezeichnet werden und viele Bundesländer nahmen die bayerische Konzeption auch zum Vorbild. Bereits 2008 wurde das Konzept evaluiert und Optimierungsvorschläge in die 2. Auflage der Konzeption eingebaut.[589]

6.3.3 Niedersachsen

Die Konzeption KURS (Konzeption zum Umgang mit rückfallgefährdeten Sexualstraftäterinnen und Sexualstraftätern) trat als Verwaltungsvorschrift in erster Fassung am 1. Oktober 2007 in Kraft.[590] Zuständig für den Verfahrensablauf in der KURS.-Datei und für die Steuerung der Informationsvermittlung ist die beim LKA eingerichtete Zentralstelle.[591] Voraussetzung für die Erfassung von der Konzeption ist die Unterstellung unter Führungsaufsicht, wenn der Proband wegen einer Straftat gegen die sexuelle Selbstbestimmung gem. §§ 174 bis 174c, 176 bis 180 und 182 StGB, wegen eines Tötungsdelikts (§§ 211, 212 StGB) mit sexuell motiviertem Hintergrund oder wegen der Begehung einer der vorgenannten Taten wegen Vollrausches (§ 323a StGB) verurteilt wurde. Des Weiteren sieht die Konzeption auch eine Erfassung von Sexualstraftätern vor, die wegen eines anderen Delikts unter Führungsaufsicht stehen. Dies geschieht in den Fällen, in denen durch diese Führungsaufsicht (also diejenige, die nicht auf Grund einer Sexualstraftat oder eines Tötungsdelikts eingetreten ist) die Führungsaufsicht auf Grund eines oben bezeichneten Sexual- bzw. Tötungsdelikts gem. § 68e Abs. 1 S. 1 Nr. 3 StGB vorzeitig endete, die Führungsaufsicht im Anschluss an den Vollzug eintritt, durch den die Führungsaufsicht wegen ei-

---

587 Bei ViCLAS handelt es sich um eine aus Nordamerika stammende Falldatenbank, in der schwere Gewaltdelikte gespeichert werden, um Rückfall-, Wiederholungs- und Serientäter ggf. zu identifizieren, vgl. dazu die Internetpräsenz des BKA unter: http:// www. bka.de/DE/ThemenABisZ/OperativeFallanalyse/Viclas/viclas__node.html?__nnn=true (27.11.2012).

588 Vgl. *Kasecker* 2010, S. 40.

589 Vgl. dazu ausführlicher *Kassecker* 2010, S. 40.

590 Die Konzeption in der Fassung vom 30.4.2010 ist online abrufbar unter http://www. recht-niedersachsen.de/21021/KURSNds.htm (22.11.2012).

591 Vgl. *Niedersächsisches Ministerium für Inneres und Sport, Niedersächsisches Justizministerium, Niedersächsisches Ministerium für Soziales, Frauen, Familie und Gesundheit* 2010, unter 6.1.

nes oben bezeichneten Delikts gem. § 68e Abs. 1 S. 1 Nr. 1 oder 2 StGB endete oder in den Fällen des § 68f Abs. 1 S. 1 Alt. 1 StGB im Zusammenhang mit der vollständig verbüßten Freiheitsstrafe auch eine Freiheitsstrafe wegen eines bezeichneten Delikts vollstreckt wurde.

Das Verfahren ist so gestaltet, dass sechs Monate vor der Entlassung eines Straftäters, der in den Anwendungsbereich der KURS-Konzeption fällt, durch die entlassende Anstalt um eine Risikoeinschätzung der zuständigen Stelle gebeten. Dabei erfolgen die Begutachtungen beim Vollzug einer Freiheitsstrafe, einer Jugendstrafe oder einer Sicherungsverwahrung durch die jeweilige Jugendanstalt, die Justizvollzugsanstalt in Vechta für die in ihrem Zuständigkeitsbereich untergebrachten Jungtäter und im Übrigen durch das Prognosezentrum im niedersächsischen Justizvollzug. Dabei werden die Probanden in die Kategorien A (akut rückfallgefährdet), B (latent rückfallgefährdet) und C (alle, die weder unter die Kategorie A noch B fallen) eingeordnet. Diese Einstufung wird vier Monate vor der Entlassung an die zuständige Staatsanwaltschaft als Vollstreckungsbehörde übermittelt. Diese prüft, ob der Proband in den Anwendungsbereich der Konzeption fällt und leitet die Dokumente in den Fällen der Entlassung aus dem Justizvollzug spätestens drei Monate vor Entlassung der Zentralstelle KURS weiter.[592] Diese wiederum informiert die zuständigen Polizeibehörden und berät diese im Hinblick auf die zu ergreifenden Maßnahmen.[593]

Die Speicherung der Daten erfolgt für die Dauer der Führungsaufsicht in einer eigens eingerichteten KURS-Datenbank.[594] Auch in Niedersachsen werden alle KURS-Probanden zur polizeilichen Beobachtung in INPOL ausgeschrieben[595] und ggf. mit dem Zusatz „SEXT" (Sexualstraftäter oder Sexualstraftäterin") versehen. Die Entscheidung über die Aufnahme in ViCLAS prüft wiederum das BKA in eigener Zuständigkeit.

---

592 Für die Fälle des Maßregelvollzugs nennt die Konzeption keine Frist.

593 Vgl. zu den Maßnahmen im Einzelnen unten unter *6.3.17.*

594 Zusätzlich wird in der Zentralstelle für jeden KURS-Probanden eine Akte mit u. a. folgenden Angaben angelegt: die Anlasstat/-taten, die Biografie, Therapiemaßnahmen/Verhalten während der Haftzeit, Faktoren, die eine Rückfallgefahr begründen, stabilisierende Faktoren, die Kategorisierung, die Weisungen der Führungsaufsicht, die Wohnanschrift, Faktoren für die Einschätzung der Gefahrenlage, sonstige Erkenntnisse der Vollzugsbehörden, Staatsanwaltschaften und Führungsaufsichtsstellen und polizeiliche Erkenntnisse, vgl. *Niedersächsisches Ministerium für Inneres und Sport, Niedersächsisches Justizministerium, Niedersächsisches Ministerium für Soziales, Frauen, Familie und Gesundheit* 2010, unter 6.1

595 Vgl. *Kasecker* 2010, S. 60 f.

6.3.4 Sachsen-Anhalt

Die Konzeption „Maßnahmen zur Verbesserung des Schutzes der Bevölkerung vor Straftaten von haftentlassenen rückfallgefährdeten Sexualstraftätern" wurde am 19. März 2008 erlassen und trat am 21. April 2008 in Kraft. Von dem Anwendungsbereich[596] erfasst werden dabei Straftäter, die wegen einer Sexualstraftat im Sinne des § 181b StGB oder wegen eines Verbrechens gem. § 12 StGB mit sexuellem Hintergrund eine Freiheitsstrafe verbüßen, deren Entlassung aus dem Vollzug bevorsteht und bei denen Führungsaufsicht kraft Gesetzes eingetreten ist bzw. Führungsaufsicht angeordnet wurde oder die bereits aus dem Strafvollzug entlassen worden sind und unter Führungsaufsicht stehen. Des Weiteren werden Straftäter erfasst, an denen freiheitsentziehende Maßregeln der Besserung und Sicherung vollzogen werden oder wurden.

Im Hinblick auf das Verfahren stellt der Runderlass erstmal die allgemeine Vorgehensweise der beteiligten Stellen (Vollzugseinrichtung, Soziale Dienste der Justiz, Vollstreckungsbehörden und Führungsaufsichtsstelle) im Hinblick auf den Eintritt einer Führungsaufsicht dar. In Bezug auf die konkreten Überwachungsmaßnahmen der von dem Anwendungsbereich der Konzeption erfassten Täter, wird in diesem Zusammenhang seitens der Führungsaufsichtsstelle geprüft, ob die entsprechenden Voraussetzungen vorliegen und der Täter zur polizeilichen Beobachtung gem. § 463a Abs. 2 StPO ausgeschrieben werden soll. Ggf. übersendet die Aufsichtsstelle den entsprechenden Antrag an das LKA. Dieses veranlasst dann eine entsprechende Ausschreibung und informiert die zuständige Polizeidirektion und das zuständige Polizeirevier. Von der Polizeidirektion und dem Polizeirevier wird dann jeweils ein Verantwortlicher bestimmt, der als Ansprechpartner fungiert. Im Übrigen richten sich die zu ergreifenden Maßnahmen zur Abwehr von Gefahren für die öffentliche Sicherheit und Ordnung nach dem Polizeigesetz des Landes. Sämtliche Dokumentation – insbesondere alle angeordneten und durchgeführten Maßnahmen, festgestellte Verstöße gegen Weisungen im Rahmen der Führungsaufsicht sowie Mitteilungen an die Führungsaufsichtsstelle – obliegt der Polizeidirektion.

Hinsichtlich der Speicherung der jeweiligen Daten eines Probanden existiert keine eigene Datei, stattdessen formuliert der Erlass, dass jene Daten vom LKA in den entsprechenden Dateien des Informationssystems der Polizei gespeichert werden.[597] Im Hinblick auf Löschungsfristen im Bezug auf die Daten macht die Konzeption keine Angaben. Die Probanden werden außerdem nicht nach ihrer

---

596 Vgl. *Sachsen-Anhaltisches Ministerium des Innern, Sachsen-Anhaltisches Ministerium für Justiz, Sachsen-Anhaltisches Ministerium für Soziales und Arbeit* 2008, unter 2.

597 Vgl. *Sachsen-Anhaltisches Ministerium des Innern, Sachsen-Anhaltisches Ministerium für Justiz, Sachsen-Anhaltisches Ministerium für Soziales und Arbeit* 2008, unter 4.1.

Rückfallwahrscheinlichkeit kategorisiert. Eine Meldung in ViCLAS erfolgt wiederum nach Einschätzung des BKA.[598]

Als Besonderheiten werden in der Konzeption Sachsen-Anhalts Berichtspflichten auferlegt. So sind die Führungsaufsichtsstelle und die Polizeibehörden verpflichtet dem Innenministerium des Landes jährlich bis zum 31. Januar über die Umsetzung des Erlasses zu berichten.[599]

6.3.5 Hessen

In Hessen trägt das Konzept den Namen ARGUS (Arbeitsdatei rückfallgefährdeter Sexualstraftäter und Sicherheitsmanagement) und trat am 25. April 2008 in Kraft.[600]

Von der Konzeption erfasst werden unter Führungsaufsicht stehende Vollverbüßer, die wegen einer Sexualstraftat (gem. §§ 174 ff. StGB) oder eines Tötungsdelikts mit sexueller oder unklarer Motivlage verurteilt worden sind und bei denen von einer erhöhten Rückfallgefahr auszugehen ist.[601] Daneben werden auch Bewährungsversager oder Probanden aus dem Maßregelvollzug erfasst, deren anfänglich positive Prognose sich verschlechtert und deswegen ebenfalls von einem erhöhten Rückfallrisiko auszugehen ist.[602]

Was die konkrete Umsetzung des Konzepts angeht,[603] so informiert die Justizvollzugsanstalt ca. sechs Monate vor Entlassung eines vom Anwendungsbereich der Konzeption erfassten Straftäters die Staatsanwaltschaft über dessen Prognose. Dazu erstellt die Anstalt ein Gutachten und die Staatsanwaltschaft beurteilt danach, ob es sich um einen Risikoprobanden handelt, der in das Überwachungskonzept aufgenommen werden soll. Wird der Verurteilte als Risikoproband eingestuft, so wird drei Monate vor Entlassung die Zentralstelle „ZÜRS" beim LKA informiert, welche den Probanden nach einer Risikobewertung einer von drei Kategorien zuordnet. Dabei werden der Kategorie 1 diejenigen Probanden zugeordnet, bei denen von einem höchsten Gefahrenpotential ausgegangen wird, der Kategorie 2 werden diejenigen mit einem erhöhten zugeordnet und in die Kategorie 3 diejenigen mit einem mittleren Gefahrenpotential. Die Zentralstelle schließt die Kategorisierung mit einem Maßnahmenvorschlag für die zu-

---

598 Vgl. *Kasecker* 2010, S. 71.

599 Vgl. *Sachsen-Anhaltisches Ministerium des Innern, Sachsen-Anhaltisches Ministerium für Justiz, Sachsen-Anhaltisches Ministerium für Soziales und Arbeit* 2008, unter 7.

600 Vgl. *Hessisches Ministerium der Justiz, Hessisches Ministerium für Soziales, Hessisches Ministerium des Innern* 2008.

601 Vgl. *Koch-Arzberger/Bott/Kerner u. a.* 2011, S. 24.

602 Vgl. *Koch-Arzberger/Bott/Kerner u. a.* 2011, S. 24.

603 Vgl. dazu ausführlich *Kasecker* 2010, S. 54 ff. und *Koch-Arzberger/Bott/Kerner u. a.* 2011, S. 24 ff.

ständige Polizeibehörde ab.[604] Die konkreten polizeirechtlichen Maßnahmen[605] liegen wiederum im Ermessen der Polizei und werden von ihr dokumentiert.

Im Hinblick auf die Betreuung der von ARGUS erfassten Probanden existiert in Hessen mit dem Sicherheitsmanagement, welches an den neun Landgerichten angesiedelt ist, eine Besonderheit. Dieses nimmt die Aufgaben der Bewährungshilfe in den Fällen der §§ 56d, 68a StGB und § 21 JGG wahr, wenn der maßgeblichen Verurteilung ein Sexualdelikt zu Grunde liegt.[606] Konkret bedeutet dies, dass sich speziell geschulte Bewährungshelfer den Probanden annehmen, wobei ein Bewährungshelfer im Durchschnitt 25 solcher Straftäter betreut.[607]

In Hessen werden die relevanten Daten in einer eigenen Datei, der sog. *ARS-Datenbank* gespeichert. Dabei entspricht die Dauer der Speicherung der Dauer der Führungs- bzw. Bewährungsaufsicht.[608] Auch in Hessen erfolgt eine Erfassung in ViCLAS nach Einschätzung des BKA und sämtliche von ARGUS erfassten Probanden werden zur polizeilichen Beobachtung in INPOL ausgeschrieben.[609]

6.3.6 Brandenburg

In Anlehnung an die bayerische Konzeption nennt Brandenburg seine Konzeption vom 1. Juli 2008 ebenfalls HEADS.[610]

Erfasst werden danach Vollverbüßer, die wegen einer Tat im Sinne des § 181b StGB oder eines vorsätzlichen Tötungsdelikts mit sexueller Motivation oder unklarem Motiv verurteilt wurden und unter Führungsaufsicht stehen. Des Weiteren werden auch Straftäter erfasst, die wegen der Begehung einer oben genannten Straftat in einer Entziehungsanstalt gem. § 64 StGB untergebracht wurden und bei denen keine positive Prognose gestellt werden kann. Neben den Führungsaufsichtsprobanden gehören zusätzlich auch „normale" Bewährungsfälle, bei denen sich trotz anfänglich positiver Prognose eine negative Entwicklung zeigt, zur Zielgruppe. Insofern deckt sich die Zielgruppe mit derjenigen in Bayern.

---

604 Vgl. *Koch-Arzberger/Bott/Kerner* u. a. 2011, S. 25.

605 Vgl. zu den Maßnahmen im Einzelnen unten unter *6.3.17.*

606 Vgl. *Koch-Arzberger/Bott/Kerner* u. a. 2011, S. 25.

607 Vgl. *Koch-Arzberger/Bott/Kerner* u. a. 2011, S. 24.

608 Vgl. *Kasecker* 2010, S. 56.

609 Vgl. *Kasecker* 2010, S. 56.

610 Vgl. *Brandenburgisches Ministerium der Justiz, Brandenburgisches Ministerium des Innern* 2008.

Steht die Entlassung eines potentiellen HEADS-Probanden an, informiert die entlassende Anstalt die Vollstreckungsbehörde darüber und gibt eine begründete Einschätzung ab, ob der Verurteilte ein HEADS-Proband ist oder nicht. Dazu leitet die Vollstreckungsbehörde mindestens drei Monate vor Entlassung die relevanten Informationen an die Zentralstelle weiter. Bei im Maßregelvollzug untergebrachten potentiellen HEADS-Probanden erfolgt die entsprechende Mitteilung der Vollstreckungsbehörde spätestens mit ihrer Stellungnahme gegenüber dem Gericht. Die Zentralstelle HEADS beim LKA entscheidet dann unter Berücksichtigung dieser Einschätzung und derjenigen der Führungsaufsichtsstelle, ob der Proband als HEADS-Proband erfasst werden soll. Im Hinblick auf die Bewährungsfälle leitet der Bewährungshelfer das Verfahren ein, indem er eine entsprechende Einschätzung an das Gericht sendet. Die endgültige Entscheidung obliegt wiederum in allen Fällen der Zentralstelle HEADS beim LKA. Als Entscheidungshilfe nennt die Konzeption Kriterien zur Beurteilung der Gefährlichkeit sowie des Rückfallrisikos.[611] Nach der Aufnahme eines Probanden informiert die Zentralstelle die zuständigen Polizeipräsidien, welche über die weiteren Maßnahmen der Gefahrenabwehr entscheiden. Darüber hinaus nennen sie einen Ansprechpartner. Eine Kategorisierung der Probanden sieht die Konzeption nicht vor.

Die Speicherung der Daten erfolgt in Brandenburg in einer eigenen HEADS-Datei. Die Ausschreibung zur polizeilichen Beobachtung in INPOL erfolgt nicht obligatorisch, wird jedoch seitens der Zentralstelle angeregt.[612] Eine Erfassung in ViCLAS erfolgt ggf. nach Einschätzung des BKA.

Das HEADS-Konzept Brandenburg wurde parallel mit Inkrafttreten über ein Jahr evaluiert. Die Evaluation ist jedoch nicht zugänglich.[613]

6.3.7 Sachsen

Sachsen stützt seine Konzeption auf die Verwaltungsvorschrift Vw ISIS (Gemeinsame Verwaltungsvorschrift des Innern, des Sächsischen Staatsministeriums der Justiz und des Sächsischen Staatsministeriums für Soziales zur Errichtung eines Informationssystems zur Intensivüberwachung besonders rückfallgefährdeter Sexualstraftäter) vom 27. Juni 2008.[614] Sie trat am 1. September 2008 in Kraft.

---

611 *Brandenburgisches Ministerium der Justiz, Brandenburgisches Ministerium des Innern* 2008, unter Anlage 1.

612 Vgl. *Kasecker* 2010, S. 46.

613 Vgl. *Kasecker* 2010, S. 46.

614 Vgl. *Sächsisches Staatsministerium des Innern, Sächsisches Staatsministerium der Justiz, Sächsisches Staatsministerium für Soziales* 2008.

Die Verwaltungsvorschrift nennt als in Frage kommende intensiv zu überwachende Personen solche, die zu einer Freiheitsstrafe verurteilt worden sind oder deren Unterbringung angeordnet wurde wegen einer in § 181b StGB genannten Straftat, wegen eines Verbrechens gem. §§ 211, 212 StGB mit sexuellem Bezug oder wegen eines Vergehens gem. § 323a StGB, wenn im Rausche eine rechtswidrige oben genannte Tat begangen wurde. Des Weiteren ist Voraussetzung, dass die Person deswegen unter Führungsaufsicht oder unter Bewährung steht, wenn nach Rechtskraft der Aussetzungsentscheidung auf Grund einer negativen Entwicklung die Sorge besteht, dass sie erneut Straftaten gegen die sexuelle Selbstbestimmung begehen wird.[615]

Die Zentralstelle ISIS ist anders als in den meisten anderen Bundesländern nicht beim LKA angesiedelt, sondern bei der Generalstaatsanwaltschaft. Allerdings befindet sich beim LKA die sog. *operative Stelle ISIS*. Insofern existieren in Sachsen zwei Zentralstellen. Der Stelle bei der Generalstaatsanwaltschaft obliegt dabei die Entscheidung, ob der jeweilige Proband in die Intensivüberwachung aufgenommen wird. Sie sammelt ggf. die für eine solche Überwachung erforderlichen Informationen. Des Weiteren erstellt sie auf Grundlage der gesammelten Informationen einen Auswertungsbericht, der an die operative Stelle übermittelt wird. Diese leitet daraufhin die Intensivüberwachung ein. Dabei veranlasst sie u. a., dass der Proband im Polizeilichen Auskunftssystem Sachsen (PASS) gekennzeichnet, in INPOL ausgeschrieben und ggf. in ViCLAS nach Einschätzung des BKA nacherfasst wird. Eine eigens für ISIS-Fälle angelegte Datei existiert in Sachsen nicht. Des Weiterem obliegt der operativen Stelle die Information der zuständigen Polizeibehörden.[616]

Was den Verfahrensablauf angeht,[617] so informiert die entlassende Anstalt die zuständige Vollstreckungsbehörde über die Entlassung eines Probanden, der zur Zielgruppe der Konzeption gehört. Diese Mitteilung ist mit einer begründeten Einschätzung zu versehen, ob der Entlassene die Voraussetzungen für eine Aufnahme erfüllt. Die Vollstreckungsbehörde prüft daraufhin noch einmal, ob die Voraussetzungen für eine Aufnahme in ISIS vorliegen und leitet ihre Einschätzung an die Zentralstelle ISIS beim Generalstaatsanwalt weiter. In den Bewährungshilfefällen leitet der jeweils zuständige Bewährungshelfer das Verfahren zu einer etwaigen Aufnahme in ISIS ein, indem er eine entsprechende Einschätzung auf Grund einer negativen Entwicklung des Probanden an die zu-

---

615 Vgl. *Sächsisches Staatsministerium des Innern, Sächsisches Staatsministerium der Justiz, Sächsisches Staatsministerium für Soziales* 2008, unter II. 1.

616 Zu sämtlichen Aufgaben der Zentralstelle ISIS bei der Generalstaatsanwaltschaft bzw. der operativen Stelle ISIS beim LKA, vgl. *Sächsisches Staatsministerium des Innern, Sächsisches Staatsministerium der Justiz, Sächsisches Staatsministerium für Soziales* 2008, unter III. und VI.

617 Vgl. *Sächsisches Staatsministerium des Innern, Sächsisches Staatsministerium der Justiz, Sächsisches Staatsministerium für Soziales* 2008, unter V. 1.

ständige Vollstreckungsbehörde weiterleitet. Diese leitet ihre Einschätzung wiederum an die Zentralstelle ISIS weiter. Die Entscheidung einer tatsächlichen Aufnahme trifft also in jedem Fall die Zentralstelle. Eine Kategorisierung der Probanden nach Maßgabe des Rückfallrisikos erfolgt nicht. Die Dauer der Intensivüberwachung ist wiederum auf die Dauer der Führungsaufsicht bzw. Bewährung beschränkt.

6.3.8 Bremen

Auch Bremen nennt seine am 30. September 2008 in Kraft getretene Konzeption HEADS.[618]

Im Hinblick auf die Zielgruppe der Konzeption kann auf die HEADS-Konzeptionen von Bayern bzw. Brandenburg verwiesen werden, da Bremen insoweit nicht abweicht. Anders als in Brandenburg findet jedoch eine Kategorisierung der HEADS-Probanden im Hinblick auf die jeweilige Rückfallgefahr statt. Zuständig für die Einstufung ist dabei die entlassende Vollzugsbehörde.[619] Dabei erfolgt die Einstufung in die Kategorien A (akut rückfallgefährdet), B (latent rückfallgefährdet) und C (diejenigen, die nicht unter die Kategorien A oder B fallen, aber dennoch Rückfallpotential besitzen).[620]

Der Verfahrensablauf ist detailliert unter 4 der Konzeption zu finden[621] und ist an denjenigen in Brandenburg angelehnt. Insofern kann auf diesen verwiesen werden. So wie in Brandenburg obliegt die Entscheidung, ob ein Proband von der Konzeption HEADS erfasst werden soll, der Zentralstelle beim LKA. Auch die konkreten Maßnahmen erfolgen in Bremen durch die zuständigen Polizeibehörden, nachdem diese von der Zentralstelle informiert wurden. Die Beurteilung erforderlicher polizeilicher Maßnahmen[622] richtet sich dabei nach der Eintei-

---

618 Vgl. *Bremer Senat für Inneres und Sport, Bremer Senat für Justiz und Verfassung, Bremer Senat für Arbeit, Frauen, Gesundheit, Jugend und Soziales* 2008.

619 Vgl. *Bremer Senat für Inneres und Sport, Bremer Senat für Justiz und Verfassung, Bremer Senat für Arbeit, Frauen, Gesundheit, Jugend und Soziales,* unter 3.2. Tatsächlich wird die Kategorisierung jedoch wohl von den Beamten der Zentralstelle HEADS Bremen vorgenommen, obwohl diese in den meisten Fällen nicht entsprechend geschult sind, vgl. *Kasecker* 2010, S. 50.

620 Vgl. *Bremer Senat für Inneres und Sport, Bremer Senat für Justiz und Verfassung, Bremer Senat für Arbeit, Frauen, Gesundheit, Jugend und Soziales* 2008, unter Anlage 1.

621 Vgl. *Bremer Senat für Inneres und Sport, Bremer Senat für Justiz und Verfassung, Bremer Senat für Arbeit, Frauen, Gesundheit, Jugend und Soziales* 2008, unter 4.

622 Vgl. zu den Maßnahmen im Einzelnen unten unter *6.3.17.*

lung in die entsprechenden Kategorien.[623] Hier unterscheidet sich die Konzeption HEADS Bremen von der Konzeption HEADS Brandenburg. Die Speicherung der Daten erfolgt durch die Zentralstelle in einer eigenen HEADS-Datenbank. Eine Ausschreibung zur polizeilichen Beobachtung in INPOL erfolgt nur in den wenigsten Fällen, auch wenn die Beobachtung bei jedem HEADS-Probanden von der Zentralstelle angeregt wird.[624] Eine Einstellung in ViCLAS erfolgt nach dortiger Einschätzung.[625]

6.3.9 Schleswig-Holstein

Schleswig-Holstein erließ sein Konzept KSKS (Kieler Sicherheitskonzept Sexualstraftäter) am 26. September 2008 als gemeinsame Allgemeinverfügung des Ministeriums für Justiz, Arbeit, und Europa, des Innenministeriums für Soziales, Gesundheit, Familie, Jugend und Senioren.[626] Es trat am 1. Oktober 2008 in Kraft.

Als Zielgruppe nennt das Kieler Konzept zum einen Sexualstraftäter, die wegen einer Straftat gegen die sexuelle Selbstbestimmung nach den §§ 174 bis 174c, 176 bis 180 und 182 StGB oder eines Tötungsdelikts (§§ 211, 212 StGB) mit sexuell motiviertem Hintergrund oder wegen Begehung einer der vorgenannten Taten wegen Vollrauschs (§ 323a StGB) verurteilt worden sind und deshalb unter Führungsaufsicht stehen. Daneben werden auch Bewährungshilfefälle erfasst, deren Verurteilung eine der genannten Taten zu Grunde liegt und bei denen sich insbesondere nachträglich herausstellt, dass eine ursprünglich vorgelegene positive Sozialprognose nicht mehr angenommen werden kann. Darüber hinaus werden auch diejenigen Straftäter erfasst, welche auf Grund einer oben genannten Straftat eine Haftstrafe voll verbüßt haben bzw. deren Maßregel für erledigt erklärt wurde, und die nicht der Führungsaufsicht unterstellt sind und damit grundsätzlich keiner justiziellen Kontrolle unterliegen.

In Schleswig-Holstein findet eine Kategorisierung nach der jeweiligen Rückfallgefahr statt, welche von der entlassenden Einrichtung vorgenommen und der Staatsanwaltschaft spätestens drei Monate vor Entlassung bzw. in Maß-

---

623 In der Anlage 3 zu der Konzeption HEADS Bremen findet sich ein nicht abschließender Maßnahmenkatalog der Polizeibehörden. Vgl. zu den Maßnahmen im Einzelnen unten unter *6.3.17.*

624 Vgl. *Kasecker* 2010, S. 50.

625 Vgl. *Kasecker* 2010, S. 50.

626 Vgl. *Schleswig-Holsteinisches Ministerium für Justiz, Arbeit und Europa, Schleswig-Holsteinisches Ministerium des Innern, Schleswig-Holsteinisches Ministerium für Soziales, Gesundheit, Familie, Jugend und Senioren* 2008.

regelfällen unverzüglich zugesandt wird.[627] Dabei werden die Kategorien A (es liegen keine rückfallrisikomindernde Bedingungen vor), B (rückfallrisikomindernde Bedingungen liegen vor) und C (Straftäter, die nicht unter die Kategorien A oder B fallen) unterschieden. Die jeweilige Prognose sowie das zu Grunde liegende Urteil, ggf. vorliegende Gutachten, ggf. der Antrag der Vollstreckungsbehörde an die Strafvollstreckungskammer mit den beantragten Weisungen zur Führungsaufsicht und ein Auszug aus dem Bundeszentralregister werden durch die Vollstreckungsbehörde an die KSKS-Zentralstelle beim LKA weitergeleitet. Gleichzeitig sendet die Staatsanwaltschaft gem. § 54a Abs. 2 StrafvollstreckungsO ihre Stellungnahme zur Vorbereitung der Führungsaufsicht an die zuständige Strafvollstreckungskammer. Der Zentralstelle KSKS beim LKA überwacht die gesamte Steuerung der relevanten Informationen, koordiniert im Einvernehmen mit den zuständigen Polizeibehörden die notwendigen Maßnahmen und steuert ggf. den Informationsaustausch mit anderen Ländern.[628] Im Hinblick auf die konkreten polizeilichen Maßnahmen[629] übersendet die Zentralstelle Maßnahmenempfehlungen an die Polizei.

Im Hinblick auf die Datenspeicherung existiert in Schleswig-Holstein keine eigene Datenbank. Im INPOL-Bestand erfolgt ein entsprechender Vermerk und der Führungsaufsichtsbeschluss wird eingestellt. Eine Einstellung in ViCLAS erfolgt nach eigener Beurteilung und die Ausschreibung zur polizeilichen Beobachtung gem. § 463a Abs. 2 StGB wird durch die Führungsaufsichtsstelle im Einzelfall geprüft.

6.3.10   Rheinland-Pfalz

Rheinland-Pfalz nennt sein Konzept VISIER (Vorbeugendes Informationsaustauschsystem zum Schutz vor inhaftierten und entlassenen Rückfalltätern, Rheinland-Pfalz). Es trat am 17. Dezember 2008 in Kraft.

Im Hinblick auf den erfassten Personenkreis nimmt Rheinland-Pfalz eine Kategorisierung in die Zielgruppen 1 A und B sowie 2 A und B vor. Straftäter, über die die Polizei Informationen benötigt, werden dabei in die Zielgruppe 1 eingeteilt und Straftäter, über die die Justiz Informationen benötigt, in die Kategorie 2. Die Kategorisierung erfolgt dabei durch alle beteiligten Einrichtungen

---

627 Die Konzeption nennt hierzu unter III. 4. c) relevante Kriterien für die Bewertung der Gefährlichkeit. Diese sind bspw. die Art und Schwere der begangenen Tat, das etwaige Vorhandensein von psychischen Störungen, Aggressionspotenzial und das Nachtatverhalten.

628 Vgl. *Schleswig-Holsteinisches Ministerium für Justiz, Arbeit und Europa, Schleswig-Holsteinisches Ministerium des Innern, Schleswig-Holsteinisches Ministerium für Soziales, Gesundheit, Familie, Jugend und Senioren* 2008, unter V.

629 Vgl. zu den Maßnahmen im Einzelnen unten unter *6.3.17.*

auf Seiten der Justiz bzw. des Maßregelvollzugs. Einen Überblick gibt folgende *Tabelle 19*:[630]

Tabelle 19: Zielgruppen

	Zielgruppe 1	Zielgruppe 2
A-Fälle: Bestimmte im Strafvollzug oder in der Unterbringung befindliche Personen,	deren Entlassung trotz Gefährlichkeit bevorsteht.	bei denen die Anordnung einer bislang vorbehaltenen oder einer nachträglichen Sicherungsverwahrung in Betracht kommt.
B-Fälle: Bestimmte in Freiheit befindliche Personen,	deren Gefährlichkeit sich während der Bewährungs- bzw. Führungsaufsicht ergibt.	deren Gefährdungspotenzial durch bestimmte risikomindernde Maßnahmen im Rahmen der Führungsaufsicht begegnet wird.

Konkret fallen unter die Zielgruppe 1 A Personen, die wegen einer schwerwiegenden rechtswidrigen Tat derzeit noch Freiheitsstrafe verbüßen oder in einer Maßregel der Besserung und Sicherung untergebracht sind, deren Entlassung jedoch trotz ungünstiger Gefährlichkeitsprognose zu erwarten ist (d. h. dass die Entlassung weder vorzeitig bedingt erfolgt noch auf der Erledigung einer Unterbringung wegen positiver Prognose beruht) und bei denen auf Grund einer Gesamtwürdigung ihrer Persönlichkeit, ihrer Taten und ihres Verhaltens nach der Tat sowie ihrer Entwicklung während des Vollzugs die Besorgnis besteht, dass sie nach ihrer Entlassung weitere solche Taten begehen werden.[631] Unter die Zielgruppe 1 B fallen Personen, die wegen einer schwerwiegenden rechtswidrigen Tat verurteilt worden sind, unter Bewährung und/oder Führungsaufsicht ste-

---

630 Vgl. *Rheinland-Pfälzisches Ministerium des Innern und für Sport, Rheinland-Pfälzisches Ministerium der Justiz, Rheinland-Pfälzisches Ministerium für Arbeit, Soziales, Gesundheit, Familie und Frauen* 2008, unter 2.1.

631 Vgl. *Rheinland-Pfälzisches Ministerium des Innern und für Sport, Rheinland-Pfälzisches Ministerium der Justiz, Rheinland-Pfälzisches Ministerium für Arbeit, Soziales, Gesundheit, Familie und Frauen* 2008, unter 2.2.1.

hen und sich nachträglich die Gefahr ergibt, dass sie weitere solche Taten begehen werden.[632] Während die Zielgruppe 2 A, wie aus der *Tabelle 19* ersichtlich, Straftäter erfasst, bei denen eine Sicherungsverwahrung im Raum steht, erfasst die Gruppe 2 B Führungsaufsichtsprobanden, die auf Grund einer schwerwiegenden rechtswidrigen Tat verurteilt worden sind, bestimmte risikomindernde Weisungen zu befolgen haben und zur polizeilichen Beobachtung ausgeschrieben sind. Unter schwerwiegenden rechtswidrigen Taten fasst die Konzeption:

- Verbrechen gegen das Leben, die körperliche Unversehrtheit, die persönliche Freiheit oder die sexuelle Selbstbestimmung,
- Verbrechen nach §§ 250, 251 StGB auch i. V. m. den §§ 252, 255 StGB,
- gemeingefährliche Verbrechen,
- Vergehen nach den §§ 174 bis 174c, 176, 179 Abs. 1-4, 180, 182, 224, 238 Abs. 2 StGB,
- Vergehen nach § 323a StGB, soweit die im Rausch begangene Tat eine der hier vorgenannten Taten ist.

Insofern erfasst das Konzept nicht nur Führungsaufsichts-, sondern auch Bewährungsfälle und es erstreckt den Anwendungsbereich außerdem nicht nur auf Sexualstraftaten. Im Vergleich zu den anderen Konzepten hat das rheinland-pfälzische damit den weitesten Anwendungsbereich.

Das jeweilige Verfahren wird in der Konzeption entsprechend der jeweiligen Zielgruppen detailliert festgelegt, wobei der Informationsfluss in den A-Fällen grundsätzlich folgender Informationskette folgt: Vollzugsbehörden – Staatsanwaltschaften – Justizielle Kontaktstelle – Polizeiliche Kontaktstelle – Polizeipräsidium – Polizeiinspektion. In den B-Fällen werden die Informationen von den Führungsaufsichtsstellen an das LKA übermittelt.

Die Koordination sowie die Informationssammlung und –steuerung obliegt der Zentralstelle des LKA.[633] Dabei nimmt sie in den Fällen der Zielgruppe 1 A und in den B-Fällen eine Gefährderbewertung vor, welche von den zuständigen Polizeibehörden im Hinblick auf die konkreten Maßnahmen berücksichtig wird. Diese Maßnahmen werden dabei von Ansprechpartnern der Polizeibehörden ko-

---

632 Vgl. *Rheinland-Pfälzisches Ministerium des Innern und für Sport, Rheinland-Pfälzisches Ministerium der Justiz, Rheinland-Pfälzisches Ministerium für Arbeit, Soziales, Gesundheit, Familie und Frauen* 2008, unter 2.2.2.

633 Vgl. *Rheinland-Pfälzisches Ministerium des Innern und für Sport, Rheinland-Pfälzisches Ministerium der Justiz, Rheinland-Pfälzisches Ministerium für Arbeit, Soziales, Gesundheit, Familie und Frauen* 2008, unter 5.2.1.

ordiniert und veranlasst. Des Weiteren führt die Zentralstelle die Datenbank KRISTAL, um die Informationen zu verarbeiten. In jedem Fall erfolgt eine Ausschreibung zur polizeilichen Beobachtung gem. § 463a Abs. 2 StGB in INPOL mit dem entsprechenden Vermerk, dass es sich um einen VISIER-Probanden handelt.

6.3.11 Nordrhein-Westfalen

Nordrhein-Westfalen orientierte sich bei der Schaffung einer entsprechenden Konzeption an dem Konzept KURS in Niedersachsen und gab seiner Konzeption ebenfalls diesen Namen. Am 13. Januar 2010 wurde ein entsprechender Runderlass durch das Landesjustizministerium und das Landesministerium für Arbeit, Integration und Soziales erlassen.

Die Konzeption erfasst Straftäter, die kraft gerichtlicher Anordnung (§ 68 Abs. 1 StGB) oder kraft Gesetzes (§ 68f StGB) unter Führungsaufsicht stehen und wegen Straftaten gegen die sexuelle Selbstbestimmung (§§ 174 bis 174c, 176 bis 180 und 182 StGB), wegen eines Tötungsdelikts (§§ 212, 211 StGB) mit sexueller Motivation, auch wenn diese erst nach der Verurteilung erkennbar geworden ist, oder wegen Begehung einer der genannten Vortaten wegen vorsätzlichen Vollrausches (§ 323a StGB) verurteilt wurden. Außerdem werden die wegen einer der aufgeführten Taten zu einer Maßregel Verurteilten erfasst, die gem. § 67b Abs. 2, § 67c oder § 67d Abs. 2 bis 6 StGB unter Führungsaufsicht stehen.

In Nordrhein-Westfalen findet eine Kategorisierung nach der Gefährlichkeit in die Gruppen A (hohe Gefährlichkeit, es liegen wenige das Rückfallrisiko mindernde Bedingungen vor), B (hohe Gefährlichkeit, es liegen das Rückfallrisiko mindernde Bedingungen vor) und C (Straftäter, die nicht unter die Kategorien A oder B fallen, aber dennoch Rückfallpotential besitzen) statt und wird erstmalig von der entlassenden Einrichtung vorgenommen. Eine spätere Neueinstufung kann ggf. im Rahmen einer Fallkonferenz der beteiligten Stellen bestimmt werden.[634] Steht die Entlassung eines KURS-Probanden an, leitet die entlassende Anstalt spätestens vier Monate vor Entlassung der zuständigen Vollstreckungsbehörde aussagekräftige Unterlagen zu. Diese wiederum unterrichtet spätestens drei Monate vor der Entlassung die Führungsaufsichtsstelle und das LKA. Die Zentralstelle KURS im LKA sammelt die fallrelevanten Informationen und koordiniert die erforderlichen Maßnahmen. Diese werden von den zuständigen Polizeibehörden vorgenommen, wobei diese dem LKA, der Führungsaufsichtsstelle und der forensischen Ambulanz einen Ansprechpartner nennen.

---

634 Vgl. *Nordrhein-Westfälisches Ministerium der Justiz, Nordrhein-Westfälisches Ministerium für Arbeit, Integration und Soziales* 2010, unter 3.d).

Im Hinblick auf die elektronische Erfassung entsprechender Informationen berücksichtigt die Zentralstelle ihr selbst zugängliche Informationen aus polizeilichen Datensammlungen. Konkreter wird die Konzeption an dieser Stelle nicht. Auch, ob eine polizeiliche Beobachtung nach Maßgabe des § 463a Abs. 2 StPO stattfindet, lässt sich der Konzeption nicht entnehmen.

6.3.12   Baden-Württemberg

Auch Baden-Württemberg nennt seine Konzeption vom 9. März 2010 KURS. Sie trat am 1. April 2010 in Kraft.

Die Konzeption definiert die zu überwachende Zielgruppe als Personen, die sich wegen einer der in § 181b StGB genannten Straftat gegen die sexuelle Selbstbestimmung mit Ausnahme des § 181a StGB, wegen eines Tötungsdelikts, bei dem Anhaltspunkte für einen sexuellen Hintergrund vorliegen oder wegen eines Vollrauschs (§ 323a StGB), der als Rauschtat eines der genannten Delikte zum Gegenstand hat, im Straf- oder Maßregelvollzug befinden bzw. befunden haben, deshalb unter Führungsaufsicht stehen werden bzw. stehen und als besonders rückfallgefährdete Risikoprobanden einzustufen sind.[635] Ausdrücklich nicht unter die Zielgruppe fallen Bewährungshilfefälle.

Die vorläufige Bewertung, ob es sich um einen Risikoprobanden im Sinne der Vorschrift handelt, nimmt die entlassende Einrichtung spätestens vier Monate vor der Entlassung vor und leitet ihre Einschätzung an die Gemeinsame Zentralstelle KURS weiter. Gleichzeitig werden auch die zuständige Führungsaufsichtsstelle und die zuständige Vollstreckungsbehörde entsprechend informiert. In den Fällen von Entlassungen aus dem Maßregelvollzug erfolgt die Informationsweitergabe unverzüglich. Im Hinblick auf das weitere Verfahren entscheidet der Leiter der zuständigen Führungsaufsichtsstelle, ob es sich um einen Risikoprobanden handelt und informiert ggf. die gemeinsame Zentralstelle beim LKA. Dieser Stelle obliegt die zentrale Informationssammlung und -steuerung für die gefahrenabwehrrechtlichen Maßnahmen.[636] Dazu arbeitet die Zentralstelle mit den örtlich zuständigen Polizeibehörden zusammen, welche einen KURS-Ansprechpartner benennen. Über die konkret zu ergreifenden Maßnahmen entscheidet die Polizei. Diese orientiert sich am Einzelfall und richtet sich nach der Kategorisierung der Risikoprobanden in drei Gruppen: Kategorie I (herausragendes Gefahrenpotential), Kategorie II (hohes Gefahrenpotential) und Kategorie III (mittleres Gefahrenpotential).

---

635 Vgl. *Baden-Württembergisches Ministerium des Innern, Baden-Württembergisches Ministerium der Justiz, Baden-Württembergisches Ministerium für Arbeit und Soziales* 2010, unter 2.1.

636 Vgl. *Baden-Württembergisches Ministerium des Innern, Baden-Württembergisches Ministerium der Justiz, Baden-Württembergisches Ministerium für Arbeit und Soziales* 2010, unter 4.6.1.

Alle KURS-Probanden werden von der Führungsaufsichtsstelle zur polizei-lichen Beobachtung gem. § 463a Abs. 2 StPO ausgeschrieben. Dies wird von der Zentralstelle geprüft, welche gleichzeitig ggf. den entsprechenden Datensatz in INPOL aktualisiert. Des Weiteren erfasst die Zentralstelle die Risikoproban-den in einer eigenen Datei und veranlasst die Ergänzung des POLAS-Datensat-zes. Außerdem veranlasst sie die Prüfung, ob die Erfassung in ViCLAS erfor-derlich ist.

6.3.13 Hamburg

Die Hamburger Konzeption T.O.P. (Täterorientierte Prävention) trat am 1. März 2010 in Kraft. Sie wurde unter der Federführung des Justizverwaltungsamtes der Justizbehörde unter Beteiligung der Polizei, der Justiz und der Bewährungshilfe erarbeitet.[637]

Als Zielgruppe nennt die Konzeption aus der Haft zu entlassende Gewalt- und Sexualstraftäter mit einem herausragenden Gefährdungspotential, sog. *Risikogewalttäter*.[638] Konkret werden Straftäter erfasst, die wegen einer Straftat der in § 66 Abs. 3 StGB[639] bezeichneten Art eine (Gesamt-)Freiheitsstrafe von im Regelfall mindestens drei Jahren vollständig mit der Folge verbüßt haben, dass Führungsaufsicht eintritt. In Bezug auf die aus dem Maßregelvollzug zu entlas-senden Straftäter geht die Konzeption davon aus, dass regelmäßig eine positive Legalprognose vorliegt und solche Täter in der Regel nicht zum Kreis der Risi-kogewalttäter im Sinne des Konzepts gehören.

Sechs Monate vor der Entlassung eines potentiellen Risikogewalttäters, prüft die entlassende Anstalt, ob der Straftäter in die Zielgruppe fällt. Handelt es sich nach dieser Einschätzung um einen T.O.P.-Probanden, kontaktiert die An-stalt das LKA, um relevante Informationen aus der Legalbiografie in die Ein-schätzung mit einfließen zu lassen und beauftragt einen in der Anstalt tätigen Psychologen ein Gutachten in Bezug auf eine aktuelle Risikoeinschätzung vor-zunehmen.[640] Drei Monate vor der Entlassung nimmt die entlassende Anstalt Stellung, wobei sie Weisungsvorschläge für den Führungsaufsichtsbeschluss formuliert. Diese Stellungnahme leitet sie der zuständigen Staatsanwaltschaft und der zuständigen Strafvollstreckungskammer zu. Zwei Monate vor Entlas-

---

637 Vgl. *Hamburger Justizbehörde* 2010.

638 Vgl. *Hamburger Justizbehörde* 2010, unter I.3.

639 §§ 174 bis 174c, 176, 179 Abs. 1-4, 180, 182, 224, 225 Abs. 1, Abs. 2, 323a (soweit im Zusammenhang mit Verbrechen oder vorgenannten Taten) StGB.

640 Dabei orientiert sich die Erstellung des Gutachtens an fachlichen Standards, die vom Strafvollzugsamt vorgegeben werden, vgl. *Hamburger Justizbehörde* 2010, unter II.1.a). Die Standards lehnen sich an die in dem Aufsatz von *Boetticher/Krömer/Müller-Isberner u. a.* 2006 aufgeführten Kriterien an.

sung findet eine Fallkonferenz mit Vertretern der Staatsanwaltschaft, des Strafvollzugsamtes, der entlassenden Anstalt und der Führungsaufsichtsstelle statt, um die beabsichtigten Maßnahmen abzustimmen. Die endgültige Entscheidung, ob der Straftäter in die Zielgruppe der Konzeption fällt, trifft die Staatsanwaltschaft, welche dann auch die Zentralstelle der Polizei im LKA, die Dienststelle für Gefährdungsanalyse und Risikoeinschätzung, und die Führungsaufsichtsstelle informiert. Die Zentralstelle leitet die in der Fallkonferenz für sinnvoll erachteten Maßnahmen an die zuständigen Polizeidienststellen weiter, welche die konkreten Maßnahmen[641] umsetzen.

Im Hinblick auf die Speicherung der individuellen Daten wird durch die zuständige Polizeidienststelle der Hinweis „T.O.P" in POLAS vermerkt.

6.3.14 Saarland

Die saarländische Rahmenrichtlinie zum Schutz der Bevölkerung vor rückfallgefährdeten Sexualstraftätern vom 21. Dezember 2010 trat am 1. Januar 2011 in Kraft.

Die Richtlinie nennt als Zielgruppe Straftäter, die wegen einer in § 181b StGB genannten Straftat gegen die sexuelle Selbstbestimmung oder wegen Tötungsdelikten oder Gewaltdelikten mit sexueller Komponente verurteilt oder untergebracht worden sind und bei denen von einem erhöhten Rückfallrisiko gesprochen werden kann.[642] In welchen Fällen von einem solchen Risiko auszugehen ist, beurteilt die Richtlinie anhand von sieben Anwendungsfällen:[643]

1. Der Antrag auf Anordnung der nachträglichen Sicherungsverwahrung wird negativ beschieden.

2. Der Straftäter wird als gefährlich eingestuft, jedoch unterbleibt die Anordnung der nachträglichen Sicherungsverwahrung mangels neuer Tatsachen.

3. Die Vollstreckungsbehörde geht auf Grund der Mitteilungen der entlassenden Anstalt von einer weiteren Gefährlichkeit aus.

4. Wenn Führungsaufsicht nach Vollverbüßung gem. § 68f StGB eintritt.

5. Bei der Beendigung einer stationären Maßregel wegen Zeitablaufs, § 67d Abs. 4 StGB.

6. Bei Bewährungshilfefällen, wenn sich ein negativer Verlauf zeigt.

---

641 Vgl. zu den Maßnahmen im Einzelnen unten unter *6.3.17*.

642 Vgl. *Saarländisches Ministerium für Inneres und Europaangelegenheiten, Saarländisches Ministerium der Justiz* 2011, unter 3.

643 Vgl. *Saarländisches Ministerium für Inneres und Europaangelegenheiten, Saarländisches Ministerium der Justiz* 2011, unter 3.

7. Bei der Aussetzung gem. § 67d Abs. 2 StGB[644] oder einer Erledigung einer stationären Maßregel gem. § 67d Abs. 6 StGB.

Ob ein erhöhtes Rückfallrisiko vorliegt wird darüber hinaus nach den Kriterien der Schwere der Tat, der Täterpersönlichkeit und des Nachtatverhaltens beurteilt.[645]

Im Hinblick auf den Ablauf des Verfahrens unterrichtet die entlassende Anstalt die Strafvollstreckungsbehörde und das LKA über die anstehende Entlassung eines Vollverbüßers.[646] Die Strafvollstreckungsbehörde entscheidet in allen Fällen, ob es sich um einen Risikoprobanden im Sinne der Richtlinie handelt und informiert ggf. das LKA über die Entlassung solcher Gefangener. Die Zentralstelle des LKA ist dann zuständig für die Sammlung sämtlicher Informationen im Hinblick auf die von der Richtlinie erfassten Probanden und nimmt die polizeiliche Bewertung der Rückfallgefahr der Probanden vor. Dazu kennzeichnet die Zentralstelle u. a. die erfassten Straftäter mit dem Zusatz „Sexualtäter" in INPOL. Die konkreten präventiven Maßnahmen vor Ort nimmt dann die örtlich zuständige Polizeibehörde nach eigenem Ermessen vor. Als Grundlage dient dazu der jeweilige Bewertungsbericht der Zentralstelle. Eine Kategorisierung der erfassten Probanden nach der Rückfallgefahr wird nicht vorgenommen.

Die Ausschreibung zur polizeilichen Beobachtung gem. § 463a Abs. 2 StPO erfolgt nach Prüfung des Einzelfalls und eine eigene Datei zur Erfassung der Probanden existiert im Saarland nicht.

6.3.15 Thüringen

Thüringen orientierte sich bei der Einführung einer eigenen Konzeption an Bayern und nennt seine seit Anfang des Jahres 2011 laufende ebenfalls HEADS. Die Thüringer Konzeption ist jedoch nicht öffentlich zugänglich und auf schriftliche Anfrage teilte das Landesinnenministerium mit, dass das Dokument als Verschlusssache nur für den Dienstgebrauch und nicht für die Verwendung außerhalb der Polizei vorgesehen ist. Insofern konnte die Konzeption nicht eingesehen werden und es wird auf die Konzeption von HEADS Bayern verwiesen.

---

644 Dies erscheint jedoch nicht sachgerecht, da in einem solchen Fall eine positive Prognose vorliegt.

645 Vgl. *Saarländisches Ministerium für Inneres und Europaangelegenheiten, Saarländisches Ministerium der Justiz* 2011, unter 3.8.

646 Wann diese Mitteilung genau erfolgt, lässt sich der Richtlinie nicht entnehmen. Sie verweist dazu auf Nr. 46 III der Vollzugsgeschäftsordnung, welche nicht öffentlich zugänglich ist.

6.3.16 Berlin

In Berlin existiert eine Konzeption, die ebenfalls nicht herausgegeben wird. Jedoch existiert bereits seit 2003 eine Zentralstelle beim LKA, die präventive Maßnahmen[647] zum Schutz der Bevölkerung vor als gefährlich geltenden Straftätern durchführt.[648] Dabei werden Gewaltstraftäter nicht erfasst und sämtliche Maßnahmen werden durch die Zentralstelle selbst vorgenommen; d. h. eine Delegation an Dienststellen der Polizei findet nicht statt.[649] Eine Speicherung von Daten soll zukünftig in einer eigenen Datei mit dem Namen SPREE (Sexualstraftäter – Prävention bei durch Ermittlungen und Eingriffsmaßnahmen) erfolgen.[650]

6.3.17 Zusammenfassung und Gegenüberstellung

Im Grundsatz folgt das Verfahren sämtlicher Konzeptionen einem ähnlichen Ablauf. In den Fällen eines zu entlassenden Probanden, der die grundsätzlichen Voraussetzungen der jeweiligen Konzeption erfüllt, informiert die Justizvollzugsanstalt bzw. die Maßregeleinrichtung die Staatsanwaltschaft bzw. den Jugendrichter als Strafvollstreckungsbehörde über den voraussichtlichen Entlassungstermin. Diese Mitteilung erfolgt in der Regel drei bis sechs Monate vor diesem Termin, wobei einige Konzeptionen keine genauen Angaben dazu machen.[651] Der Strafvollstreckungsbehörde obliegt dann die Mitteilung des Entlassungstermins an die Strafvollstreckungskammer, die Zentralstelle sowie die Führungsaufsichtsstelle. In den Fällen, bei denen die genannten Fristen nicht eingehalten werden können, da sich eine stationäre Maßregel auch kurzfristig erledigen kann (§§ 67d Abs. 5 und 6 StGB), erfolgt die Informationsweitergabe unverzüglich. Wird der Proband von der Konzeption tatsächlich erfasst, richtet sich das Überwachungsverfahren nach den gesetzlichen Regelungen der beteiligten Stellen. Die *Tabelle 20* gibt einen Überblick über die einzelnen Konzeptionen.

---

647 Vgl. zu den Maßnahmen im Einzelnen unten unter *6.3.17*.

648 Vgl. *Kasecker* 2010, S. 41.

649 Vgl. *Kasecker* 2010. S. 42.

650 Vgl. *Kasecker* 2010, S. 43.

651 So geben die Konzeptionen in Bayern und Brandenburg vor, dass eine solche Mitteilung frühzeitig erfolgen soll. Die Konzeption des Saarlands nennt den Beginn der Entlassungsvorbereitung als Termin, wird dabei jedoch nicht konkret.

Tabelle 14: Übersicht der Konzeptionen der einzelnen Bundesländer

Bundesland	Erfasste Straftaten	FA-/Bewährungs-probanden	Erfassung obligatorisch/fakultativ	Eigene Datei
Mecklenburg-Vorpommern	Sexualstraftaten (§§ 174-174c, 176-179 StGB)/Mord bzw. Totschlag (§§ 211, 212 StGB)/Verbrechen mit Todesfolge/Begehung einer der genannten Taten im Vollrausch (§ 323a StGB)	Nur FA-Probanden	Obligatorisch	Nein
Bayern	Sexualstraftaten (§ 181b StGB)/Tötungsdelikte mit sexueller Komponente oder unklarem Motiv	FA- und Bewährungsprobanden	Fakultativ durch zuständige FA-Stelle	Ja (HEADS)
Niedersachsen	Sexualstraftaten (§§ 174-174c, 176-180 und 182 StGB)/Tötungsdelikte mit sexueller Komponente	Nur FA-Probanden	Obligatorisch	Ja (KURS-Datei)
Sachsen-Anhalt	Sexualstraftaten (§ 181b StGB)/Verbrechen mit sexueller Komponente	Nur FA-Probanden	Obligatorisch	Nein
Hessen	Sexualstraftaten (§§ 174 ff StGB)/Tötungsdelikte mit sexueller Komponente oder unklarer Motivlage/Rückfallgefahr	FA- und Bewährungsprobanden	Fakultativ durch Staatsanwaltschaft	Ja (ARS-Datenbank)

Bundesland	Erfasste Straftaten	FA-/ Bewährungs- probanden	Erfassung obligatorisch/ fakultativ	Eigene Datei
Brandenburg	Sexualstraftaten (§ 181b StGB)/Tötungsdelikte mit sexueller Komponente oder unklarem Motiv/Begehung einer der genannten Taten im Vollrausch (§ 323a StGB)/Gefährlichkeit	FA- und Bewährungs- probanden	Fakultativ durch Zentralstelle HEADS beim LKA	Ja (HEADS)
Sachsen	Sexualstraftaten (§ 181b StGB)/Mord bzw. Totschlag (§§ 211, 212 StGB) mit sexueller Komponente/Begehung einer der genannten Taten im Vollrausch (§ 323a StGB)/Gefährlichkeit	FA- und Bewährungs- probanden	Fakultativ durch Zentralstelle bei Generalstaats- anwaltschaft	Nein
Bremen	Sexualstraftaten (§ 181b StGB)/vorsätzliche Tötungsdelikte mit sexueller Komponente/ Begehung einer der genannten Taten im Vollrausch (§ 323a StGB)	FA- und Bewährungs- probanden	Fakultativ durch Zentralstelle beim LKA	Ja (HEADS)
Schleswig- Holstein	Sexualstraftaten (§§ 174-174c, 176-180 und 182 StGB)/Tötungsdelikte (§§ 212, 211 StGB) mit sexueller Komponente/ Begehung einer der genannten Taten im Vollrausch (§ 323a StGB)	FA- und Bewährungs- probanden	Obligatorisch	Nein

Bundesland	Erfasste Straftaten	FA-/ Bewährungs- probanden	Erfassung obligatorisch/ fakultativ	Eigene Datei
Rheinland-Pfalz	Verbrechen gegen das Leben, die körperliche Unversehrtheit, die persönliche Freiheit oder die sexuelle Selbstbestimmung/Verbrechen nach §§ 251, auch i. V. mit 252, 255 StGB/ gemeingefährliche Verbrechen/Vergehen nach §§ 174-174c, 176, 179 I-IV, 180, 182, 224, 238 II StGB/Begehung einer der genannten Taten im Vollrausch (§ 323a StGB)/Gefähr-lichkeit	FA- und Bewährungs-probanden	Obligatorisch	JA (VISIER)
Nordrhein-Westfalen	Sexualstraftaten (§§ 174-174c, 176-180 und 182 StGB)/Tötungsdelikte (§§ 212, 211 StGB) mit sexueller Komponente/ Begehung einer der genannten Taten im Vollrausch (§ 323a StGB)	Nur FA-Probanden	Obligatorisch	Nein
Baden-Württemberg	Sexualstraftaten (§ 181b StGB mit Ausnahme von § 181a StGB)/Tötungsdelikte (§ 212, 211 StGB) mit sexueller Komponente/ Begehung einer der genannten Taten im Vollrausch (§ 323a StGB)	Nur FA-Probanden	Fakultativ durch Leiter der FA-Stelle	Nein

Bundesland	Erfasste Straftaten	FA-/Bewährungs-probanden	Erfassung obligatorisch/fakultativ	Eigene Datei
Hamburg	Sexualstraftaten (§§ 174-174c, 176, 179 I-IV, 180, 182 StGB)/Gewaltstraftäter (§§ 224, 225 I, II StGB)/ Begehung einer der genannten Taten im Vollrausch (§ 323a StGB)/Gefähr-lichkeit	Nur FA-Probanden (i. d. R. auch nur Vollver-büßer)	Fakultativ durch die entlassene JVA	Nein
Saarland	Sexualstraftaten (§ 181b StGB)/Tötungsdelikte und Gewaltdelikte mit sexueller Komponente/Gefährlichkeit	FA- und Bewährungs-probanden	Fakultativ durch Straf-vollstreckungs-behörde	Nein

Unterschiede zeigen sich in den einzelnen Konzeptionen u. a. im Hinblick auf die jeweilige Zielgruppe. So erfassen sämtliche Konzeptionen Sexualstraftaten und vorsätzliche Tötungsdelikte, wobei einzelne Bundesländer im Hinblick auf die Tötungsdelikte zusätzlich eine sexuelle Komponente bei der Begehung der Tat fordern. Ferner werden von den meisten Konzeptionen auch Vollrauschtaten erfasst, wenn die im Vollrausch begangene Tat ein Sexual- bzw. Tötungsdelikt ist. Den weitesten Anwendungsbereich in Bezug auf die begangenen Straftaten formuliert die Konzeption von Rheinland-Pfalz, denn sie erfasst weitere schwerwiegende rechtswidrige Taten.[652] Außerdem fordern einige Konzeptionen als zusätzliches Kriterium die positive Feststellung einer jeweiligen Rückfallgefahr.

Ein weiterer Unterschied im Hinblick auf die erfasste Klientel zeigt sich in der Tatsache, dass einige Konzeptionen nicht nur Führungsaufsichtsprobanden, sondern auch Bewährungshilfefälle erfassen, wenn sich ein entsprechender negativer Verlauf zeigt und nicht mehr von einer positiven Legalprognose gesprochen werden kann. Ausschließlich Führungsaufsichtsprobanden erfassen die Konzeptionen von Mecklenburg-Vorpommern, Niedersachsen, Sachsen-Anhalt, Nordrhein-Westfalen, Baden-Württemberg und Hamburg.

Auch erfolgt die tatsächliche Erfassung nicht in allen Fällen obligatorisch, sondern muss zum Teil positiv festgestellt werden. Kriterium hierfür ist in diesen Fällen neben den allgemeinen Voraussetzungen eine nicht unerhebliche Rückfallgefahr. Wer diese Entscheidung trifft, ist in den einzelnen Konzeptionen unterschiedlich geregelt. So können die Strafvollstreckungsbehörde, die entlassende Justizvollzugsanstalt bzw. Maßregeleinrichtung, die Zentralstelle, die Staatsanwaltschaft, die Führungsaufsichtsstelle oder mehrere Beteiligte zuständig sein.[653] Obligatorisch erfolgt die Aufnahme in Mecklenburg-Vorpommern, Niedersachsen, Sachsen-Anhalt, Schleswig-Holstein, Rheinland-Pfalz und Nordrhein-Westfalen. Insgesamt variiert also der Anwendungsbereich in den einzelnen Bundesländern. Ferner werden die erfassten Probanden in Nordrhein-Westfalen, in Rheinland-Pfalz, in Schleswig-Holstein, in Bremen, in Hessen, in Niedersachsen und in Bayern in Kategorien eingeteilt. Die Einteilung erfolgt dabei nach der individuellen Rückfallwahrscheinlichkeit. Anhand dieser Kategorisierung wird dann über die für erforderlich gehaltenen Maßnahmen der Polizei entschieden. Zur Erfassung der relevanten Informationen über die Probanden bedienen sich Rheinland-Pfalz, Bremen, Brandenburg, Hessen, Niedersachsen und Bayern einer jeweils eigenen Datei. In dieser werden die auf der Grundlage von § 481 Abs. 1 StPO gesammelten relevanten Informationen gesammelt, die

---

652 Vgl. dazu oben ausführlich unter *6.3.10.*.

653 Einen genauen Überblick gibt die *Tabelle 20*.

Probanden lokalisiert und die ergriffenen Maßnahmen dokumentiert.[654] Solche Maßnahmen werden dabei auf die Polizeigesetze der Länder gestützt und dienen somit rein präventiven Zwecken im Wege der Gefahrenabwehr. Insofern unterliegt die konkrete Maßnahme dem Entschließungs- und Auswahlermessen der Polizei. Andere Beteiligte wie die Führungsaufsichtsstelle entscheiden darüber also nicht, sondern werden allenfalls zu Rate gezogen.

In Bezug auf die polizeiliche Tätigkeit haben sich gewisse Standardmaßnahmen herausgebildet, welche in diesem Zusammenhang zur Anwendung kommen. Einige Konzeptionen nennen diese konkret.[655] Folgende kommen dabei in Betracht:

- Dauerobservationen,[656]
- Gefährderansprachen,
- Gefährdetenansprachen,
- Vervollständigung und Aktualisierung der ED- und DNA-Unterlagen,[657]
- Überprüfung der tatsächlichen Wohnsitznahme,
- Feststellung von Verstößen gegen Weisungen,
- Verbleibskontrollen,
- Observationen,
- Überprüfen der Beachtung der melderechtlichen Bestimmungen,

---

654   Vgl. etwa *Brandenburgisches Ministerium der Justiz, Brandenburgisches Ministerium des Innern* 2008, unter 5.; vgl. *Bremer Senat für Inneres und Sport, Bremer Senat für Justiz und Verfassung, Bremer Senat für Arbeit, Frauen, Gesundheit, Jugend und Soziales* 2008, unter 8.1.

655   Vgl. *Brandenburgisches Ministerium der Justiz, Brandenburgisches Ministerium des Innern* 2008, unter 4.2.4; *Bremer Senat für Inneres und Sport, Bremer Senat für Justiz und Verfassung, Bremer Senat für Arbeit, Frauen, Gesundheit, Jugend und Soziales* 2008, unter Anlage 3; *Niedersächsisches Ministerium für Inneres und Sport, Niedersächsisches Justizministerium, Niedersächsisches Ministerium für Soziales, Frauen, Familie und Gesundheit* 2010, unter 6.3; *Sächsisches Staatsministerium des Innern, Sächsisches Staatsministerium der Justiz, Sächsisches Staatsministerium für Soziales* 2008, unter VI.; *Nordrhein-Westfälisches Ministerium der Justiz, Nordrhein-Westfälisches Ministerium für Arbeit, Integration und Soziales* 2010, unter 6.b); *Baden-Württembergisches Ministerium des Innern, Baden-Württembergisches Ministerium der Justiz, Baden-Württembergisches Ministerium für Arbeit und Soziales* 2010, unter 4.7.2.

656   Vgl. dazu ausführlich oben unter 6.1.3. Festzuhalten ist dabei, dass keine der genannten Konzeptionen die Möglichkeit der Dauerobservation explizit nennt.

657   ED steht für erkennungsdienstliche Behandlung und DNA für deoxyribonucleic acid (Träger der Erbinformation).

- Dokumentation des Wechsels des ständigen Wohn- und Aufenthaltsortes; ggf. Unterrichtung anderer Polizeibehörden oder Landeskriminalämter von dem Wechsel des Wohnorts,
- Erkenntnisgewinnung zum sozialen Umfeld und zur aktuellen Lebenssituation,
- Kontrollen nach Vorgabe der Führungsaufsicht (§ 463a Abs. 1 StPO),
- Platzverweis (anlass- und einzelfallabhängig),
- Vervollständigung/Aktualisierung der Kriminalakte und
- die Fortschreibung des polizeilichen Gefährdungslagebildes.

Insgesamt wird deutlich, dass es bei allen Konzeptionen um die Optimierung und Standardisierung des Informationsflusses zwischen den beteiligten Stellen geht, wobei die bereits bestehenden rechtlichen Grundlagen[658] genutzt werden. Durch die Einrichtung von Zentralstellen in den jeweiligen Landeskriminalämtern und die direkte Miteinbeziehung der Polizeibehörden vor Ort, werten sämtliche Konzeptionen die Bedeutung der Polizei auf, wenn es um die Kontrolle der erfassten Klientel geht. Der Ausbau unterstützender Komponenten spielt in den Konzeptionen keine Rolle, ist jedoch auch nicht beabsichtigt. In den Zielbestimmungen wird ausschließlich die Verbesserung der Kontrolle über gefährliche entlassene Straftäter genannt. Insofern unterstreicht die Etablierung der Konzeptionen eindeutig die Ausweitung der kontrollierenden Komponente der Führungsaufsicht und sie reiht sich damit in die restriktive Entwicklung der Entwicklung der Führungsaufsicht ein.

6.3.18 Rechtliche Einordnung und Bewertung

Durch die Verknüpfung von strafrechtlichen mit polizeirechtlichen Regelungen drängt sich des Weiteren wieder die Frage nach dem rechtlichen Verhältnis von Strafrecht und Polizeirecht auf. Dieses ist bislang kaum geklärt.[659] Die grundsätzliche Antwort erschließt sich, wenn man auf die Funktionen von Strafrecht und Polizeirecht abstellt. Denn das Strafrecht reagiert im Bereich der Rechtsfolgen auf bereits begangenes strafbares Verhalten und das Polizeirecht verfolgt die Gefahrenabwehr, will also verhindern, dass es überhaupt zu einem solchen Verhalten kommt. Insofern stehen sich die Repression des Strafrechts und die Präventionsorientierung des Polizeirechts gegenüber. Bezogen auf die Konzeptionen bedeutet dies mit anderen Worten, dass die Führungsaufsicht als strafrechtliche Regelung auf die abstrakte Gefährlichkeit des Straftäters reagiert,

---

658 In Bezug auf die polizeiliche Dauerobservation existiert jedoch keine taugliche Rechtsgrundlage, vgl. hierzu ausführlich oben unter *6.1.3.*

659 Vgl. *Baur/Burkhardt/Kinzig* 2011, S. 136.

während die Polizei bei einer konkreten Gefahr eingreift. Solange sich die abstrakte Gefahr also nicht konkretisiert, ist allein das Strafrecht einschlägig. Insofern gilt nichts anderes als im Rahmen der polizeilichen Dauerobservation.[660] Die Polizei darf hier nicht als „Lückenbüßer" für etwaige kriminalpolitische Defizite herangezogen werden.

Bei der Anwendung der Überwachungskonzeptionen muss in diesem Zusammenhang überdies bedacht werden, dass Maßnahmen der Polizei und auch der sonstigen in den einzelnen Konzeptionen Genannten, nie unmittelbar auf die darin enthaltenen Regelungen gestützt werden dürfen, denn es handelt sich bei den Konzeptionen ausschließlich um Verwaltungsvorschriften,[661] welche als administratives Binnenrecht zu verstehen sind.[662] Die Vorschriften stellen generelle Regelungen dar, die von einer übergeordneten Behörde an untergeordnete Behörden gerichtet werden, um Organisations- und Verfahrensfragen sowie die sachliche Erledigung von Verwaltungsaufgaben vorzugeben.[663] Insofern verfolgen Verwaltungsvorschriften den Zweck, den Gesetzesvollzug und die Verwaltungspraxis durch verbindliche Vorgaben zu erleichtern.[664] Zwar entfalten solche Vorschriften ihre Wirkung primär im Innenverhältnis, können jedoch auch für den Bürger von nicht unerheblicher Bedeutung sein, sodass häufig auch eine Wirkung im Außenverhältnis zwischen Staat und Bürger zu bejahen ist. Das klassische Beispiel hierfür sind Gewährungen im Bereich der Leistungsverwaltung auf Grund von Verwaltungsvorschriften.[665] Diese Außenwirkung findet jedoch spätestens dann ihre Grenze, wenn der Bereich der Eingriffsverwaltung[666] berührt ist. Hier gilt der sog. *Eingriffsvorbehalt*, der die Urform des Gesetzesvorbehalts darstellt.[667] Das bedeutet, dass die Verwaltung nur tätig werden darf, wenn sie dazu durch Gesetz ermächtigt worden ist. Die Befugnis zum Erlass einer Verwaltungsvorschrift stellt dagegen ein originäres Recht der Exekutive dar, zu dem sie nicht ermächtigt zu werden braucht.[668] Eine Verwaltungsvorschrift kann jedoch keinen Eingriff in ein Grundrecht rechtfertigen, da es hierfür einer

---

660 Vgl. dazu ausführlich oben unter *6.1.3.*

661 Synonym werden auch andere Begrifflichkeiten gebraucht. Beispiele dafür sind Richtlinien, Erlasse, Verfügungen, Dienstanweisungen oder Verwaltungsverordnungen, vgl. *Erichsen/Klüsche* 2000, S. 540.

662 Vgl. *Saurer* 2005, S. 587.

663 Vgl. *Maurer* 2011, S. 634.

664 Vgl. *Wallerath* 2009, S. 125.

665 Vgl. *Erichsen/Klüsche* 2000, S. 541.

666 Vgl. *Maurer* 2011, S. 131.

667 Vgl. *Maurer* 2011, S. 131.

668 Vgl. *Erichsen/Ehlers* 2010, S. 18.

formell-gesetzlichen Grundlage bedarf.[669] Auf Grundlage einer Verwaltungsvorschrift sind deswegen Eingriffe in Grundrechte durch Verwaltungsvorschriften unter keinem rechtlichen Aspekt vertretbar.[670] Sie stellen keine taugliche Grundlage für solche Eingriffe dar.

Für die rechtliche Einordnung der Konzeptionen bedeutet dies folglich, dass sie keine Grundrechtseingriffe rechtfertigen können. So formulieren sie auch keine solchen Befugnisse, sondern verweisen auf die jeweils einschlägigen rechtlichen Regelungen.[671] Nicht unproblematisch sind jedoch Formulierungen, die der Polizei gewisse Handlungen vorgeben. So formuliert bspw. die Konzeption FoKuS in Mecklenburg-Vorpommern, dass im Rahmen der Anlegung der elektronischen Überwachungseinheit gem. § 68b Abs. 1 S. 1 Nr. 12 StGB, eine Gefährderansprache durchzuführen ist, welche in den übrigen Fällen in der Regel stattzufinden hat.[672] Diese Formulierung suggeriert, dass eine entsprechende Maßnahme auf Grundlage der Konzeption erfolgen kann. Tatsächlich ist die taugliche Ermächtigungsgrundlage jedoch die polizeirechtliche Generalklausel.[673] In diesem Zusammenhang sind weiterhin auch die Kategorisierungen der durch die Konzeptionen erfassten Straftäter problematisch, wenn daran polizeiliche Maßnahmen geknüpft werden. Denn eine polizeiliche Maßnahme darf nur dann erfolgen, wenn deren Tatbestandsvoraussetzungen gegeben sind. Der Anknüpfungspunkt für polizeiliches Einschreiten darf nicht eine etwaige Kategorisierung sein. Insofern hat also stets eine Einzelfallprüfung stattzufinden. So bedarf es insbesondere einer Gefahr, die Polizei muss ihr Ermessen fehlerfrei ausüben und die Verhältnismäßigkeit wahren. Die obligatorische Durchführung einer Gefährderansprache sowie sonstiger polizeilicher Maßnahmen ist demnach rechtswidrig. Überdies hat die Polizei auf Grund der Tatsache, dass der Füh-

---

669 Vgl. BVerfG, Beschl. v. 11.8.2009 2 BvR 941/08, juris. Dem Sachverhalt lag ein Eingriff in das Persönlichkeitsrecht aus Art. 2 Abs. 1i. V. m. Art. 1 Abs. 1 GG zu Grunde, welcher auf den Erlass zur Überwachung des Sicherheitsabstandes nach § 4 StVO des Wirtschaftsministeriums Mecklenburg-Vorpommern vom 1.7.1999 gestützt wurde.

670 So auch BVerfG, Beschl. v. 11.8.2009 2 BvR 941/08, juris; *Erichsen/Ehlers* 2010, S. 662; *Tegethoff* 2005, S. 794.

671 Diese sind im Einzelnen § 463a StPO (Zuständigkeit und Befugnisse der Aufsichtsstellen) sowie der Erste (Erteilung von Auskünften und Akteneinsicht, sonstige Verwendung von Daten für verfahrensübergreifende Zwecke) und der Zweite Abschnitt (Dateiregelungen) des achten Buches der StPO, hier insbesondere die §§ 474, 479, 481, 487 sowie §§ 68a StGB (Aufsichtsstelle, Bewährungshilfe, forensische Ambulanz). Des Weiteren regelt die StVollstrO in § 54a die Aus- und Durchführung der Führungsaufsicht. Die polizeilichen Maßnahmen finden ihre Grundlage in den Polizeigesetzen der Länder.

672 Vgl. *Mecklenburg-Vorpommersches Ministerium der Justiz, Mecklenburg-Vorpommersches Ministerium für Inneres und Sport* 2012 unter 4.2.2.

673 Vgl. *Hebeler* 2011, S. 1366.

rungsaufsicht neben der überwachenden Komponente eine unterstützende im Sinne der Resozialisierung innewohnt, bei der Ausübung ihres Entschließungs- und Auswahlermessens stets eine laufende Führungsaufsicht zu berücksichti-gen.[674] Es bedarf in allen Fällen einer genauen Abwägung, ob eine polizeiliche Maßnahme vor diesem Hintergrund überhaupt verhältnismäßig ist. In diesem Zusammenhang kann der von einer Konzeption erfasste Proband auf dem Ver-waltungsrechtsweg gegen die konkret ergriffene polizeiliche Maßnahme vorge-hen. Im Hinblick auf die bloße Einbeziehung in eine Konzeption steht dem Pro-banden kein Rechtsmittel zur Verfügung.

Im Grunde zielen die Konzeptionen darauf ab, die Beteiligten hinsichtlich der Möglichkeiten der Überwachung im Rahmen der jeweiligen gesetzlichen Grundlagen zu sensibilisieren. Es geht folglich um eine Optimierung der beste-henden rechtlichen Überwachungsinstrumente und nicht um die Normierung neuer. Insofern hat in rein rechtlicher Betrachtung durch die Schaffung der Kon-zeptionen keine Ausweitung der Kontrollmöglichkeiten stattgefunden. In rein tatsächlicher Hinsicht kommen die bestehenden Regelungen auf Grund der „Sensibilisierung" jedoch häufiger zur Anwendung und so kann in diesem Zu-sammenhang von einem sog. *net-widening* (Ausweitung staatlicher Kontrolle) gesprochen werden. Um die Auswirkungen der Konzeptionen festzustellen und eine umfassende Bewertung in rechtlicher und tatsächlicher Sicht vorzunehmen, ist es jedoch angezeigt in naher Zukunft eine umfassende Evaluation der ent-sprechenden Konzeptionen durchzuführen.

6.4 Zusammenfassung und Würdigung der Entwicklung der Führungsaufsicht seit ihrer Einführung 1975

Betrachtet man zusammenfassend die Entwicklung der rechtlichen Regelungen der Führungsaufsicht seit ihrem Inkrafttreten 1975, so wurden der Anwendungs-bereich der Maßregel immer wieder erweitert und die Kontrollmöglichkeiten ausgebaut. Wesentliche Änderungen erfuhr die Führungsaufsicht dabei durch das 23. Strafrechtsänderungsgesetz von 1986, das Gesetz zur Bekämpfung von Sexualdelikten und anderen gefährlichen Straftaten von 1998,[675] das Gesetz zur Reform der Führungsaufsicht und zur Änderung der Vorschriften über die nach-

---

674 Vgl. *Baur/Burkhardt/Kinzig* 2011, S. 137.

675 *Ostendorf* spricht in diesem Zusammenhang von einer Aktivierung der Führungsauf-sicht im Jahr 1998, vgl. *Ostendorf* 2011, S. 406. Dieser Beitrag *Ostendorfs* entstammt der 11. Wissenschaftlichen Tagung der Kriminologischen Gesellschaft im September 2009, welche sich u. a. mit dem Thema Gewaltdelinquenz beschäftigte, vgl. *Bannen-berg/Jehle* 2011. *Peglau* spricht im Rahmen des Reformgesetzes von 2007 davon, dass das Institut Führungsaufsicht zu „neuen Ehren" kommt, vgl. *Peglau* 2007, S. 1558. Zu den wesentlichen Neuerungen auch *Schneider* 2007, S. 441 ff.

trägliche Sicherungsverwahrung von 2007 und das Gesetz zur Neuordnung des Rechts der Sicherungsverwahrung und zu beleitenden Regelungen von 2010.[676] Dabei waren die jeweiligen gesetzgeberischen Ausgangssituationen im Vorfeld der entsprechenden Änderungen durchaus verschieden. So war die Hauptzielrichtung des Änderungsgesetzes von 1986, die Regelungen der Strafaussetzung zur Bewährung und der Strafrestaussetzung der zeitigen Freiheitsstrafe der Rechtsprechung und den praktischen Erfahrungen anzupassen. In diesem Zusammenhang wurde das Gesetz dann lediglich zum Anlass genommen, kleinere Änderungen in Bezug auf die Führungsaufsicht vorzunehmen und den Anwendungsbereich der Maßregel durch die Neueinfügung des § 67d Abs. 5 StGB zu erweitern. Die Gesetze von 1998 und 2010 zielten hingegen durch ihre Neuerungen gezielt auf eine zu verbessernde Kontrolle von als gefährlich geltenden Straftätern ab und sind dabei beide als Ausfluss einer durch die Medienöffentlichkeit aufgeheizten Kriminalpolitik zu verstehen, wobei sich der Gesetzgeber 2010 zusätzlich durch die Rechtsprechung des EGMR zu Neuregelungen veranlasst sah. Insofern sticht das Reformgesetz von 2007 aus der Reihe der Änderungsgesetze heraus, indem es zum einen die Maßregel der Führungsaufsicht in seinen Mittelpunkt stellte und zum anderen unter umfangreicher Mitarbeit externer Experten und Organisationen aufwendig beraten und erarbeitet wurde.

Betrachtet man den Inhalt der jeweiligen Neuregelungen von 1986 bis 2010, so lässt sich eine eindeutige Tendenz erkennen. Der Kontrollaspekt gewann im Verhältnis zu der betreuenden Komponente immer mehr die Oberhand und kann heute wohl als Hauptfunktion der Maßregel verstanden werden. Der Anwendungsbereich der Führungsaufsicht wurde stets erweitert und verschärft. In diesem Zusammenhang sind die Änderungen von 1998 zu nennen, die sich dabei v. a. auf Sexual- und Gewaltstraftäter konzentrierten. So wurde u. a. die „Vollverbüßerregelung" gem. § 68f StGB gegenüber Sexualstraftätern verschärft und die Führungsaufsicht in § 67d Abs. 3 S. 2 StGB zur gesetzlichen Folge nach der Entlassung aus der Sicherungsverwahrung. Darüber hinaus erfuhr die Führungsaufsicht eine weitere Verschärfung durch die Schaffung einer unbefristeten Führungsaufsicht in § 68c Abs. 2 StGB. Selbst das Reformgesetz aus dem Jahre 2007 reiht sich (fast) nahtlos in die Reihe der Verschärfungen ein,[677] wobei es seinen Neuerungen die Hauptzielrichtung auferlegte, die praktische Handhabung effizienter und einfacher zu gestalten. Zwar beinhaltete es mit zahlreichen Klarstellungen – wie bspw. in den §§ 67g Abs. 1 S. 2, 68c Abs. 4, 68e Abs. 1 oder 68f StGB – Vereinfachungen im praktischen Umgang mit der Maßregel, jedoch überwogen die Regelungen, welche die kontrollierende Komponente der Füh-

---

676 Zu den Entwicklungen der Führungsaufsicht vor dem Hintergrund der Reformgesetze aus den Jahren 2007 und 2010, vgl. *Dessecker* 2011, S. 267 ff.

677 Auch *Hahn* ordnet die Reform in den Kontext der Ausweitung von Sicherheits- und Kontrollaspekten ein, vgl. *Hahn* 2007, S. 9.

rungsaufsicht betreffen. In diesem Zusammenhang sind u. a. die Ausweitung des strafbewehrten Weisungskatalogs in § 68b Abs. 1 StGB, die Möglichkeit der unbefristeten Führungsaufsicht in § 68c Abs. 3 StGB oder auch die Erhöhung des Strafrahmens des § 145a StGB zu nennen. Eindeutig der Verbesserung bzw. Ausweitung der betreuenden Komponente sollten hingegen lediglich die Neuschaffung einer Krisenintervention in § 67h StGB und die rechtliche Normierung der forensischen Ambulanz in §§ 68a Abs. 7, 8 und 68b Abs. 2 StGB dienen. Auch das Neuordnungsgesetz von 2010 brachte mit der Einfügung der Möglichkeit einer elektronischen Aufenthaltsüberwachung und der Ausweitung der Möglichkeit unbefristeter Führungsaufsicht deutliche Verschärfungen mit sich, wobei sich die Regelungen wiederum auf Gewalt- und Sexualstraftäter bezogen.

Insgesamt lässt sich die durchgängige Verschärfung der Ausgestaltung der Führungsaufsicht kaum leugnen und sie hat hinsichtlich der Kontrolle der Probanden an Gewicht gewonnen. Deutlich wird diese Tendenz des Weiteren durch die verstärkte Zusammenarbeit von Justiz und Polizei in diesem Bereich. Zum einen wurden durch die Reform von 2007 die Möglichkeiten geschaffen, den Verurteilten gem. § 463a Abs. 1 S. 2 StPO zur Aufenthaltsermittlung auszuschreiben und einen Vorführungsbefehl nach § 463a Abs. 3 StPO zu erlassen. Zum anderen wurde die Rolle der Polizei durch die Etablierung der Konzeptionen im Umgang mit rückfallgefährdeten Sexual- und Gewaltstraftätern und die durchgeführten polizeilichen Dauerobservationen erheblich aufgewertet, um den Sicherheitsinteressen der Gesellschaft Rechnung zu tragen. Zwar sollte dieser Zustand durch die Normierung der elektronischen Aufenthaltsüberwachung abgefangen werden, jedoch muss diese ihre Daseinsberechtigung in der Zukunft erst noch beweisen. Insofern rückte die Polizei in den letzten Jahren immer weiter in den Vordergrund, wenn es um die Kontrolle von Führungsaufsichtsprobanden geht. Dass es sich dabei um eine rechtsstaatlich mehr als fragwürdige Praxis handelt, wird dabei in Kauf genommen.

Letztlich muss heute die Frage gestattet sein, ob es sich bei der Führungsaufsicht tatsächlich noch vorrangig um eine Führungsaufsicht im Sinne der ursprünglichen Konzeption des Gesetzgebers handelt oder nicht vielmehr um eine Art „wiederbelebte Polizeiaufsicht".

Die Maßregel der Führungsaufsicht hat immer weiter an Bedeutung gewonnen. War in den 1980er und 1990er Jahren noch vom „Schattendasein" der Führungsaufsicht die Rede,[678] so ist sie heute Teil der aktuellen Kriminalpolitik und als Kontrollinstrument akzeptiert. Gerade deswegen verwundert es jedoch, dass

---

678 Vgl. *Neubacher* 2004, S. 73; *Breuckmann* 1990, S. 123; *Bülow* 1990, S. 151. *Nißl* lobte die Führungsaufsicht hingegen (schon damals), vgl. *Nißl* 1995, S. 525 ff.

im Bereich der Führungsaufsicht kaum verlässliche Zahlen existieren[679] und eine Evaluation der Reform von 2007 (noch) nicht stattgefunden hat. So wurde mit dem Gesetz von 2010 eine neue Reform der Führungsaufsicht beschlossen, obwohl die vorangegangene noch nicht hinreichend evaluiert wurde. Doch nur mit Hilfe einer entsprechenden Evaluation können sämtliche Regelungen und Neuregelungen der Führungsaufsicht sinnvoll bewertet und die Frage beantwortet werden, ob die Führungsaufsicht ihren eigenen Ansprüchen gerecht wird.

---

679 Vgl. *Morgenstern/Hecht* 2011, S. 178.

7. Empirischer Teil

Der empirische Teil dieser Arbeit beschäftigt sich mit der Erfassung und Auswertung sämtlicher Führungsaufsichtsakten mit dem Aktenzeichen 2009 in Mecklenburg-Vorpommern. Vorab soll im Folgenden dazu die Vorgehensweise im Hinblick auf die Erhebung und die Auswertung dargestellt werden. Hierzu wird die Konzeption der empirischen Arbeit kurz erläutert und auf die erfassten und ausgewerteten Akten konkret eingegangen. In diesem Zusammenhang werden des Weiteren die Methode der Aktenanalyse und der Aufbau einer Führungsaufsichtsakte erörtert.

7.1 Die Konzeption

Um der Frage der praktischen Handhabung der Führungsaufsicht in Mecklenburg-Vorpommern unter besonderer Berücksichtigung der durch die Reform von 2007 eingefügten Regelungen nachzugehen, wurden sämtliche Führungsaufsichtsakten mit dem Aktenzeichen 09 erhoben. Dieser Jahrgang wurde gewählt, um einerseits einen gewissen Zeitabstand zu der besagten Reform und anderseits eine gewisse Laufzeit der einzelnen Führungsaufsichtsfälle zu haben. Hintergrund dieser Herangehensweise war die Idee, Aussagen in Bezug auf die Anwendung der Neuregelungen von 2007 treffen zu können. Auf der anderen Seite wurde somit die Möglichkeit eröffnet, den Verlauf der einzelnen Fälle zu erfassen. Die Erfassung des Jahrgangs 2009 bedeutet jedoch nicht zwangsläufig, dass sämtliche Fälle auch in diesem Jahr begonnen haben. Denn einzelne Fälle begannen vor bzw. nach 2009, wurden aber mit dem entsprechenden Aktenzeichen 09 versehen, was auf rein organisatorische Gründe der ursprünglich vier Führungsaufsichtsstellen zurückzuführen ist.[680] Vor diesem Hintergrund wurden in die Untersuchung sämtliche Führungsaufsichtsakten in Mecklenburg-Vorpommern einbezogen, welche mit dem Aktenzeichen 09 versehen sind.

Der betrachtete Zeitraum vom Beginn der Führungsaufsicht bis zum Erfassungsdatum betrug im Durchschnitt 31 Monate, also gut 2,5 Jahre. Dabei beträgt der kürzeste Zeitraum nur 14 Monate und der längste 66, also über fünf Jahre. Diese Tatsache ist dem Umstand geschuldet, dass – wie oben bereits erwähnt – nicht alle Führungsaufsichten mit dem Aktenzeichen 09 auch im Jahr 2009 begannen. Die beiden Akten stellen jedoch eine Ausnahme dar. In 143 Fällen beträgt der Zeitraum zwischen 25 und 40 Monaten. Insofern ist der betrachtete Zeitraum von im Durchschnitt 2,5 Jahren repräsentativ.

Die konkrete Erhebung musste vor Ort in der Führungsaufsichtsstelle stattfinden, da es sich in den meisten Fällen um laufende Verfahren handelte. Bereits

---

680 Von den insgesamt 197 ausgewerteten Führungsaufsichtsfällen begannen insgesamt 48 nicht im Jahre 2009, davon 42 früher und 6 im Jahre 2010.

erledigte Fälle wurden bei den entsprechenden Staatsanwaltschaften angefordert und ebenfalls vor Ort erhoben. Nachdem die erforderlichen Genehmigungen vom Landesministerium der Justiz und dem Leiter des Landesamtes für ambulante Straffälligenarbeit sowie des Leiters der Führungsaufsichtsstelle eingeholt worden waren, begann die Erhebung am 24. Oktober 2011. Die letzte Akte wurde am 19. April 2012 erhoben.

7.2 Die erfassten Führungsaufsichtsakten

Die Tatsache, dass die ursprünglich vier Führungsaufsichtsstellen an den vier Landgerichten durch die Schaffung des Landesamtes für ambulante Straffälligenarbeit[681] in einer Führungsaufsichtsstelle zusammengefasst wurden, erleichterte auf der einen Seite die Erhebung, machte es jedoch schwierig, sich einen Überblick über den Gesamtbestand aller Akten zu verschaffen. Um die Zusammenlegung aller Fälle zu dokumentieren, wurden in der neu geschaffenen Führungsaufsichtsstelle Listen erstellt. Auf diesen Listen wurden sämtliche Fälle erfasst, welche von den einzelnen Landgerichten an die neu geschaffene zentrale Stelle übergeben wurden. Aus der entsprechenden Liste mit dem Aktenzeichen 09 wurde so ersichtlich, dass auf diese Weise insgesamt 171 Führungsaufsichtsakten mit dem Aktenzeichen 09 übergeben wurden. Diese Zahl machte jedoch nicht den Gesamtbestand aller dieser Akten aus, da eben nur diejenigen erfasst waren, die tatsächlich übergeben worden waren, also ausschließlich laufende Verfahren. Solche Fälle, die bspw. bereits erledigt wurden oder bei denen der Proband in ein anderes Bundesland verzogen war, konnten nicht auf diese Weise erfasst werden. Um jedoch dem Anspruch gerecht zu werden sämtliche Akten mit dem Aktenzeichen 09 zu erfassen, musste in einem zweiten Schritt bei den Landgerichten der Verbleib der übrigen Akten erfragt werden.

Nach Eingang und Auswertung der daraufhin eingehenden entsprechenden Informationen, konnte so eine Gesamtzahl von insgesamt 297 Aktenzeichen aus 2009 ermittelt werden. Tatsächlich erhoben werden konnten jedoch nur 206 Akten. Denn von den 297 Aktenzeichen waren 39 Probanden in ein anderes Bundesland verzogen und die entsprechenden Akten werden nun dort weiter geführt. Auf die Erhebung dieser Akten wurde auf Grund des unverhältnismäßigen Aufwands verzichtet. 36 Akten wurden doppelt geführt. Dabei handelte es sich stets um Umzüge der jeweiligen Probanden innerhalb Mecklenburg-Vorpommerns in einen anderen Zuständigkeitsbereich. So wurde ein solcher Proband ein Mal von der ursprünglich zuständigen Führungsaufsichtsstelle erfasst und ein zweites Mal von der dann später zuständigen. Der Verbleib von 12 Akten konnte nicht ermittelt werden. Eine erledigte Akte wurde bei der entsprechenden Staatsanwaltschaft angefordert, erreichte die Führungsaufsichtsstelle jedoch

---

681 Vgl. dazu die Ausführungen unten unter 8.

nicht. Eine weitere angeforderte Akte wurde bei der entsprechenden Staatsanwaltschaft nicht gefunden. Bei einer Akte handelte es sich um einen sog. *Retenten*; d. h. die Akte befand sich im Umlauf, sei es bei der zuständigen Staatsanwaltschaft oder Vollstreckungskammer. Unter einem Aktenzeichen konnte keine Akte ausfindig gemacht werden.

Wenn man von der ursprünglichen Zahl 297 die Zahlen 39 (Umzüge) und 16 (nicht ermittelbare bzw. greifbare Akten) abzieht, ergibt sich eine Gesamtzahl von insgesamt 242 Akten, wobei 36 Akten doppelt gezählt wurden.

Folglich konnte also der Verbleib sämtlicher Akten dargestellt und alle greifbaren Führungsaufsichtsakten erhoben bzw. ausgewertet werden. Die so erfassten Akten lassen sich wiederum den einzelnen Landgerichtsbezirken zuordnen, da den jeweiligen Akten eine entsprechende Ziffer zugeordnet wurde. So wurden den Akten aus Rostock die Ziffer 12, den Akten aus Stralsund die Ziffer 27, denjenigen aus Schwerin die 27 und den Akten aus Neubrandenburg die Ziffer 9 vorangestellt. Die insgesamt 206 erfassten Akten teilen sich auf die einzelnen Bereiche wie folgt auf:

Tabelle 21: Zusammensetzung der Führungsaufsichtsakten

Landgerichte	Anzahl Führungsaufsichtsakten
Landgericht Rostock	65
Landgericht Stralsund	60
Landgericht Schwerin	42
Landgericht Neubrandenburg	39
Insgesamt	**206**

Von den 206 erhobenen Akten wurden jedoch nur 197 in die konkrete Untersuchung miteinbezogen, da bei neun Akten der jeweilige Führungsaufsichtsbeschluss vor der Reform von 2007 datiert. Diese Akten konnten folglich nicht berücksichtigt werden. Die gleiche methodische Problematik zeigte sich bei fünf weiteren, aber bereits erledigten Akten. Sie wurden jedoch trotzdem im Hinblick auf die jeweiligen Erledigungsgründe und die allgemeinen Angaben erfasst.[682] Folglich wurden 192 Führungsaufsichtsakten vollständig erfasst.

---

682 Erfasst wurden bei diesen Fällen lediglich das Alter der Probanden, das Datum des Beginns der Führungsaufsicht, das Geschlecht, das Geburtsdatum, die Nationalität, der Eintrittsgrund der Führungsaufsicht, ggf. die Aburteilung nach Jugendstrafrecht, der Erledigungsgrund und die Dauer der Führungsaufsicht.

Die aufwendige Differenzierung und deren ausführliche Darstellung zeigt in diesem Zusammenhang auch, mit welchen organisatorischen Schwierigkeiten die zentrale Führungsaufsichtsstelle in ihrer Anfangszeit konfrontiert war. Im Hinblick auf die nachfolgende Untersuchung ist die Darstellung jedoch geboten, um seriöse und aussagekräftige Ergebnisse darstellen zu können.

7.3 Die Aktenanalyse als Methode

Die Aktenanalyse stellt einen Unterfall der Dokumentenanalyse dar. Darunter versteht man eine Erhebungstechnik von Schriftstücken und Urkunden, die bereits als Dokumente vorliegen.[683] *Atteslander* definiert den Gegenstand der Dokumentenanalyse als „sämtliche gegenständliche Zeugnisse, die als Quelle menschlichen Verhaltens dienen können."[684] In der sozialwissenschaftlichen Forschung wird sie häufig als eine gängige Methode beschrieben, kommt in der Praxis jedoch eher seltener vor.[685] Lediglich in der Geschichts- und in den Kommunikationswissenschaften findet sie häufiger Anwendung.[686] Darüber hinaus wird sie auch in der Strafvollzugsforschung verwendet, wobei das Vorgehen hier nicht unumstritten ist.[687] Die Vorteile einer Aktenanalyse liegen auf der Hand. Die Dokumente sind beständig; d. h. deren Inhalt ist gegeben und nicht weiter interpretationsbedürftig. Des Weiteren werden die Akten chronologisch und stets auf die gleiche Art und Weise geführt.[688] Auf Grund der Tatsache, dass die in einer Akte enthaltenen Daten von subjektiven Faktoren – wie sie etwa stets bei einem Interview einfließen – frei sind, wird ein objektives Bild widergespiegelt, welches eine gleichförmige Erhebung ermöglicht und ein vergleichbares Ergebnis hervorbringt. Einen weiteren Vorteil stellt die Tatsache dar, dass die Daten bereits vorliegen, also nicht erst ermittelt bzw. erstellt werden müssen. Denn sie werden lediglich erhoben und dann ausgewertet. Auf dieser Ebene spielen dann auch keine subjektiven Betrachtungsweisen des Forschers eine Rolle; lediglich bei der Auswahl der Dokumente spielen diese herein.[689] Ein solches Vorgehen wird in der Wissenschaft als „nonreaktives Messen" bezeichnet; d. h. das Messen erfolgt nicht als Reaktion auf eine

---

683 Vgl. *Hagemann* 2004, S. 5.

684 Vgl. *Atteslander* 1953, S. 71.

685 Vgl. *Mayring* 2002, S. 46.

686 Vgl. *Mayring* 2002, S. 46.

687 Vgl. *Lang* 2007, S. 102 mit Verweis auf *Wirth* 1996, S. 468 ff.

688 Vgl. dazu unten unter *7.4.2.*

689 *Mayring* 2002, S. 47.

Messanordnung.[690]Da es sich bei den Führungsaufsichtsstellen um bürokratische Organisationen handelt und sie insofern von der Aktenmäßigkeit des Handelns geprägt sind,[691] bot sich die Aktenanalyse als Methode für die vorliegende Untersuchung an. Bewusst machen muss man sich bei der Wahl der Dokumentenanalyse allerdings, dass die Akten nicht dazu geschaffen werden, einer bestimmten Forschung, sondern allein Verwaltungszwecken zu dienen.[692] Insofern ist es erforderlich ein realistisches Bild davon zu entwickeln, was sich einem Dokument an forschungsrelevanten Daten entnehmen lässt. Auch ist davon auszugehen, dass die durch Akten „konstruierte" Realität nicht der objektiven Realität entspricht, sondern eine „Realität eigener Art" aus der Sicht der aktenführenden Personen bzw. Institutionen darstellt. Soweit Inhalte aus deren Sicht verwaltungsbezogen nicht notwendig erscheinen, können für die Kriminologische Forschung relevante Daten ggf. fehlen oder nur lückenhaft enthalten sein. Vor diesem Hintergrund entstand der Erhebungsbogen[693] zu den Führungsaufsichtsakten, welcher das Ergebnis einer der eigentlichen Erhebung vorgelagerten „Voruntersuchung" ist.

So stellt die Methode der Analyse von Führungsaufsichtsakten eine effektive Möglichkeit dar, den Verlauf einer Führungsaufsicht nachzuzeichnen und sämtliche rechtliche Rahmenbedingungen zu erfassen und auszuwerten. Auf Grund der Tatsache, dass in der Führungsaufsichtsstelle und damit in einer Führungsaufsichtsakte, Informationen aus der Hand der Aufsichtsstelle, der Bewährungshilfe und weiterer an einer Führungsaufsicht beteiligten Institutionen wie der Polizei, der entlassenden Anstalt bzw. Einrichtung oder auch der forensischen Ambulanz zusammenlaufen, spiegelt die Akte ein umfassendes Bild wider. Da sich das Verfahren weitgehend schriftlich vollzieht, kann insofern auch von einer hohen Abbildungsgenauigkeit ausgegangen werden.[694]

7.4 Der Aufbau einer Führungsaufsichtsakte

Die laufenden Führungsaufsichtsakten werden bei der zentralen Führungsaufsichtsstelle im Landesamt für ambulante Straffälligenarbeit geführt. Die erledigten Akten werden bei der zuständigen Staatsanwaltschaft verwahrt. Dabei wird jeder Akte eine Ordnungsziffer vorangestellt, um nachvollziehen zu können, aus welchem der vier Landgerichtsbezirke die jeweilige Akte stammt. Inso-

---

690 Vgl. *Mayring* 2002, S. 47 mit Verweis auf *Webb/Campbell/Schwarz* 1975 und *Bungard/Lück* 1974.

691 Vgl. *Schulz* 1982, S. 93 mit Verweis auf *Weber* 1976, S. 126.

692 *Lang* 2007, S. 102.

693 Zur inhaltlichen Ausgestaltung dieses Bogens vgl. unten unter *7.5.*

694 Vgl. zu diesem Zusammenhang schon *Schulz* 1982, S. 94.

fern existieren quasi vier Stapel an Akten, welche jeweils den Landgerichtsbezirken Rostock, Stralsund, Schwerin oder Neubrandenburg zugeordnet werden. Was den grundsätzlichen Aufbau einer Führungsaufsichtsakte angeht, so wird der doppelte Aktenaufbau durchgeführt. Einem ersten, allgemeinen Teil sind die wesentlichen Dokumente zugeordnet und einem zweiten alle weiteren Bestandteile der Verfahrenschronologie.

7.4.1 Allgemeiner Teil

Was den konkreten Aufbau und Inhalt des allgemeinen Teils angeht, so ist auf dem Deckel der Akte mindestens das Aktenzeichen, der Name des Probanden und dessen Geburtsdatum vermerkt. Handelt es sich bei dem Probanden um jemanden, der dem Überwachungskonzept FoKuS[695] unterstellt ist, so wird dies ebenfalls auf dem Deckel vermerkt. Die FoKuS-Akten werden gesondert von den übrigen abgelegt. Als Deckblatt fungiert der Personalbogen. Dieser einheitliche Bogen entsprang aus dem Projekt „Koordinierung und Harmonisierung des Führungsaufsichtswesens in Mecklenburg-Vorpommern – Schaffung einer zentralen Führungsaufsichtsstelle".[696] Im Rahmen dieses Projekts sollten landesweite Standards auch in Bezug einer einheitlichen Aktenführung erarbeitet werden. Hieraus entstand u. a. der Personalbogen, welcher die wesentlichen Informationen des jeweiligen Falls enthält. In ihm sind neben den allgemeinen Angaben zur Person bspw. die Dauer der Führungsaufsicht, die der Führungsaufsicht zu Grunde liegende Straftat (geordnet nach Deliktsgruppen), der Eintrittsgrund der Führungsaufsicht und die erteilten Weisungen enthalten. Insgesamt soll dem jeweiligen Bearbeiter so ein schneller „Überblick" ermöglicht werden.

Dem Personalbogen nachgeheftet ist der jeweilige Führungsaufsichtsbeschluss. In ihm sind etwa der Beginn der Führungsaufsicht, deren Dauer und die entsprechenden Weisungen festgesetzt. Des Weiteren enthält der allgemeine Teil das der Führungsaufsicht zu Grunde liegende Urteil, ggf. Gutachten, Stellungnahmen der entlassenden Anstalten und ggf. weitere Beschlüsse der Strafvollstreckungskammer.

7.4.2 Verfahrenschronologie

Im zweiten Teil sind in der Verfahrenschronologie alle weiteren Dokumente enthalten. Darunter fallen bspw. sämtliche Verfügungen, die Protokolle der jeweiligen Anhörungen, Nachweise der Wahrnehmung jeglicher Art von Terminen

---

695 Vgl. dazu ausführlich oben unter *6.3.1.* Zu der Entstehung des Konzepts in Mecklenburg-Vorpommern, vgl. *Reismann/Grund* 2010, S. 10 ff.

696 *Mecklenburg-Vorpommersches Ministerium der Justiz* 2009.

des Probanden, neue Urteile, Strafanträge nach § 145a StGB und v. a. die Berichte der zuständigen Bewährungshelfer. Die Verfahrenschronologie enthält also alle diejenigen Dokumente, welche den Verlauf des jeweiligen Falls konkret abbilden.

Insofern ließen sich sämtliche für die Untersuchung relevanten Informationen den einzelnen Akten entnehmen. Allerdings befreite ein sorgfältig ausgefüllter Personalbogen nicht von der Erhebung und Untersuchung der entsprechenden Dokumente in der Akte, da die Sorgfalt nicht immer auch Vollständigkeit bedeutete. Überdies zeigten sich auch Unterschiede in der Aktenführung an sich. So stellten sich einige wenige Akten als unvollständig oder ungeordnet dar. Insgesamt ließen sich meistens jedoch die wesentlichen Informationen erheben. Die Ausnahmefälle werden in der Untersuchung kenntlich gemacht.

7.5 Der Erhebungsbogen

Die in der Führungsaufsichtsakte enthaltenen Daten wurden mit Hilfe eines Erhebungsbogens erfasst. Durch eine stichprobenartige Erhebung und Analyse von zwanzig Akten im Vorfeld der eigentlichen Untersuchung, wurde der Bogen in Anlehnung an den einheitlichen Aktenaufbau erstellt. Insgesamt enthält der Bogen acht Abschnitte.

Im ersten Abschnitt wurden allgemeine Daten zur Person des jeweiligen Probanden erfasst; daneben die grundlegenden Angaben, welche die konkrete Führungsaufsicht betreffen. Im Einzelnen wurden folgende Informationen im ersten Abschnitt erhoben:

- die Angaben zur Person (Geburtsdatum, Geschlecht, Nationalität),
- das Erfassungsdatum,
- der Beginn der Unterstellung,
- der Eintrittsgrund der Führungsaufsicht,
- die zu Grunde liegende Straftat und das Datum der Verurteilung,
- ggf. die Aburteilung nach Jugendstrafrecht und
- ggf. die Dauer der verbüßten Strafe.

Im zweiten Abschnitt wurde der jeweilige Führungsaufsichtsbeschluss erhoben. Hieraus ließen sich folgende Informationen gewinnen:

- die festgesetzte Dauer der Führungsaufsicht,
- die jeweiligen Weisungen[697] und
- deren Anzahl.

Im dritten Abschnitt wurden ggf. nachträgliche Entscheidungen der Strafvollstreckungskammer gem. § 68d StGB erhoben. Dabei wurde zusätzlich das jeweilige Datum der Entscheidung erhoben und deren konkreter Inhalt; bspw. die Erteilung weiterer Weisungen.

Daten zu der jeweiligen Legalbiografie wurden im vierten Abschnitt erfasst. Dazu wurden sämtliche gerichtliche Vorentscheidungen und das entsprechende Datum erhoben.

Informationen zu etwaigen seitens der Führungsaufsichtsstelle ergriffenen Maßnahmen wurden im fünften Abschnitt erfasst. Dabei wurden jeweils auch das Datum und die Häufigkeit der einzelnen Maßnahmen erhoben. Folgende Maßnahmen wurden so ggf. festgehalten:

- die Anordnung einer Krisenintervention gem. § 67h StGB, deren Dauer und Anzahl,
- die Anordnung einer Aufenthaltsermittlung gem. § 463a Abs. 1 S. 2 StPO,
- die Anordnung der polizeilichen Beobachtung gem. § 436a Abs. 2 StPO,
- die Anordnung eines Vorführungsbefehls gem. § 436a Abs. 3 StPO,
- die unbefristete Verlängerung der Führungsaufsicht gem. § 68c Abs. 3 StGB,
- die ausdrückliche Androhung der Stellung eines Strafantrags nach § 145a S. 2 StGB,
- die tatsächliche Stellung eines Antrags nach § 145a S. 2 StGB und
- die Verurteilungen nach § 145a StGB und deren Art.

In einem sechsten Abschnitt wurden Informationen zur Legalbewährung während der laufenden Führungsaufsicht erhoben. Im Einzelnen wurden dazu ggf. folgende Informationen erfasst:

---

697 Hier wurden sämtliche Weisungen erhoben und dem strafbewehrten Katalog des § 68b Abs. 1 StGB bzw. § 68b Abs. 2 StGB zugeordnet. Daneben wurde erfasst, ob eine Begründung und eine ausdrückliche Differenzierung zwischen Weisungen nach § 68b Abs. 1 und 2 StGB vorgenommen wurde.

- Ermittlungsverfahren und deren Anzahl,
- die einzelnen verfolgten Straftaten,
- die Art der Beendigung der Ermittlungsverfahren,
- die Verurteilungen,
- die Art der jeweiligen Verurteilung und
- ggf. die Unterbringung in einer Einrichtung.

Für die beendeten Fälle wurde erhoben, wie lange sie liefen und aus welchem Grund die Führungsaufsicht endete. Des Weiteren wurde im siebten Abschnitt erfasst, ob der Proband dem Überwachungskonzept FoKuS unterstellt ist. Im letzten Abschnitt wurden die Berichte der Bewährungshelfer nach Anzahl, Datum und Inhalt erfasst. Des Weiteren wurde im achten Abschnitt erhoben, ob Anhörungen stattgefunden haben, wann diese stattfanden und was Inhalt der Anhörung war. Im letzten Unterpunkt wurden Auffälligkeiten und Besonderheiten des einzelnen Falls betrachtet.

Insgesamt wurden in den acht Abschnitten 117 verschiedene Variablen erhoben. In einem zweiten Schritt wurden die Daten in eine entsprechend erstellte Datenmatrix eingegeben und mit dem Statistikprogramm SPSS ausgewertet.[698]

7.6 Allgemeine Merkmale

Der erste Teil der empirischen Untersuchung widmet sich den allgemeinen Merkmalen der Führungsaufsichtsprobanden. So wird deren Altersstruktur dargestellt sowie die Frage beantwortet, welcher Nation die einzelnen Personen sind und wie sich deren Aufteilung in weibliche und männliche Probanden darstellt. Des Weiteren werden die jeweiligen legalbiografischen Daten erläutert. Daneben wird im allgemeinen Teil auch auf die grundsätzlichen Daten zu der eingetretenen Führungsaufsicht eingegangen. So werden der Eintrittsgrund der Führungsaufsicht, die der Führungsaufsicht zu Grunde liegende Straftat und die etwaige Aburteilung nach Jugendstrafrecht erfasst. Darüber hinaus werden die bereits erledigten Fälle hinsichtlich ihrer Dauer und ihres Beendigungsgrundes dargestellt.

7.6.1 Altersstruktur, Geschlecht und Nationalität

Was die Altersstruktur der Probanden angeht, so wurde zum einen das Alter im Zeitpunkt der Erhebung berechnet und zum anderen das Alter im Zeitpunkt des Beginns der Führungsaufsicht. Daraus ergibt sich, dass das Durchschnittsalter

---

698 Zur theoretischen Herangehensweise an eine Datenanalyse vgl. etwa *Diekmann* 2007, S. 658 ff.

im Zeitpunkt der Erhebung bei 36 Jahren lag. Der jüngste Proband war in diesem Zeitpunkt 20 Jahre alt und der älteste 79. Das Durchschnittsalter betrug hier 33 Jahre. Zwei Probanden waren in diesem Zeitpunkt erst 19 Jahre alt und der älteste Proband bereits 77. Bei einem der beiden 19-jährigen Probanden trat die Führungsaufsicht bereits auf Grund einer voll verbüßten Haftstrafe gem. § 68f StGB ein, bei dem anderen wurde die Maßregel der Unterbringung in einer Entziehungsanstalt gem. § 64 StGB nach § 67d Abs. 2 StGB zur Bewährung ausgesetzt. Bei dem ältesten Probanden trat die Führungsaufsicht ebenfalls gem. § 67d Abs. 2 StGB ein, wobei die Maßregel der Unterbringung in einem psychiatrischen Krankenhaus gem. § 63 StGB zur Bewährung ausgesetzt wurde. Bei diesem Probanden handelte es sich um einen Sexualstraftäter, der noch während der laufenden Führungsaufsicht verstarb.

Tabelle 22: **Alter im Zeitpunkt der Erhebung und im Zeitpunkt des Beginns der Führungsaufsicht**

	Mittelwert	**Minimum**	**Maximum**
Alter im Zeitpunkt der Erhebung in Jahren	35,8	20,4	79,3
Alter im Zeitpunkt des Beginns der Führungsaufsicht in Jahren	33,0	18,5	77,1

Unter den insgesamt 197 Probanden fanden sich lediglich 6 Frauen, was einen Anteil von 3% ausmacht. Das Durchschnittsalter der Frauen betrug im Zeitpunkt der Erhebung 37, das Alter im Zeitpunkt des Beginns der Führungsaufsicht im Durchschnitt 34 Jahre. Die jüngste Probandin im Zeitpunkt der Erhebung war 24 und die älteste 69 Jahre alt. Im Zeitpunkt des Beginns der Führungsaufsicht waren die jüngste 20 und die älteste Probandin 65 Jahre alt.

Von den insgesamt 197 erfassten Probanden waren 194 deutscher Staatsangehörigkeit. Jeweils ein Proband war Russe, Litauer oder Kosovo-Albaner. Damit besaßen 98,5% die deutsche Staatsangehörigkeit und lediglich 1,5% der Probanden waren Ausländer.

7.6.2 Legalbiografie

Im Hinblick auf legalbiografische Merkmale der Probanden wurde das jeweilige der Führungsaufsicht zu Grunde liegende Urteil ausgewertet. In diesem sind in der Regel alle gerichtlichen Vorentscheidungen aufgeführt. Des Weiteren enthielten einige Akten auch Auszüge aus dem Bundeszentralregister, sodass insgesamt Aussagen über die jeweilige Legalbiografie getroffen werden können. So wurde in diesem Zusammenhang ggf. erhoben, ob der einzelne Proband vorher überhaupt gerichtlich in Erscheinung getreten ist, von wann diese Entscheidung datiert, wie viele Vorentscheidungen existieren und welche Straftaten den Entscheidungen zu Grunde lagen. Dabei wurden ggf. die ersten zehn Vorentscheidungen erfasst.

Erwartungsgemäß handelte es sich bei den Probanden nur in seltenen Fällen um solche, die zuvor noch überhaupt nicht gerichtlich in Erscheinung getreten sind. Lediglich 18 Probanden der insgesamt 192 komplett ausgewerteten Fälle waren vorher noch nicht derart aufgefallen, d. h. dass die Führungsaufsicht auslösende Urteil war deren erste gerichtliche Verurteilung. Folglich sind 174 Probanden bereits vorher in mindestens einem Fall entsprechend zur Verantwortung gezogen worden, was knapp 91% entspricht. Im Durchschnitt fielen auf einen dieser Probanden knapp sieben gerichtliche Vorentscheidungen. In zehn Fällen existierte nur eine Vorentscheidung, in einem Fall 23. Eine Übersicht aller Fälle gibt folgende *Tabelle 23*.

Tabelle 23: Gerichtliche Vorentscheidungen

Anzahl der Vorentscheidungen	Häufigkeit	Prozent
0	18	9,4
1	10	5,2
2	22	11,5
3	24	12,5
4	11	5,7
5	11	5,7
6	19	9,9
7	18	9,4
8	15	7,8
9	13	6,8
10	5	2,6

Anzahl der Vorentscheidungen	Häufigkeit	Prozent
11	4	2,1
12	3	1,6
13	5	2,6
14	4	2,1
15	3	1,6
16	3	1,6
18	1	0,5
19	1	0,5
21	1	0,5
23	1	0,5
Gesamt	**192**	**100,0**

Was das Zeitintervall zwischen der ersten gerichtlichen Vorentscheidung und dem die Führungsaufsicht auslösenden Urteil betrifft, so vergingen im Durchschnitt gut acht Jahre, wobei der kürzeste Zeitraum nur sechs Monate lang war. Der längste Zeitraum hingegen betrug knapp 30 Jahre.

Aus der Anzahl der gerichtlichen Vorentscheidung und dem relativ großen Zeitintervall lässt sich einmal mehr ablesen, dass es sich bei der Klientel der Führungsaufsicht in sehr vielen Fällen um eine solche handelt, die eine lange kriminelle Karriere aufweist und bereits in relativ frühem Alter in Erscheinung getreten ist. So waren die Probanden im Zeitpunkt der ersten Vorentscheidung im Durchschnitt 19 Jahre alt.

7.6.3 Eintrittsgrund der Führungsaufsicht

Was den Eintrittsgrund der Führungsaufsicht angeht, so sind grundsätzlich insgesamt neun Möglichkeiten zu unterscheiden.[699] Neben der richterlich angeordneten Führungsaufsicht gem. § 68 Abs. 1 StGB und der Vollverbüßerregelung in

---

699   Vgl. dazu im Einzelnen oben unter 2.1.

§ 68f StGB, existieren sieben gesetzliche Regelungen, welche an die Voll-streckung bzw. Aussetzung einer freiheitsentziehenden Maßregel anknüpfen. Den mit Abstand häufigsten Eintrittsgrund der Führungsaufsicht stellt die Vollverbüßerregelung in § 68f StGB dar.[700] Bei insgesamt 197 ausgewerteten Fällen trat die Führungsaufsicht in 129 Fällen auf Grund dieser Vorschrift ein. Das macht einen Anteil von 65,5% aus. In 42 Fällen trat die Führungsaufsicht gem. § 67d Abs. 2StGB ein, was einen Anteil von 21,3% ausmacht. Dabei han-delt es sich um die Aussetzung einer freiheitsentziehenden Maßregel bei der keine Höchstfrist vorgesehen bzw. eine Frist noch nicht abgelaufen ist. Zusätz-lich erfordert diese Aussetzung eine positive Legalprognose. 15 Mal und damit in 7,6% der Fälle trat die Führungsaufsicht auf Grund der Regelung des § 67d Abs. 5 StGB ein. In diesem Zusammenhang knüpft die Führungsaufsicht an die Erledigung der Unterbringung in der Entziehungsanstalt gem. § 64 StGB an, wenn die in § 64 S. 2 StGB genannten Voraussetzung nicht mehr vorliegen. In sieben Fällen erfolgte die Aussetzung zugleich mit der Anordnung der Maß-regel gem. § 67b StGB. In zwei Fällen knüpfte die Führungsaufsicht an die Re-gelung in § 67c StGB an und in jeweils einem Fall an § 67d Abs. 4 StGB und § 67d Abs. 6 StGB. Dabei handelt es sich bei der Regelung des § 67d Abs. 6 StGB um eine durch die Reform von 2007 neu eingefügte.[701] In An-betracht der Auswertung kann folglich davon ausgegangen werden, dass diese Vorschrift kaum Anwendung findet und nicht wesentlich dazu beigetragen hat, dass sich die Fallzahlen der Führungsaufsicht stetig erhöhen. Die richterlich angeordnete Führungsaufsicht gem. § 68 Abs. 1 StGB kam in keinem der Fälle zur Anwendung und unterstreicht damit ein weiteres Mal, dass die Vorschrift generell kaum zur Anwendung kommt.[702] Daneben kam auch die Vorschrift des § 67d Abs. 3 StGB nicht zur Anwendung, welche an die Entlassung aus der Si-cherungsverwahrung anknüpft.[703] Einen Überblick über die Eintrittsgründe der Führungsaufsicht gibt die nachfolgende *Tabelle 24*.

---

700 Am Stichtag 31.12.2009 machte die Führungsaufsicht nach Vollverbüßung gem. § 68f StGB mit 310 Probanden rund 52% aller am Stichtag laufenden Führungsauf-sichten aus. In 50 Fällen trat die Führungsaufsicht gem. § 67b bzw. 67c StGB, in 125 Fällen gem. § 67d, in 45 Fällen gem. § 68 Abs. 1 StGB, in 14 Fällen § 68c StGB und in 56 Fällen gem. § 7 JGG ein. Die Angaben stützen sich auf eine interne Statistik der Sozialen Dienste, welche jedoch nicht so sehr differenziert, wie die eigene Erhebung (bspw. bei § 67d StGB).

701 Vgl. dazu oben unter *5.2.2.6*.

702 Vgl. dazu *Morgenstern* 2006, S. 152. Allerdings weist die interne Statistik für 2009 für alle am 31.12.2009 laufenden 600 Führungsaufsichten 45 Fälle gem. § 68 Abs. 1 StGB auf.

703 Da in Mecklenburg-Vorpommern im Untersuchungszeitraum nur sehr wenige Siche-rungsverwahrte untergebracht waren, war eine Entlassung gem. § 67d Abs. 2 StGB auch nicht zu erwarten. Nach Angaben des statistischen Bundesamtes waren am Stichtag des

Tabelle 24: **Eintrittsgrund der Führungsaufsicht**

Eintrittsgrund	Häufigkeit	Prozent
§ 68f StGB	129	65,5
§ 67d Abs. 2 StGB	42	21,3
§ 67d Abs. 5 StGB	15	7,6
§ 67b StGB	7	3,6
§ 67c StGB	2	1,0
§ 67d Abs. 4 StGB	1	0,5
§ 67d Abs. 6 StGB	1	0,5
§ 67d Abs. 3 StGB	0	0
§ 68 Abs. 1 StGB	0	0
Gesamt	**197**	**100**

7.6.4 Zu Grunde liegende Verurteilungen und Anwendung des Jugendstrafrechts

Um eine Aussage über die der jeweiligen Führungsaufsicht zu Grunde liegende Straftat zu treffen, wurde jeweils das entsprechende Urteil und die darin verhängte Sanktion erfasst. Gleichzeitig wurde in diesem Zusammenhang auch der Frage nachgegangen, in wie vielen Fällen das Jugendstrafrecht in diesem Zusammenhang zur Anwendung kam.

Was die zu Grunde liegende Straftat angeht, so fehlte in zwei Akten das entsprechende Urteil, sodass die entsprechende Straftat nicht ermittelt werden konnte. Ferner wurden die fünf erledigten Fälle nicht mehr berücksichtigt, deren Führungsaufsichtsbeschluss vor der Reform von 2007 datiert ist.[704]

31.8.2009 in Mecklenburg-Vorpommern nur drei Sicherungsverwahrte untergebracht, vgl. *Statistisches Bundesamt* 2012, S. 57.

704 Vgl. oben unter *7.2.*

Insgesamt trat die Führungsaufsicht auf Grund von 48 verschiedenen Straftaten ein.[705] Dabei war die am häufigsten vertretene Straftat die gefährliche Körperverletzung gem. § 224 StGB. In insgesamt 33 Fällen lag eine Verurteilung auf Grund dieser Tat vor, was einen Anteil von 17,2% ausmacht. In 14 Fällen lag der Verurteilung ein schwerer Raub gem. § 250 StGB zu Grunde und in 12 Fällen ein einfacher Diebstahl gem. § 242 StGB, was einen prozentualen Anteil von 7,3 bzw. 6,3 ausmacht. Das vierthäufigste Delikt war die einfache Körperverletzung gem. § 223 StGB sowie der einfache Raub gem. § 249 StGB mit jeweils zehn Fällen. Ebenso wurde in zehn Fällen gegen das BtMG verstoßen. Dies entspricht einem Anteil von 5,2%. In jeweils neun Fällen handelt es sich um einen Diebstahl in einem besonders schweren Fall gem. § 243 Abs. 1 S. 2 Nr. 2-7 StGB und einen einfachen Raub gem. § 249 StGB, was einen jeweiligen Anteil von 4,7% bedeutet. Mit insgesamt acht Fällen folgt dann bereits die Vergewaltigung in einem besonders schweren Fall gem. § 177 Abs. 2 Nr. 1 StGB. Diese entspricht einem Anteil von 4,2%. Ebenfalls in acht Fällen lag der Verurteilung eine schwere räuberische Erpressung gem. §§ 255, 250 StGB zu Grunde. In sieben Fällen lag eine Verurteilung wegen eines versuchten oder vollendeten Tötungsdelikts vor, was einem Anteil von 3,6% entspricht. Eine Übersicht über die häufigsten Straftaten gibt folgende *Tabelle 25*:

Tabelle 25: Die häufigsten einer Führungsaufsicht zu Grunde liegenden Straftaten

Zu Grunde liegende Straftat	Fälle	Prozent
§ 224 StGB	33	17,2
§ 250 StGB	14	7,3
§ 242 StGB	12	6,3
§ 223 StGB	10	5,2
Verstoß gegen das BtMG	10	5,2
§ 243 Abs. 1 S. 2 Nr. 2-7 StGB	9	4,7
§ 249 StGB	9	4,7
§ 177 Abs. 2 Nr. 1 StGB	8	4,3
§§ 250, 255 StGB	8	4,3

705 Zur Gesamtschau der einzelnen Straftatbestände vgl. die *Tabelle 25.1* im Anhang.

Zu Grunde liegende Straftat	Fälle	Prozent
Versuchtes oder vollendetes Tötungsdelikt	7	3,6
Sonstige[706]	70	31,0
Unklar	2	1,0
Gesamt	192	100

Fasst man die einzelnen Straftaten in Deliktsgruppen zusammen,[707] so ergibt sich daraus, dass es sich in 73 Fällen und damit in 38,0% aller Fälle um Delikte gegen die körperliche Unversehrtheit[708] handelte. In 46 Fällen handelte es sich um Eigentums- und Vermögensdelikte,[709] was 24,0% der Fälle entspricht und in 26 Fällen um Straftaten gegen die sexuelle Selbstbestimmung.[710] Dies entspricht einem Anteil von 13,5%. Die Tötungsdelikte[711] machten 3,7% aus. Fasst man die Sexual- und Gewaltstraftäter zusammen, so machten sie folglich einen Anteil von 55,2% aus. Insofern kann die Aussage, dass es sich bei der Klientel der Führungsaufsichtsprobanden in mehr als 80% der Fälle um Gewalt- und Sexualstraftäter handelt,[712] nicht bestätigt werden. Die Auswertung kommt in Bezug auf die vorliegende Untersuchungsgruppe zu einem anderen Ergebnis.

---

706 Einen Überblick über alle der Führungsaufsichten zu Grunde liegenden Straftaten gibt *Tabelle 25.1* im Anhang.

707 Die *Tabelle 25* nennt nur die häufigsten Straftaten. Die Deliktsgruppen wurden aus der Gesamtschau aller der Führungsaufsichten zu Grunde liegenden Straftaten gebildet, vgl. *Tabelle 25.1* im Anhang.

708 §§ 223, 224, 225, 226, 227, 249, 250, 250/252, 252, 253/255/250 StGB.

709 §§ 242, 243, 244, 259, 263, 303, 306, 306a StGB.

710 §§ 174, 176, 176a, 177, 183 StGB.

711 §§ 211, 212.

712 Vgl. *Koch* 2010, S. 265.

Tabelle 26: Deliktsgruppen

Deliktsgruppe	Fälle	Prozent
Delikte gegen die körperliche Unversehrtheit	73	38,0
Eigentums- und Vermögensdelikte	46	24,0
Delikte gegen die sexuelle Selbstbestimmung	26	13,5
Tötungsdelikte	7	3,7
Sonstige[713]	38	19,8
Unklar	2	1,0
Gesamt	**192**	**100,0**

Von den 197 ausgewerteten Fällen, wurde in 61 Fällen das Jugendstrafrecht angewendet, was einen Anteil von 31,8% ausmacht. Entsprechend wurden 131 Probanden nach Erwachsenenstrafrecht verurteilt. Dies entspricht 68,2%. Insofern handelt es sich bei knapp einem Drittel aller Führungsaufsichtsprobanden um Personen, die nach Jugendstrafrecht verurteilt wurden. Vor dem Hintergrund der Tatsache, dass 2009 in Mecklenburg-Vorpommern von insgesamt 21.884 Abgeurteilten[714] 3.178 und damit knapp 14,5% nach Jugendstrafrecht verurteilt wurden, ist dies ein auffällig hoher Wert.[715]

Im Hinblick auf die der Führungsaufsicht zu Grunde liegende Sanktion, kam es in 102 Fällen und damit in 53,1% aller Fälle zu einer Verurteilung zu einer unbedingten Freiheitsstrafe. In 54 Fällen wurde der Proband zu einer Jugendstrafe verurteilt. Dies sind 28,1% aller Fälle. Hinsichtlich der Dauer der ausgesprochenen Strafe ließ sich ermitteln, dass die Probanden durchschnittlich zu einer Freiheitsstrafe von zwei Jahren und zehn Monaten verurteilt wurden. In

---

713 Einen Überblick über alle der Führungsaufsichten zu Grunde liegenden Straftaten gibt *Tabelle 25.1* im Anhang.

714 Die Zahl der Abgeurteilten setzt sich zusammen aus den Verurteilten und aus Personen, gegen die andere Entscheidungen getroffen wurden. Andere Entscheidungen sind dabei Freispruch, Einstellung des Strafverfahrens, Absehen von Strafe, Anordnen von Maßregeln der Besserung und Sicherung (selbstständig oder neben Freispruch und Einstellung) sowie Überweisung an den Familien- oder Vormundschaftsrichter gem. § 53 JGG, vgl. *Statistisches Amt Mecklenburg-Vorpommern* 2009, S. 30.

715 Vgl. *Statistisches Amt Mecklenburg-Vorpommern* 2009, S. 33.

acht Fällen wurde keine Freiheitsstrafe verhängt, sondern lediglich eine Maßregel. Der Proband mit der höchsten Freiheitsstrafe wurde zu zehn Jahren und neun Monaten verurteilt.

Neben der Verurteilung zu einer „normalen" Freiheitsstrafe spielen im Rahmen der Führungsaufsicht die stationären Maßregeln der Besserung und Sicherung eine besondere Rolle. So lagen in 49 Fällen Verurteilungen zu einer Unterbringung in einer Entziehungsanstalt gem. § 64 StGB zu Grunde, was einem Anteil von 25,5% entspricht. Daneben erfolgte in 22 Fällen eine Unterbringung in einem psychiatrischen Krankenhaus, was einen Anteil von 11,5% ausmacht. In sechs Urteilen wurde die Vollstreckung einer freiheitsentziehenden Maßregel gem. § 67b StGB zur Bewährung ausgesetzt. Folglich trat in 3,1% der Fälle die Führungsaufsicht ein, ohne dass zuvor eine freiheitsentziehende Maßregel vollstreckt wurde. In keinem Fall kam es zur Anordnung der Sicherungsverwahrung gem. §§ 66, 66a oder 66b StGB.

Bei der Bewertung der vorliegenden Zahlen gilt es zu bedenken, dass die Verurteilung zu einer Freiheitsstrafe die gleichzeitige Verurteilung zu einer Maßregel nicht ausschließt. Insofern können Maßregeln und Freiheitsstrafe auch nebeneinander angeordnet werden. Im Hinblick auf die Vollstreckung von Maßregeln neben einer gleichzeitig angeordneten Freiheitsstrafe gilt § 67 StGB.

Tabelle 27:   Art der Verurteilung

Art der Verurteilung	Fälle	Prozent
Unbedingte Freiheitsstrafe, § 38 StGB	102	53,1
Jugendstrafe, § 17 JGG	54	28,1
Unterbringung in einer Entziehungsanstalt, § 64 StGB	49	25,5
Unterbringung in einem psychiatrischen Krankenhaus, § 63 StGB	22	11,5
Aussetzung der Unterbringung in einer Entziehungsanstalt oder in einem psychiatrischen Krankenhaus, § 67b StGB	6	3,1
Anordnung der Sicherungsverwahrung, §§ 66, 66a-b StGB	0	0
Gesamt	**233**	**121,3**

Aus der *Tabelle 27* wird ersichtlich, dass die meisten Probanden zu einer unbedingten Freiheitsstrafe verurteilt wurden. Insofern wird bestätigt, dass die

Führungsaufsicht in den meisten Fällen auf Grund der Vollverbüßerregelung des § 68f StGB eintritt.[716]

7.6.5 Die erledigten Fälle

Von den 197 ausgewerteten Fällen handelte es sich bei insgesamt 37 um bereits erledigte; d. h. die Führungsaufsicht war beendet und die Akten wurden bei den zuständigen Staatsanwaltschaften verwahrt. Die durchschnittliche Dauer der Führungsaufsicht betrug dabei zwei Jahre und drei Monate. Dabei dauerten die längste Führungsaufsicht vier Jahre und die kürzeste nur zwei Monate. 13 Fälle und damit 35,1% aller erledigten Fälle endeten nach 24 Monaten. Elf Fälle endeten nach 36 Monaten. Dies entspricht 29,7% der erledigten Fälle.

Im Hinblick auf den Erledigungsgrund wurden 24 der erledigten Fälle und damit knapp 65% durch den Ablauf der ursprünglich festgesetzten Dauer der Führungsaufsicht beendet. In drei Fällen endete die Führungsaufsicht durch den Beginn des Vollzugs einer freiheitsentziehenden Maßregel gem. § 68e Abs. 1 Nr.1 StGB und in zwei Fällen durch den Beginn des Vollzugs einer Freiheitsstrafe, neben der eine freiheitsentziehende Maßregel angeordnet wurde, § 68e Abs. 1 Nr.2 StGB. In fünf Fällen trat eine neue Führungsaufsicht ein, was dem Erledigungsgrund nach § 68e Abs. 1 Nr. 3 StGB entspricht. In zwei Fällen wurde die Führungsaufsicht durch das Gericht aufgehoben, da zu erwarten war, dass der Proband auch ohne sie keine Straftaten mehr begehen wird, § 68e Abs. 2 StGB. In einem Fall endete die Führungsaufsicht auf sonstige Weise, nämlich durch den Tod des Probanden. Eine Übersicht über die Erledigungsgründe gibt folgende *Tabelle 28*.

Tabelle 28:   Die Erledigungsgründe

Erledigungsgrund	Häufigkeit	Prozent
Ablauf der Dauer	24	64,9
§ 68e Abs. 1 Nr. 1 StGB	3	8,1
§ 68e Abs.1 Nr. 2 StGB	2	5,4
§ 68e Abs. 1 Nr. 3 StGB	5	13,5
§ 68e Abs. 2 StGB	2	5,4
Sonstige Weise (Tod)	1	2,7
Gesamt	**37**	**100,0**

---

716   Vgl. dazu oben *Tabelle 24*.

Bei den beendeten Fällen handelt es sich erwartungsgemäß weitgehend um unproblematische Führungsaufsichten. Als unproblematisch werden hier solche Fälle bezeichnet, bei denen keine Rückfälligkeit gegeben war und sich auch keine Probleme im Hinblick auf die Einhaltung der auferlegten Weisungen zeigten. Die zuständige Führungsaufsichtsstelle musste also in keiner Weise tätig werden.

Bei der Erfassung und Auswertung der erledigten Fälle offenbarten sich jedoch einige Missstände in Bezug auf die Bearbeitung einzelner Fälle. So lief eine auf 36 Monate festgesetzte Führungsaufsicht 42 Monate, da der Ablauf der Dauer erst sechs Monate nach dem eigentlichen Ende bemerkt wurde. Folglich lief die Führungsaufsicht ein halbes Jahr ohne rechtliche Grundlage. In einem weiteren Fall lief die Führungsaufsicht ebenfalls über das eigentliche Ende hinaus. Zur Berechnung des Beginns der Führungsaufsicht wurde auf den entsprechenden Beschluss abgestellt; tatsächlich wurde der Proband jedoch bereits knapp zwei Jahre vor diesem aus der Haft entlassen, nachdem er seine Haftstrafe voll verbüßt hatte. Da die ursprüngliche Führungsaufsicht auf zwei Jahre festgesetzt war, tatsächlich jedoch knapp vier Jahre vollzogen wurde, lief die Führungsaufsicht knapp zwei Jahre unberechtigt. Das gravierendste Unrecht erfuhr jedoch ein Proband, der unter Führungsaufsicht gestellt wurde, obwohl die entsprechenden Voraussetzungen nicht vorlagen. Es handelte sich dabei um einen Probanden, der auf Grund einer Sexualstraftat zu einer zehnmonatigen Jugendstrafe verurteilt worden war. Nach voller Verbüßung dieser Zeit trat gem. § 68f StGB Führungsaufsicht ein, deren Dauer auf drei Jahre festgesetzt wurde. Tatsächlich erfüllt die Verbüßung einer zehnmonatigen Haftstrafe jedoch nicht die Voraussetzungen gem. § 68f Abs. 1 S. 1 StGB, da bei einer Sexualstraftat eine Freiheitsstrafe bzw. Gesamtfreiheitsstrafe von mindestens einem Jahr vollstreckt worden sein muss. Erst nach einer Laufzeit von knapp zweieinhalb Jahren bemerkte eine Staatsanwältin diesen Fehler und die Führungsaufsicht wurde durch Beschluss für erledigt erklärt. Da der Proband wegen einer Sexualstraftat verurteilt worden war und er somit dem Überwachungskonzept FoKuS[717] unterfiel, wurde der Proband überdies einer entsprechenden verschärften Kontrolle unterstellt.

7.7 Die festgesetzte Dauer der Führungsaufsicht

Gem. § 68c Abs. 1 S. 1 StGB dauert die Führungsaufsicht mindestens zwei und höchstens fünf Jahre, wobei das Gericht die Höchstdauer gem. § 68c Abs. 1 S. 2 StGB abkürzen kann. Daraus folgt, dass grundsätzlich von einer fünfjährigen Dauer auszugehen ist, wenn das Gericht nicht von der Ermessensvorschrift in Satz 2 Gebrauch macht. Dabei gilt es zu bedenken, dass eine entsprechende

---

717 Vgl. zu dem Konzept oben unter *6.3.1.*

Verkürzung gem. § 68d StGB auch nachträglich entschieden werden kann. In den ausgewerteten Fällen wurde jedoch im jeweiligen Beschluss meistens die genaue Dauer der Führungsaufsicht festgelegt. In den Fällen, bei denen nicht ausdrücklich eine Dauer benannt wurde, wird von der gesetzlichen Regelvermutung einer fünfjährigen Führungsaufsicht ausgegangen.

Danach beträgt die im Beschluss durchschnittlich festgesetzte Dauer der Führungsaufsicht drei Jahre und sieben Monate. Dabei wurde in 93 Fällen eine Dauer von drei Jahren festgesetzt, was einem Anteil von 48,4% entspricht. In 59 Fällen und damit in 30,7% aller Fälle wurde auf die Höchstdauer von fünf Jahren erkannt. Eine nur zweijährige Führungsaufsicht wurde in 23 Fällen und damit in 12% aller Fälle beschlossen; eine vierjährige in 15 Fällen. Dies entspricht einem Anteil von 7,8%. In einem Fall wurde auf eine Dauer von 50 Monaten erkannt. Bei einem Fall ließ sich die Dauer nicht ermitteln, da sich in der Akte kein Beschluss befand.

Tabelle 29: Die ursprünglich festgesetzte Dauer der Führungsaufsicht

Ursprünglich festgesetzte Dauer der Führungsaufsicht in Monaten	Häufigkeit	Prozent
24	23	12,0
36	93	48,7
48	15	17,9
50	1	0,5
60	59	30,9
Gesamt	**191**	**100,0**

Von der angesprochenen Möglichkeit die Dauer gem. §§ 68d, 68c Abs. 1 S. 2 StGB nachträglich zu verkürzen, wurde in keinem Fall Gebrauch gemacht. Stattdessen wurde die Dauer der Führungsaufsicht in zwei Fällen um jeweils ein Jahr verlängert. Auch wenn in vielen Fällen ein guter, d. h. problemloser Verlauf der Führungsaufsicht gegeben war, wurde also nicht auf die flexible Möglichkeit des § 68d StGB zurückgegriffen.

7.8 Die Weisungen

Hinsichtlich der Weisungen gem. § 68b StGB wurde ein besonderes Augenmerk auf die Anwendung der durch die Reform von 2007 neu eingefügten Möglichkeiten der Weisungserteilung gelegt. Darüber hinaus wurden jedoch auch sämtliche andere Weisungen erfasst, um allgemeine Aussagen über die Anwendung der nach § 68b Abs. 1 StGB bestimmten und gem. § 68b Abs. 2 StGB unbestimmten Weisungen treffen zu können.

Insgesamt wurden so 792 Weisungen bei 191 ausgewerteten Fällen erfasst.[718] In einem Fall enthielt die Akte keinen Beschluss und es konnten somit auch keine Weisungen eingesehen werden. Das bedeutet, dass einem Probanden im Durchschnitt 4,2 Weisungen auferlegt wurden (vgl. *Tabelle 30*). In zwei Fällen enthielt der Beschluss keine Weisungen. Zwei Probanden wurden jeweils mit zehn Weisungen der Führungsaufsicht unterstellt. Gut die Hälfte der Beschlüsse enthielten vier oder fünf Weisungen, was dann auch dem Durchschnittswert nahe kommt. Dabei spielte die Anzahl der Vorstrafen keine Rolle, d. h. bei denjenigen mit einer großen Vorstrafenbelastung wurden nicht mehr Weisungen erteilt.

Die folgende *Tabelle 30* gibt die Anzahl der Weisungen in einem Beschluss wieder. Demnach enthalten die meisten Beschlüsse 4 Weisungen, was einem Anteil von 26,2% entspricht. Dies war in 50 Fällen der Fall.[719]

Tabelle 30:   Die Anzahl der erteilten Weisungen

Anzahl der Weisungen in einem Beschluss	Häufigkeit	Prozent
0	2	1,0
1	4	2,1
2	16	8,4
3	42	22,0
4	50	26,2
5	47	24,6
6	21	11,0
7	7	3,7
10	2	1,0
Gesamt	**191**	**100,0**

---

718   Vgl. dazu unten *Tabelle32*.

719   Der Mittelwert der Häufigkeit entspricht 21,2 und der Median liegt bei 16.

Des Weiteren wurde die durchschnittliche Anzahl der auferlegten Weisungen nach der der Führungsaufsicht zu Grunde liegenden Deliktsstruktur[720] erfasst (vgl. *Tabelle 31*).

Tabelle 31: Anzahl der Weisungen nach der Deliktsgruppe

Deliktsgruppe	Durchschnittliche Anzahl an Weisungen
Tötungsdelikte	5,14
Sexualdelikte	5,0
Eigentums-/Vermögensdelikte	4,3
Gewaltdelikte	4,0
Sonstige	3,6
Insgesamt	**4,2**

Die meisten Weisungen wurden bei der Gruppe der Tötungsdelikte mit durchschnittlich 5,14 Weisungen erteilt. Mit durchschnittlich 5,0 Weisungen folgt die Gruppe der Sexualdelikte. Die deutlich größeren Gruppen der Gewaltdelikte sowie der Eigentums- und Vermögensdelikte weisen eine durchschnittliche Anzahl von 4,0 bzw. 4,3 Weisungen auf und nähern sich damit dem Durchschnittswert von 4,2 Weisungen pro Proband. Was die Art der ereilten Weisungen nach der Deliktsstruktur angeht vgl. unten die *Tabelle 34*.

7.8.1   Weisungen nach § 68b Abs. 1 und 2 StGB

Bei der Erfassung der Weisungen aus dem jeweiligen Führungsaufsichtsbeschluss wurden die Weisungen entsprechend § 68b StGB nach bestimmten Weisungen gem. dem abgeschlossenen Katalog in § 68b Abs. 1 StGB und unbestimmten Weisungen nach § 68b Abs. 2 StGB erfasst. Dabei schließt die Erteilung von bestimmten Weisungen die gleichzeitige Erteilung von unbestimmten Weisungen und umgekehrt nicht aus. D. h. einem Probanden können sowohl bestimmte als auch unbestimmte Weisungen auferlegt werden. In 136 Beschlüssen finden sich dann auch beide Arten von Weisungen. Insgesamt wurden 191 Beschlüsse ausgewertet. Eine Akte enthielt keinen Beschluss. In 161

---

720   Zu der Einteilung der jeweiligen Deliktsgruppen vgl. oben unter *7.6.4.*

Beschlüssen wurden Weisungen nach § 68b Abs. 1 StGB erteilt und in 164 Beschlüssen Weisungen nach § 68b Abs. 2 StGB. Folglich enthielten nur 30 Beschlüsse keine Weisung nach § 68b Abs. 1 StGB und 27 keine nach § 68b Abs. 2 StGB. Insgesamt wurden 478 Weisungen nach § 68b Abs. 1 StGB und 314 Weisungen nach § 68b Abs. 2 StGB auferlegt.

In diesem Zusammenhang wurde auch der Frage nachgegangen, ob in dem jeweiligen Beschluss die Weisungen nach bestimmten gem. § 68b Abs. 1 StGB und unbestimmten nach § 68b Abs. 2 StGB ausdrücklich differenziert wurden. Eine solche Unterscheidung wäre nicht nur für den Probanden hilfreich, da sich an einen Verstoß gegen einzelne Weisungen unterschiedliche Konsequenzen anschließen können; v. a. in Bezug auf § 145a StGB.[721] Eine solche Differenzierung wurde jedoch nur in sieben Fällen vorgenommen, was einen Anteil von 3,6% ausmacht. Dabei kamen die Beschlüsse in fünf Fällen aus anderen Bundesländern.[722]

Tabelle 32: Weisungen nach § 68b Abs. 1 oder 2 StGB

	Häufigkeit	Prozent
Beschlüsse mit Weisungen nach § 68b Abs. 1 StGB	161	84,3
Beschlüsse mit Weisungen nach § 68b Abs. 2 StGB	164	85,9

7.8.2 Die Anwendung der einzelnen Weisungen und ihre Bestimmt-/Unbestimmtheit

Der abgeschlossene Weisungskatalog des § 68b Abs. 1 StGB enthält insgesamt 12 nach § 145a StGB strafbewehrte Weisungen, wobei die Weisung nach Nr. 12 erst durch das Neuordnungsgesetz von 2010 Eingang in den Katalog gefunden hat.[723] Insofern spielt die Weisung der elektronischen Aufenthaltsüberwachung bei den erfassten Fällen keine Rolle. Im Hinblick auf die übrigen elf Weisungen wurde zum Teil nicht nur die einzelne Weisung als Ganze erfasst, sondern darüber hinaus differenziert in welcher Modalität sie ausgesprochen wurde. D. h. wenn es bspw. in der Weisung Nr. 7 heißt, dass sich die verurteilte Person zu bestimmten Zeiten bei der Aufsichtsstelle, einer bestimmten Dienststelle oder der

---

721 Vgl. hierzu oben unter *3.7*.

722 Aus Berlin, Bayern, Schleswig-Holstein und zwei Beschlüsse aus Sachsen.

723 Vgl. oben unter *6.2.1*.

Bewährungshelferin oder dem Bewährungshelfer zu melden hat, wurde nicht nur die Weisung als Nr. 7 erfasst, sondern auch die einzelne Modalität. Insofern können Aussagen darüber getroffen werden, bei wem sich der Proband konkret zu melden hat. Entsprechend wurde bei einigen anderen Weisungen vorgegangen.

Als nicht unproblematisch bei der Erfassung der Weisungen wurde deutlich, dass viele Weisungen dem Bestimmtheitsgrundsatz nicht genügten, obwohl es in § 68b Abs. 1 S. 2 StGB ausdrücklich heißt, dass das Gericht in seiner Weisung das verbotene oder verlangte Verhalten genau zu bestimmen hat. So war zwar bei der Formulierung einzelner Weisungen häufig die Intention des Gerichts erkennbar, einzelne Weisungen dem Katalog des § 68b Abs. 1 StGB unterfallen zu lassen, jedoch genügten die Formulierungen den Anforderung des Bestimmtheitsgrundsatzes vor dem Hintergrund der Strafvorschrift des § 145a StGB in vielen Fällen nicht. Solche Weisungen wurden als unbestimmte im Sinne des § 68b Abs. 2 StGB erfasst.[724] Zwar konnten die einzelnen Weisungen auf Grund ihrer Vielzahl keiner ausführlichen Prüfung mit der Fragestellung der Bestimmtheit unterzogen werden, jedoch fiel die Einordnung in vielen Fällen nicht schwer. In Zweifelsfällen wurden Weisungen als unbestimmte erfasst. Auch wenn die Untersuchung so zu dem Ergebnis kommt, dass mehr bestimmte Weisungen als unbestimmte erteilt wurden,[725] muss bedacht werden, dass nicht alle der so erfassten Weisungen tatsächlich bestimmt im Sinne des Bestimmtheitsgrundsatzes waren. Dazu bedarf es einer ausführlichen Prüfung jeder einzelnen Weisung, die einer gesonderten Untersuchung unterfallen müsste. Wichtig und aussagekräftig ist jedoch, dass die Beschlüsse zum Teil erhebliche Schwächen offenbaren, wenn es um die Formulierung und die richtige Einordnung der Weisungen nach § 68b Abs. 1 bzw. 2 StGB geht. Dies soll an dieser Stelle an einigen Beispielen verdeutlicht werden:

So ist die Angabe des zeitlichen Turnus im Rahmen der Melde- bzw. Vorstellungspflicht bei einem Bewährungshelfer bzw. der forensischen Ambulanz häufig unbestimmt, wenn es bspw. heißt, dass sich der Proband „mindestens monatlich" zu melden habe. Sehr häufig wird in diesem Zusammenhang das zeitliche Intervall der Melde- bzw. Vorstellungspflicht den beteiligten Stellen in Form der Bewährungshilfe oder forensischen Ambulanz überlassen.[726] In die-

---

724 Die Bestimmtheit ist jedoch auch bei Weisungen gem. § 68b Abs. 2 StGB erforderlich, da das Rechtsstaatsprinzip die Vorhersehbarkeit, Bestimmtheit und Klarheit im Bereich des Strafrechts fordert. Insofern muss der Verurteilte präzise wissen, welches Verhalten ihm auferlegt wird, vgl. *Kindhäuser/Neumann/Paeffgen* 2010, § 68 b Rn. 5.

725 Vgl. oben unter *7.8.1.*

726 Eine solche Formulierung steht nicht im Einklang mit dem Bestimmtheitsgrundsatz. Das Gericht hat die Stelle konkret zu bezeichnen und zumindest den Melde- bzw. Vorstellungsturnus festzulegen. Die Formulierungen „bis zu dem 7. eines Monats" oder „alle 14 Tage" sind ausreichend, vgl. *Joecks/Miebach* 2005, § 68 b Rn. 17 mit Verweis

sem Zusammenhang finden sich Formulierungen wie „Der Verurteilte wird angewiesen, Ladungen der Führungsaufsichtsstelle und der Bewährungshilfe zu folgen und die von diesen Stellen festgelegten Gesprächstermine wahrzunehmen.". Des Weiteren findet sich häufig die Formulierung „regelmäßig" oder „kontinuierlich" Kontakt zu halten, sodass nicht deutlich wird, was damit genau gemeint ist. Eine weitere Schwäche zeigt sich, wenn die Formulierung auf eine im Sinne des § 68b Abs. 1 StGB bestimmte Weisung abzielt, jedoch die falsche Stelle genannt wird. So lautet § 68b Abs. 1 S. 1 Nr. 8 StGB bspw., dass die verurteilte Person angewiesen werden kann, „jeden Wechsel der Wohnung oder Arbeitsplatzes unverzüglich der Aufsichtsstelle zu melden." In der Weisung heißt es dann, dass die Stelle nicht die Aufsichtsstelle, sondern die Bewährungshilfe ist. Insofern unterfällt die Weisung nicht § 68b Abs. 1 S. 1 Nr. 8 StGB. Solche „Verwechslungen" zeigen sich auch im Zusammenhang mit anderen Formulierungen. Dies offenbart Schwächen und Unsicherheiten im Umgang mit den einzelnen Weisungen. Als Folgeproblem werden Anträge nach § 145a StGB zum Teil auch auf unbestimmte Weisungen gestützt. Zahlreiche Beispiele belegen dies. So wurde ein entsprechender Antrag auf der Grundlage des obigen Beispiels formuliert, wenn die Gesprächstermine nicht vom Gericht, sondern von der Führungsaufsichtsstelle bzw. von der Bewährungshilfe festzulegen waren. Ferner führte die Nichteinhaltung der Weisung „die Weisungen seines Bewährungshelfers und der Führungsaufsichtsstelle pünktlich zu befolgen" zu einer entsprechenden Antragsstellung. Des Weiteren wurde ein Antrag gestellt, da der Proband sich einer Suchtberatung verweigerte. Eine solche Weisung stellt jedoch eine nach § 68b Abs. 2 StGB dar. Insgesamt kam es lediglich zu sechs Verurteilungen gem. § 145a StGB, wobei die Verurteilungen jeweils jedoch glücklicherweise auf bestimmte Weisungen nach § 68b Abs. 1 StGB zurückzuführen waren. Dies kann als Indiz dafür gedeutet werden, dass man sich grundsätzlich vor einer entsprechenden Antragstellung noch einmal ausführlich mit der maßgeblichen Weisung auseinandergesetzt hat.

Da es sich bei der geschilderten Problematik um kein rein theoretisches Problem handelt und die Problematik auch von der Führungsaufsichtsstelle in Rostock erkannt wurde, reagiert sie inzwischen darauf, indem sie etwa Weisungsänderungen vor dem Hintergrund einer potentiellen Antragstellung nach § 145a StGB im Sinne der Bestimmtheit nach § 68b Abs. 1 StGB anregt.[727]

Die folgende *Tabelle 32* zeigt, welche Weisungen wie häufig angewendet wurden. Fett gedruckt sind dabei solche Weisungen, die durch die Reform von 2007 neu eingefügt bzw. konkretisiert wurden.

---

auf *Groth* 1988, S. 258; *Schönke/Schröder* 2010, § 68 b Rn. 9; *Tröndle/Fischer* 2013, § 68 b Rn. 9. Vgl. dazu auch die Ausführungen des OLG Rostock, OLG Rostock – I Ws 289/11.

727 Vgl. dazu unten unter *8.3.3.*

Tabelle 33: Die einzelnen Weisungen

Weisung gem.	Häufigkeit	Prozent
§ 68b Abs. 1 S. 1 Nr. 1 StGB (Mobilitätsverbot)	51	6,4
§ 68b Abs. 1 S. 1 Nr. 2 StGB (Ortsverbot)	3	0,4
§ 68b Abs. 1 S. 1 Nr. 3 StGB (Kontakt und Verkehrsverbot)	17	2,2
§ 68b Abs. 1 S. 1 Nr. 4 StGB (Tätigkeitsverbot)	2	0,3
§ 68b Abs. 1 S. 1 Nr. 5 StGB (Besitzverbot bestimmter Gegenstände)	2	0,3
§ 68b Abs. 1 S. 1 Nr. 6 StGB (Verbot bestimmte Kraftfahrzeuge zu führen oder zu halten)	1	0,1
§ 68b Abs. 1 S. 1 Nr. 7 StGB (Meldepflicht)	**129**	**16,3**
§ 68b Abs. 1 S. 1 Nr. 8 StGB (Anzeigepflicht jeden Wechsels der Wohnung oder des Arbeitsplatzes)	**104**	**13,1**
§ 68b Abs. 1 S. 1 Nr. 9 StGB (Meldung zur Arbeitsvermittlung)	111	14,0
§ 68b Abs. 1 S. 1 **Nr. 10 StGB (Abstinenzgebot)**	**38**	**4,8**
§ 68b Abs. 1 S. 1 **Nr. 11 StGB (Vorstellungspflicht)**	**20**	**2,5**
§ 68b Abs. 2 S. 1 StGB (Tätigkeitsbezogene sonstige Weisungen)	2	0,3
§ 68b Abs. 2 S. 2 StGB (Nachsorgeweisung)	**9**	**0,8**
§ 68b Abs. 2 StGB (Sonstige)	303	38,3
Gesamt	**792**	**100,0**

Es wird deutlich, dass von den durch die Reform neu eingefügten Weisungen häufig Gebrauch gemacht wird. Zu beachten gilt es dabei jedoch, das entsprechende Weisungen auch schon vor der Reform von 2007 formuliert, dabei jedoch als sonstige unbestimmte Weisungen unter § 68b Abs. 2 StGB gefasst wurden. Durch die Aufnahme der neuen Regelungen in den bestimmten Weisungskatalog des § 68b Abs. 1 StGB sollte die Durchsetzbarkeit vor dem Hintergrund der Strafvorschrift des § 145a StGB verbessert werden.[728]

Im Folgenden wird näher nur auf die durch die Reform neu eingefügten bzw. konkretisierten Weisungen in § 68b Abs. 1 StGB eingegangen und ggf. vor dem Hintergrund der einzelnen Modalitäten differenziert.

Die am häufigsten auferlegte Weisung im Rahmen des bestimmten Katalogs gem. § 68b Abs. 1 StGB ist die Meldeweisung in Nr. 7. Danach hat sich der Proband zu bestimmten Zeiten bei der Aufsichtsstelle, einer bestimmten Dienststelle oder der Bewährungshelferin oder dem Bewährungshelfer zu melden. Insofern unterscheidet diese Weisung drei Modalitäten. Insgesamt wurde die Weisung in 129 Fällen ausgesprochen, was 16,3% bezogen auf die Gesamtheit aller erteilten Weisungen ausmacht. Hinsichtlich der einzelnen Modalitäten wurde in 78 Fällen bestimmt, dass sich der Proband bei einer bestimmten Bewährungshelferin oder einem bestimmten Bewährungshelfer zu melden hat. Diese Modalität, sich bei einem bestimmten Bewährungshelfer vorzustellen, wurde erst durch das Reformgesetz von 2007 in das Gesetz eingefügt. In 29 Fällen wurde dem Probanden auferlegt, sich zu bestimmten Zeiten bei der Aufsichtsstelle zu melden und in 22 Fällen bei einer bestimmten Dienststelle.

In 104 Fällen und damit in 13,1% aller Fälle wurde die Weisung gem. § 68b Abs. 1 S. 1 Nr. 8 StGB erteilt. Danach hat der Proband jeden Wechsel der Wohnung oder des Arbeitsplatzes unverzüglich der Aufsichtsstelle zu melden. Vor der Reform musste lediglich ein etwaiger Wechsel des Wohnorts gemeldet werden. Insofern wurde durch die Reform auch hier eine Modalität geändert. In 101 Fällen wurde dem Probanden aufgegeben, einen Wechsel der Wohnung zu melden; in 70 Fällen den des Arbeitsplatzes. Insofern wurde nicht ausschließlich von der einen oder anderen Modalität Gebrauch gemacht, obwohl die Modalitäten in einem alternativen Verhältnis zueinander stehen.

In 38 Fällen wurde eine Weisung gem. § 68b Abs. 1 S. 1 Nr. 10 StGB erteilt. Dies entspricht 4,8% aller Fälle. Dabei handelt es sich um eine Weisung, welche durch die Reform komplett neu eingefügt wurde. Sie weist den Probanden an, keine alkoholischen Getränke oder andere berauschende Mittel zu sich zu nehmen, wenn in dem Zusammenhang mit dem Konsum die Gefahr der Begehung von Straftaten besteht. In 35 Fällen wurde konkret auf das Verbot von alkoholischen Getränken abgestellt, in 27 Fällen auf das von berauschenden Mitteln. Insofern zeigen sich auch hier Überschneidungen.

---

728 Vgl. oben unter *5.2.2.1.*

Des Weiteren wurde auch die Weisung gem. § 68b Abs. 1 S. 1 Nr. 11 StGB neu eingefügt. Sie legt dem Probanden auf, sich zu bestimmten Zeiten oder in bestimmten Abständen bei einer Ärztin oder einem Arzt, einer Psychotherapeutin oder einem Psychotherapeuten oder einer forensischen Ambulanz vorzustellen. In 20 Fällen und damit in 2,5% aller Fälle wurde von ihr Gebrauch gemacht. Dabei wurde lediglich in einem Fall die Vorstellung bei einem Arzt aufgegeben, in zwei Fällen bei einem Psychotherapeuten und in 17 Fällen bei einer forensischen Ambulanz.

Des Weiteren erfuhr die Weisung gem. § 68b Abs. 1 S. 1 Nr. 3 StGB durch die Reform eine Konkretisierung. Die verletzte Person, also das Tatopfer, wurde konkret als Person genannt, zu welcher der Kontakt verboten werden kann. In sechs Fällen wurde diese Modalität gewählt. In sechs weiteren Fällen wurde der Kontakt zu einer bestimmten Personengruppe untersagt und in fünf Fällen zu bestimmten Personen. Insgesamt wurde so die Weisung in 17 Fällen verhängt, was 2,2% entspricht.

Neben dem strafbewehrten Katalog erfuhr auch § 68b Abs. 2 StGB durch die Einfügung der Therapieweisung eine weitere Modalität. Von ihr wurde in neun Fällen konkret Gebrauch gemacht, was einem prozentualen Anteil von 0,8 entspricht.

Addiert man die durch die Reform neu eingefügten bzw. konkretisierten Weisungen, so kommt man auf die Zahl 317. Im Verhältnis aller 792 erteilten Weisungen macht das einen Anteil von 40% aus.

Darüber hinaus wurde erfasst welche Weisungen bei welcher der Führungsaufsicht zu Grunde liegenden Deliktsgruppe[729] Anwendung fanden. Dabei können die Weisungen gem. § 68b Abs. 1 S. 1 Nr. 1, 7, 8, 9, Abs. 2 StGB als Standardweisungen bezeichnet werden, d. h. sie wurden gleichmäßig bei allen Deliktsgruppen auferlegt. Im Folgenden veranschaulicht daher die *Tabelle 34* die Anwendung der übrigen (Spezial-)Weisungen in Abhängigkeit der zu Grunde liegenden Deliktsstruktur.

---

729 Zu der Einteilung der jeweiligen Deliktsgruppen vgl. oben unter *7.6.4.*

**Tabelle 34: Die Anwendung der Weisungen in Abhängigkeit
der Deliktsstruktur**

Art der Weisung	Gewalt-delikt	Eigentums-/Vermögens-delikt	Sexual-delikt	Tötungs-delikt	Sons-tige	Insge-samt
§ 68b I 1 Nr. 2 StGB	0	0	3	0	0	3
§ 68b I 1 Nr. 3 StGB	0	1	16	0	0	17
§ 68b I 1 Nr. 4 StGB	0	0	2	0	0	2
§ 68b I 1 Nr. 5 StGB	0	0	0	1	1	2
§ 68b I 1 Nr. 6 StGB	1	0	0	0	0	1
§ 68b I 1 Nr. 10 StGB	14	8	6	5	5	38
§ 68b I 1 Nr. 11 StGB	9	1	3	3	4	20
§ 68b II 1 StGB	2	0	0	0	0	2
§ 68b II 2 StGB	4	1	2	1	1	9

Die Tabelle verdeutlicht, dass eine spezifische Weisungserteilung v. a. bei der Gruppe der Sexualdelikte erfolgte. So wurden die Weisungen gem. § 68b Abs. 1 S. 1 Nr. 2 (Ortsverbot), 3 (Kontakt- und Verkehrsverbot) und 4 (Tätigkeitsverbot) StGB fast ausschließlich bei dieser Gruppe auferlegt. Als weitere Besonderheit zeigte sich, dass das Abstinenzgebot gem. § 68b Abs. 1 S. 1 Nr. 10 StGB und die Vorstellungspflicht gem. § 68b Abs. 1 S. 1 Nr. 11 StGB v. a. bei der Gruppe der Gewaltdelikte zur Anwendung kam.

Insgesamt lässt sich festhalten, dass es somit bei der Weisungserteilung sog. Standardweisungen für jede Deliktsgruppe gibt und Spezialweisungen, die im Bereich der Gewalt- und Sexualdelikte zur Anwendung kommen.

In Bezug auf die Erteilung der einzelnen Weisungen wurde zusätzlich der Frage nachgegangen, ob sie begründet wurden. Der 1. Strafsenat des Oberlandesgerichts Rostock führt in seinem Beschluss vom 13. September 2011 aus, dass jede einzelne erteilte Weisung grundsätzlich einer auf den Einzelfall bezogenen Begründung bedarf.[730] Denn bei der Erteilung handele es sich stets um Ermessensentscheidungen, sodass jeweils eine kurze Begründung gegeben sein muss, um dem Beschwerdegericht eine Prüfung im Rahmen des eingeschränkten Prüfungsumfangs zu ermöglichen. Ansonsten habe der Senat die Sache an die Strafvollstreckungskammer zurückzuweisen.

Von insgesamt 192 ausgewerteten Führungsaufsichtsfällen waren lediglich in 19 Fällen Begründungen zu den Weisungen gegeben, was einem Anteil von zehn Prozent entspricht. Dabei wurden in 16 Fällen die Weisungen nur teilweise und in drei Fällen nur ganz allgemein begründet. Zusammenfassend lässt sich sagen, dass in keinem einzigen Beschluss jede einzelne Weisung begründet wurde.

7.9 Nachträgliche Entscheidungen

Gem. § 68d StGB kann das Gericht nachträgliche Entscheidungen durch Beschluss treffen. Dabei beziehen sich die möglichen Änderungen auf die Bestellung eines Bewährungshelfers und die Erteilung von Anweisungen an die Aufsichtsstelle bzw. den zuständigen Bewährungshelfer, § 68a Abs. 1 und 5 StGB. Des Weiteren kann über Weisungen gem. §68b StGB und über die Dauer der Führungsaufsicht nach § 68c StGB nachträglich entschieden werden. Insgesamt zielt die Vorschrift darauf ab, flexibel auf den Einzelfall reagieren zu können.

7.9.1 Die einzelnen nachträglichen Entscheidungen

Insgesamt wurde von der Vorschrift in 54 Fällen Gebrauch gemacht, was einen prozentualen Anteil von 28,1 entspricht. In 31 Fällen wurden neue Weisungen nachträglich auferlegt, wobei in 23 Fällen mehr als nur eine neue Weisung angeordnet wurde. Dabei teilen sich die nachträglichen Weisungen wie folgt auf:

Tabelle 33: Art der nachträglichen Weisungen

Art der nachträglichen Weisung gem.	Häufigkeit	Prozent
§ 68b Abs. 1 S. 1 Nr. 2 StGB (Ortsverbot)	1	1,9
§ 68b Abs. 1 S. 1 Nr. 7 StGB (Meldepflicht)	14	25,9
§ 68 Abs. 1 S. 1 Nr. 10 StGB (Abstinenzgebot)	8	14,8

---

730   OLG Rostock – I Ws 289/11 (unveröffentlicht).

Art der nachträglichen Weisung gem.	Häufigkeit	Prozent
§ 68b Abs. 1 S. 1 Nr. 11 StGB (Vorstellungspflicht)	10	18,5
§ 68b Abs. 2 S. 2 StGB (Nachsorgeweisung)	1	1,9
§ 68b Abs. 2 StGB (Sonstige)	20	37,0
Gesamt	**54**	**100,0**

Auffällig ist, dass gerade von den durch die Reform neu eingefügten bzw. konkretisierten Weisungen auch nachträglich häufig Gebrauch gemacht wird. So ist insgesamt 33 Mal eine Weisung gem. § 68 Abs. 1 S. 1 Nr. 7, 10 und 11 bzw. § 68 Abs. 2 S. 2 StGB nachträglich auferlegt worden. In den sonstigen Fällen nach § 68b Abs. 2 StGB handelt es sich bspw. um Weisungen, welche nachträglich die Teilnahme an einer Suchtberatung auferlegen oder vorschreiben den Wohnsitz in einer bestimmten Einrichtung zu nehmen. Zusammenfassend sind es solche Weisungen, deren Bedarf sich erst im Laufe der Führungsaufsicht zeigt. In keinem Fall wurde ausdrücklich in Weisungen nach § 68b Abs. 1 und 2 StGB differenziert.

Bei den sonstigen Entscheidungen gem. § 68d StGB handelte es sich in den meisten Fällen um die Konkretisierung bereits bestehender Weisungen. So wurde etwa die Kontaktfrequenz zu dem Bewährungshelfer neu bestimmt oder die Teilnahme an einer Suchtberatung verlängert, wenn etwa die Beratung im ursprünglichen Beschluss nicht für die gesamte Dauer der Führungsaufsicht auferlegt wurde. Des Weiteren wurden in 17 Fällen Weisungen nachträglich aufgehoben. In drei Fällen wurde die Dauer der Führungsaufsicht um jeweils ein Jahr verlängert. Von der 2007 neu eingefügten Möglichkeit der unbefristeten Verlängerung der Führungsaufsicht gem. § 68c Abs. 3 StGB wurde in keinem Fall Gebrauch gemacht.

Insgesamt handelt es sich bei den nachträglichen Entscheidungen gem. § 68d StGB um gestalterische, welche den jeweiligen Einzelfall betreffen, indem v. a. auf Bedürfnisse des Probanden flexibel eingegangen wird. Jedoch werden einzelne nachträgliche Entscheidungen auch vor dem Hintergrund des Sicherheitsbedürfnisses getroffen, was sich etwa in einer Erhöhung einer Kontaktfrequenz zu dem zuständigen Bewährungshelfer oder der Erteilung weiterer strafbewehrter Weisungen nach § 68b Abs. 1 StGB widerspiegeln kann. Auffällig ist bei den nachträglichen Entscheidungen, dass sie v. a. Weisungen betreffen. Lediglich in drei Fällen wurden Entscheidungen in Bezug auf die Dauer der Führungsaufsicht getroffen und in keinem Fall wurden der Aufsichtsstelle oder dem zuständigen Bewährungshelfer Anweisungen erteilt.

Des Weiteren auffällig ist im Vergleich zu den Weisungen, welche im ursprünglichen Beschluss erteilt wurden, dass die nachträglichen wesentlich häufiger mit einer Begründung versehen wurden. So waren elf der nachträglich erteilten Weisungen mit einer Begründung versehen, was einem prozentualen Anteil von knapp 58% entspricht. Im ursprünglichen Beschluss waren es im Vergleich lediglich knapp zehn Prozent, wobei dort die Weisungen – wenn überhaupt – nur sehr knapp begründet wurden.[731] Die nachträglich erteilten Weisungen enthalten jedoch durchweg wenigstens kurze Begründungen. Dies lässt vermuten, dass die Strafvollstreckungskammer zu Beginn einer Führungsaufsicht „Standardweisungen" erteilt ohne auf den Einzelfall abzustellen, während sie sich bei einer nachträglichen Entscheidung zu einer Begründung veranlasst sieht.

7.9.2 Das Zeitintervall zu den nachträglichen Entscheidungen

Um Aussagen darüber treffen zu können, wann die erste nachträgliche Entscheidung getroffen wurde, ist der Zeitraum zwischen dem Beginn der Führungsaufsicht und der Entscheidung zusätzlich erfasst worden.

Die erste nachträgliche Entscheidung wurde im Durchschnitt nach 13 Monaten getroffen, wobei in einem Fall bereits nach zwei Monaten eine entsprechende Entscheidung erging. Der längste Zeitraum war 47 Monate, also knapp vier Jahre lang. Bis zur zweiten nachträglichen Entscheidung vergingen im Durchschnitt 18 Monate, wobei es nur in neun Fällen zu einer zweiten nachträglichen Entscheidung kam. In einem Fall kam es nach 20 Monaten zu einer dritten nachträglichen Entscheidung. Wenn eine zweite nachträgliche Entscheidung auf die erste folgte, dann erfolgte dies im Durchschnitt bereits nach sieben Monaten. Zwischen der zweiten und der einzigen dritten Entscheidung vergingen 14 Monate.

7.10   Maßnahmen

Des Weiteren wurden Maßnahmen erfasst. Darunter sind solche zu verstehen, welche von Seiten der Strafvollstreckungskammer bzw. der Aufsichtsstelle getroffen werden können, um auf gewisse Verläufe oder Ereignisse zu reagieren. So wurde erfasst, ob und in welchem Umfang von der Möglichkeit einer Krisenintervention gem. § 67h StGB, der Anordnung einer Aufenthaltsermittlung gem. § 463a Abs. 1 S. 2 StPO, der polizeilichen Beobachtung gem. § 463a Abs. 2 StPO und der Anordnung eines Vorführungsbefehls gem. § 463a

---

731 Vgl. oben unter *7.8.2.*

Abs. 3 StPO Gebrauch gemacht wurde. Zusätzlich wurde das jeweilige Ereignisdatum erfasst.

7.10.1 Die Krisenintervention gem. § 67h StGB

Insgesamt wurde eine nach § 67d Abs. 2 StGB ausgesetzte Unterbringung nach § 63 oder § 64 StGB fünf Mal wieder in Vollzug gesetzt. In Bezug auf die 42 entsprechend ausgesetzten Fälle bedeutet das einen Anteil von 11,9%. In allen Fällen wurde auch nur ein Mal pro Fall von der Möglichkeit Gebrauch gemacht, wobei eine mehrmalige Anordnung gem. § 67h Abs. 1 S. 2 StGB nicht ausgeschlossen ist. Was die jeweilige Dauer der Intervention angeht, so wurde in drei Fällen von der Höchstdauer von drei Monaten Gebrauch gemacht. In einem Fall dauerte die Intervention zwei Monate und in einem Fall konnte der genaue Zeitrahmen nicht bestimmt werden. Von dem Beginn der Führungsaufsicht bis zur Anordnung der Krisenintervention vergingen im Durchschnitt 21 Monate, wobei in einem Fall die Intervention bereits fünf Monate nach dem Beginn der Führungsaufsicht angeordnet wurde. Der längste Zeitraum betrug 36 Monate.

Was die Klientel der Intervention angeht, so trat die Führungsaufsicht in zwei Fällen mit der Aussetzung einer stationären Maßregel gem. § 67d Abs. 2 StGB ein, in zwei Fällen wurde die Unterbringung zugleich mit deren Anordnung ausgesetzt gem. § 67b StGB und in einem Fall wurde vor der Maßregel eine Freiheitsstrafe vollzogen und die Anordnung der Unterbringung für nicht mehr erforderlich gehalten, was gem. § 67c Abs. 1 S. 1 StGB einen gesetzlichen Eintrittsgrund der Führungsaufsicht darstellt. In allen Fällen zeigte sich der Verlauf der Führungsaufsicht erwartungsgemäß als problematisch. So musste bspw. auch eine Krisenintervention nach zwei Monaten wegen fehlender Änderungsbereitschaft abgebrochen werden und in einem Fall wurde die Dauer der Führungsaufsicht von drei auf vier Jahre erhöht.

7.10.2 Die Anordnung der Aufenthaltsermittlung gem. § 463a Abs. 1 S. 2 StPO

In 11 Fällen wurde die Anordnung der Aufenthaltsermittlung angeordnet, was einem Anteil von 5,7% entspricht. Dabei erfolgte die Anordnung im Durchschnitt nach neun Monaten, wobei der längste Zeitraum 22 Monate lang war. In einem Fall war der Aufenthaltsort des Probanden zu Beginn der Führungsaufsicht nicht bekannt, sodass er am ersten Tag nach dem Beginn der Führungsaufsicht ausgeschrieben wurde. In sieben Fällen konnte der Akte entnommen werden, dass der Aufenthaltsort ermittelt werden konnte, wobei dies im Durchschnitt nach knapp sieben Monaten passierte.

7.10.3 Die Anordnung der polizeilichen Beobachtung gem. § 463a Abs. 2 StPO

25 Mal wurde die polizeiliche Beobachtung veranlasst, was einen Anteil von 13% ausmacht. Von Beginn der Führungsaufsicht bis zum Beginn der Anordnung vergingen im Durchschnitt 11,5 Monate. Dabei handelte es sich bei 19 der beobachteten Probanden um solche, welche dem Überwachungskonzept FoKuS unterstellt waren.

7.10.4 Die Anordnung eines Vorführungsbefehls gem. § 463a Abs. 3 StPO

In lediglich vier Fällen und damit in 2,1% aller Fälle wurde ein Vorführungsbefehl erlassen. Im Durchschnitt erfolgte die Anordnung knapp 19 Monate nach dem Beginn der Führungsaufsicht und die tatsächliche Vorführung erfolgte im Durchschnitt 18 Tage nach deren Befehl.

Einen Überblick über die Anwendung der Maßnahmen gibt die folgende *Tabelle 36*. Zu beachten gilt es, dass es sich bei der Krisenintervention, der Anordnung der Aufenthaltsermittlung und des Vorführungsbefehls um Maßnahmen handelt, die durch das Reformgesetz von 2007 Eingang in das Gesetz gefunden haben. Die Prozentangaben beziehen sich auf alle komplett ausgewerteten Fälle.

Tabelle 36: Maßnahmen

Maßnahme	Häufigkeit	Prozent
Krisenintervention, § 67h StGB	5	2,6
Aufenthaltsermittlung, § 463a Abs. 1 S. 2 StPO	11	5,7
Polizeiliche Beobachtung, § 463a Abs. 3 StPO	25	13,0
Vorführungsbefehl, § 463a Abs. 3 StPO	4	2,1

7.11 Die Anwendung des § 145a StGB

Besondere Aufmerksamkeit wurde im Rahmen der Untersuchung auf die Anwendung der umstrittenen Strafvorschrift des § 145a StGB[732] gelegt. Dabei lassen sich grundsätzlich zwei Dimensionen unterscheiden: Zum einen spielt die Vorschrift eine wichtige Rolle, wenn es darum geht, den Probanden anzuhalten sich an seine nach § 68b Abs. 1 StGB strafbewehrten Weisungen zu halten. Insofern wird die Vorschrift seitens der Bewährungshilfe und der Führungsaufsichtsstelle als Druckmittel benutzt. Zum anderen werden seitens der Aufsichtsstelle entsprechende Strafanträge gestellt, welche dann zu Verurteilungen führen können. Vor diesem Hintergrund wurde erfasst, wie häufig eine entsprechende Drohung ausdrücklich ausgesprochen wurde und zu wie vielen Strafanträgen es tatsächlich gekommen ist. Daneben wurden die einzelnen Verurteilungen nach § 145a StGB erfasst. Um Aussagen über den zeitlichen Abstand zu dem Beginn der Führungsaufsicht zu stellen, wurden zusätzlich die entsprechenden Ereignisdaten erhoben.

7.11.1 § 145a StGB als Druckmittel

Sobald sich Probleme hinsichtlich der Einhaltung von Weisungen zeigen, wird seitens der Bewährungshilfe oder der Aufsichtsstelle darauf reagiert. Die Bewährungshilfe tut dies, indem sie den Probanden in einem Gespräch auf die Vorschrift des § 145a StGB hinweist, um ihn so zu überzeugen, sich an die jeweiligen Weisungen zu halten. In diesem Zusammenhang informiert sie auch die Aufsichtsstelle über den Sachverhalt. Diese entscheidet dann wiederum, ob und welche Maßnahmen sie ergreift. Entweder stellt sie sofort einen entsprechenden Strafantrag oder sie lädt den Probanden zu einer Anhörung, in welcher ihm noch einmal durch die Aufsichtsstelle deutlich gemacht wird, dass ein weiteres Fehlverhalten einen entsprechenden Strafantrag und damit eine Verurteilung zu einer Freiheitsstrafe nach sich ziehen kann. Das jeweilige Vorgehen hängt von der Dringlichkeit des Einzelfalls ab. Grundsätzlich folgt die Vorgehensweise jedoch einem dreigliedrigen Aufbau:

1. Einwirkung auf den Probanden durch die Bewährungshilfe,

2. Anhörung durch die Aufsichtsstelle und

3. die Stellung eines Strafantrags durch die Aufsichtsstelle nach § 145a StGB.

---

732 Vgl. dazu ausführlich oben unter *3.7.*

In der Erhebung wurden die Anhörungen erfasst, in welchen § 145a StGB ausdrücklich als Druckmittel verwendet wurde, da sämtliche Anhörungen in einer Akte enthalten sind. Das Einwirken der Bewährungshilfe ließ sich nicht aussagekräftig ermitteln, da ein etwaiges Gespräch nicht unbedingt in dem jeweiligen Bericht vermerkt wurde. So wurde insgesamt in 24 Fällen eine entsprechende Androhung in einer Anhörung ausgesprochen, was einem prozentualen Anteil von 12,5 entspricht. Davon wurde in 21 Fällen nur eine einzige Androhung ausgesprochen und in drei Fällen zwei Androhungen. Was das zeitliche Intervall zwischen dem Beginn der Führungsaufsicht und der ersten ausdrücklichen Androhung angeht, so vergingen im Durchschnitt 15 Monate. In einem Fall wurde bereits nach drei Monaten mit einem Antrag nach § 145a StGB gedroht.

7.11.2 Strafanträge nach § 145a StGB

Insgesamt wurden 26 Strafanträge nach § 145a StGB gestellt. Dies macht einen Anteil von 13,5% aus. Insofern ging also nicht jeder Antragstellung eine entsprechende Drohung voraus. Tatsächlich wurde nur in elf Fällen vor einem entsprechenden Antrag eine ausdrückliche Drohung in einer Anhörung ausgesprochen. Folglich kann man davon ausgehen, dass sich die Aufsichtsstelle in diesen Fällen zum schnellen Handeln veranlasst sah und deswegen von einer vorhergehenden Androhung absah. Andererseits bedeutet dies auch, dass es in 13 Fällen eine Androhung gab, die offenbar ausreichte.

Was das Zeitintervall zwischen dem Beginn der Führungsaufsicht und dem ersten Strafantrag angeht, so vergingen im Durchschnitt knapp 16 Monate. In einem Fall wurde ein Strafantrag schon nach sieben Tagen gestellt.

Im Hinblick auf die Anzahl der Anträge pro Probanden wurde in 20 Fällen nur ein Antrag gestellt. In drei Fällen wurden zwei, in einem Fall drei und in zwei Fällen vier Anträge gestellt.

7.11.3 Verurteilungen nach § 145a StGB

Vergleicht man die Anzahl der gestellten Anträge nach § 145a StGB mit der Anzahl der tatsächlichen Verurteilungen, so fällt eine deutliche Diskrepanz auf. Denn in lediglich sechs Fällen kam es zu entsprechenden Verurteilungen. Zwar ist davon auszugehen, dass einige Verfahren diesbezüglich im Zeitpunkt der Erhebung noch liefen, jedoch fand sich in dem meisten Akten kein Hinweis darauf, ob ein entsprechender Antrag weiter verfolgt wurde. Insofern muss davon ausgegangen werden, dass einige Verfahren schlicht nicht weiter verfolgt wurden. Etwaige Einstellungsverfügungen der Staatsanwaltschaften waren den Akten jedoch nicht zu entnehmen. Vermuten lässt sich in diesem Zusammenhang jedoch, dass Verfahren nach § 145a StGB schlicht nicht weiterverfolgt werden, wenn Ermittlungen wegen anderer Straftaten liefen. So wurde das Verfahren in Bezug auf § 145a StGB in zwei Fällen ausdrücklich deswegen eingestellt, weil Verfahren auf Grund anderer Straftaten liefen. Insofern lässt sich in der Anwendungspraxis des § 145a StGB eine gewisse „Subsidiarität" vermuten.

Von den sechs Verurteilungen wurde in vier Fällen eine Freiheitsstrafe und in zwei Fällen eine Geldstrafe ausgesprochen. Dabei kam es in einem Fall zu der Verurteilung zu einer unbedingten Freiheitsstrafe von 15 Monaten, wobei das Verfahren zusammen mit einem Diebstahl abgeurteilt wurde. Die übrigen fünf Verurteilungen wurden nicht zusammen mit anderen Straftaten abgeurteilt. In zwei Fällen wurde der Proband zu einer unbedingten Freiheitsstrafe von jeweils sechs Monaten und in einem Fall zu einer Freiheitsstrafe von vier Monaten verurteilt, welche zur Bewährung ausgesetzt wurde. Bei den zwei Verurteilungen zu einer Geldstrafe wurden die Tagessätze auf 15 und 80 festgesetzt.

Hinsichtlich des zeitlichen Rahmens kam es im Durchschnitt nach 22 Monaten nach dem Beginn der Führungsaufsicht zu einer Verurteilung nach § 145a StGB. Dabei kam es in einem Fall nach 13 Monaten zu einem entsprechenden Urteil und in einem Fall erst nach 44 Monaten.

Einen Überblick über die Anwendung des § 145a StGB gibt folgende *Tabelle 37*. Dabei beziehen sich die Prozentangaben auf die komplett ausgewerteten 192 Fälle.

Tabelle 37: Anwendung des § 145a StGB

Art der Anwendung	Häufigkeit	Prozent
Androhungen	24	12,5
Strafanträge	26	13,5
Verurteilungen	6	3,1

7.12 Ermittlungsverfahren während der laufenden Führungsaufsicht

Des Weiteren wurde erfasst, in wie vielen Fällen es während der laufenden Führungsaufsicht zu Ermittlungsverfahren wegen sonstiger Taten gekommen ist. Dabei wurde im Einzelnen erfasst wie häufig gegen den einzelnen Probanden ermittelt wurde, welche Straftaten den Ermittlungsverfahren zu Grunde lagen, welches Zeitintervall zwischen dem Beginn der Führungsaufsicht und dem jeweiligen Ermittlungsverfahren lag und wie das Verfahren endete bzw. ob es noch lief. Der betrachtete Zeitraum vom Beginn der Führungsaufsicht bis zum Erfassungsdatum beträgt – wie oben unter *9.1* bereits erwähnt – im Durchschnitt 31 Monate, also gut 2,5 Jahre.

7.12.1 Anzahl der Ermittlungsverfahren, die verfolgten Straftaten und das Zeitintervall

In 92 der insgesamt 192 komplett ausgewerteten Fälle kam es während der laufenden Führungsaufsicht zu keinem Ermittlungsverfahren. Dies macht einen Anteil von 47,9% aus. Dagegen kam es in 100 Fällen zu einem oder mehreren Ermittlungsverfahren. Dies entspricht einem prozentualen Anteil von 52,1. Dabei wurde in 56 Fällen wegen nur einer Straftat ermittelt. Gegen einen Probanden wurde wegen 41 Taten ermittelt. Eine Übersicht über die Anzahl der Ermittlungsverfahren gibt folgende *Tabelle 38*

Tabelle 38:   Anzahl der Ermittlungsverfahren

Anzahl der Ermittlungsverfahren	Häufigkeit	Prozent
0	92	47,9
1	56	29,2
2	26	13,5
3	8	4,2
4	5	2,0
5	2	1,0
6	2	1,0
41	1	0,5
Gesamt	**192**	**100,0**

Zusammengefasst wurde also gegen 100 Probanden in mindestens einem Fall ermittelt. Addiert man sämtliche Ermittlungsverfahren, so kommen auf diese Probanden insgesamt 215. D. h. auf einen dieser Probanden fallen im Schnitt 2,25.[733] Setzt man die Anzahl der Ermittlungsverfahren in das Verhältnis zu allen 192 komplett ausgewerteten Fällen, kommt man auf die Zahl 1,1 pro Proband.

Im Hinblick auf die im ersten Ermittlungsverfahren verfolgten Straftaten ergibt sich folgendes Bild:

---

733 Bezieht man den Probanden mit 41 Ermittlungsverfahren nicht in die Berechnung mit ein, so kommen auf einen Probanden 1,8 Verfahren.

Tabelle 39: **Im ersten Ermittlungsverfahren verfolgte Straftaten**

Deliktsgruppe	Häufigkeit	Prozent
Delikte gegen die körperliche Unversehrtheit	41	41,0
Eigentums- und Vermögensdelikte[734]	37	37,0
Delikte gegen die sexuelle Selbstbestimmung	2	2,0
Sonstige[735]	20	20,0
Gesamt	**100**	**100,0**

Die Gruppe der Delikte gegen die körperliche Unversehrtheit macht dabei den größten Teil mit insgesamt 41% aus. In insgesamt 37% wurde wegen eines Eigentums- oder Vermögensdelikts ermittelt und in lediglich 2% wegen eines Delikts gegen die sexuelle Selbstbestimmung. Betrachtet man dazu die Straftaten, welche in den weiteren Ermittlungsverfahren verfolgt wurden, so ergeben sich im Verhältnis keine Besonderheiten. Die Delikte gegen die körperliche Unversehrtheit machen stets die größte Deliktsgruppe aus.

Was das Zeitintervall zwischen dem Beginn der Führungsaufsicht und dem ersten Ermittlungsverfahren angeht, so vergingen im Durchschnitt 13 Monate. Dabei begann in einem Fall das Ermittlungsverfahren bereits einen Tag nach dem Beginn der Führungsaufsicht. Der längste Zeitraum betrug 35 Monate.

7.12.2 *Ermittlungsverfahren nach Unterstellungsgrund und Deliktsgruppe*

Des Weiteren wurde erfasst, bei welchen Gruppen mindestens ein Ermittlungsverfahren während der laufenden Führungsaufsicht lief. Dazu wurde zum einen nach Eintrittsgrund der Führungsaufsicht und zum anderen nach Deliktsgruppe[736] differenziert. Die folgenden *Tabellen 40* und *41* veranschaulichen das Ergebnis.

---

734 Zu der Klassifizierung vgl. oben unter *7.6.4.*

735 Einen Überblick über alle den Ermittlungsverfahren zu Grunde liegenden Straftaten gibt *Tabelle 39.1* im Anhang.

736 Zu der Klassifizierung vgl. oben unter *7.6.4.*

Tabelle 40: Ermittlungsverfahren in Abhängigkeit vom Unterstellungsgrund

Eintrittsgrund	Häufigkeit	davon mindestens ein Ermittlungsverfahren
§ 68f StGB	129	73 (56,6%)
§ 67d Abs. 2 StGB	42	17 (40,5%)
§ 67d Abs. 5 StGB	15	5 (33,3%)
§ 67b StGB	7	4 (57,1%)
§ 67c StGB	2	0 (0,0%)
§ 67d Abs. 4 StGB	1	0 (0,0%)
§ 67d Abs. 6 StGB	1	1 (100,0%)
§ 67d Abs. 3 StGB	0	0
§ 68 Abs. 1 StGB	0	0
Gesamt	**197**	**100**

Mit 56,6% wurde gegen deutlich mehr als die Hälfte der Probanden, die auf Grund der Vollverbüßerregelung gem. § 68f StGB unter Führungsaufsicht gestellt wurden, in mindestens einem Fall ermittelt. Damit weisen sie in diesem Sinne die höchste Rückfälligkeit auf. Zwar wurde gegen die Probanden, die gem. § 67b StGB bzw. gem. § 67d Abs. 6 StGB der Führungsaufsicht unterstellt wurden in 57,1% bzw. in 100% der Fälle ermittelt, jedoch sind sie auf Grund ihrer geringen Häufigkeit statistisch zu vernachlässigen. Die Probanden, bei denen gem. § 67d Abs. 2 StGB Führungsaufsicht eintrat sahen sich in 40,5% der Fälle mindestens einem Ermittlungsverfahren ausgesetzt. Dies ist insofern bemerkenswert, da sie auf Grund der Aussetzung einer stationären Unterbringung in einem psychiatrischen Krankenhaus gem. § 63 StGB bzw. in einer Entziehungsanstalt gem. § 64 StGB eine positive Legalprognose besaßen.

231

Tabelle 41: Ermittlungsverfahren in Abhängigkeit von der Deliktsgruppe

Deliktsgruppe	Häufigkeit	davon mindestens ein Ermittlungsverfahren
Delikte gegen die körperliche Unversehrtheit	73	49 (67,1%)
Eigentums- und Vermögensdelikte	46	27 (58,7%)
Delikte gegen die sexuelle Selbstbestimmung	26	13 (50,0%)
Tötungsdelikte	7	3 (42,9%)
Sonstige[737]	40	8 (20,0%)
Gesamt	**192**	**100**

Gegen 67,1% derjenigen, die auf Grund eines Delikts gegen die körperliche Unversehrtheit unter Führungsaufsicht standen, wurde in mindestens einem Fall während der laufenden Führungsaufsicht ermittelt. Damit weisen sie in diesem Sinne die höchste Rückfälligkeit auf. Bemerkenswert ist, dass gegen die Gruppe der Sexualdelinquenten in keinem Fall auf Grund einer Sexualstraftat ermittelt wurde.

7.12.3 Beendigungen der Ermittlungsverfahren und Verurteilungen während der laufenden Führungsaufsicht

Von den insgesamt 215 Ermittlungsverfahren waren im Zeitpunkt der Erhebung bereits 108 beendet. Die *Tabelle 42* gibt einen kurzen Überblick über den Ausgang sämtlicher beendeter Verfahren. Die noch nicht beendeten Verfahren liefen noch oder der aktuelle Status des jeweiligen Verfahrens ließ sich der Akte nicht entnehmen.

Tabelle 42: Ausgang der beendeten Ermittlungsverfahren

Verurteilungen	Einstellungen	Freisprüche	Gesamt
92 (85,2)	12 (11,1%)	4 (3,7%)	**108 (100%)**

---

737 Einen Überblick über alle der Führungsaufsichten zu Grunde liegenden Straftaten gibt *Tabelle 25.1* im Anhang.

Insgesamt kam es zu 92 Verurteilungen. Diese teilen sich auf insgesamt 72 Probanden auf. Folglich wurden 20 Probanden mehr als nur ein Mal während der laufenden Führungsaufsicht verurteilt. Im Hinblick auf die Straftaten, welche den jeweiligen Verurteilungen zu Grunde liegen, entspricht das Bild den im ersten Ermittlungsverfahren verfolgten; d. h. die Gruppe der Delikte gegen die körperliche Unversehrtheit macht den größten Anteil aus.[738]

Interessant ist in diesem Zusammenhang, dass es sich bei insgesamt 73 Verurteilungen um Probanden handelt, deren Führungsaufsicht gem. § 68f StGB eingetreten ist. D. h. knapp 80% der Verurteilungen während der laufenden Führungsaufsicht ist auf die Gruppe der Vollverbüßer zurückzuführen. Wie oben dargestellt teilen sich die insgesamt 92 Verurteilungen auf 72 Probanden auf. Von diesen 72 handelt es sich in 61 Fällen um Vollverbüßer und in elf Fällen um Probanden, die aus einer Maßregel entlassen wurden. Mit anderen Worten: Die Vollverbüßer machen bei den Rückfälligen 85% aus.[739]

Eine Antwort auf die Frage, welche die häufigsten Straftaten sind, die einer Verurteilung zu Grunde liegen, gibt folgende *Tabelle 43*.

Tabelle 43: Die einzelnen abgeurteilten Straftaten

Verurteilungen gem.	Häufigkeit	Prozent
§ 223 StGB	13	14,1
§ 263 StGB	13	14,1
§ 242 StGB	11	11,9
§ 224 Abs. 1 StGB	9	9,8
§ 316 StGB	8	8,7
§ 265a StGB	6	6,6
Sonstige	32	34,8
Gesamt	92	100,00

In einem Fall wurde ein Proband wegen Mordes verurteilt. Dieser war bereits in einem vorherigen Verfahren während der laufenden Führungsaufsicht wegen eines Diebstahls in einem besonders schweren Fall zu einer Freiheits-

---

738 Vgl. dazu oben die *Tabelle 39*.

739 Auch nach den kommentierten Rückfallstatistiken von *Weigelt/Hohmann-Fricke* 2006 bzw. *Jehle/Albrecht/Hohmann-Fricke* 2010 weist die Gruppe der Vollverbüßer die höchste Rückfallquote auf.

strafe auf Bewährung verurteilt wurden. Bei dem Täter handelt es sich um einen wegen Raubdelikten vorbestraften. So lag der Führungsaufsicht auch eine Verurteilung wegen schweren Raubes zu Grunde. Auch in der Akte ließen sich keine Anzeichen dafür finden, dass es zu einem solchen Gewaltausbruch kommen kann. Der Proband wurde in den Berichten des Bewährungshelfers als offen und kommunikativ bezeichnet.

Bemerkenswert ist des Weiteren, dass es in keinem Fall zu einer Verurteilung wegen eines Sexualdelikts kam. Zwar wurde im Rahmen der ersten sechs ausgewerteten Ermittlungsverfahren in drei Fällen wegen eines solchen Delikts ermittelt,[740] jedoch wurde das Verfahren in allen drei Fällen eingestellt.

7.12.4 Die Art der Verurteilungen während der laufenden Führungsaufsicht

Eine Antwort auf die Frage welche Sanktionen den verurteilten Probanden während der laufenden Führungsaufsicht auferlegt wurden, gibt folgende *Tabelle 44*.

Tabelle 44: Art der Verurteilungen

Art der ersten Verurteilung während der laufenden Führungsaufsicht	Häufigkeit	Prozent
Unbedingte Freiheitsstrafe, § 38 StGB	28	30,4
Bedingte Freiheitsstrafe, § 56 StGB	20	21,7
Geldstrafe, § 40 StGB	36	39,1
Jugendstrafe, § 17 JGG	3	3,3
Bedingte Jugendstrafe, § 21 JGG	1	1,1
Zuchtmittel, § 13 JGG	1	1,1
Unterbringung in einer Entziehungsanstalt, § 64 StGB	2	2,2
Unterbringung in der Sicherungsverwahrung, § 66 StGB	1	1,1
Gesamt	**92**	**100,0**

---

740 In keinem Fall handelte es sich dabei um einen Probanden, der auf Grund eines Sexualdelikts der Führungsaufsicht unterstellt wurde, vgl. dazu oben unter *7.12.2*.

In 36 Fällen wurde der Proband zu einer Geldstrafe verurteilt, was mit 39,1% den größten Anteil ausmacht. Die unbedingte Freiheitsstrafe folgt an zweiter Stelle mit insgesamt 28 Fällen, was einem prozentualen Anteil von 30,4 entspricht. Addiert man die Verurteilungen zu einer unbedingten Freiheitsstrafe mit den Verurteilungen zu einer unbedingten Jugendstrafe, der Unterbringung in einer Entziehungsanstalt und in der Sicherungsverwahrung, so kam es in insgesamt 34 Fällen zu einer Verurteilung zu einer stationären Sanktion. Dies entspricht einem Anteil von knapp 37%. So befanden sich im Zeitpunkt der Erhebung auch mit 24 verurteilten Probanden 26% wieder in Haft oder in einer stationären Maßregel. Dabei handelte es sich in 18 Fällen um Probanden, die auf Grund der Vollverbüßerregelung gem. § 68f StGB unter Führungsaufsicht gestellt wurden. Damit machen sie 75% derjenigen aus, die sich wieder in Haft bzw. in einer stationären Maßregel befinden. In jeweils drei Fällen handelte es sich um Probanden, die gem. § 67d Abs. 2 StGB (Aussetzung einer stationären Maßregel) bzw. gem. § 67d Abs. 5 StGB (Erledigung der Unterbringung in einer Entziehungsanstalt) der Führungsaufsicht unterstellt wurden. Dies entspricht einem Anteil von jeweils 12,5%. Bei den übrigen zehn Probanden ist es in diesem Zeitpunkt noch nicht zum Straf- bzw. Maßregelantritt gekommen.

Was das zeitliche Intervall zwischen dem Beginn der Führungsaufsicht und dem Tag der Verurteilung angeht, so vergingen im Durchschnitt 18 Monate. Ein Proband wurde bereits nach einem Monat wieder verurteilt und ein Proband erst nach 47 Monaten, also knapp vier Jahren.

7.13   Probanden im Überwachungskonzept FoKuS

Im Rahmen der Erfassung wurde des Weiteren der Frage nachgegangen, wie viele Probanden dem Überwachungskonzept FoKuS[741] unterstellt wurden. Die „Verwaltungsvorschrift betreffend das Überwachungskonzept für besonders rückfallgefährdete Sexual- und Gewaltstraftäter in Mecklenburg-Vorpommern – Für optimierte Kontrolle und Sicherheit – FoKuS" datiert vom 9. März 2010.[742] Insofern liefen die meisten der erhobenen Fälle bereits als die Verwaltungsvorschrift erlassen wurde. Jedoch heißt es unter 4.1.3 „Altverfahren" der Verwaltungsvorschrift, dass die noch laufenden Altverfahren, die unter den Anwendungsbereich der Vorschrift fallen, innerhalb eines Monats nach Inkrafttreten der Vorschrift entsprechend von den Führungsaufsichtsstellen aufgenommen werden müssen.

---

741   Vgl. zu dem Konzept die ausführlichen Ausführungen oben unter *6.3.1*.

742   AmtsBl. M-V 2010, S. 138. Mittlerweile wurde die Verwaltungsvorschrift überarbeitet, vgl. AmtsBl. M-V 2012, S. 618.

Von den 192 komplett ausgewerteten Fällen waren im Zeitpunkt der Erhebung 25 Probanden dem Konzept unterstellt.[743] Dies entspricht 13% aller erfassten Fälle. Die durch die Verwaltungsvorschrift vorgegebene Monatsfrist wurde jedoch in keinem Fall eingehalten. Im Durchschnitt vergingen knapp drei Monate bis zur Einbeziehung der entsprechenden Fälle in das Überwachungskonzept. In einem Fall vergingen acht Monate bis der Proband aufgenommen wurde. Betrachtet man den Zeitpunkt, in dem die jeweilige Aufnahme erfolgte, wird deutlich, dass die meisten Erfassungen im Monat Juni des Jahres 2010 vorgenommen wurden. Dies lässt darauf schließen, dass es seitens der Aufsichtsstellen unternommen wurde, einschlägige Fälle in einem Arbeitsvorgang zu erfassen.

Bei den 25 FoKuS-Probanden handelt es sich in 18 Fällen um Sexualstraftäter, d. h. der Führungsaufsicht lag eine entsprechende Straftat zu Grunde. Dies entspricht bezogen auf die 25 FoKuS-Probanden einem prozentualen Anteil von 72. In fünf Fällen handelte es sich um Gewaltstraftäter. In zwei Fällen lag der Führungsaufsicht eine Straftat zu Grunde, die nicht vom Anwendungsbereich des Überwachungskonzepts erfasst wurde. So wurde in einem Fall ein Proband dem Konzept unterstellt, der wegen Störung des öffentlichen Friedens durch Androhung von Straftaten gem. § 126 StGB verurteilt wurde und in einem anderen Fall lag der Führungsaufsicht eine schwere räuberische Erpressung gem. §§ 255, 250 StGB zu Grunde.

Hinsichtlich des Eintrittsgrunds der Führungsaufsicht handelte es sich in 20 Fällen um Vollverbüßer nach § 68f StGB. Eine Aussetzung einer stationären Maßregel gem. § 67d Abs. 2 StGB lag in drei Fällen zu Grunde. In einem Fall trat die Führungsaufsicht ein, da eine Maßregel, vor der eine Freiheitsstrafe vollstreckt wurde, zur Bewährung ausgesetzt wurde, § 67c StGB, und in einem weiteren Fall wurde die Unterbringung in einer Entziehungsanstalt gem. § 67d Abs. 5 StGB für erledigt erklärt. Damit macht unter den FoKuS-Probanden die Gruppe der Vollverbüßer mit 80% den größten Teil aus. Bemerkenswert ist, dass der Eintrittsgrund der Führungsaufsicht nach § 67c StGB den Anwendungsbereich des Konzepts nicht eröffnet. Bei diesem Probanden handelt es sich darüber hinaus um denjenigen, der gem. § 126 StGB verurteilt wurde. Insofern durfte er in zweifacher Hinsicht nicht in das Überwachungskonzept aufgenommen werden.

7.14 Die Berichte der Bewährungshilfe und die Anhörungen

Der letzte Punkt der empirischen Untersuchung beschäftigt sich mit den Berichten der Bewährungshelfer und den Anhörungen. Die Berichte sind insofern von besonderer Bedeutung, als sie die einzige Informationsquelle für die Auf-

---

743 Derzeit werden 153 Probanden von der Konzeption erfasst. Stand: 8.7.2013.

sichtsstelle in Bezug auf den konkreten Verlauf des einzelnen Falls darstellen. Insofern richten sich die von der Aufsichtsstelle getroffenen Maßnahmen allein nach diesen Berichten, meistens in Absprache mit dem zuständigen Bewährungshelfer. Vor diesem Hintergrund wurde erfasst, wie viele Berichte in einer Akte enthalten sind, wie groß die Zeitabstände zwischen dem Beginn der Führungsaufsicht und den einzelnen Berichten sind und was die Berichte grundsätzlich zum Inhalt haben. So wurden in ihnen bspw. Anhörungen angeregt, welche dann ggf. von der Aufsichtsstelle terminiert und festgesetzt werden. Diese wurden ebenfalls erfasst. Hinsichtlich der Berichte und der Anhörungen wurden jeweils ggf. die ersten drei erfasst.

7.14.1 *Die Berichte*

Im Durchschnitt waren in einer Akte knapp sieben Berichte enthalten. In sieben Fällen enthielt die Akte keinen einzigen Bericht, in einem Fall enthielt sie 22 Berichte. Was das zeitliche Intervall zwischen dem Beginn der Führungsaufsicht und dem ersten Bericht angeht, so vergingen im Durchschnitt drei Monate. Der durchschnittliche zeitliche Rahmen zwischen dem Erstbericht und dem Zweitbericht betrug gut vier Monate und derjenige zwischen dem Zweitbericht und Drittbericht 4,5 Monate. Insofern wurde der zeitliche Abstand der Berichterstattung mit der Zeit der laufenden Führungsaufsicht immer etwas größer. Grundsätzlich bemisst sich das zeitliche Intervall nach dem Einzelfall, sodass verschiedene Fristen hinsichtlich einer erneuten Vorlage eines Berichts gesetzt werden und auch die Kontakfrequenz zwischen dem Bewährungshelfer und dem einzelnen Probanden orientiert sich daran. So heißt es bspw. unter *4.2.1* „Überwachungsverfahren bei den Sozialen Diensten" der Verwaltungsvorschrift FoKuS, dass durchgängig eine 14-tägige Frequenz einzuhalten ist. Entsprechend verkürzt sich die Berichterstattung.

Auch was die inhaltliche Ausgestaltung der Berichte angeht, so ist der Einzelfall entscheidend. Insofern differieren die Berichte auch stark, was die Zeilenzahl und den inhaltlichen Umfang überhaupt angeht. Ein Bericht ist im Durchschnitt 18 Zeilen lang, wobei die Zeilenzahl zwischen einer und 121 variiert. Dabei lässt sich grundsätzlich sagen, dass ein ausführlicher Bericht zu folgenden Punkten Stellung nimmt:

- Kontakthaltung zu dem einzelnen Bewährungshelfer,
- die Lebenssituation (Wohnsituation, familiäre und finanzielle Situation, Freizeitverhalten),
- Einhaltung von Weisungen,
- Legalverhalten,
- weitere Betreuungsplanung und
- Sonstiges.

Insgesamt soll in den Berichten über alles das berichtet werden, was den konkreten Verlauf der Führungsaufsicht angeht. Der Führungsaufsichtsstelle obliegt es dann ggf. entsprechend zu reagieren.

7.14.2 Die Anhörungen

In einigen Fällen wird seitens der Bewährungshilfe eine Anhörung angeregt, welche dann ggf. von der Aufsichtsstelle festgesetzt wird. Das ist bspw. der Fall, wenn sich neue Verläufe im Rahmen der einzelnen Führungsaufsicht zeigen, welche es als notwendig erscheinen lassen, dass der Proband geladen und aufgeklärt bzw. informiert wird. Insofern kann man die Anhörung – wie oben bereits angedeutet[744] – als erste „weiche" Maßnahme bezeichnen, um auf entsprechende Verläufe zu reagieren. Weich deswegen, weil sich an eine Anhörung nicht unmittelbar Konsequenzen anschließen, wie etwa die Stellung eines Strafantrags nach § 145a StGB. Beteiligte einer solchen Anhörung sind neben dem Probanden stets der zuständige Sozialarbeiter der Aufsichtsstelle und bei Bedarf der Bewährungshelfer, der Leiter der Aufsichtsstelle oder auch ein Psychologe der forensischen Ambulanz.

In insgesamt 52 Fällen wurde mindestens eine Anhörung anberaumt, was einem Anteil von gut 27% entspricht. Davon kam es in 42 Fällen zu nur einer Anhörung, in acht Fällen zu zwei und in zwei Fällen zu drei Anhörungen. Was das zeitliche Intervall zwischen dem Beginn der Führungsaufsicht und der ersten Anhörung angeht, so vergingen im Durchschnitt 15,6 Monate, wobei die früheste Anhörung bereits nach drei Wochen stattfand und die späteste nach 40 Monaten. Der durchschnittliche Zeitraum zwischen der ersten und der zweiten Anhörung betrug gut sieben Monate sowie der derjenige zwischen der zweiten und der dritten 11 Monate. In immerhin 15 Fällen kam der Proband nicht zu der ersten Anhörung und es musste ein zweiter Termin festgesetzt werden. In vier Fällen wurde daraufhin ein Vorführungsbefehl veranlasst.[745] In den übrigen Fällen handelte es sich um Fälle, bei denen der Termin problemlos nachgeholt werden konnte, da das erstmalige Nichterscheinen auf schlichtes Vergessen oder Verspätungen zurückzuführen war.

Wie bereits erwähnt handelte es sich dabei inhaltlich um ein erstes weiches Instrument, um auf etwaige Verfehlungen zu reagieren. Insofern wurde der Proband häufig über mögliche Konsequenzen wie einer Antragsstellung nach § 145a StGB informiert. Oft handelte es sich aber auch um schlichte Informationen über die Führungsaufsicht und deren Ausgestaltung an sich.

---

744   Vgl. oben unter *7.11.1.*

745   Vgl. oben unter *7.10.4.*

7.15 Zusammenfassung der eigenen empirischen Untersuchung

Im Rahmen der eigenen empirischen Untersuchung wurde eine Bestandsaufnahme der Führungsaufsichtsakten mit dem Aktenzeichen 09 erarbeitet. Vor diesem Hintergrund wurde neben einer Darstellung der allgemeinen Merkmale der Probanden der Frage nachgegangen, wie die Führungsaufsicht in Mecklenburg-Vorpommern gehandhabt wird und wurde, darüber hinaus welche rechtlichen Maßnahmen und Möglichkeiten zur Anwendung kamen, um auf Ereignisse zu reagieren. Dabei liefen die betrachteten Führungsaufsichten im Durchschnitt 31 Monate, sodass auch etwaige Verläufe und Entwicklungen in die Untersuchung miteinbezogen werden konnten.

Betrachtet man die so gefundenen Ergebnisse, so werden viele Aussagen, die in Bezug auf die Klientel der Führungsaufsicht getroffen werden, bestätigt. So handelt es sich erwartungsgemäß in den meisten Fällen um Straftäter, die bereits häufig straffällig wurden. Lediglich 9,4% der Probanden wiesen vor der die Führungsaufsicht auslösenden Entscheidung keine gerichtliche Vorentscheidung auf. Insofern handelt es sich in den meisten Fällen um Straftäter, die auf eine zum Teil lange kriminelle Karriere zurückblicken. Dabei betrug das Durchschnittsalter der Probanden im Zeitpunkt der Erhebung 36 Jahre. Auffällig ist dabei, dass es sich lediglich in 3% der Fälle um Frauen handelte und in lediglich 1,5% um Probanden, die nicht die deutsche Staatsangehörigkeit besaßen. In diesem Zusammenhang erwähnenswert ist des Weiteren, dass es sich in 31,8% der untersuchten Fälle um Probanden handelte, die nach Jugendstrafrecht verurteilt wurden. Im Hinblick auf die weiteren allgemeinen Merkmale der Klientel wird deutlich, dass die Aussage es handele sich in 80% der Führungsaufsichtsfälle um Sexual- und Gewaltstraftäter, nicht bestätigt werden konnte. Zwar ist die gefährliche Körperverletzung gem. § 224 StGB das häufigste Delikt, welches einer Führungsaufsicht zu Grunde lag, jedoch machten die größte Gruppe die Delikte gegen die körperliche Unversehrtheit aus.

Im Hinblick auf die konkrete Ausgestaltung der Führungsaufsicht wurde im Durchschnitt eine Dauer von drei Jahren und sieben Monaten festgesetzt. Dabei enthielt der jeweilige Führungsaufsichtsbeschluss im Durchschnitt 4,2 Weisungen nach § 68b Abs. 1 und 2 StGB. Bemerkenswert ist in diesem Zusammenhang, dass von den durch die Reform von 2007 neu eingefügten bzw. konkretisierten Weisungen häufig Gebrauch gemacht wird. Nicht unerhebliche Schwächen zeigten sich im Zusammenhang mit der Erteilung von Weisungen jedoch in der Formulierung, v. a vor dem Hintergrund der Bestimmtheit. Nicht einmal 10% der Weisungen wurden ausreichend begründet, d. h. mehr als 90% der Weisungen waren nach der Rechtsprechung des Oberlandesgerichts Rostock rechtswidrig. Darüber hinaus lassen sich viele Weisungen nicht eindeutig dem Katalog sanktionsbewehrter Weisungen des § 68b Abs. 1 StGB zuordnen. Was die Anwendung der Reaktionsmittel seitens der Führungsaufsichtsstelle angeht, so wird deutlich, dass von einigen Maßnahmen kaum Gebrauch gemacht wurde. So fand in lediglich 2,6% der Fälle eine Krisenintervention gem. § 67h StGB statt und nur in 2,1% wurde ein Vorführungsbefehl gem. § 463a Abs. 1 S. 2 StPO erlassen. Auch die Ausschreibung zur Aufenthaltsermittlung gem. § 463a Abs. 3 StPO wurde mit 5,7% kaum zur Anwendung gebracht. Bei diesen drei Maßnahmen handelt es sich um solche, die durch die Reform von 2007 neu eingefügt wurden. Die polizeiliche Beobachtung gem. § 463a Abs. 2 StPO wurde hingegen in 13% der Fälle veranlasst. Dabei gilt es jedoch zu bedenken, dass diese obligatorisch bei allen FoKuS-Probanden angeordnet wird. Da sich diese 13% jedoch in der Anzahl der FoKuS-Probanden widerspiegeln wird deutlich, dass die polizeilich Beobachtung unabhängig von diesen speziellen Probanden überhaupt keine Anwendung fand. Insgesamt fördert die Untersuchung damit zu Tage, dass die genannten Maßnahmen nur sehr selten Berücksichtigung fanden. Ähnlich verhält es sich in diesem Zusammenhang auch mit der Anwendung der Strafvorschrift des § 145a StGB. Dabei fällt zudem eine deutliche Diskrepanz zwischen der Anzahl der Anträge nach § 145a StGB und der Anzahl der tatsächlichen Verurteilungen nach dieser Vorschrift auf. 26 Anträge zogen lediglich sechs Verurteilungen nach sich und in vielen Fällen blieb unklar, ob die Verfahren überhaupt weiter vorangetrieben wurden. Nichtsdestotrotz offenbart die Untersuchung, dass die Vorschrift sehr wohl zur Anwendung kam, wenn es darum ging auf den Probanden in Gesprächen Druck auszuüben. Solche Gespräche fanden dabei v. a. im Rahmen von Anhörungen statt. In 27% der Fälle wurde mindestens eine anberaumt.

Im Hinblick auf das Legalverhalten der Probanden während der laufenden Führungsaufsicht wurde in 52,1% der Fälle mindestens ein neues Ermittlungsverfahren eingeleitet, wobei es sich in den meisten Fällen um Ermittlungen im Rahmen von Eigentums- und Vermögensdelikten handelte. 72 Probanden wurden in dem betrachteten Zeitraum wieder verurteilt, meistens wegen eines Eigentums- oder Vermögensdelikts, zum Teil wegen Bagatelldelikten wie Beförderungserschleichung. 2434 Probanden befanden sich in Folge erneuter Verurteilungen im Zeitpunkt der Erhebung wieder in einer stationären Einrichtung. Ein Proband wurde wegen Mordes verurteilt und zu einer lebenslangen Freiheitsstrafe verurteilt. Insgesamt hat sich gezeigt, dass sich die Gruppe der Vollverbüßer als besonders problematisch herausstellte.

Die so gefundenen Ergebnisse erlauben es, Aussagen in Bezug auf die Handhabung der Führungsaufsicht vor der Schaffung einer zentralen Führungsaufsichtsstelle zu treffen. Solche Zahlen existierten vor dieser Untersuchung in Mecklenburg-Vorpommern nicht. Dabei gilt es jedoch zu berücksichtigen, dass es sich ausschließlich um die Erhebung der Führungsaufsichtsakten mit dem

Aktenzeichen 09 handelt und es nicht ausgeschlossen werden kann, dass dieser „Jahrgang" Besonderheiten gegenüber anderen aufweist. Trotzdem eignet sich die Untersuchung dazu, Fragen nach der konkreten Handhabung zu beantworten, gerade wenn es darum geht, die Anwendung der durch die Reform von 2007 neu eingefügten Regelungen zu beleuchten. In diesem Zusammenhang kommt die Untersuchung zu dem Schluss, dass das erweiterte Weisungsinstrumentarium zur Anwendung kommt. Etwaige Weisungen wurden jedoch bereits vor der Reform formuliert, unterfielen jedoch nicht bestimmten Weisungstatbeständen gem. § 68b Abs. 1 StGB. Insofern kann nicht davon gesprochen werden, dass sich die Weisungserteilung wesentlich geändert hat. Die Gründe für die seltene Anwendung der bezeichneten Neuregelungen insgesamt lassen sich auf eine Tatsache zurückführen: es wurden zwar Neuregelungen geschaffen, an der praktischen Organisation im Hinblick auf deren Implementation wurde jedoch zeitgleich nichts geändert. Nicht nur deshalb ist die Aussage angebracht, dass die Führungsaufsicht in der Praxis eine untergeordnete Rolle eingenommen hat. Denn die Untersuchung förderte gleichzeitig weitere Defizite zu Tage. So fielen neben mangelhaften Formulierungen im Rahmen der Weisungserteilung und dem „Versickern" von Strafanträgen nach § 145a StGB weitere Unzulänglichkeiten auf. Die Tatsache, dass die bezeichneten Maßnahmen kaum zur Anwendung kamen, verdeutlicht ebenso die „Nebenrolle" der Führungsaufsicht wie zum Teil nicht unerhebliche Fehler im Rahmen der Bearbeitung bzw. der rechtlichen Würdigung einzelner Fälle. So liefen etwa Führungsaufsichten über das eigentliche Ende hinaus oder die Führungsaufsicht trat ein, obwohl deren Voraussetzungen schlicht nicht gegeben waren.

Insgesamt lassen die vorgefundenen Ergebnisse den Schluss zu, dass die Führungsaufsicht zwar in quantitativer Sicht in den vergangenen Jahren in Mecklenburg-Vorpommern zugenommen hat, in qualitativer Sicht, was die praktische Handhabung durch die (ehemals) vier Führungsaufsichtsstellen angeht, jedoch nicht weiterentwickelt wurde. Das Instrument der Führungsaufsicht nahm eher die Rolle einer „Verwaltungsangelegenheit" ein als die eines Instruments, welches mit flexiblen Reaktionsmöglichkeiten ausgestattet ist. Die Gründe dafür liegen auf der Hand: Die Führungsaufsicht galt als „Beiwerk". Nicht zuletzt auf Grund dieser Problematik wurde die Strukturierung der Führungsaufsicht in Mecklenburg-Vorpommern überdacht und mit der zentralen Führungsaufsichtsstelle eine spezialisierte Institution geschaffen.

8. Die Errichtung des Landesamtes für ambulante Straffälligenarbeit im Jahr 2011

Gem. Art. 295 Abs. 1 EGStGB gehören die Aufsichtsstellen zum Geschäftsbereich der Landesjustizverwaltungen. Vor diesem Hintergrund waren die Führungsaufsichtsstellen – wie es auch bundesweit gängige Praxis ist[746] – ursprünglich bei den Landgerichten angesiedelt. Für Mecklenburg-Vorpommern bedeutete dies, dass die Führungsaufsichtsstellen bei den vier Landgerichten des Landes in Rostock, Schwerin, Neubrandenburg und Stralsund existierten. Insofern wurde die Aufgabe der Aufsicht über die Führungsaufsichtsprobanden auf vier Stellen aufgeteilt. Doch bereits im Juni 2007 wurde durch das Justizministerium Mecklenburg-Vorpommerns im Rahmen des Vollzugskonzepts „Die Zukunft des Justizvollzuges und der Sozialen Dienste in Mecklenburg-Vorpommern" die Zielvorgabe formuliert, eine zentrale Führungsaufsichtsstelle zu schaffen, um eine professionelle und konzentrierte Aufsicht zu gewährleisten.[747] Von diesem Zeitpunkt an wurde auf die Schaffung einer solchen Zentralstelle hingearbeitet und eine entsprechende Konzeption erarbeitet.[748] Diese Konzeption war das Ergebnis des im Frühjahr 2008 erarbeiteten Projektauftrags „Koordinierung und Harmonisierung des Führungsaufsichtswesens in Mecklenburg-Vorpommern – Schaffung einer zentralen Führungsaufsichtsstelle". Ziel der Konzeption war es, die Schaffung einer zentralen Aufsichtsstelle vorzubereiten und entsprechende organisatorische Vorschläge zu erarbeiten. Vor diesem Hintergrund wurde bspw. die Aktenführung in den vier Führungsaufsichtsstellen standardisiert, um nach einer entsprechenden Zusammenlegung ein „nahtloses Weiterarbeiten" zu ermöglichen. Des Weiteren nahm die Konzeption Stellung zu den Fragen der konkreten Struktur und Aufgabenverteilung einer zentralen Aufsichtsstelle sowie zu dem Geschäftssitz und dem anfallenden Personalbedarf. Insgesamt schuf die Konzeption die erforderlichen Rahmenbedingungen, um die Errichtung einer solchen Zentralstelle auf gesetzgeberischem Wege umzusetzen.

Im Ergebnis trat das „Gesetz zur Errichtung des Landesamtes für ambulante Straffälligenarbeit (LaStarG)" am 1. April 2011 in Kraft.[749] Als übergeordnetes Ziel der Errichtung eines solchen Landesamtes nennt der Gesetzesentwurf die

---

746 In einigen Bundesländern – wie bspw. in Bayern – ist eine Führungsaufsichtsstelle allerdings auch für mehrere Landgerichtsbezirke zuständig. Zur grundsätzlichen Organisation der Führungsaufsichtsstellen vgl. auch *Kammermeier* 2013. S. 161 ff.

747 Vgl. *Mecklenburg-Vorpommersches Ministerium der Justiz* 2009, S. 1.

748 Vgl. *Mecklenburg-Vorpommersches Ministerium der Justiz* 2009.

749 GVOBl. M-V 2011, S. 175.

Verhinderung von Wiederholungstaten und den Opferschutz.[750] Durch die Zentralisierung der Führungsaufsichtsstelle und deren organisatorischer Zusammenlegung mit den Sozialen Diensten[751] der Justiz sowie der forensischen Ambulanz unter dem Dach einer Behörde sollten Informationsverluste verringert und die Kontrolldichte gegenüber den Probanden erhöht werden.[752] Im Einzelnen formulierte die Begründung des Gesetzesentwurfs folgende Zielsetzungen, welche mit der Schaffung des LaStar verfolgt werden sollen:[753]

- die Förderung der Zusammenarbeit der einzelnen Verwaltungseinheiten, die mit der ambulanten staatlichen Straffälligenarbeit betraut sind,
- die Verminderung von Informationsverlusten zwischen der Führungsaufsichtsstelle, den Sozialen Diensten und der forensischen Ambulanz,
- die sachgerechte Bewältigung der Aufgaben mit den vorhandenen Fachkräften durch die einheitliche Struktur der Behörde,
- die Schaffung eines kompetenten Ansprechpartners für andere in der Strafrechtspflege tätigen Institutionen,
- die Vertretung und Erkennbarkeit der ambulanten Straffälligenarbeit nach außen, einschließlich der interessierten Öffentlichkeit,
- die besondere Herausstellung der Bedeutung, welche die Landesregierung dieser Aufgabe beimisst und
- eine bundesweit richtungsweisende Konzentration der drei Einrichtungen in einer Behörde.

Vor diesem Hintergrund wurde das LaStar geschaffen und die Zusammenlegung der drei Einrichtungen umgesetzt.[754] Für die Führungsaufsichtsstelle bedeutete dies folglich die Zusammenlegung aller vier bisherigen Aufsichtsstellen und damit verbunden die Zusammenlegung aller laufenden Führungsaufsichtsfälle. Diese Bündelung sämtlicher Führungsaufsichten in einem Bundesland ist einzigartig in Deutschland und Mecklenburg-Vorpommern gibt sich damit selbst

---

750 Vgl. LT-Drucks. 5/3873, S. 1.

751 Diese wurden in Form der Gerichtshilfe, der Bewährungshilfe und der Führungsaufsicht 1991 zu den Sozialen Diensten bei den Landgerichten zusammengeführt. 2005 wurden die Sozialen Dienste organisatorisch von den Landgerichten gelöst und bestehen seitdem als eigenständige Organisationseinheit.

752 Vgl. LT-Drucks. 5/3873, S. 2.

753 Vgl. LT-Drucks. 5/3873, S. 13 f.

754 Zur Entstehung des LaStar vgl. auch *Koch* 2010, S. 264 ff.

die Vorreiterrolle in der kriminalpolitischen Reformdebatte.[755] Als Sitz des Landesamtes wurde Rostock festgelegt.[756]

8.1 Die zentrale Führungsaufsichtsstelle innerhalb des LaStar

Hinsichtlich der organisatorischen Struktur der Aufsichtsstelle macht Art. 295 Abs. 2 EGStGB klare Vorgaben.[757] Danach muss die Aufsichtsstelle aus einem Leiter, der ein Beamter des höheren Dienstes sein oder die Befähigung zum Richteramt besitzen muss, und Mitarbeitern bestehen. Diese Mitarbeiter sind dabei entweder Beamte des gehobenen Dienstes oder staatlich anerkannte Sozialarbeiter, welche die nach § 68a ff. StGB wahrzunehmenden Überwachungsaufgaben ausüben.[758] Vor diesem Hintergrund stellt sich die Struktur der Aufsichtsstelle als eine dreigliedrige dar, da die Aktenverwaltung einer Geschäftsstelle obliegt. Deren Aufgabe besteht v. a. in der Anlage der Akten und deren Verwaltung. Ferner ist die forensische Ambulanz der Führungsaufsichtsstelle unterstellt.[759]

8.1.1 Die Leitung der Führungsaufsichtsstelle und deren Aufgabe

Die Leitung der Führungsaufsichtsstelle war im Zeitpunkt der Erhebung mit einem Richter besetzt,[760] welcher die Dienst- und Fachaufsicht über die Mitarbeiter ausübte und sämtliche Verantwortung im Hinblick auf die Aufgaben und Entscheidungen der Aufsichtsstelle trug. Dabei handelte er nicht in richterlicher Unabhängigkeit.[761] Derzeit[762] ist die Leitung einem Richter übertragen, der in der Vergangenheit u. a. als Mitglied einer Vollstreckungs-, einer Schwurgerichts-, einer Staatschutzkammer sowie als Amtsrichter tätig und seit jeher mit der Maßregel Führungsaufsicht befasst war. Ihm obliegen v. a. die konzeptio-

---

755 Vgl. LT-Drucks. 5/3873, S. 2.

756 Zur Entstehung und zum konzeptionellen Selbstverständnis des Landesamtes vgl. dessen Leiter *Manzewski* 2012, S. 345 ff.

757 Die Anzahl der Führungsaufsichtsstellen wird dabei von den Ländern festgelegt, vgl. *Schulz* 1982, S. 127 mit Verweis auf entsprechende Regelungen einzelner Bundesländer.

758 Vgl. *Mecklenburg-Vorpommersches Ministerium der Justiz* 2009, S. 35.

759 Die folgenden Informationen basieren auf Interviews des Verfassers mit den Beschäftigten der Führungsaufsichtsstelle bzw. der forensischen Ambulanz.

760 Im Januar 2013 wechselte die Leitung. Seitdem wird die Leitung von einem Staatsanwalt besetzt.

761 Vgl. *Joecks/Miebach* 2005, § 68a Rn. 4.

762 Stand: 24.9.2012.

nelle Planung und die Unterzeichnung von Schriftwechseln mit übergeordneten Behörden sowie die schriftliche Antragsstellung nach § 145a StGB.[763] Darüber hinaus vertritt er die Führungsaufsichtsstelle nach außen, was gerade in Anbetracht der Einzigartigkeit einer solchen Aufsichtsstelle in Deutschland eine nicht unerhebliche Aufgabe darstellt. Neben diesen v. a. administrativen Aufgaben bearbeitet er zudem ca. 30 Akten. Vor diesem Hintergrund leitet er auch entsprechende Anhörungen und wirkt insgesamt darauf hin, dass die Koordination und Zusammenarbeit der Beteiligten – wie etwa der Staatsanwaltschaft, der Strafvollstreckungskammer und der Bewährungshilfe – gelingt. Seit der Einführung der elektronischen Aufenthaltsüberwachung[764] ist es des Weiteren die Aufgabe des Leiters der Führungsaufsichtsstelle, die entsprechenden Probanden in Bezug auf die Wirkweise der „Fußfessel" zu informieren und ihnen die gebotenen sowie die verbotenen Handlungen zu verdeutlichen. Als weiteres perspektivisches Aufgabenfeld nennt die Konzeption außerdem die Zusammenarbeit mit den Medien, da davon auszugehen sei, dass die Führungsaufsicht und damit die Aufsichtsstelle häufig Gegenstand der Berichterstattung ist bzw. sein wird.[765] Im Wesentlichen beschränkte sich die Berührung mit der Medienwelt bislang allerdings auf wenige Kontakte. So wenden sich die Medienvertreter ggf. meistens an das Justizministerium des Landes, welchem die Führungsaufsichtsstelle dann zuarbeitet. Allerdings haben einige Journalisten die Aufsichtsstelle auch schon besucht. Dies war bspw. der Fall als Mitte Oktober 2012 die Entführung und Vergewaltigung eines 17-jährigen Mädchens durch einen Führungsaufsichtsprobanden aus Mecklenburg-Vorpommern in der bundesdeutschen Medienwelt bekannt wurde.[766] Aus diesem Anlass wurde eine Pressekonferenz mit 23 Medienvertretern in den Räumlichkeiten des Landesamtes anberaumt, in der zu dem Fall seitens der Führungsaufsichtsstelle Stellung genommen wurde. Hintergrund dieser Vorgehensweise war die Idee, Spekulationen entgegenzuwirken und die Pressewelt über die tatsächlichen Begebenheiten aufzuklären. Grundsätzlich wird der Kontakt zu den Medien seitens der Mitarbeiter der Aufsichtsstelle jedoch nicht angestrebt, da es sich bei der Führungsaufsicht um ein sehr sensibles Thema handelt und vorrangig die Wiedereinglie-

---

763 Vgl. *Mecklenburg-Vorpommersches Ministerium der Justiz* 2009, S. 36.

764 Vgl. oben unter *6.2.1.*

765 Vgl. *Mecklenburg-Vorpommersches Ministerium der Justiz* 2009, S. 37.

766 Der „Fall Rebecca" sorgte bundesweit für große Aufregung. Ein unter Führungsaufsicht stehender Straftäter entführte das Mädchen und vergewaltigte es mehrfach in seiner Rostocker Wohnung. Erst nach vier Tagen gelang ihr die Flucht. Der Fall sorgte auch deswegen für große Aufmerksamkeit, da es sich bei dem Täter um einen bereits wegen einer Sexualstraftat Vorbestraften handelte. Jedoch lag der letzten Verurteilung eine Raubstraftat zu Grunde, sodass er auch nicht in den Anwendungsbereich von FoKuS fiel.

derung und die Hilfe im Vordergrund stehen sollen. Eine zu große Medien-öffentlichkeit würde diesen Zielen nicht dienen.

Insgesamt ist es die Aufgabe des Leiters der Führungsaufsichtsstelle, die Verantwortung für sämtliche Handlungen und Entscheidungen der Aufsichts-stelle zu tragen und dafür zu sorgen, die Zusammenarbeit sämtlicher Beteiligter zu organisieren. Dazu führt er u. a. auch gezielte Schulungsmaßnahmen durch, um dies zu gewährleisten. Vergessen werden darf vor dem Hintergrund der Neu-schaffung des Landesamtes und der zentralen Führungsaufsichtsstelle auch nicht, dass es dem ersten Leiter der Aufsichtsstelle oblag, das Zusammenlegen der ehemals vier Aufsichtsstellen in einer einzigen Stelle zu gewährleisten und umzusetzen. Dies erforderte einen erheblichen organisatorischen und auch lo-gistischen Aufwand.

8.1.2 Die Mitarbeiter der Führungsaufsichtsstelle und deren Aufgaben

Die Konzeption empfahl vor dem Hintergrund der Fallzahlen im Bundesgebiet und Erfahrungen aus Sachsen[767], die zentrale Führungsaufsichtsstelle mit insge-samt drei Mitarbeitern im gehobenen Dienst bzw. Sozialarbeitern zu besetzen. Zu Grunde gelegt wurde dabei eine Fallzahl von insgesamt 636 Verfahren, was somit einer Fallbelastung von 212 pro Mitarbeiter entsprochen hätte. Tatsächlich wurden jedoch nur zwei Mitarbeiterstellen geschaffen, welche gegenwärtig rund 750 Fälle betreuen.[768] Dazu bearbeiten der Leiter des Landesamtes und der Lei-ter der Aufsichtsstelle jeweils ca. 30 Fälle. Insofern betreut ein Sozialarbeiter rund 350 Fälle.

Die beiden Mitarbeiter sind jeweils Diplom-Sozialarbeiter und Sozialpäda-gogen (FH), welche zuvor auch als Bewährungshelfer gearbeitet haben. Insofern handelt es sich also um qualifizierte und praxiserfahrene Mitarbeiter, was vor dem Hintergrund der bisweilen schwierigen Klientel auch notwendig erscheint. Hinsichtlich des Aufgabenfelds sind die Mitarbeiter in der Hauptsache mit der Aktenbearbeitung und deren Führung betraut. Dabei stehen sie im engen Kon-takt mit den zuständigen Bewährungshelfern, wobei sie nicht deren Betreuungs-aufgaben wahrnehmen, da die Hauptaufgabe der Mitarbeiter in der Überwa-chung der Probanden besteht. Zusammengefasst umfasst die Tätigkeit der Mitarbeiter folgende Aufgaben:[769]

- Anforderung und Auswertung von Berichten der Sozialen Dienste,
- Erarbeitung von Vorschlägen zur Ausgestaltung von Weisungen,

---

767 In Sachsen war von 1998 bis 2008 bei der Generalstaatsanwaltschaft Dresden eine für das gesamte Bundesland zuständige Führungsaufsichtsstelle eingerichtet.

768 Stand: Juli 2012.

769 Vgl. *Mecklenburg-Vorpommersches Ministerium der Justiz* 2009, S. 37 f.

- Auskunftsersuchen nach § 463a StPO,
- Überprüfung zum Fortbestand und zur Beendigung der Führungsaufsicht,
- Anforderungen von Fristberechnungen bei der Staatsanwaltschaft,
- Vorbereitung von Strafanträgen und Anregungen zum Widerruf von Aussetzungsentscheidungen,
- Informieren des Leiters der Führungsaufsichtsstelle über Schreiben bzw. Entscheidungen von besonderer Bedeutung,
- Risikoeinschätzung der Probanden anhand des Aussagegehalts von Urteilen, Gutachten und Entlassungsberichten,
- Unterstützung und fachliche Beratung der Bewährungshelfer im Einzelfall,
- Anhörungen von Probanden und
- die allgemeine Belehrung der Probanden im Einzelfall.

Anders als bei der Arbeit als Bewährungshelfer kommt es somit lediglich bei den Anhörungen zu einem persönlichen Kontakt mit den Probanden. Insofern besitzen die Mitarbeiter der Aufsichtsstelle eine rein überwachende Tätigkeit, wie es auch in § 68 Abs. 3 StGB niedergelegt ist. Dabei finden die Anhörungen im Landesamt in Rostock, bei den Geschäftsstellen der Sozialen Dienste oder auch beim Probanden zu Hause statt. Was die Vorlagefristen der einzelnen Führungsaufsichtsakten angeht, so wird eine Akte im Durchschnitt alle 6 bis 8 Monate eingesehen, wenn sich der Proband problemlos führt. Dazu wird die Akte entsprechend der in ihr vermerkten Frist von der Geschäftsstelle vorgelegt. Insofern übernehmen auch die beiden Mitarbeiter der Aufsichtsstelle überwiegend administrative Aufgaben. Die persönliche Auseinandersetzung und Betreuung der einzelnen Probanden gehört weiterhin zum Kernbereich der Bewährungshilfe.

8.1.3 Die forensische Ambulanz und deren Aufgabe

In der Konzeption zur Schaffung einer zentralen Führungsaufsichtsstelle wurde die Einbettung einer forensischen Ambulanz in das LaStar noch nicht berücksichtigt. Organisatorisch ist sie der Führungsaufsichtsstelle unterstellt und auf die gesetzlichen Änderungen durch das Reformgesetz von 2007 zurückzuführen.[770] Vor diesem Hintergrund ist im Geschäftsbereich des Justizministeriums eine solche Ambulanz eingerichtet worden.[771] Derzeit wird sie von zwei Diplom-Psychologen besetzt, die beide Erfahrungen aus dem Bereich des Straf-

---

770 Vgl. oben unter *5.2.2.2.*

771 Vgl. *Mecklenburg-Vorpommersches Ministerium der Justiz* 2009, S. 37.

bzw. Maßregelvollzugs mitbringen. Weitere Stellen wurden ausgeschrieben.[772] Die Dienststelle der forensischen Ambulanz befindet sich ebenfalls im Gebäude des LaStar in Rostock, sodass ein enger Kontakt zwischen Aufsichtsstelle und Ambulanz gewährleistet wird.

Die Aufgabe der forensischen Ambulanz ist in erster Linie die Risikoeinschätzung von aus dem Strafvollzug Entlassenen. Aus dem Maßregelvollzug Entlassene werden weiterhin durch die an den psychiatrischen Krankenhäusern in Rostock, Stralsund und Ueckermünde angegliederten Ambulanzen betreut. Insofern richtet sich die forensische Ambulanz des LaStar ausschließlich an die Vollverbüßer mit einer entsprechenden Weisung gem. § 67b Abs. 1 S. 1 Nr. 11 bzw. § 68b Abs. 2 S. 2, 3 StGB. Diese Tatsache erschwert die Arbeit bisweilen, da es sich bei diesem Klientel häufig um ein solches handelt, das sich bereits im Strafvollzug sämtlichen Therapiemöglichkeiten verweigerte. Nicht allein auf Grund dieser Tatsache wird dem einzelnen Klienten der forensischen Ambulanz bereits durch eine Stellungnahme der entlassenden Justizvollzugsanstalt ein hohes Rückfallrisiko bescheinigt und im Beschluss eine entsprechende Vorstellungsweisung bei der forensischen Ambulanz gem. § 68b Abs. 1 S. 1 Nr. 11 oder eine Therapieweisung gem. § 68b Abs. S. 2, 3 StGB festgelegt. Die Arbeit der forensischen Ambulanz findet in Form von therapeutischen Gesprächen statt, welche entweder in den Räumlichkeiten des Landesamtes oder in den Geschäftsstellen der Sozialen Dienste stattfinden. Dabei richtet sich die Art der Intervention sowie die Zuordnung des Probanden zu einem der beiden Psychologen nach der Erforderlichkeit im Einzelfall und wird von den beiden Psychologen bestimmt. Eine medikamentöse Behandlung gehört dabei nicht zum Aufgabenfeld der forensischen Ambulanz. Im Gegensatz zu den forensischen Ambulanzen der psychiatrischen Krankenhäuser, welche zu einem Teil vom Sozialministerium und zum anderen Teil von den Krankenkassen finanziert werden, wird die Ambulanz im LaStar aus Mitteln des Justizministeriums getragen.

Auf Grund der Tatsache, dass es sich bei der forensischen Ambulanz im LaStar ebenfalls um eine neu geschaffene Institution handelt, zeigten sich in den ersten Monaten jedoch auch einige Defizite, was die konkrete Gestaltung der Arbeit der beiden Psychologen angeht. So ist die Zielstellung nicht genau definiert und es existiert kein konkretes Konzept. Des Weiteren ist die Fallbelastung der einzelnen Psychologen mit knapp 30 Probanden sehr hoch, zumal ursprünglich entsprechend eines unveröffentlichten Entwurfs zu der Errichtung einer forensischen Ambulanz eine Fallbelastung von 15 bis 20 Probanden vorgesehen war. Was die administrative Organisation – d. h. Aktenführung, Posteingang, Verfassen von Schriftsätzen etc. – angeht, so waren die beiden Psychologen anfangs auf sich allein gestellt. Die Geschäftsstelle der Führungsaufsichtsstelle war zwar in dieser Hinsicht bemüht unterstützend tätig zu werden, jedoch mit ihrer originären Tätigkeit als Geschäftsstelle der Aufsichtsstelle ausgefüllt und auch

---

772 Stand: August 2012.

nicht als Geschäftsstelle der forensischen Ambulanz vorgesehen. Insofern bedurfte es einer entsprechenden Lösung, sodass die Geschäftsstelle heute auch diese Aufgabe übernimmt. Zwar ist der Briefverkehr der forensischen Ambulanz im Vergleich überschaubar, jedoch bedeutet dies eine nicht unwesentliche zusätzliche Arbeitsbelastung für die beiden Mitarbeiter der Geschäftsstelle.

Ein weiteres Defizit stellt die ausschließlich ungesicherte und bisweilen unübersichtliche Umgebung dar, in welchem der Kontakt mit den Probanden zu realisieren ist. So sollten einige Termine bspw. in den Kellerräumen der Geschäftsstellen der Sozialen Dienste wahrgenommen werden. Vor dem Hintergrund, dass es sich ausschließlich um Gespräche mit Gewalt- und Sexualstraftätern handelt, denen ein hohes Rückfallrisiko bescheinigt wird, und es sich bei den Gesprächen stets um Zweierkonstellationen handelt, ist diese Situation nicht akzeptabel. Darüber hinaus muss bedacht werden, dass die forensische Ambulanz der Führungsaufsichtsstelle angegliedert, somit keine unabhängige Institution und mit dessen Leiter einem Fachfremden untergeordnet ist. Optimal wäre die Organisation als unabhängige Institution mit einer fachlichen Leitung und einer eigenen Geschäftsstelle. Außerdem zeigt sich im Bereich der Zusammenarbeit mit den anderen beteiligten Stellen, dass Optimierungsbedarf besteht. So wäre es sinnvoll, wenn die Psychologen der forensischen Ambulanz mindestens sechs Monate vor der Entlassung eines entsprechenden Probanden eine erste Stellungnahme der Justizvollzugsanstalt erhalten, um sich entsprechend vorzubereiten. Des Weiteren müssen die entsprechenden Unterlagen wie etwa die Urteile, Stellungnahmen und Beschlüsse von den Psychologen zusammengetragen werden. Hier wäre ein entsprechender Automatismus angezeigt.

Es besteht also ein gewisser Verbesserungs- bzw. Optimierungsbedarf, was jedoch auch dem oben aufgezeigten Novum einer solchen Institution geschuldet ist. Die Prämisse des Gesetzentwurfs, dass es sich mit der Etablierung von forensischen Ambulanzen um einen Schritt in Richtung Therapie handeln soll,[773] kann dabei hinsichtlich der forensischen Ambulanz im LaStar nicht bestätigt werden. Denn im Vordergrund steht bei der aktuellen Arbeit eindeutig die Risikoeinschätzung und nicht die Therapie. Positiv hervorzuheben ist jedoch die Tatsache, dass perspektivisch[774] zusätzliche Psychologen eingestellt werden sollen, sodass langfristig in den vier Geschäftsbereichen der Sozialen Dienste – Rostock, Schwerin, Stralsund und Neubrandenburg – jeweils ein Psychologe der forensischen Ambulanz tätig sein soll.

Was sich seit der Aufnahme der Arbeit der forensischen Ambulanz als Institution innerhalb des LaStar bereits als großer Gewinn herausgestellt hat, ist der schnelle Informationsfluss auf Grund der „kurzen Wege" innerhalb der Behörde. So können Fallkonferenzen innerhalb kürzester Zeit einberufen werden

---

773 Vgl. BT-Drucks. 16/1993, S. 17 f.

774 Stand: 24.9.2012.

oder sie finden unkonventionell „auf dem kurzen Dienstweg" statt. Des Weiteren arbeiten insbesondere die forensische Ambulanz und die Bewährungshelfer strukturiert zusammen, wenn es um die Regelberichte der Bewährungshelfer geht. Ist einem Probanden aufgegeben worden, Kontakt zu der Ambulanz zu halten, so fordert der zuständige Bewährungshelfer im Rahmen der Erstellung eines Berichts jeweils eine kurze Stellungnahme zum Verhalten des jeweiligen Probanden an. In diesem berichtet der zuständige Psychologe der Ambulanz über die gegenwärtige Entwicklung des Probanden und es kann ggf. darauf entsprechend reagiert werden. Zeigen sich kritische Verläufe oder Verstöße gegen entsprechende Weisungen wird umgehend die Aufsichtsstelle informiert und ggf. eine Fallkonferenz anberaumt oder es werden entsprechende Maßnahmen ergriffen. Insofern arbeiten die forensische Ambulanz, die Führungsaufsichtsstelle und die Bewährungshelfer eng miteinander und dies in gebotener Zeit.

Insgesamt kann die bisherige Arbeit der forensischen Ambulanz und ihrer Eingliederung in das Landesamt als vielversprechend bezeichnet werden, wobei in einigen Punkten noch Verbesserungsbedarf besteht. Trotzdem überwiegen schon jetzt die Vorteile, v. a. wenn man bedenkt, dass die Etablierung der forensischen Ambulanz als eigene Einheit innerhalb der ambulanten Betreuung von Führungsaufsichtsprobanden bundesweit noch in den Anfängen steht.[775]

8.2 Zahlen und Fakten zur Arbeitsweise der Führungsaufsichtsstelle seit Aufnahme ihrer Tätigkeit

Die zentrale Führungsaufsichtsstelle nahm im Mai 2011 ihre Arbeit auf. Vorher wurden die laufenden Akten der vier ehemaligen Führungsaufsichtsstellen zusammengetragen und erfasst. Des Weiteren wurden in diesem Zusammenhang sämtliche laufenden Fälle auf die beiden Sozialarbeiter der Führungsaufsichtsstelle aufgeteilt, indem jedem jeweils die Akten aus zwei Landgerichtsbezirken zugewiesen wurden. Insofern wurden die Landgerichtsbezirke Schwerin und Stralsund sowie die Landgerichtsbezirke Rostock und Neubrandenburg zusammengefasst sowie jeweils einem Sozialarbeiter zugewiesen. Dies bedeutete, dass jeder mit ca. 375 Fällen betraut wurde.

Auf Grund der Tatsache, dass die Führungsaufsichtsstelle bis zum gegenwärtigen Zeitpunkt[776] noch über kein entsprechendes Programm zur statistischen Erfassung sämtlicher erheblicher Daten zur Führungsaufsicht verfügt,

775 Vgl. dazu etwa den Vortrag von *Dessecker* auf der Fachtagung des DBH-Fachverbandes mit dem Titel „Führungsaufsicht aktuell – Elektronische Überwachung, Medien, Öffentlichkeitsarbeit und intensive Betreuungsformen". Der Vortrag ist abrufbar auf der Internetpräsenz des DBH unter: http://www.dbh-online.de/fa/ (25.9.2012).

776 Stand: März 2013.

führten die beiden Sozialarbeiter jeweils eine eigene Statistik über die ihnen zugeteilten Führungsaufsichtsfälle. Diese Daten werden im Folgenden dargestellt.

8.2.1 Daten zu dem Bereich Schwerin und Stralsund

Der Sozialarbeiter, der mit den laufenden Verfahren der Landgerichtsbezirke Schwerin und Stralsund betraut ist, führt seit Juli 2011 eine eigene Statistik. In dieser erfasst er die Anzahl der Anhörungen sowie deren Anlass, darüber hinaus die Anzahl der Strafanträge gem. § 145a StGB sowie deren Ausgang. Außerdem ist die Anzahl der Kriseninterventionen gem. § 67h StGB erfasst worden. Insofern können in quantitativer sowie in qualitativer Weise Aussagen darüber getroffen werden, welche Maßnahmen seit dem Anlegen der Statistik ergriffen wurden. Dabei beziehen sich die Daten auf einen Zeitraum von dreizehn Monaten.[777]

In diesem Zeitraum kam es zu insgesamt 107 Anhörungen, wobei 58 dem Bereich Schwerin und 49 dem Bereich Stralsund zuzuordnen waren. In 69 Fällen wurde eine solche Anhörung veranlasst, da gegen Weisungen aus dem Führungsaufsichtsbeschluss verstoßen wurde. Neun Mal wurden Weisungsänderungen besprochen. Wegen eines Suchtmittelrückfalls wurde in elf Fällen eine Anhörung anberaumt. In den übrigen 18 Fällen handelte es sich um Erstgespräche, in der der Proband über die Führungsaufsicht an sich, deren Ausgestaltung und etwaige Konsequenzen bei Weisungsverstößen informiert wurde. Bezogen auf die 350 durch den Sozialarbeiter betreuten Fälle bedeutet dies folglich, dass in 30,6% der Fälle eine Anhörung anberaumt wurde. Zieht man von den erfolgten Anhörungen diejenigen ab, bei denen es sich um bloße informative Erstgespräche handelte (18 Fälle), so wurden 89 Anhörungen wegen einer kritischen Entwicklung der Führungsaufsicht anberaumt. Dies entspricht einem Anteil von 25,4%. Im Umkehrschluss kann davon ausgegangen werden, dass die übrigen 261 Fälle problemlos laufen, was einem Anteil von 74,6% entspricht.

Im Rahmen der Anhörungen wurden insgesamt 50 Weisungsänderungen vorgeschlagen. Hierbei kam es in 36 Fällen tatsächlich zu entsprechenden Änderungen. 12 angeregte Änderungen stehen noch aus. Zwei angeregte Änderungen wurden abgelehnt.

Was die Anwendung des § 67h StGB angeht, so kam es in zehn Fällen zu einer entsprechenden Intervention, nachdem diese vom Sozialarbeiter angeregt wurde. In drei Fällen wurde eine solche Intervention negativ beschieden.

Im Hinblick auf die Strafvorschrift des § 145a StGB wurden in dem besagten Zeitraum insgesamt 42 Anträge gestellt. Dabei kam es in drei Fällen zu einer unbedingten und in 15 Fällen zu einer bedingten Freiheitsstrafe. In zwei Fällen wurde der Proband zu einer Geldstrafe verurteilt. Folglich kam es in 20 Fällen

---

777 Die eigene Statistik wird seit Juli 2011 geführt und die Daten wurden Anfang September 2012 erfragt.

zu einer Verurteilung. Drei Verfahren wurden eingestellt und die übrigen Verfahren liefen noch. Einen Überblick über die Daten des bezeichneten Zeitraums der Führungsaufsichtsfälle in dem Bereich Schwerin und Stralsund gibt folgende *Tabelle 45.*

Tabelle 45: Probleme bzw. Anhörungen im Bereich der Führungsaufsicht in den Landgerichtsbezirken Schwerin und Stralsund im Zeitraum 1.7.2011-31.7.2012

Anhörungen	107 (28,5% der Fälle insgesamt)
Kriseninterventionen nach § 67h StGB	10 (2,7% der Fälle insgesamt)
Strafanträge nach § 145a StGB	42 (11,2% der Fälle insgesamt)
Fälle insgesamt	**ca. 375**

8.2.2 Daten zu dem Bereich Rostock und Neubrandenburg

Die Sozialarbeiterin, die mit den laufenden Verfahren der Landgerichtsbezirke Rostock und Neubrandenburg betraut ist, führt seit dem Jahr 2012 eine eigene Statistik. Insofern erstrecken sich die erhobenen Daten auf neun Monate. Erfasst wurden zudem auch nur die Anzahl der Anhörungen sowie die Anzahl der Strafanträge nach § 145a StGB. Ferner sind auch anberaumte Fallkonferenzen in dieser Statistik aufgeführt. Kriseninterventionen nach § 67h StGB wurden auch angeordnet, jedoch nicht erfasst.

In neun Monaten kam es so zu insgesamt 49 Anhörungen und 37 Strafanträgen. Dabei wurde weder ausgewiesen, weshalb die Anhörungen veranlasst wurden noch, wie die Verfahren nach einem Antrag gem. § 145a StGB verliefen. 27 Mal kam es zu Fallkonferenzen. Hierbei handelt es sich um Zusammenkünfte von an der Führungsaufsicht beteiligten Institutionen (etwa forensische Ambulanz oder Bewährungshilfe), um Einzelfälle zu besprechen. Einen Überblick über die Daten für den Bereich Rostock und Neubrandenburg gibt folgende *Tabelle 46.*

Tabelle 46: **Probleme bzw. Anhörungen im Bereich der Führungs-aufsicht in den Landgerichtsbezirken Rostock und Neubrandenburg im Zeitraum 1.1.2012-31.9.2012**

Fallkonferenzen	27 (7,2% der Fälle insgesamt)
Anhörungen	49 (13,1% der Fälle insgesamt)
Strafanträge nach § 145a StGB	37 (9,9% der Fälle insgesamt)
Fälle insgesamt	**ca. 375**

8.2.3 Zusammenfassung aller vier Landgerichtsbezirke

Betrachtet man die eigens geführten Statistiken der beiden Sozialarbeiter und bringt diese zusammen, so können im Folgenden Aussagen über die Handhabung der Führungsaufsicht seit der Einführung der zentralen Führungsaufsichtsstelle getroffen werden. Berücksichtigt werden muss dabei jedoch, dass die Statistiken nicht im gleichen Umfang geführt wurden und auch nicht den gleichen Zeitraum abbilden. Ferner muss dabei bedacht werden, dass seit Beginn des Jahres 2012 jeweils ca. 30 Akten von dem Leiter der Führungsaufsichtsstelle und dem Leiter des LaStar geführt werden, sodass diese Akten in der Statistik nicht vorkommen.

Addiert man in einem ersten Schritt die jeweils erfassten Zahlen, so kommt man auf insgesamt 156 Anhörungen und 79 Strafanträge nach § 145a StGB. In Anbetracht der Unterschiede der beiden Statistiken was zum einen den Zeitraum, aber auch den Umfang angeht, wurde in einem zweiten Schritt versucht, diese „Lücken" durch eine proportionale Rechnung auszufüllen. D. h. wenn es in Rostock und Neubrandenburg in neun Monaten zu 49 Anhörungen gekommen ist, kam es – nach dem besagten Rechenschritt – in 13 Monaten zu gut 70 Anhörungen. Entsprechend kam es dann in dreizehn Monaten in diesem Bereich zu gut 53 Strafanträgen nach § 145a StGB. In dem Bereich Schwerin und Stralsund kam es bei 42 solcher Anträge in 20 Fällen zu einer Verurteilung. Rechnet man dies auf 53 Anträge in dem Bereich Rostock und Neubrandenburg hoch, bedeutet dies gut 25 Verurteilungen. Vor diesem Hintergrund bedeutet dies, dass seit der Einführung der zentralen Aufsichtsstelle in dreizehn Monaten ca. 177 Anhörungen stattfanden, ca. 95 Anträge nach § 145a StGB gestellt wurden und es zu ca. 45 Verurteilungen gem. § 145a StGB gekommen ist. Dies veranschaulicht folgende *Tabelle 47.*

Tabelle 47: **Daten für Schwerin, Stralsund, Rostock und**
Neubrandenburg (Hochrechnungen)

Anhörungen	177
Strafanträge nach § 145a StGB	95
Verurteilungen gem. § 145a StGB	45

Bei den so gefundenen Zahlen handelt es sich auf Grund der oben genannten Faktoren um keine, welche absolute Richtigkeit beanspruchen. Wichtig ist jedoch, aus diesen Zahlen eine Größenordnung zu ermitteln.

Um diese Größenordnung wiederum einschätzen und bewerten zu können, werden die so ermittelten Daten mit dem Ergebnis der eigenen empirischen Untersuchung verglichen. Danach kann Stellung zu der Frage genommen werden, wie sich die Schaffung einer zentralen Führungsaufsichtsstelle auf die Handhabung der Führungsaufsicht in Mecklenburg-Vorpommern ausgewirkt hat.

8.2.4 Gegenüberstellung der eigenen empirischen Daten mit den Daten seit Einführung der zentralen Führungsaufsichtsstelle

In der eigenen empirischen Statistik, in der rund 200 Akten mit dem Aktenzeichen 09 berücksichtigt wurden, kam es – wie in der obigen Auswertung dargestellt – insgesamt zu 52 Anhörungen, 104 Strafanträgen sowie insgesamt sechs Verurteilungen nach § 145a StGB. Dabei handelte es sich jedoch lediglich um 200 betrachtete laufende Akten, während die eigens von den Mitarbeitern geführte Statistik rund 800 laufende Akten erfasst. Um die Werte einander anzugleichen, müssen die Daten der eigenen Untersuchung also mit dem Faktor vier multipliziert werden. Nach diesem Rechenschritt kommt man auf das Ergebnis von 208 Anhörungen, 104 Strafanträgen nach § 145a StGB und 24 Verurteilungen nach § 145a StGB. Auf den ersten Blick ähneln sich die Zahlen, sodass scheinbar keine veränderte Handhabung der Führungsaufsicht seit Einführung der zentralen Aufsichtsstelle zu sehen ist. Jedoch muss bedacht werden, dass sich die eigenen empirischen Daten auf einen durchschnittlichen Zeitraum von 31 Monaten beziehen,[778] während die Daten der Aufsichtsstelle lediglich 13 Monate umfassen. Insofern müssen die jeweiligen Daten entsprechend hoch- bzw. heruntergerechnet werden.

Nach diesem Rechenschritt stellt sich das Bild ganz anders dar. Rechnet man die betrachteten Daten der eigenen Untersuchung auf 13 Monate herunter, so kommt man lediglich auf 87 Anhörungen, 43 Strafanträge nach § 145a StGB

---

778 Vgl oben unter *7.1.*

und zehn Verurteilungen nach § 145a StGB. Folgende *Tabelle 48* veranschaulicht die Gegenüberstellung dieser Daten mit denjenigen der Mitarbeiter der Aufsichtsstelle.

Tabelle 48: Gegenüberstellung der Daten

	Anzahl nach der eigenen Untersuchung (2009)	Anzahl nach der Statistik der Mitarbeiter (2011/2012)	Steigerung in Prozent
Anhörungen	87	177	103
Strafanträge nach § 145a StGB	43	95	121
Verurteilungen nach § 145a StGB	10	45	450

Vergleicht man die so gewonnenen Daten, so zeigen sich immense Steigerungen. Zwar wurden die so dargestellten Zahlen durch mehrere Rechenschritte erst vergleichbar gemacht, sodass diese auch keine absolute Richtigkeit beanspruchen, jedoch wird sehr deutlich, dass sich die Handhabung der Führungsaufsicht seit der Einführung des Landesamtes deutlich verändert hat. So haben sich die Zahl der Anhörungen und die Zahl der Antragsstellungen mehr als verdoppelt. Den größten Anstieg verzeichnen die Verurteilungen nach § 145a StGB. Es kann davon ausgegangen werden, dass diese sich seit der Aufnahme der Arbeit der zentralen Führungsaufsichtsstelle vervierfacht haben. Dies ist zum einen darauf zurückzuführen, dass viel häufiger Anträge nach § 145a StGB gestellt werden und zum anderen werden die Verfahren seitens der zentralen Aufsichtsstelle weiter vorangetrieben. So verliefen vor Etablierung der Aufsichtsstelle viele Verfahren „im Sande", weil sich die Beteiligten nicht weiter um das Verfahren kümmerten und seitens der Aufsichtsstelle die Bemühungen schnell eingestellt wurden, das Verfahren weiter voranzutreiben. Heute verfolgt die Aufsichtsstelle jedes Verfahren und erbittet nach zwei Monaten Sachstandsanfragen im Hinblick auf das Verfahren. V. a. deswegen ist die Verurteilungsquote gem. § 145a StGB immens gestiegen.

Für das laufende Jahr 2013 wurde zusätzlich angefragt, wie viele Strafanträge nach § 145a StGB gestellt wurden. Dabei zeigte sich, dass die Zahl noch einmal immens gestiegen ist. So wurden in dem Zeitraum vom 1. Januar bis zum 8. Juli 2013 bereits 64 Anträge gestellt.[779] Dies unterstreicht noch einmal, dass

---

779 Im selben Zeitraum kam es daneben bereits zu rund 139 Anhörungen.

§ 145a StGB seitens der Aufsichtsstelle als ein wichtiges Mittel erachtet wird und vermehrt Anwendung findet. Gegenwärtig zeigt sich: Je länger die zentrale Führungsaufsichtsstelle existierte, desto mehr Strafanträge wurden gestellt.

In Anbetracht der gewichtigen Kritik, welche gegen die Strafvorschrift hervorgebracht wird,[780] ist diese Entwicklung sehr bedenklich. Statt den Schwerpunkt bspw. auf soziale Hilfe und Therapie durch die forensische Ambulanz zu setzen, besteht der Schwerpunkt der Arbeit der Aufsichtsstelle eindeutig in Repression.

8.3 Die Handhabung der Führungsaufsicht seit Einführung der zentralen Führungsaufsichtsstelle

Bereits die dargestellte Gegenüberstellung belegt, dass sich die Handhabung der Führungsaufsicht in Mecklenburg-Vorpommern seit der Schaffung einer zentralen Führungsaufsichtsstelle deutlich verändert hat. Diese Tatsache spiegelt sich jedoch nicht nur in den oben genannten Zahlen wider, sondern auch im Hinblick auf die sonstigen Maßnahmen und die generelle Herangehensweise, welche die Handhabung der Führungsaufsicht ausmachen. Vor diesem Hintergrund wird im Folgenden beispielhaft dargelegt, in welchen anderen Bereichen eine solche „Effektivierung" zu finden ist.[781]

8.3.1 Maßnahmen

Wie oben[782] bereits dargestellt werden als Maßnahmen hier die Krisenintervention gem. § 67h StGB, der Vorführungsbefehl gem. § 463a Abs. 3 StPO, die Ausschreibung zur Aufenthaltsermittlung gem. § 436a Abs. 1 S. 2 StPO und die polizeiliche Beobachtung gem. § 463a Abs. 1 S. 1 StPO verstanden. Auch deren Anzahl hat sich nach Angaben des Leiters der Aufsichtsstelle deutlich erhöht. Daneben hat sich seit der Zentralisierung der Stelle in Bezug auf die einzelnen Maßnahmen ein jeweils einheitliches Verfahren herausgebildet, welches auch im Folgenden kurz dargestellt wird.

8.3.1.1 Die Krisenintervention

Die Anzahl der angeregten Kriseninterventionen gem. § 67h StGB hat sich seit Einführung der zentralen Führungsaufsichtsstelle deutlich erhöht. Dies belegt auch ein Vergleich mit den oben genannten Zahlen. In Bezug auf das Verfahren

---

780 Vgl. oben unter *3.7.*

781 Die folgenden Ausführungen sind im Wesentlichen auf ein Interview mit dem Leiter der Führungsaufsichtsstelle zurückzuführen.

782 Vgl. oben unter *7.10.*

wird die Intervention in der Regel für eine Dauer von drei Monaten beim zuständigen Vollstreckungsgericht angeregt, was gem. § 67h Abs. 1 S. 1 StGB der Höchstdauer entspricht. Grundsätzlich setzt sich die Aufsichtsstelle vor einer solchen Anregung mit der jeweiligen Klinik bzw. der jeweiligen Institutsambulanz in Verbindung, um nach anderen, milderen Möglichkeiten zu suchen. Denn häufig handelt es sich bei den Probanden um solche, die bereits in ein soziales Umfeld integriert sind und zum Teil auch einer geregelten Tätigkeit nachgehen. Insofern könnte sich die Intervention vor dem Hintergrund der Wiedereingliederung in die Gesellschaft nachteilig auswirken. Gegenüber einem Widerruf der Maßregel stellt die Intervention jedoch das mildere Mittel dar und so wird vor einem solchen Widerruf häufig von der Krisenintervention Gebrauch gemacht. Dies entspricht auch der Intention des Gesetzgebers.[783]

Wird eine Intervention angeregt, so fordert die Aufsichtsstelle stets eine Stellungnahme der betreuenden Ambulanz. Diese trägt in den meisten Fällen die Entscheidung der Wiederinvollzugsetzung der Maßregel mit. Was das zeitliche Intervall zwischen der Antragsstellung und der tatsächlichen Unterbringung angeht, so bewegt sich der Zeitraum zwischen dem Ereignistag und drei Wochen. In einigen Fällen wurde der Proband bereits am Tag der Krise untergebracht. Um eine effektive und schnelle Unterbringung zu gewährleisten, wird dabei auf die prozessualen Möglichkeiten des Vollstreckungsvorführungs- bzw. -unterbringungsbefehls gem. § 463 Abs. 1 StPO i. V. m. § 457 Abs. 1, 2 StPO zurückgegriffen. Die Anordnung gem. § 67h StGB ist gem. § 463 Abs. 6 S. 2 StPO sofort vollziehbar.

8.3.1.2 Der Vorführungsbefehl und die Ausschreibung zur Aufenthaltsermittlung

Auch von den Möglichkeiten des Vorführungsbefehls gem. § 463a Abs. 3 S. 1 StPO und der Ausschreibung zur Aufenthaltsermittlung wird wohl vermehrt Gebrauch gemacht.[784] Im Rahmen des Vorführungsbefehls wird dabei besonders darauf geachtet, dass der Proband in der jeweiligen Ladung auf die Möglichkeit eines Vorführungsbefehls hingewiesen wird, § 436a Abs. 1 S. 1 StGB.

Ist der Proband unbekannten Aufenthalts, so kann er gem. § 463a Abs. 1 S. 2 StPO zur Aufenthaltsermittlung ausgeschrieben werden. Konkret erfolgt die Ausschreibung über das LKA, welches das Ermittlungsersuchen an die örtlich zuständige Polizeibehörde übersendet. Im Hinblick auf die Intensität der Ermittlungen entscheidet die Polizei vor dem jeweiligen Hintergrund des Einzelfalls.

---

783 Vgl. BT-Drucks. 16/1993, S. 16.

784 Die Angaben stützen sich auf die Aussagen des früheren Leiters der Aufsichtsstelle.

Der Vorführungsbefehl und die Ausschreibung zur Aufenthaltsermittlung gehören heute zum Standardrepertoire der Aufsichtsstelle.

8.3.1.3   Die polizeiliche Beobachtung

Im Gegensatz zu der Aufenthaltsermittlung handelt es sich bei der polizeilichen Beobachtung gem. § 463a Abs. 2 StPO um keine aktive Ermittlungsmaßnahme, sondern um eine Beobachtung anlässlich polizeilicher Kontrollen. Darunter sind polizeiliche Zufallskontrollen zu verstehen, die bspw. im Rahmen von Verkehrskontrollen oder Großereignissen stattfinden. Wird ein Proband auf diese Art kontrolliert, so erhält der Polizist über INPOL die Information, dass es sich um einen Probanden handelt, der unter polizeilicher Beobachtung steht. Auf Grund der Tatsache, dass über INPOL auch der jeweilige Führungsaufsichtsbeschluss eingesehen werden kann, ist die Polizei in der Lage zu kontrollieren, ob die entsprechenden Weisungen gegenwärtig beachtet werden. Insofern können so Weisungsverstöße aufgedeckt werden, die ggf. einen Strafantrag gem. § 145a StGB nach sich ziehen. Da es sich bei dieser Maßnahme um eine weitere Kontrollmöglichkeit handelt, stehen auch sämtliche FoKuS-Probanden unter polizeilicher Beobachtung. Daneben werden aber auch andere Probanden der polizeilichen Beobachtung unterstellt; dabei v. a. solche, deren Beschluss eine Alkoholabstinenzweisung oder ein Aufenthaltsgebot bzw. -verbot enthalten. Wurde die polizeiliche Beobachtung vor der Schaffung der zentralen Aufsichtsstelle kaum angeordnet,[785] so wird von ihr heute häufig Gebrauch gemacht.[786]

8.3.2   Zusammenarbeit mit der Bewährungshilfe

Wie in der eigenen empirischen Untersuchung dargestellt,[787] sind die regelmäßigen Berichte der Bewährungshilfe von besonderer Wichtigkeit. In ihnen berichtet der Bewährungshelfer über den allgemeinen Verlauf der Aufsicht und nimmt v. a. zu der Einhaltung der auferlegten Weisungen Stellung. Die jeweilige Kontaktfrequenz zwischen dem Bewährungshelfer und dem Probanden wird dabei im Führungsaufsichtsbeschluss festgelegt und variiert. Im Hinblick auf die FoKuS-Probanden sieht die entsprechende Verwaltungsvorschrift vor,[788] dass sie in die Fallgruppe 1 (Intensiv-Intervention) eingestuft werden, was eine 14-

---

785   Vgl. dazu oben unter 7.10.3.

786   Die Angaben stützen sich auf die Aussagen des früheren Leiters der Aufsichtsstelle.

787   Vgl. oben unter 7.14.1.

788   Vgl. 4.2.1 „Überwachungsverfahren bei den Sozialen Diensten" der Verwaltungsvorschrift betreffend das Überwachungskonzept für besonders rückfallgefährdete Sexual- und Gewaltstraftäter in Mecklenburg-Vorpommern – „Für optimierte Kontrolle und Sicherheit – FoKuS" vom 25.7.2012, AmtsBl. M-V 2012, S. 618.

tägige Kontaktfrequenz zur Folge hat. Entsprechend häufiger erfolgt dann auch die Berichterstattung der Bewährungshilfe an die Aufsichtsstelle. Hinsichtlich der konkreten Gestalt der Berichte haben sich zwar gewisse Standards entwickelt, es existieren jedoch keine Vorgaben oder Formblätter. Die Zusammenarbeit der Aufsichtsstelle mit der Bewährungshilfe ist jedoch in der Hinsicht enger geworden, dass die Berichte häufiger angefragt werden und etwaige Fallkonferenzen unter Einbeziehung der zuständigen Bewährungshelfer häufiger stattfinden. So ist heute bspw. in der konzeptionellen Planung vorgesehen, dass bei einer Involvierung der forensischen Ambulanz die erste Fallkonferenz spätestens nach drei Monaten obligatorisch stattfindet; und zwar unabhängig von einem etwaigen Ereignis. Des Weiteren wirkt sich auch hier die räumliche Nähe zwischen der Aufsichtsstelle und den Sozialen Diensten positiv aus. Viele Bewährungshelfer sitzen „im gleichen Haus" und so können Fallkonferenzen oder Rücksprachen unproblematisch und ohne Zeitverzögerung stattfinden.

8.3.3 Der Umgang mit der umstrittenen Strafvorschrift des § 145a StGB und unbestimmten Weisungen

Wie oben bereits ausgeführt,[789] haben die Anzahl der Strafanträge und die Verurteilungen nach § 145a StGB seit der Etablierung der zentralen Führungsaufsichtsstelle deutlich zugenommen. Dabei wird jedoch nicht bei jedem Weisungsverstoß sofort mit einem entsprechenden Antrag reagiert. Hier entscheidet der Einzelfall vor dem Hintergrund der Tatbestandsvoraussetzung der Gefährdung des Maßregelzwecks. Nicht selten wird in diesem Zusammenhang auch ein Antrag zurückgenommen, wenn durch Veränderungen in der Person des Probanden eine solche Gefährdung nicht mehr angenommen werden kann.

Eine weitere Voraussetzung für eine etwaige Verurteilung nach § 145a StGB ist jedoch die Bestimmtheit der Weisung gem. § 68b Abs. 1 StGB. So verlangt § 68b Abs. 1 S. 2 StGB, dass das Gericht in seiner Weisung das verbotene oder verlangte Verhalten genau zu bestimmen hat. In diesem Zusammenhang offenbaren die Beschlüsse häufig Defizite, auf welche oben bereits ausführlich eingegangen wurde.[790] Dieses Problem wurde bereits seitens der zentralen Aufsichtsstelle erkannt und entsprechend reagiert. Fallen entsprechende Defizite auf, so regt der Leiter der Aufsichtsstelle entsprechende Änderungen im Sinne der Bestimmtheit bei den zuständigen Staatsanwaltschaften und Gerichten an. Denn häufig wurden Strafanträge nicht gestellt, da die maßgebliche Weisung für unbestimmt gehalten wurde. Aus dieser Problematik heraus wurden von dem Leiter der Aufsichtsstelle Formulierungsvorschläge erarbeitet, welche an die Vollstreckungsrichter, die Generalstaatsanwaltschaft zur Weiterleitung an die

---

789 Vgl. oben unter *8.2.4.*
790 Vgl. oben unter *7.8.2.*

Staatsanwälte und an die Vollzugsanstalten gesandt wurden. Darüber hinaus macht der Leiter der Aufsichtsstelle diese Problematik im Rahmen von Fortbildungsveranstaltungen mit den zuständigen Institutionen zum Thema und unterbreitet Vorschläge zum zukünftigen Formulierungsverhalten. Auf Grund dieses engen Austauschs ist dieses Verhalten nach Angaben des Leiters der Aufsichtsstelle auch schon deutlich verbessert worden und die gebotene Bestimmtheit wird danach in den meisten Fällen auch eingehalten.[791] Dabei beschränken sich die Vorschläge auf diejenigen Weisungen gem. § 68b Abs. 1 StGB, die häufig Anwendung finden.[792] So wird etwa hinsichtlich der am häufigsten auferlegten Weisung gem. § 68b Abs. 1 S. 1 Nr. 7 StGB (Meldepflicht beim Bewährungshelfer) folgende Formulierung vorgeschlagen:

Der Verurteilte wird angewiesen, sich alle 14 Tage persönlich bei dem/r Bewährungshelfer/in zu melden.

Wie in der eigenen empirischen Untersuchung festgestellt, ist gerade die Festlegung eines genauen Meldeturnus oft unbestimmt und sie wird bisweilen der Bewährungshilfe oder der Aufsichtsstelle überlassen. In diesem Zusammenhang weist der Formulierungsvorschlag auch darauf hin, dass die regelmäßige Meldung bei dem zuständigen Bewährungshelfer im Gegensatz zu der Meldung bei der Polizei oder der Führungsaufsichtsstelle praktikabel und sachgerecht erscheint.

Ebenso wurde in der eigenen Untersuchung erkannt, dass häufig Ungenauigkeiten im Rahmen der Weisung gem. § 68b Abs. 1 S. 1 Nr. 8 StGB auftauchen. So wird als diejenige Institution, bei der sich der Proband im Fall des Wechsels der Wohnung oder des Arbeitsplatzes zu melden hat, häufig nicht die Aufsichtsstelle, sondern die Bewährungshilfe oder das Gericht genannt. Die Vorschrift nennt jedoch ausdrücklich die Aufsichtsstelle als Ansprechpartner. So wird folgende Formulierung vorgeschlagen:

Der Verurteilte wird angewiesen, jeden Wechsel der Wohnung oder des Arbeitsplatzes schriftlich der Führungsaufsichtsstelle beim Landesamt für ambulante Straffälligenarbeit, Dierkower Damm 29, 18146 Rostock, anzuzeigen.

Auch eine bestimmte Formulierung im Hinblick auf die Vorstellungsweisung in § 68b Abs. 1 S. 1 Nr. 11 StGB wird vorgeschlagen, um den Bestimmtheitsgrundsatz zu wahren:

---

791 Die Angaben stützen sich auf die Aussagen des früheren Leiters der Aufsichtsstelle.

792 In diesem Zusammenhang ist davon auszugehen, dass seit der Einführung der zentralen Führungsaufsichtsstelle einzelne Weisungen häufiger angewendet werden als es noch bei den Akten mit dem Zeichen 09 der Fall gewesen ist.

Der Verurteilte wird angewiesen, sich zwei Mal monatlich (oder in anderen bestimmten Abständen) *bei der forensischen Ambulanz des Landesamtes für ambulante Straffälligenarbeit* (ggf. im jeweiligen Geschäftsbereich der Sozialen Dienste HST, NB und SN) *vorzustellen.*

Als besonders effektiv, wenn es um die Verhütung von Rückfall geht, wird seitens der Aufsichtsstelle ausgerechnet die durch die Reform von 2007 neu eingefügte Abstinenzweisung gem. § 68b Abs. 1 S. 1 Nr. 10 StGB gesehen. Wenigstens weist der Formulierungsvorschlag ausdrücklich darauf hin, dass in diesem Zusammenhang in besonderem Maße auf die Zumutbarkeit der Weisung gem. § 68b Abs. 3 StGB geachtet werden müsse. Im Hinblick auf die Kosten einer Alkohol- oder Suchtmittelkontrolle weist der Formulierungsvorschlag auf die Rechtsprechung des Oberlandesgerichts Rostock hin, wonach diese Frage ebenfalls geregelt werden muss.[793] In Bezug auf die Frage der Kostentragung verweist der Vorschlag auf die Rechtsprechung des Oberlandesgerichts Thüringen, wonach auf Grund des Verursacherprinzips grundsätzlich der Proband die Kosten zu tragen habe und nur bei Mittellosigkeit die Staatskasse die Kosten übernehme.[794] Dabei macht der Vorschlag jedoch deutlich, dass die Kostenlast ggf. zulasten des Probanden gem. § 68d StGB abgeändert werden kann. Konkret wird folgende Formulierung vorgeschlagen:

Der Verurteilte wird angewiesen, keine alkoholischen Getränke oder andere berauschende Mittel zu sich zu nehmen und zur Kontrolle seiner Abstinenz sechs Mal jährlich auf entsprechende kurzfristige Anforderung durch beauftragte Institute einen entsprechenden Urintest in Bezug auf
- *Ethylglucuronid (EtG, Alkoholismusmarker), ggf. zusätzlich alternativ:*
- *Betäubungsmittel (Cannabinoide, Opiate, Kokain (-metabolite), Amphetamine (einschließlich Methamphetamin und Methylendioxyamphetamine), Methadon (bzw. EDDP), Benzodiazepine),*
- *Tilidin, Tramadol, Buprenorphin (bei früherem Opiatkonsum),*
- *weitere psychoaktive Arzneimittel (zum Beispiel Antidepressiva, Barbiturate, Hypnotika)*
vorzulegen. Die Kosten des Urintests trägt der Verurteilte (bzw. die Staatskasse).

Weitere Vorschläge werden des Weiteren gemacht, wenn es um den Schutz von potentiellen Opfern geht. Insbesondere finden entsprechende Weisungen Anwendung, wenn es sich bei den Probanden um Sexualstraftäter handelt. Vor diesem Hintergrund werden Vorschläge im Hinblick auf die Formulierung der

---

793 Vgl. OLG Rostock – I Ws 39/11, NStZ RR. 2011, S. 220.

794 Vgl. OLG Thüringen – I WS 74/11, NStZ RR. 2011, S. 296.

Weisungen gem. § 68b Abs. 1 S. 1 Nr. 1, 2 und 3 StGB unterbreitet. So lautet der Vorschlag in Bezug auf die Weisung gem. § 68b Abs. 1 S. 1 Nr. 1 StGB:

Dem Verurteilten wird verboten, den Wohn- oder Aufenthaltsort ohne Erlaubnis der Führungsaufsichtsstelle für länger als 2 Tage zu verlassen.

In Bezug auf diese Weisung stellt der Formulierungsvorschlag klar, dass von ihr in Anbetracht der Schwere des Eingriffs in die Freizügigkeit nur sehr zurückhaltend Gebrauch gemacht werden sollte. Jedoch könne diese Weisung etwa bei einem vielfach vorbestraften Drogenkurier oder einem Sexualverbrecher mit bestimmten Tatortpräferenzen ausnahmsweise verhältnismäßig sein. Außerdem müsse genau bestimmt sein, wann von einem „Verlassen" auszugehen ist (zwei Tage, eine Woche bspw.).

Im Zusammenhang mit dem Schutz von potentiellen Opfern, gerade was Sexualstraftaten bzgl. Kindern angeht, wird folgender Vorschlag formuliert:

Dem Verurteilten wird untersagt, sich an Orten aufzuhalten, an denen regelmäßig Kinder ohne Aufsicht anzutreffen sind oder sich diesen unter 50 m zu nähern, insbesondere an Spielplätzen, öffentlichen Schwimmbädern, allgemein genutzten Strandbädern oder Badeseen, Schulen, Kindertagesstätten oder vergleichbaren Einrichtungen.

Ihm wird verboten, Kontakt zu Kindern und Jugendlichen aufzunehmen oder zu unterhalten, mit ihnen zu verkehren, ihnen Unterkunft zu gewähren, sie zu beschäftigen oder auszubilden.

Diese „flankierenden Maßnahmen" nach § 68b Abs. 1 S. 1 Nr. 2 und 3 StGB werden seitens der Aufsichtsstelle als das effektivste Instrumentarium im Bereich des Opferschutzes bezeichnet. So ergänze die beispielhafte Aufzählung zu meidender Örtlichkeiten die ggf. angeordnete Ausschreibung zur polizeilichen Beobachtung und so ließen sich formale Verstöße – in Ausnahmefällen auch i. V. m. einer elektronischen Aufenthaltsüberwachung gem. § 68b Abs. 1 S. 1 Nr. 12 StGB – leicht nachweisen. In einigen Fällen wird in diesem Zusammenhang eine Weisung gem. § 68b Abs. 1 S. 1 Nr. 2 Alt. 2 StGB („Anreiz zu weiteren Straftaten") angeordnet, wenn ein Sexualstraftäter mit pädophiler Neigung mit der Lebensgefährtin und deren Kindern zusammen wohnen möchte. Dazu wird folgende Formulierung vorgeschlagen:

Dem Verurteilten wird solange untersagt, sich in der Wohnung der N.N. aufzuhalten, bis seine vorgenannte – Lebensgefährtin aktenkundig – durch die Führungsaufsichtsstelle über seine Straftaten unterrichtet worden ist. Persönlichen Kontakt zu den Kindern der N.N., nämlich ..., darf der Verurteilte nur in Anwesenheit eines Erziehungsberechtigten unterhalten. Der alleinige Umgang ist ihm verboten.

Eine solche Weisung, welche mitunter einen schweren Einschnitt in die private Lebensführung des Probanden bedeuten kann, wird seitens der Aufsichtsstelle nicht selten für erforderlich gehalten. In Einzelfällen sei eine solche Vorgehensweise unerlässlich, da der Proband seine Partnerin häufig nicht über seine Vortaten in Kenntnis setzen bzw. diese Taten bagatellisieren würde. Eine solche Aufklärung der Lebensgefährtin könne zum einen durch die Polizei in Form einer Gefährdetenansprache erfolgen und zum anderen durch die Führungsaufsichtsstelle selbst, wobei dazu eine entsprechende Weisung Voraussetzung sei. Die Aufsichtsstelle beruft sich dabei auf einen Beschluss des Oberlandesgerichts Stuttgart.[795] Des Weiteren wird in einigen Fällen auch das Jugendamt informiert. Dies ist dann der Fall, wenn die Kindesmutter nach der Aufklärung durch die Polizei oder die Führungsaufsichtsstelle – ggf. auch schon davor wegen Gefahr im Verzug – dem Einzug des Probanden in ihre Wohnung zustimmt. Eine solche Information habe schon wiederholt zu sorgerechtlichen Reaktionen des Jugendamtes geführt.

Deutlich wird in diesem Zusammenhang ein weiteres Mal die aufgewertete Rolle des umstrittenen § 145a StGB. Wie oben dargelegt kann davon ausgegangen werden, dass sich die Anzahl der Strafanträge seit der Einführung der zentralen Führungsaufsichtsstelle vervierfacht hat.[796] Dies ist zum einen darauf zurückzuführen, dass eine Spezialisierung stattgefunden hat und die Führungsaufsicht nicht mehr als „Beiwerk" behandelt wird. Zum anderen schätzt die Führungsaufsichtsstelle die Strafvorschrift des § 145a StGB als taugliches und notwendiges Mittel, um v. a. auf bestimmte Weisungsverstöße der Vollverbüßer effektiv reagieren zu können.[797] Ansonsten fehle ein Druckmittel und die Probanden würden den Weisungen unter Umständen keine Beachtung schenken. Insofern begrüßen der Leiter der Aufsichtsstelle und der Leiter des Landesamtes[798] auch die durch die Reform von 2007 eingeführte Erhöhung des Strafrahmens auf drei Jahre. So sei es einfacher möglich, eine Freiheitsstrafe ohne Bewährung zu verhängen und die Verurteilungsquote habe sich auch insgesamt seit Aufnahme der Arbeit deutlich erhöht.[799] Der Erfolg der Führungsaufsicht wird insofern anhand der Erhöhung der Anwendung der Strafvorschrift des § 145a StGB gemessen. Diese Auffassung, welche auch das Selbstverständnis der Aufsichtsstelle wiedergibt, ist jedoch äußerst bedenklich. Denn die Steigerung der Verurteilungsquote gem. § 145a StGB ist gerade kein Ausdruck für

---

795 Vgl. OLG Stuttgart, Urt. v. 25.6.2003 – 4 U 33/03, juris.

796 Vgl. oben unter *8.2.4.*

797 Vgl. *Kammermeier* 2013, S. 175.

798 Vgl. *Manzewski* 2012, S. 346.

799 Vgl. *Manzewski* 2012, S. 346 f.

das Gelingen der Führungsaufsicht und kann daher nicht als Erfolg gewertet werden. Erfolgreich verläuft eine Führungsaufsicht dann, wenn auf repressive Mittel nach Möglichkeit verzichtet wird.

So bringen auch die Formulierungsvorschläge die Intention der Aufsichtsstelle zu Tage, dass die bestimmten Formulierungen der Weisungen gem. dem abgeschlossenen Katalog in § 68b Abs. 1 StGB weniger dazu dienen sollen, dem Probanden sein auferlegtes Verhalten genau zu bestimmen, als vielmehr eine Möglichkeit zu schaffen, auf Fehlverhalten des Probanden mit Druck und ggf. Strafe zu reagieren. So wird ein weiteres Mal deutlich, dass der Kontrolle gegenüber der Hilfe eine exponierte Stellung eingeräumt wird.

8.3.4 Die elektronische Aufenthaltsüberwachung

Durch die Möglichkeit der elektronischen Aufenthaltsüberwachung gem. § 68b Abs. 1 S. 1 Nr. 12 StGB bildete sich unter Mitwirkung der Aufsichtsstelle ein einheitliches Verfahren zur Entscheidung über die Anlegung einer Fußfessel heraus. Die Verwaltungsvorschrift betreffend das Überwachungskonzept für FoKuS-Probanden[800] wurde dazu unter 4.1.3 „Fallgruppe § 68 Absatz 1 Satz 1 Nr. 12 StGB (Weisung der elektronischen Aufenthaltsüberwachung)" entsprechend geändert. Steht die Entlassung eines für die elektronische Überwachung in Frage kommenden Probanden an, lädt die Staatsanwaltschaft auf Initiative der entlassenden Einrichtung zu einer umfassenden Fallkonferenz, an der neben Vertretern der Aufsichtsstelle die Bewährungshilfe, die Staatsanwaltschaft, die Polizei, die Vollzugspsychologen sowie die Vollzugsleiter und ggf. die forensische Ambulanz teilnehmen. In dieser Konferenz wird geprüft, ob die Voraussetzungen und die Notwendigkeit für eine elektronische Aufenthaltsüberwachung vorliegen. Nach der Bildung einer Einschätzung wird das Protokoll der Konferenz mit einer Empfehlung an die Staatsanwaltschaft versandt. Diese stellt dann ggf. einen entsprechenden Antrag bei der zuständigen Strafvollstreckungskammer. Für das Protokoll der Fallkonferenz und die Handlungsanweisungen an die Gemeinsame Überwachungsstelle der Länder im Falle einer Fehlermeldung wird ein Sonderheft durch die Staatsanwaltschaft angelegt. Dieses wird im Falle der Anordnung der entsprechenden Weisung gem. § 68b Abs. 1 S. 1 Nr. 12 StGB an die Führungsaufsichtsstelle übergeben, welche wiederum die Handlungsanweisungen und ein ausgefülltes Datenblatt unverzüglich an die Überwachungsstelle übermittelt. Dabei sind in dem Datenblatt sämtliche Informationen enthalten, welche die Stelle zur Wahrnehmung ihrer Aufgaben benötigt. Folglich hat sich ein einheitliches Verfahren herausgebildet, welches sämtliche beteiligte Stellen zu Wort kommen lässt.

---

800 Vgl. *Mecklenburg-Vorpommersches Ministerium der Justiz, Mecklenburg-Vorpommersches Ministerium für Inneres und Sport* 2012, unter 4.1.3.

Was die konkrete Überwachung bzw. Fehlermeldung angeht, ist die gemeinsame Überwachungsstelle der Länder in Bad Vilbel (Hessen) zuständig.[801] Dort laufen die Fehlermeldungen ein und die Informationen werden weitergeleitet. Dazu ist in jedem Fall diejenige Polizeidienststelle vermerkt, an die sich die Überwachungsstelle in Falle eines Zwischenfalls zu melden hat. Darüber hinaus können jedoch auch mehr als nur eine Dienststelle vermerkt werden, wenn sich der Proband nicht nur an einem Ort aufhält. Dies bezieht sich auf das gesamte Bundesgebiet. Die Polizei in Mecklenburg-Vorpommern erhält also nicht unmittelbar von einer Fehlermeldung Kenntnis, sondern ist stets auf die Informationen der Überwachungsstelle angewiesen. Jedoch existiert in den Polizeipräsidien Rostock und Neubrandenburg jeweils ein Rechner, der auf Veranlassung der Überwachungsstelle zu einer konkreten Einsatzsteuerung freigegeben wird. Ansonsten bleiben die Rechner unbenutzt.

Die ersten Erfahrungen mit der elektronischen Aufenthaltsüberwachung werden seitens der Aufsichtsstelle als positiv eingeschätzt. So sei insbesondere die Technik weitgehend störungsfrei. Auch wird davon ausgegangen, dass der Kontrolldruck auf den Probanden spürbar erhöht wird. Problematisch ist die elektronische Aufenthaltsüberwachung bisweilen bei einer Auslandsreise des Probanden. In einem solchen Fall wird bisher um Rechtshilfe gebeten und so der jeweilige Staat informiert. Wie in solchen Fällen zukünftig standardmäßig verfahren werden soll, wird aktuell diskutiert.

Nicht vergessen werden darf bei dieser positiven Einschätzung der neuen Weisungsmöglichkeit, dass die elektronische Überwachung mit einem sehr hohen logistischen und personellen Aufwand verbunden ist. Trotzdem stellen sich nach Angaben der Aufsichtsstelle die Arbeitsabläufe schon nach kurzer Zeit der Aufnahme als routiniert dar. Ob sich die elektronische Aufenthaltsüberwachung tatsächlich bewährt, bleibt jedoch abzuwarten und zukünftigen Untersuchungen vorbehalten. Derzeit werden in Mecklenburg-Vorpommern sechs Probanden elektronisch überwacht, wobei sich ein Proband auf Grund einer Körperverletzung wieder in Haft befindet.[802] Nach Entlassung wird die elektronische Überwachung fortgesetzt.

8.4 Bewertung und Zusammenfassung der Arbeitsweise der zentralen Führungsaufsichtsstelle

Auf die Frage, ob sich das Konzept einer zentralen Führungsaufsichtsstelle positiv bewährt hat, antwortet der Leiter der Führungsaufsichtsstelle mit einem

---

801 Vgl. Staatsvertrag über die Einrichtung einer Gemeinsamen elektronischen Überwachungsstelle der Länder, GVOBl. M-V 2012, S. 6.

802 Stand: 8.7.2013.

eindeutigen Ja.[803] Im Rahmen der Neustrukturierung des Führungsaufsichtswesens in Mecklenburg-Vorpommern sei eine hochgradige Spezialisierung entstanden, welche es ermögliche, sämtliche Verfahren kritisch zu prüfen und ggf. etwaige Fehler, bspw. hinsichtlich der Dauer einer Führungsaufsicht, der Erledigungstatbestände oder der Bestimmtheit von Weisungen, zu korrigieren. In diesem Zusammenhang würde den Staatsanwaltschaften, den Gerichten und allen anderen Beteiligten ein qualifizierter Ansprechpartner zur Seite stehen, sodass auch deren Arbeit erleichtert würde. Als großer Vorteil erweise sich darüber hinaus auch die verbesserte Informationsvermittlung an die beteiligten Stellen, was auch dem Umstand geschuldet sei, dass mit dem LaStar eine zentrale Behörde geschaffen wurde, welche die Sozialen Dienste, die Führungsaufsicht und die forensische Ambulanz „unter einem Dach" vereint. Diese spezialisierte Zentralisierung und die damit einhergehende schnelle Informationsübermittlung ermögliche es, innerhalb kürzester Zeit auf krisenhafte Entwicklungen zu reagieren und entsprechende Maßnahmen zu ergreifen. Dies sei die größte Errungenschaft seit der Schaffung des LaStar. Letztlich sei dies darauf zurückzuführen, dass heute sämtliche Ermittlungskompetenzen und Maßnahmen, die der Führungsaufsichtsstelle zur Seite stehen, auch tatsächlich Anwendung finden. Dass solche Möglichkeiten früher nicht ausgeschöpft wurden, sei schlicht darauf zurückzuführen, dass die Vollstreckungsrichter dazu keine Zeit hatten. Mit der Etablierung der zentralen Führungsaufsichtsstelle und deren Besetzung durch ein qualifiziertes sowie multiprofessionelles Team, sei dieses „Manko" beseitigt. Mehr Aufwand kann man nicht betreiben und bessere Ergebnisse lassen sich nicht erzielen, so der Leiter der zentralen Führungsaufsichtsstelle. Trotzdem lasse sich immer etwas verbessern, wofür der stetige Austausch zwingende Voraussetzung ist. Nicht zuletzt wegen des Interesses anderer Bundesländer an dem neuartigen Konzept der Führungsaufsicht in Mecklenburg-Vorpommern, könne davon auszugehen sein, dass es sich um eine „Erfolgsgeschichte" handelt. Trotzdem bleibe abzuwarten, ob sich die Ankündigung einer „Vorreiterrolle"[804] in diesem Zusammenhang bestätigt, da andere Bundesländer dann ebenso bereit sein müssten, einen nicht unerheblichen Personalaufwand zu betreiben.

Dieser durchweg positiven Einschätzung seitens der Verantwortlichen in der Führungsaufsichtsstelle, muss jedoch an einigen Stellen mit Kritik begegnet werden. Denn der vermeintliche Erfolg besteht in einer Ausweitung der Kontrolle und in Repression. So haben sich wie oben ausgeführt die Anhörungen und die Anzahl der Strafanträge nach § 145a StGB verdoppelt. Im Hinblick auf

---

803 Vgl. auch *Manzewski* 2012, S. 345 ff.

804 Vgl. Pressemitteilung des Justizministeriums Mecklenburg-Vorpommerns Nr. 32/11 - 16.3.2011 - JM – Justizministerium. Darin äußert die Justizministerin *Kuder* die Auffassung, dass Mecklenburg-Vorpommern durch die Schaffung des LaStar seine Vorreiterrolle im Bereich der ambulanten Straffälligenarbeit weiter ausbauen könnte.

die Verurteilungen gem. § 145a StGB ist sogar eine Vervierfachung zu verzeichnen. Diese enorme Zunahme der Anwendung der Strafvorschrift kann nicht
als Kriterium für ein Gelingen der Führungsaufsicht gewertet werden. Vielmehr
zeichnet sich eine erfolgreiche Organisation der Führungsaufsicht dadurch aus,
dass Strafanträge und Verurteilungen nach § 145a StGB nach Möglichkeit vermieden werden. Je weniger die Vorschrift zur Anwendung kommt, desto erfolg-
reicher verläuft die Führungsaufsicht. Das Selbstverständnis der Aufsichtsstelle
zeigt sich bspw. auch in der Tatsache, dass die durch die Reform von 2007 neu
eingefügte Abstinenzweisung gem. § 68b Abs. 1 S. 1 Nr. 10 StGB als effektives
Mittel zur Rückfallvermeidung gesehen wird. Diese Aussage ist mehr als zwei-
felhaft, da Weisungsverstöße und damit Wiederverurteilungen durch diese Weisung geradezu vorprogrammiert sind. Ein Mittel zur Rückfallvermeidung kann
darin nicht gesehen werden. Vielmehr handelt es sich durch die Anwendung dieser Weisung um eine Art „Breitbandkriminalisierung". Des Weiteren zeigt sich
die Betonung der repressiven Komponente in der Tatsache, dass Gefährdetenansprachen im Zusammenhang mit der Weisung der elektronischen Aufenthaltsüberwachung gem. § 68b Abs. 1 S. 1 Nr. 12 StGB nicht selten zur Anwendung
kommen. Dabei handelt es sich um schwere Eingriffe in die Persönlichkeitsrechte des Probanden, die eine Resozialisierung fast unmöglich machen. Die
Durchführung solcher Ansprachen kann unter Wahrung des Verhältnismäßigkeitsgrundsatzes zwar in Einzelfällen geboten sein, jedoch verbietet sich eine
schematische Anwendung.[805] Auch die Arbeit der forensischen Ambulanz, welche der Aufsichtsstelle unterstellt ist, dient gegenwärtig kaum der Therapierung – wie im Gesetzesentwurf eigentlich beabsichtigt[806] –, sondern vielmehr
der Risikoeinschätzung. Insofern ist auch an dieser Stelle eine Ausweitung der
Kontrolle und nicht der Betreuung der Probanden die Folge. Insgesamt hat durch
die Schaffung des Landesamtes eine deutliche Ausweitung der Kontrolle stattgefunden und dies als Erfolg zu werten, v. a. wenn es um die drastische Zunahme
der Verurteilungen nach § 145a StGB geht, ist grotesk und Ausdruck eines
verfehlten Selbstverständnis.

Durch die Zentralisierung und Professionalisierung zeigen sich jedoch auch
positive Entwicklungen was die Organisation der Führungsaufsicht in Mecklenburg-Vorpommern angeht. Diese lässt sich im Wesentlichen durch drei aus-
schlaggebende Faktoren belegen. Zum einen werden die Möglichkeiten, welche
der Führungsaufsichtsstelle im Hinblick auf die Überwachung und Kontrolle zur
Verfügung stehen, tatsächlich genutzt und es haben sich zum anderen im Hinblick auf die praktische Handhabung der Führungsaufsicht standardisierte Verfahren herausgebildet. Darüber hinaus findet durch die Schaffung eines kompe-

---

805 Vgl. dazu die obigen Ausführungen zum Verhältnis Strafrecht/Polizeirecht unter *6.1.3*
     und *6.3.18.*

806 Vgl. BT-Drucks. 16/1993, S. 17 f.

tenten und hinsichtlich des Führungsaufsichtswesens spezialisierten Ansprech-partners wesentlich häufiger ein Austausch der beteiligten Stellen statt. Denn vor der Einführung der zentralen Aufsichtsstelle existierte ein solcher kaum. So ist die Zusammenarbeit der einzelnen Verwaltungseinheiten, welche in diesem Zusammenhang mit der ambulanten staatlichen Straffälligenarbeit betraut sind, durch die Gründung des LaStar deutlich gefördert worden. Der Informations-fluss stellt sich dabei als deutlich verbessert dar und die Aufgaben werden von spezialisierten und erfahrenen Fachkräften wahrgenommen. Auch wurde durch die zentrale Führungsaufsichtsstelle ein Ansprechpartner geschaffen, welcher das Führungsaufsichtswesen in Mecklenburg-Vorpommern nach außen vertritt und sich ausschließlich mit dieser Materie beschäftigt. Ob das Ziel einer bundes-weit richtungsweisenden Konzentration erreicht werden wird, bleibt dabei abzuwarten. Das aufgezeigte Interesse von Justizverwaltungen anderer Länder lässt diese Zielsetzung zumindest nicht als unwahrscheinlich erscheinen.

Insgesamt wurde die Rolle der Führungsaufsicht in Mecklenburg-Vorpom-mern durch die Schaffung der zentralen Führungsaufsichtsstelle innerhalb des LaStar aufgewertet. Der Informationsfluss der beteiligten Stellen wurde nach Angaben des Projektverantwortlichen deutlich verbessert und durch die Zentra-lisierung des Führungsaufsichtswesens hat eine Professionalisierung stattgefun-den. Die originäre Aufgabe der Aufsichtsstelle, welche gem. § 68 Abs. 3 StGB in der Überwachung des Probanden besteht, wurde durch die Errichtung der zentralen Stelle offenbar verbessert. Bedenklich ist jedoch, wenn die enorme Zunahme der Verurteilungen nach § 145a StGB als Erfolgskriterium gewertet wird und insgesamt die Repression und Kontrolle im Vordergrund stehen. Die-ses Selbstverständnis muss nachdenklich stimmen. Denn eine erfolgreiche Füh-rungsaufsicht kann auf entsprechende Mittel verzichten.

9. Fazit

Die Arbeit hat gezeigt, dass die Führungsaufsicht in der gegenwärtigen Kriminalpolitik eine wesentliche Rolle einnimmt und heute im System der strafrechtlichen Sanktionen anerkannt ist. Die jährlich steigenden Fallzahlen der Führungsaufsicht[807] belegen diese Entwicklung auch quantitativ. Insofern kann von einem „Schattendasein" keine Rede mehr sein und die Stimmen, welche eine gänzliche Abschaffung der Führungsaufsicht fordern, sind weitestgehend verstummt. Zurückzuführen ist diese „Renaissance" der Führungsaufsicht im Wesentlichen auf die umfassende Reform aus dem Jahr 2007.[808] Mit ihr entschied sich der Gesetzgeber für eine Ausweitung des Handlungsinstrumentariums, um die Führungsaufsicht effektiver zu gestalten. Durch das beachtliche Ausmaß an Neuregelungen und auf Grund der Tatsache, dass bewusst auch Praktiker in die Reform miteinbezogen wurden, erkannte der Gesetzgeber die Maßregel gleichzeitig als wichtiges Mittel in der Betreuung und Kontrolle von entlassenen Straftätern an. Insofern kann die Reform als Wendenpunkt und Belebung der Führungsaufsicht betrachtet werden.

Das Bedürfnis einer ambulanten Überwachung von als gefährlich geltenden Straftätern ist dabei kein modernes, auch wenn die Führungsaufsicht in ihrer heutigen Form erst seit 1975 existiert. Die Untersuchung stellt in diesem Zusammenhang heraus, dass seit der poena extraordinaria sämtliche Vorgänger des heutigen StGB ein vergleichbares Institut kannten.[809] So wurde die Polizeiaufsicht im RStGB von 1871 als allgemein anerkannte Vorgängerin der heutigen Führungsaufsicht etabliert. Erst mit der Idee der Schutzaufsicht aus dem Jahr 1911 gewann die Führungsaufsicht eine zweite Zweckrichtung in Form der betreuenden Komponente, welche sich letztlich in der Normierung der Führungsaufsicht niederschlug. Das Verhältnis zwischen diesen beiden Zweckrichtungen soll heute der betreuenden Komponente den Vorrang einräumen, auch wenn im Einzelfall der Kontrollaspekt überwiegen kann. Dass dies in Anbetracht der Entwicklung und des Verständnisses der Führungsaufsicht in den vergangenen Jahren jedoch nicht mehr als eine Illusion ist, verdeutlicht die vorliegende Arbeit. So hat zum einen seit der Einführung der Führungsaufsicht eine stetige Ausweitung des erfassbaren Personenkreises stattgefunden, was allein auf die Tatsache zurückzuführen ist, dass man immer mehr als gefährlich geltenden entlassenen Straftätern habhaft werden wollte. Zum anderen wurden die rechtlichen Möglichkeiten der Überwachung stetig erweitert und verschärft. Dabei reiht sich auch die Reform aus dem Jahr 2007 in diese Entwicklung mit ein,

---

807 Vgl. oben unter *3.1.*

808 Vgl. oben unter *5.*

809 Vgl. oben unter *4.*

indem v. a. der strafbedrohte Weisungskatalog gem. § 68b Abs. 1 StGB und die Befugnisse der Führungsaufsichtsstelle erweitert wurden. Besonders augenscheinlich wird diese Entwicklung, wenn man die Reaktionen auf die Rechtsprechung zur Sicherungsverwahrung betrachtet.[810] So wurde mit der Einführung der elektronischen Aufenthaltsüberwachung eilig reagiert und das Kontrollbedürfnis auf die Spitze getrieben. Daneben etablierten sich im Kontext der Führungsaufsicht und fernab von formellen gesetzlichen Grundlagen polizeiliche Überwachungskonzeptionen,[811] welche ausschließlich auf eine effektivere Kontrolle und die ausdrückliche Einbeziehung der Polizei zielen. Rechtsstaatlich nicht vertretbare Auswüchse zeigten sich in diesem Zusammenhang in der Durchführung polizeilicher Daueobservationen.[812] Insgesamt wird die Führungsaufsicht heute in erster Linie als reines Kontrollinstrumentarium begriffen und Aussagen behördlicher Stellen, welche die betreuende Komponente der Führungsaufsicht in einem Halbsatz erwähnen, erscheinen häufig als bloße Lippenbekenntnisse. Betrachtet man die historische Entwicklung der Führungsaufsicht, so kann insofern von einem Rückschritt in alte Zeiten bzw. einer zumindest teilweisen Wiederkehr der Polizeiaufsicht gesprochen werden.

Ein weiterer Kritikpunkt im Umgang mit der Führungsaufsicht wird durch den Widerspruch zwischen der aktuellen Bedeutung der Führungsaufsicht und ihrer stiefmütterlichen Behandlung in Forschung und Lehre deutlich.[813] Bislang ist weder eine umfassende Evaluation der entsprechenden Regelungen vorhanden, noch eine aussagekräftige Untersuchung zur Wirkweise der Maßregel. In diesem Bereich ist der Begriff des „Schattendaseins" immer noch zutreffend. Darüber hinaus ist es nicht nachvollziehbar, dass bis heute keine bundesweite Statistik über das Fallaufkommen existiert und Aussagen darüber auf Schätzungen beruhen. In Anbetracht von geschätzten 35.000 Führungsaufsichten bundesweit ist die Etablierung einer solchen Statistik im Sinne einer rationalen Kriminalpolitik geboten.

In Mecklenburg-Vorpommern existierte bislang keinerlei empirische Forschung, welche sich speziell mit der Klientel und der Wirkweise der Führungsaufsicht beschäftigte. Diese Tatsache und die Neustrukturierung des organisatorischen Führungsaufsichtswesens gaben Anlass an dieser Stelle Abhilfe zu schaffen. Durch die Erhebung und Auswertung der Führungsaufsichtsakten des Jahrgangs 2009 konnten repräsentative Ergebnisse im Sinne einer deskriptiven Beschreibung gewonnen werden, welche Aussagen über den konkreten Verlauf

---

810 Vgl. oben unter *6.1.*

811 Vgl. oben unter *6.3.*

812 Vgl. oben unter *6.1.3.*

813 Vgl. oben unter *3.8.2.*

und die konkrete Ausgestaltung einer Führungsaufsicht zulassen.[814] Ein Vergleich der so erhobenen Daten mit denjenigen der neu strukturierten Führungsaufsichtsstelle offenbarte zum Teil gravierende und Besorgnis erregende Unterschiede in der Handhabung.[815] Konnte das Führungsaufsichtswesen vor jener Neustrukturierung als bloßes Beiwerk betrachtet werden, so existiert es heute als qualifizierte und spezialisierte Einheit. Die Folge ist eine immense Ausweitung der Kontrolle, welche sich v. a. in einem exorbitanten Anstieg der Strafanträge und Verurteilungen gem. der umstrittenen Strafvorschrift des § 145a StGB widerspiegelt. Gleichzeitig hat die Untersuchung jedoch auch gezeigt, dass durch die Zusammenlegung der Führungsaufsichtsstelle, der Sozialen Dienste und der forensischen Ambulanz in einer Behörde, der Informationsfluss und die Zusammenarbeit wesentlich verbessert werden konnten. Insofern hat in Mecklenburg-Vorpommern auf diesem Gebiet eine Professionalisierung eingesetzt, welche der gegenwärtigen Bedeutung der Führungsaufsicht gerecht wird. Dabei droht jedoch in Vergessenheit zu geraten, dass die Führungsaufsicht v. a. der Hilfe und Betreuung von entlassenen Straftätern zu dienen bestimmt ist.

Insgesamt ist die Führungsaufsicht in den vergangenen Jahren aus ihrem Schattendasein getreten. Parallel dazu hat sich ihre Zweckrichtung zu Gunsten der Überwachung verschoben und entsprechend hat sich das heutige Verständnis der Führungsaufsicht in der Kriminalpolitik gewandelt. Vor diesem Hintergrund soll die Untersuchung auch dazu dienen, den Blick der Verantwortlichen in Gesetzgebung und Justiz auf die originäre Zweckrichtung der Führungsaufsicht zu schärfen. Es muss akzeptiert werden, dass in einem vom Freiheitsgedanken geprägten Rechtsstaat ein gewisses Risiko hingenommen werden muss. Straftaten können nie mit Sicherheit verhindert werden. In diesem Sinne hat es sich die vorliegende Arbeit zur Aufgabe gemacht, einen Beitrag zur Besinnung auf eine rationale Kriminalpolitik zu leisten.

---

814 Vgl. oben unter *7.*
815 Vgl. oben unter *8.2.4.*

Literaturverzeichnis

ABB und *verdi* (2007): Grundsätze zur Zusammenarbeit von Bewährungshelfern/-innen mit HEADS-Ansprechpartnern/-innen der Kriminalpolizei. Gemeinsame Stellungnahme von ABB und ver.di vom 25.9.2007. Regensburg und München.

Aschrott, P. F.; Kohlrausch, E. (1926): Reform des Strafrechts. Kritische Besprechung des Amtlichen Entwurfs eines Allgemeinen Deutschen Strafgesetzbuchs. Berlin.

Albrecht, H.-J. (1999): Die Determinanten der Sexualstrafrechtsreform. ZStW 111, S. 863-888.

Albrecht, H.-J., Arnold, H., Schädler, W. (2000): Der hessische Modellversuch zur Anwendung der „elektronische Fußfessel" – Darstellung und Evaluation eines Experiments. ZRP 33, S. 466-469.

Amann, H., Steinle, C. (2011): Sicherungsverwahrung. Das Urteil des Europäischen Gerichtshofs für Menschenrechte und seine Folgen für die Polizei. Kriminalistik 65, S. 21-23.

Antons, H. (1992): Möglichkeiten einer gesetzlichen Neuregelung der Führungsaufsicht. BewHi 39, S. 282-287.

Appel, I. (1998): Verfassung und Strafe. Zu den verfassungsrechtlichen Grenzen staatlichen Strafens. Berlin.

Atteslander, P. (1953): Methoden der empirischen Sozialforschung. Berlin.

Baden-Württembergisches Ministerium des Innern, Baden-Württembergisches Ministerium der Justiz, Baden-Württembergisches Ministerium für Arbeit und Soziales (2010): Gemeinsame Verwaltungsvorschrift zum Umgang mit besonders rückfallgefährdeten Sexualstraftätern (VwV KURS). Stuttgart.

Bartsch, T. (2007): Der Vollzug der Sicherungsverwahrung in Deutschland. BewHi 54, S. 399-409.

Bartsch, T. (2010): Sicherungsverwahrung – Recht, Vollzug, Reformüberlegungen. In: Katholische Gefangenenseelsorge, Sonderheft zur Bundeskonferenz der Katholischen Seelsorge bei den Justizvollzugsanstalten. Berlin.

Bartsch, T. (2013): Eine verpasste Chance?! Zur Reform der Vorschriften über die Sicherungsverwahrung im JGG. ZJJ 24, S. 182-189.

Bartsch, T., Kreuzer, A. (2009): Auswirkungen stetiger Gesetzesverschärfungen der Sicherungsverwahrungsvorschriften auf den Straf- und Maßregelvollzug. StV 29, S. 53-56.

Baumann, J. (1964): Eine Auseinandersetzung zum allgemeinen Teil eines künftigen StGB. GA 111, S. 193-206.

Baumann, J. (1966): Alternativ-Entwurf eines Strafgesetzbuches. Allgemeiner Teil. Tübingen.

Baumann, J.; Weber, U., Mitsch, W. (1995): Strafrecht. Allgemeiner Teil. Bielefeld.

Baur, A. (2012): „Bessere Dich – oder ich schieße!" – Die Polizei im normativen Handlungsgefüge der Führungsaufsicht. In: Haynert, H., Kammeier, H., Wegschließen für immer? Ethische, rechtliche und soziale Konzepte im Umgang mit gefährlichen Menschen auf dem gesellschaftlichen Prüfstand. Lengerich, S. 181-190.

Baur, A., Burkhardt, A., Kinzig, J. (2011): Am Pranger: Kriminalprävention durch Information? Über die Zulässigkeit und kriminalpolitische Wirksamkeit eines Präventivprangers für gefährliche Straftäter. JZ 66, S. 131-139.

Bayerl, A. (1972): Festvortrag. Die Strafrechtsreformgesetze – Chance und Verpflichtung. BewHi 19, S. 7-25.

Berner, A. F. (1867): Die Strafgesetzgebung in Deutschland von 1751 bis zur Gegenwart. Leipzig.

Beier, M. (1995): Sexualdelinquenten im Strafvollzug: Ein Plädoyer für Unaufgeregtheit. ZfStrVo 44, S. 335-344.

Best, D. (2002): Das Rückwirkungsverbot nach Art. 103 Abs. II GG und die Maßregeln der Besserung und Sicherung. ZStW 114, S. 88-129.

Binding, K. (1991): Handbuch des Strafrechts, Neudr. der Ausg. 1885 Leipzig. Aalen.

Boetticher, A. (1998): Der neue Umgang mit Sexualstraftätern – eine Zwischenbilanz. MSchKrim 81, S. 354-367.

Boetticher, A. (2000): Neue Aufgaben für die Bewährungshilfe – zum Umgang mit Sexualstraftätern. BewHi 47, S. 196-212.

Boetticher, A. (2004): Rechtliche Rahmenbedingungen, In: Egg, R., Ambulante Nachsorge nach Straf- und Maßregelvollzug – Konzepte und Erfahrungen –. Wiesbaden, S. 15-54.

Boetticher, A. (2005): Aktuelle Entwicklungen im Maßregelvollzug und bei der Sicherungsverwahrung – Ambulante Nachsorge für Sexualstraftäter ist Aufgabe der Justiz. NStZ 25, S. 417-423.

Boetticher, A., Kröber, H.-L., Müller-Isberner, R., Böhm, K.-M., Müller-Metz, R., Wolf, T. (2006): Mindestanforderungen für Prognosegutachten. NStZ 26, S. 537-544.

Böhm, M. (2011): Opferschutz – Präventionsprinzip – Sicherungsverwahrung. Bleibt die Polizei der Lückenbüßer der Rechtspolitik? Kriminalistik 65, S. 14-20.

Brandenburgisches Ministerium der Justiz, Brandenburgisches Ministerium des Innern (2008): Haft-Entlassenen-Auskunfts-Datei-Sexualstraftäter (HEADS). Potsdam.

Braune, R. (1889): Wider die Polizeiaufsicht!. ZStW 9, S. 807-832.

Brauneisen, A. (2011): Die elektronische Überwachung des Aufenthaltsortes als neues Instrument der Führungsaufsicht. StV 31, S. 311-316.

Bremer Senat für Inneres und Sport, Bremer Senat für Justiz und Verfassung, Bremer Senat für Arbeit, Frauen, Gesundheit, Jugend und Soziales (2008): Haft-Entlassenen-Auskunfts-Datei-Sexualstraftäter (HEADS). Bremen.

Breuckmann, N. (1990): Innenansichten des beruflichen Alltags eines Sozialarbeiters in der Führungsaufsichtsstelle. In: Dertinger, C., Marks, E., Führungsaufsicht. Versuch einer Zwischenbilanz zu einem umstrittenen Rechtsinstitut. Bonn, S. 118-144.

Breuer, M., Endres, J., Vornholt, E., Müller, C. (2013): Elektronische Aufenthaltsüberwachung. Erkenntnisse aus einem bayerischen Pilotprojekt im offenen Vollzug. BewHi 60, S. 146-158.

Bruns, H.-J. (1959): Die Maßregeln der Besserung und Sicherung im StGB-Entwurf 1956. ZStW 71, S. 210-251.

Brusten, M. (1982): Genese und Implementation strafrechtlicher Normen zur Führungsaufsicht. Theoretischer Bezugsrahmen und Konzeption einer empirischen Untersuchung. Kriminologisches Journal 14, S. 194-204.

Brusten, M. (1986): Immer mehr „Vollverbüßer" – immer mehr „Zwangshilfen". Zehn Jahre Führungsaufsicht: – zur Entwicklung einer umstrittenen Strafrechtsreform. BewHi 33, S. 273-291.

Bundesminister der Justiz (1925): Amtlicher Entwurf eines Allgemeinen Deutschen Strafgesetzbuches nebst Begründung 1925. Berlin.

Bundesminister der Justiz (1962): Materialien zur Strafrechtsreform, Bd. 15. Bonn.

Bundesministerium des Inneren, Bundesministerium der Justiz (2006): Zweiter Periodischer Sicherheitsbericht. Berlin.

v. Bülow, D. (1990): Führungsaufsicht und Führungsaufsichtsstellen, In: Dertinger, C., Marks, E., Führungsaufsicht. Versuch einer Zwischenbilanz zu einem umstrittenen Rechtsinstitut. Bonn, S. 145-156.

Bungard, W., Lück, H.E. (1974): Forschungsartefakte und nicht-reaktive Verfahren. Stuttgart.

Dannecker, G. (2007): Nullum crimen, nulla poena sine lege und seine Geltung am Allgemeinen Teil des Strafrechts. In: Dannecker, G. (2007): Festschrift für Harro Otto. Köln, S. 25-40.

Dertinger, C., Marks, E. (1990): Führungsaufsicht. Versuch einer Zwischenbilanz zu einem umstrittenen Rechtsinstitut. Bonn.

Dessecker, A. (2007): Die Reform der Führungsaufsicht und ihre Grenzen. BewHi 54, S. 276-286.

Dessecker, A. (2011): Die Wandlungen der Führungsaufsicht. BewHi 58, S. 267-279.

Dessecker, A. (2012): Von der Polizeiaufsicht zur Führungsaufsicht und zurück?. In: Hilgendorf, E., Rengier, R., Festschrift für Wolfgang Heinz zum 70. Geburtstag. Baden-Baden, S. 631-641.

Dessecker, A. (2013): Der psychiatrische Maßregelvollzug: Patientenzahlen und Wirkungen. Soziale Probleme 24, S. 66-68.

Deutsche Gesellschaft für Sexualforschung (1998): Stellungnahme zum „Gesetz zur Bekämpfung von Sexualdelikten". MSchKrim 81, S. 368-371.

Diekmann, A. (2007): Empirische Sozialforschung. Grundlagen. Methoden. Anwendungen, 5. Aufl. Reinbek bei Hamburg.

Dolde, G. (1997): Kriminelle Karrieren von Sexualstraftätern. Erscheinungs- und Verlaufsformen, Bewährung und Rückfall. ZfStrVo 46 , S. 323-331.

Dölling, D. (1992): Die Weiterentwicklung der Sanktionen ohne Freiheitsentzug im deutschen Strafrecht. ZStW 104, S. 259-289.

Dreier, H. (2008): Grundgesetz. Kommentar, Bd. 3, 2. Aufl. Tübingen.

Drenkhahn, K., Dudeck, M. (2007): Lebensbedingungen im europäischen Langstrafenvollzug. NK 19, S. 134-138.

Drenkhahn, K., Morgenstern, C. (2012): Dabei soll es uns auf den Namen nicht ankommen – Der Streit um die Sicherungsverwahrung. ZStW 124, S. 132-203.

Dünkel, F. (1990): Stellungnahme zum Entwurf eines Gesetzes zur Änderung des Strafvollzugsgesetzes. ZfStrVo 39, S. 105-108 (abgedruckt ferner in: Deutscher Bundestag, 11. Wahlperiode 1987, 6. Ausschuß, Stenographisches Protokoll der 71. Sitzung des Rechtsausschusses vom 16.2.1990, S. 89-99).

Dünkel, F. (1997): Kriminalpolitischer Rundumschlag. NK 9, S. 8-9.

Dünkel, F. (2004): Sicherungsverwahrung (erneut) auf dem Prüfstand. NK 16, S. 42-48.

Dünkel, F. Flügge, C., Lösch, M., Pörksen, A. (2010): Plädoyer für eine verantwortungsbewusste und rationale Kriminalpolitik. Thesen des Ziethener Kreises zu Reformfragen des strafrechtlichen Sanktionensystems. ZRP 43, S. 175-178.

Dünkel, F., Geng, B. (1994): Rückfall und Bewährung von Karrieretätern nach Entlassung aus dem sozialtherapeutischen Behandlungsvollzug und aus dem Regelvollzug. In: Steller, M., Dahle, K.-P., Basyué, M.: Straftäterbehandlung. Argumente für eine Revitalisierung in Forschung und Praxis. Pfaffenweiler, S. 35-59.

Dünkel, F., Geng, B. (2013): Die Entwicklung von Gefangenenraten im internationalen Vergleich. Soziale Probleme 24, S. 42-65.

Dünkel, F., Lappi-Seppälä, T., Morgenstern, C., van Zyl Smit, D. (2010): Kriminalität, Kriminalpolitik, strafrechtliche Sanktionspraxis und Gefangenenraten im europäischen Vergleich. Mönchengladbach.

Dünkel, F., Pruin, I. (2010): Young adult offenders in the criminal justice systems of European countries. In: Dünkel, F., Grzywa, J., Horsfield, P., Pruin, I. (Hrsg.): Juvenile Justice Systems in Europe. Current Situation and Reform Developments, Bd. 4. Mönchengladbach, S. 1.1557-1580.

Dünkel, F., Pruin, I. (2010): Germany. In: Padfield, N., van Zyl Smit, D., Dünkel, F: (Hrsg.): Release from Prison. European policy and practice. Cullompton. S. 185-212.

Dünkel, F, Pruin, I. (2012): Die bedingte/vorzeitige Entlassung aus dem Strafvollzug im europäischen Vergleich. In: Matt, E., Bedingte Entlassung, Übergangsmanagement und die Wiedereingliederung von Ex-Strafgefangenen. Justizvollzugsanstalt, Strafvollstreckungskammer und das Zusammenspiel der Institutionen. Münster, S. 125-146.

Dünkel, F., Spieß, G. (1992): Perspektiven der Strafaussetzung zur Bewährung und Bewährungshilfe im zukünftigen deutschen Strafrecht. Bewährungshilfe 39 , S. 117-138.

Dünkel, F., van Zyl Smit, D. (2004): Nachträgliche Sicherungsverwahrung: Anmerkungen zu zwei Entscheidungen des Bundesverfassungsgerichts und zum Gesetz zur Einführung der nachträglichen Sicherungsverwahrung (§ 66 b StGB) vom 23.7.2004, Kriminalpädagogische Praxis 32, S. 47-57.

Dünkel, F., van Zyl Smit, D. (2004): Preventive Detention of Dangerous Offenders Reexamines: A Comment on two decisions of the German Federal Constitutional Court (BVerfG – 2 BvR 2029/01 of 5 February 2004 and BVerfG – BvR 834/02 – 2 BvR 1588/02 of 10 February 2004) an the Federal Draft Bill on Preventive Detention of 9 March 2004. German Law Journal 5, S. 619-637.

Ehrhardt, H. (1963): Über Behandlungsmöglichkeiten für Delinquenten nach dem deutschen Strafgesetzentwurf 1962. ZStW 75, S. 216-237.

Eisenbarth, M., Ringhof, H. (2013): Die Dauerobservation ehemals sicherungsverwahrter Sexualstraftäter – eine präventiv-polizeiliche Zwischenlösung. DVBl 128, S. 566-572.

Eisenberg, U. (2010): „Feindliche Übernahme" im Jugendstrafrecht? Zur Situation eines politisch aufgeladenen Rechtsgebiets. NJW 63, S. 1507-1509.

Eisenhardt, U. (2008): Deutsche Rechtsgeschichte, 5. Aufl. München.

Elsner, T., Schobert, K. (2007): Gedanken zur Abwägungsresistenz der Menschenwürde – angestoßen durch das Urteil des Bundesverfassungsgerichts zur Verfassungsmäßigkeit der Sicherungsverwahrung. DVBl 122, S. 278-287.

Erichsen, H.-U., Ehlers, D. (2010): Allgemeines Verwaltungsrecht, 14. Aufl. Berlin.

Erichsen, H.-U., Klüsche, C. (2000): Verwaltungsvorschriften. Jura 22, S. 540-548.

Esser, R. (2002): Auf dem Weg zu einem europäischen Strafverfahrensrecht – Die Grundlagen im Spiegel der Rechtsprechung des Europäischen Gerichtshofs für Menschenrechte (EGMR) in Straßburg. Berlin.

Feest, J. (2006): StVollzG. Kommentar zum Strafvollzugsgesetz (AK-StVollzG): 5. Aufl. Neuwied.

Fernholz-Niemeyer, D. (1992): Die Pönalisierung von Weisungsverstößen im Rahmen der Führungsaufsicht. Münster.

Floerecke, P. (1986): Determinanten der Normsetzung. Sozio-politische, organisatorische und interaktive Einflußfaktoren auf die Gesetzgebungsarbeit am Beispiel der Führungsaufsicht. Kriminalsoziologische Bibliographie, S. 23-46.

Floerecke, P. (1989): Die Entstehung der Gesetzesnormen zur Führungsaufsicht. Die Gesetzgebung von 1962 bis 1975 und die Anwendungspraxis der Führungsaufsicht. Bonn.

Floerecke, P. (1990): Was leistet Führungsaufsicht? Empirische Daten zu Ressourcen, Kooperationsstrukturen und Kontrollstrategien eines umstrittenen Rechtsinstituts. In: Dertinger, C., Marks, E., Führungsaufsicht. Versuch einer Zwischenbilanz zu einem strittigen Rechtsinstitut. Bonn, S. 51-76.

Floerecke, P. (1985): Die aufgezwungene Hilfe: Vollverbüßer als Adressaten der Führungsaufsicht. Kriminologisches Journal 17, S. 120-124.

Floerecke, P., Brusten, M. (1985): Genese und Implementation der gesetzlichen Normen zur Führungsaufsicht, unveröffentlichter Abschlußbericht eines DFG-Forschungsprojekts. Wuppertal.

Frisch, W. (1990): Die Maßregeln der Besserung und Sicherung im strafrechtlichen Rechtsfolgensystem. ZStW 102, S. 343-393.

Freund, G. (2010): Gefahren und Gefährlichkeiten im Straf- und Maßregelrecht. GA 157, S. 193-206.

Fuhr, K. A. (1892): Strafrechtspflege und Socialpolitik. Berlin.

Gennat, G. (1905): Das Strafensystem und seine Reform. Hamburg.

Goehrke, R. (1921): Die Polizeiaufsicht in Preussen mit Einschluss der Entwürfe zu einem deutschen StGB. Greifswald.

Graalmann-Scheerer, K., Erb, V., Löwe, E., Rosenberg, W. (2010): Die Strafprozessordnung und das Gerichtsverfassungsgesetz, 26. Aufl., Bd. 9. Berlin.

Greger, A. (2010): Herausforderung Sicherungsverwahrung – Wie die Praxis mit der Entscheidung des EGMR (M. gegen Deutschland) umgehen kann. NStZ 30, S. 676-680.

Greve, H., von Lucius, J (2012): Überwachung entlassener gefährlicher Straftäter durch die Polizei. DÖV Heft 3, S. 97-105.

Grosse-Brömer, M., Klein, O. (2010): Sicherungsverwahrung als Verfassungsauftrag. ZRP 43, S. 172-175.

Grote, O. (1920): Die Polizeiaufsicht in Preußen. Berlin.

Groth, K.-U. (1979): Die verfassungsrechtliche Zulässigkeit der Pönalisierung während der Führungsaufsicht begangener Weisungsverstöße. NJW 32, S. 743-749.

Grünhut, M. (1926): Die §§ 51-62 AE. In: Aschrott, P. F., Kohlrausch, E.: Reform des Strafrechts. Kritische Besprechung des Amtlichen Entwurfs eines Allgemeinen Deutsche Strafgesetzbuchs. Berlin, S. 172-179.

Grünwald, G. (1964): Sicherungsverwahrung, Arbeitshaus, vorbeugende Verwahrung und Sicherungsaufsicht im Entwurf von 1962. ZStW 76, S. 633-668.

Gusy, C. (2009): Polizei- und Ordnungsrecht, 7. Aufl. Tübingen.

Hagemann, O. (2004): Empirische Forschungsmethoden. Abschlußbericht zum Lehrforschungsprojekt über das Zusammenleben sozialer Gruppen in Kiel-Dietrichsdorf. Kiel.

Hagenkort, H. (1978): Praxis der Führungsaufsicht. BewHi 25, S. 351-358.

Hager, B. (1976): Zur Problematik der sozialpädagogischen Funktion der Führungsaufsicht. BewHi 23, S. 126-133.

Hahn, G. (2007): Anmerkungen zur Reform der Führungsaufsicht aus Sicht des Maßregelvollzugs. NK 19, S. 7-10.

Hamburger Justizbehörde (2010): Täterorientierte Prävention (T.O.P.). Hamburg.

Hamm, R. (2004): Deutschland – ein Fall für den Staatsanwalt?. NJW 57, S. 1301-1303.

Hammerschlag, H, Schwarz, O. (1998): Das Gesetz zur Bekämpfung von Sexualdelikten und anderen gefährlichen Straftaten. NStZ 110, S. 321-326.

Hanson, R. K., Scott, H. & S., Richard, A. (1995): A comparison of child molesters and nonsexual criminals: risk predictors and long-term recidivism. Journal of Research in Crime and Delinquency 32, S. 325-337.

Harders, I. (2014): Die elektronische Überwachung in Deutschland – Entwicklung, Anwendungsbereiche, Möglichkeiten und europäische Erfahrungen, im Erscheinen. Mönchengladbach.

Harders, I., Rohrbach, M. (2011): Führungsaufsicht im Aufwind? Drei Jahre nach der Reform. Bestandsaufnahme und Perspektiven. Bericht zur Fachtagung des DBH vom 4.-5. 11. 2010 in Kassel. BewHi 58, S. 196-202.

278

Hassenpflug, H. (1963): Polizeiaufsicht und Sicherungsaufsicht. München.

Häßler, F., Schütt, H., Pobocha, J. (2013): Überwachung mittels „elektronischer Fußfessel". Zeitschrift Forensische Psychiatrie Psychologie Kriminologie 7, S. 57-61.

Hattenhauer, H., (1994): Allgemeines Landrecht für die Preußischen Staaten von 1794. Neuwied.

Haverkamp, R., Schwedler, A., Wößner, G., (2012): Führungsaufsicht mit satellitengestützter Überwachung. NK 24, S. 62-68.

Hebeler, T. (2011): Die Gefährderansprache. NVwZ 30, S. 1364-1367.

Heinz, W. (1998): Strafrechtspflegestatistiken und Kriminalpolitik: zuverlässige und inhaltsreiche Strafrechtspflegestatistiken als Alternative zu einer „Kriminalpolitik im Blindflug". In: Schwind, H.-D., Kube, E., Kühne, H.-H. (1998): Festschrift für Hans Joachim Schneider zum 70. Geburtstag am 14. November 1998: Kriminologie an der Schwelle zum 21. Jahrhundert. Berlin, S. 779-812.

Heinz, W. (2004): Die neue Rückfallstatistik – Legalbewährung junger Straftäter. ZJJ 15, S. 35-48.

Heinz, W. (2012): Entwicklung und Stand der freiheitsentziehenden Maßregeln der Besserung und Sicherung – Werkstattbericht auf der Grundlage der Strafrechtspflegestatistiken (Berichtsstand 2010/2011). Forensische Psychiatrie und Psychotherapie 19, S. 122-148.

Heinz, W., Jehle, J.-M. (2004): Rückfallforschung, Wiesbaden.

Hessisches Ministerium der Justiz, Hessisches Ministerium für Soziales, Hessisches Ministerium des Innern (2008): Arbeitsdatei rückfallgefährdeter Sexualstraftäter und Sicherheitsmanagement (ARGUS). Wiesbaden.

Von Hippel, R. (1932): Lehrbuch des Strafrechts. Berlin.

Hirtenlehner, H., Birklbauer, A. (2005): Rückfallprävention durch Restaussetzung oder Austauschbarkeit der Entlassungsformen? Eine empirische Untersuchung am Beispiel von Sexual- und Raubstraftätern in Österreich. NK 17, S. 111-116.

Hochmayr, G. (2012): Elektronisch überwachter Hausarrest. Zur Regelung in Deutschland und Österreich. ZIS-online 7, S. 537-544.

Hochmayr, G. (2013): Elektronisch überwachter Hausarrest. Gegenwart und Zukunft in Deutschland und Österreich. NStZ 33, S. 13-19.

Hoffmann, K. (2012): „Die Renaissance der freiheitsentziehenden Maßregeln der Besserung und Sicherung" – Herausforderungen für die forensische Psychotherapieforschung. In: Hilgendorf, E., Rengier, R., Festschrift für Wolfgang Heinz zum 70. Geburtstag. Baden-Baden, S. 642-651.

Horn, E. (1977): Neuerungen der Kriminalpolitik im deutschen Strafgesetzbuch 1975. ZStW 89, S. 547-569.

Hörnle, T. (2006): Verteidigung und Sicherungsverwahrung. StV 26, S. 383-389.

Jacobsen, H.-F. (1984): Strafvollstreckung zwischen Gefängnis und Psychiatrie. Ist Führungsaufsicht neu und sinnvoll?. MSchKrim 67, S. 254-265.

Jacobsen, H.-F. (1990): Forschungsergebnisse zum Themenkomplex Führungsaufsicht. In: Dertinger, C., Marks, E., Führungsaufsicht. Versuch einer Zwischenbilanz zu einem umstrittenen Rechtsinstitut. Bonn, S. 10-50.

Jehle, J.-M., Albrecht, H.-J., Hohmann-Fricke, S., Tetal, C. (2010): Legalbewährung nach strafrechtlichen Sanktionen. Eine bundesweite Rückfalluntersuchung 2004-2007. Berlin.

Jehle, J.-M., Heinz, W., Sutterer, P. (2003): Legalbewährung nach strafrechtlichen Sanktionen. Mönchengladbach.

Jescheck, H.-H. (1968): Die kriminalpolitische Konzeption des Alternativ-Entwurfs eines Strafgesetzbuchs (Allgemeiner Teil). ZStW 80, S. 54-88.

Jescheck, H.-H. (1969): Lehrbuch des Strafrechts. Berlin.

Jescheck, H.-H. (1978): Lehrbuch des Strafrechts. 3. Aufl., Berlin.

Jescheck, H.-H. (1996): Lehrbuch des Strafrechts. 5. Aufl., Berlin.

Joecks, W., Miebach, K. (2005): Münchener Kommentar zum Strafgesetzbuch, Bd. 2/2. München.

Kaiser, G. (1990): Befinden sich die kriminalrechtlichen Maßregeln in der Krise?. Karlsruhe.

Kammermeier, B. (2013): Führungsaufsicht: Vom Schattendasein zum Hoffnungsträger?. BewHi 60, S. 159-180.

Kasecker, K. (2010): Die Überwachung rückfallgefährdeter Sexualstraftäter. Ein Vergleich der Konzepte und Strategien der Bundesländer unter kriminologischen, rechts- und polizeiwissenschaftlichen Aspekten. Bochum.

Kerner, H.-J. (2006): Stellungnahme des DBH-Fachverbandes zu dem Entwurf eines Gesetzes zur Reform der Führungsaufsicht. BewHi 49, S. 49-55.

Kindhäuser, U., Neumann, U., Paeffgen, H.-U. (2010): Strafgesetzbuch, Bd. 1, 3. Aufl. Baden-Baden.

Kindhäuser, U., Neumann, U., Paeffgen, H.-U. (2013): Strafgesetzbuch, Bd. 2, 4. Aufl. Baden-Baden.

Kinzig, J. (1996): Die Sicherungsverwahrung auf dem Prüfstand. Ergebnisse einer theoretischen und empirischen Bestandsaufnahme des Zustandes einer Maßregel. Freiburg.

Kinzig, J. (2004): An den Grenzen des Strafrechts – Die Sicherungsverwahrung nach den Urteilen des BundesVerfG. NJW 57, S. 911-914.

Kinzig, J. (2010): Das Recht der Sicherungsverwahrung nach dem Urteil des EGMR in Sachen M. gegen Deutschland. NStZ 30, S. 233-238.

Kinzig, J. (2011): Die Neuordnung des Rechts der Sicherungsverwahrung. NJW 64, S. 177-182.

Kleinknecht, T. (1972): Die künftige Maßregel der Führungsaufsicht. BewHi 19, S. 123-131.

Kober, E.-M. (1984): Bewährungshilfe und Führungsaufsicht in Berlin. Eine deskriptiv-statistische Untersuchung über erwachsene Probanden, deren Unterstellung 1979/80 beendet wurde. Bonn.

Koch, R. (2010): Ein Landesamt für ambulante Straffälligenarbeit (LaStar). Mecklenburg-Vorpommern plant neue Organisationsstruktur. FS 65, S. 264-269.

Koch-Arzberger, C., Bott, K., Kerner, H.-J., Reich, K. (2011): Rückfallgefährdete Sexualstraftäter in Hessen. Wiesbaden.

Kohlrausch, E. (1924): Sicherungshaft. ZStW 36, S. 20-33.

Krahl, M. (1997): Der elektronisch überwachte Hausarrest. NStZ 17, S. 457-461.

Kreuzer, A. (2011): Sicherungsverwahrung. Eine Herausforderung für Gesetzgebung, Justiz und öffentliche Sicherheit. Kriminalistik 65, S. 3-13.

Krey, V. (1983): Keine Strafe ohne Gesetz. Einführung in die Dogmengeschichte des Satzes „nullum crimen, nulla poena sine lege". Berlin.

Kühnel, P. (1972): Über Führungsaufsicht. BewHi 19, S. 22-34.

Klusmann, W. (1920): Die Polizeiaufsicht im heutigen und zukünftigen Recht. Anklam.

Kreuzer, A (1998): Handbuch des Betäubungsmittelstrafrechts. München.

Kreuzer, A. (2011): Neuordnung der Sicherungsverwahrung: Fragmentarisch und fragwürdig trotz sinnvoller Ansätze. StV 31, S. 122-131.

Kunisch, M. (2010): Anmerkung zu OLG Brandenburg, Beschl. v. 21.1.2010 – 11 Wx 91/09. StV 30, S. 691-694.

Kurze, M. (2004): Nachsorge und Bewährungshilfe/Führungsaufsicht, In: Egg, R., Ambulante Nachsorge nach Straf- und Maßregelvollzug. Wiesbaden, S. 247-263.

Kusch, R. (1997): Therapie von Sexualtätern. ZRP 30, S. 89-91.

Kutschbach, W. (1964): In Konkurrenz mit der Polizei? Gedanken über die Möglichkeit einer Mitwirkung des Bewährungshelfers innerhalb des Maßregelsystems nach Titel 5 und 6 des Entwurfs zu einem Strafgesetzbuch (E 1962) Bundesratsdrucksache 200/62. BewHi 11, S. 203-206.

Kwaschnik, S. (2008): Die Führungsaufsicht im Wandel. Hamburg.

Lackner, K., Kühl, K. (2007): Strafgesetzbuch. Kommentar, 26. Aufl.. München.

Lang, S. (2007): Die Entwicklung des Jugendstrafvollzugs in Mecklenburg-Vorpommern in den 90er Jahren. Eine Dokumentation der Aufbausituation des

Jugendstrafvollzugs sowie eine Rückfallanalyse nach Entlassung aus dem Jugendstrafvollzug. Mönchengladbach.

Lange, H.-J. (2006): Wörterbuch zur Inneren Sicherheit. Wiesbaden.

Laubenthal, K. (2004): Die Renaissance der Sicherungsverwahrung. ZStW 116, S. 703-750.

Laue, C. (2010): Die Sicherungsverwahrung auf dem europäischen Prüfstand – zugleich eine Anmerkung zu EGMR, M. – vs. Deutschland v. 17. 12. 2009 – 19359/04. JR Heft 5, S. 198-204.

Laufhütte, H. W., Rissing-van Saan, R., Tiedemann, K. (2008): Strafgesetzbuch. Leipziger Kommentar, Bd. 3, 12. Aufl. Berlin.

Laufhütte, H. W., Rissing-van Saan, R., Tiedemann, K. (2009): Strafgesetzbuch. Leipziger Kommentar, Bd. 5, 12. Aufl. Berlin.

Linke, B. (2013): Die längerfristige Observation von als gefährlich eingestuften Straftätern durch Polizeibeamte. DVBl 128 , S. 559-566.

von Liszt, F. (1932): Lehrbuch des Deutschen Strafrechts, 26. Aufl. Berlin.

Lorenz, D. (2011): Die polizeiliche Überwachung von entlassenen Straftätern. In: Baumeister, P., Roth, W., Ruthig, J, Staat, Verwaltung und Rechtsschutz. Festschrift für Wolf-Rüdiger Schenke zum 70. Geburtstag. Berlin, S. 415-425.

Maltry, A. (2013): Gerichtliche Weisungen im Rahmen der Führungsaufsicht beim Einsatz der elektronischen Aufenthaltsüberwachung (EAÜ). BewHi 60, S. 117-129.

Manzewski, D. (2012): Das Landesamt für ambulante Straffälligenarbeit (LaStar). FS 67, S. 345-348.

Maunz, T., Dürig, G. (2013): Grundgesetz: Kommentar, 67. Aufl. München.

Maurer, H. (2011): Allgemeines Verwaltungsrecht, 18. Aufl. München.

Mayer, M. (2004): Modellprojekt Elektronische Fußfessel: Wissenschaftliche Befunde zur Modellphase des hessischen Projekts. Freiburg i. Br.

Mayring, P. (2002): Einführung in die qualitative Sozialforschung, 5. Aufl. Weinheim.

Mecklenburg-Vorpommersches Ministerium der Justiz (2009): Die Führungsaufsicht in Mecklenburg-Vorpommern. Grundlagen. Strukturen. Perspektiven. Koordinierung und Harmonisierung des Führungsaufsichtswesens in Mecklenburg-Vorpommern – Schaffung einer zentralen Führungsaufsichtsstelle. Schwerin.

Mecklenburg-Vorpommersches Ministerium der Justiz, Mecklenburg-Vorpommersches Ministerium für Inneres und Sport (2012): Für optimierte Kontrolle und Sicherheit (FoKuS). Schwerin.

Meier, B.-D. (2009): Strafrechtliche Sanktionen, 3. Aufl. Berlin.

Merk, B. (2011): Statement beim 15. Journalistenseminar der Bundesrechtsanwaltskammer: Der Vollzug der Sicherungsverwahrung nach der Entscheidung des EGMR – Wie muss der Vollzug gestaltet werden? Welche Möglichkeiten und Modelle gibt es für den Umgang mit gefährlichen Straftätern in Freiheit?. Berlin.

Metrikat, I. (2002): Die Unterbringung in einer Entziehungsanstalt nach § 64 StGB – Eine Maßregel im Wandel?. Frankfurt am Main.

Meyer-Goßner, L. (2010): Strafprozessordnung. Gerichtsverfassungsgesetz, Nebengesetze und ergänzende Bestimmungen, 53. Aufl. München.

Milde, O. (2006): Die Entwicklung der Normen zur Anordnung der Sicherungsverwahrung in den Jahren 1998 bis 2004. Hamburg.

Morgenstern, C. (2002): Internationale Mindeststandards für ambulante Strafen. Mönchengladbach.

Morgenstern, C. (2006): Neues zur Führungsaufsicht. NK 18, S. 152-154.

Morgenstern, C. (2011): Bestrafen, Verwahren und danach Therapieren? – Das neue Therapie-Unterbringungsgesetz in der Kritik. NK 23, S. 55-59.

Morgenstern, C. (2011): Krank – gestört – gefährlich: Wer fällt unter § 1 Therapieunterbringungsgesetz und Art 5 Abs. 1 lit. e EMRK? Zugleich Anmerkung zu BVerfG, Beschluss vom 15.9.2011 (2 BvR 1516/11). ZIS 6, S. 974-981.

Morgenstern, C, Hecht, A. (2011): Rechtstatsachen zur Führungsaufsicht im kriminalpolitischen Kontext. BewHi 58, S. 177-195.

Mrozynski, P. (1978): Die Wirkungen der Unschuldsvermutung auf spezialpräventive Zwecke des Strafrechts. JZ 33, S. 255-262.

Müller, H. E. (2010): Die Sicherungsverwahrung, das Grundgesetz und die Europäische Menschenrechtskonvention. StV 30, S. 207-2012.

Müller, V. M. (2011): Die Verfassungsmäßigkeit des § 66 b Abs. 3 StGB im Lichte der Entscheidung des EGMR vom 17.12.2009. EuR Heft 3, S. 418-430.

Müller-Dietz, H. (1979): Grundfragen des strafrechtlichen Sanktionensystems. Heidelberg.

Müller, J., Saimeh, N., Habermeyer, E., Nedopil, N., Schneider, F., Falkai, P. (2011): Stellungnahme der Deutschen Gesellschaft für Psychiatrie, Psychotherapie und Nervenheilkunde (DGPPN) zum Therapieunterbringungsgesetz – ThUG. Forensische Psychiatrie, Psychologie, Kriminologie 5, S. 116-118.

Mushoff, T. (2004): Sicherungsverwahrung und Rückwirkungsverbot. KritV 87, S. 137-148.

Mushoff, T. (2007): Strafe – Maßrgel – Sicherungsverwahrung: Eine kritische Untersuchung über das Verhältnis von Schuld und Prävention. Frankfurt am Main.

Neubacher, F. (2004): Führungsaufsicht, quo vadis – Eine Maßregel zwischen Sozialkontrolle und Hilfsangebot. BewHi 51, S. 73-84.

Neubacher, F. (2006): An den Grenzen des Strafrechts – Stalking, Graffiti, Weisungsverstöße. ZStW 118, S. 855-877.

Niedersächsisches Ministerium für Inneres und Sport, Niedersächsisches Justizministerium, Niedersächsisches Ministerium für Soziales, Frauen, Familie und Gesundheit (2010): Konzeption zum Umgang mit rückfallgefährdeten Sexualstraftätern in Niedersachsen (KURS). Hannover.

Nißl, G. (1995): Die Führungsaufsicht – 20 Jahre in der Kritik – hier eine Laudatio. NStZ 15, S. 525-528.

Nordrhein-Westfälisches Ministerium der Justiz, Nordrhein-Westfälisches Ministerium für Arbeit, Integration und Soziales (2010): Konzeption zum Umgang mit rückfallgefährdeten Sexualstraftätern in Nordrhein-Westfalen (KURS). Düsseldorf.

Ostendorf, H. (1987): Strafbare Angriffe auf einzelne Staatsgewalten sowie auf den Bestand staatlicher Maßnahmen. JZ 42, S. 335-340.

Ostendorf, H. (2003): Wie freiwillig muss die Behandlung Süchtiger sein? Archiv für Kriminologie Heft 1, S 4-9.

Ostendorf, H. (2011): Die Neugestaltung der Führungsaufsicht: Eine erfolgreiche Reform? In: Bannenberg, B., Jehle, J.-M., Gewaltdelinquenz. Lange Freiheitsentziehung. Delinquenzverläufe. Mönchengladbach, S. 405-416.

Peglau, J. (2007): Das Gesetz zur Reform der Führungsaufsicht und zur Änderung der Vorschriften über die nachträgliche Sicherungsverwahrung. NJW 60, S. 1558-1562.

Pieroth, B., Schlink, B., Kniesel, M. (2012): Polizei- und Ordnungsrecht mit Versammlungsrecht, 7. Aufl. München.

Polakiewicz, J. (1993): Die Verpflichtung der Staaten aus den Urteilen des Europäischen Gerichtshofs für Menschenrechte = The obligations of states arising from the judgement of the European Court of Human Rights. Berlin.

Preiser, F. (1969): Bewährungs- und Sicherungsaufsicht. Kritik und Vorschläge zur Strafrechtsreform. ZStW 81, S. 249-276.

Prentky, R. A., Lee, Austin, F. S., Knight, R. A., Cerce, D. (1997): Recidism rates among child molesters and rapists: a methodological analysis. Law and Human Behavior 21, S. 635-659.

284

Pruin, I. (2007), Die Heranwachsendenregelung im deutschen Jugendstrafrecht. Jugendkriminologische, entwicklungspsychologische, jugendsoziologische und rechtsvergleichende Aspekte. Mönchengladbach.

Raabe, H. (1973): Die Führungsaufsicht im 2. Strafrechtsreformgesetz. Hamburg.

Radtke, H. (2010): Konventionswidrigkeit des Vollzugs erstmaliger Sicherungsverwahrung nach Ablauf der früheren Höchstfrist? Innerstaatliche Wirkungen und Folgen des Urteils des EGMR vom 17. 12. 2009. NStZ 30, S. 537-564.

Rasch, W. (1990): Wie soll es weitergehen mit der Führungsaufsicht? In: Dertinger, C., Marks, E. (1990): Führungsaufsicht. Versuch einer Zwischenbilanz zu einem umstrittenen Rechtsinstitut. Bonn, S. 157-171.

Redaktion des allgemeinen Regierungsblatts (1813): Anmerkungen zum Strafgesetzbuche für das Königreich Baiern. München.

Reismann, J., Grund, P. (2010): „Für optimierte Kontrolle und Sicherheit – FoKuS". Die Einführung eines polizeilich unterstützten Überwachungskonzepts. PJ Heft 2, S. 10-12.

Renzikowski, J. (2013): Abstand halten! – Die Neuregelung der Sicherungsverwahrung. NJW 66, S. 1638-1644.

Rheinland-Pfälzisches Ministerium des Innern und für Sport, Rheinland-Pfälzisches Ministerium der Justiz, Rheinland-Pfälzisches Ministerium für Arbeit, Soziales, Gesundheit, Familie und Frauen (2008): Vorbeugendes Informationsaustauschsystem zum Schutz vor inhaftierten und entlassenen Rückfalltätern (VISIER). Mainz.

Rosenau, H. (1999): Tendenzen und Gründe der Reform des Sexualstrafrechts. StV 29, S. 388-398.

Roxin, C. (2006): Strafrecht. Allgemeiner Teil, Bd.1, 4. Aufl. München.

Saarländisches Ministerium für Inneres und Europaangelegenheiten, Saarländisches Ministerium der Justiz (2011): Rahmenrichtlinie zum Schutz der Bevölkerung vor rückfallgefährdeten Sexualstraftätern. Saarbrücken.

Sachs, M. (2009): Grundgesetz. Kommentar, 5. Aufl. München.

Sachsen-Anhaltisches Ministerium des Innern, Sachsen-Anhaltisches Ministerium für Justiz, Sachsen-Anhaltisches Ministerium für Soziales und Arbeit (2008): Maßnahmen zur Verbesserung des Schutzes der Bevölkerung vor Straftaten von haftentlassenen rückfallgefährdeten Sexualstraftätern. Magdeburg.

Sächsisches Staatsministerium des Innern, Sächsisches Staatsministerium der Justiz, Sächsisches Staatsministerium für Soziales (2008): Informationssystem zur Intensivüberwachung besonders rückfallgefährdeter Sexualstraftäter (VwVISIS). Dresden.

Saurer, J. (2005): Verwaltungsvorschriften und Gesetzesvorbehalt – Zur Entscheidung des Bundesverwaltungsgerichts vom 17. Juni 2004 (Az.: 2 C 50.02, BVerwGE 121, 103) –. DÖV Heft 14, S. 587-594.

Sax, W. (1976): „Tatbestand und Rechtsgutverletzung. Überlegungen zur Neubestimmung von Gehalt und Funktion des „gesetzlichen Tatbestandes" und des „Unrechtstatbestandes". JZ 31, S. 80-85.

Schalast, Norbert (2006): Anmerkungen zum Gesetzesentwurf des Bundesjustizministeriums zur Neuregelung der Führungsaufsicht. Recht und Psychiatrie 24, S. 59-64.

Schall, H., Schreibauer, M. (1997): Prognose und Rückfall bei Sexualstraftätern. NJW 50, S. 2412-2420.

Schenke, W.-R. (2011): Polizei- und Ordnungsrecht, 7. Aufl. Heidelberg.

Schleswig-Holsteinisches Ministerium für Justiz, Arbeit und Europa, Schleswig-Holsteinisches Ministerium des Innern, Schleswig-Holsteinisches Ministerium für Soziales, Gesundheit, Familie, Jugend und Senioren (2008): Kieler Sicherheitskonzept Sexualstraftäter (KSKS). Kiel.

Schmidt, E. (1995): Einführung in die Geschichte der deutschen Strafrechtspflege, 3. Aufl. Göttingen.

Schmidt-Jortzig, E. (1998): Bekämpfung von Sexualdelikten in Deutschland und auf internationaler Ebene. NStZ 18, S. 441-443.

Schmoeckel, M. (2000): Humanität und Staatsraison. Die Abschaffung der Folter in Europa und die Entwicklung des gemeinen Strafprozeß- und Beweisrechts seit dem hohen Mittelalter. Köln.

Schneider, H. J. (1999): Kriminologie der Sexualdelikte – Teil 2. Kriminalistik 53, S. 297-302.

Schneider, H. J. (2002): Rückfallprognose bei Sexualstraftätern. Ein Überblick über die moderne Sexualstraftäter-Prognoseforschung. MSchKrim 85, S. 251-270.

Schneider, U. (2007): Die Reform der Führungsaufsicht. NStZ 27, S. 441-447.

Schneider, U. (2008): Die Reform des Maßregelrechts. NStZ 28, S. 68-73.

Schöch, H. (1992): Empfehlen sich Änderungen und Ergänzungen bei den strafrechtlichen Sanktionen ohne Freiheitsentzug? In: Deutscher Juristentag, Verhandlungen des Neunundfünfzigsten Deutschen Juristentages. Hannover, C 1-138.

Schöch, H., (1998): Das Gesetz zur Bekämpfung von Sexualdelikten und anderen gefährlichen Straftaten vom 26. 1. 1998. NJW 51, S. 1257-1262.

Schöch, H. (2012): Sicherungsverwahrung im Übergang. NK 24, S. 47-54.

Schönke, A., Schröder, H. (2010): Strafgesetzbuch, 28. Aufl. München.

Schubert, W. (1989): Kodifikationsgeschichte Strafrecht. Commentar über das Strafgesetzbuch für das Königreich Württemberg. Frankfurt am Main.

Schubert, W. (1989): Kodifikationsgeschichte Strafrecht. Das Strafgesetzbuch für das Königreich Bayern sammt dem Gesetze vom 10. November 1861 zur Einführung des Strafgesetzbuchs und des Polizeistrafgesetzbuchs. Frankfurt am Main.

Schubert, W. (1991): Kodifikationsgeschichte Strafrecht. Das Strafgesetzbuch für die Preußischen Staaten nebst dem Gesetze und den Verordnungen über die Einführung desselben. Frankfurt am Main.

Schubert, W. (1989): Kodifikationsgeschichte Strafrecht. Strafgesetzbuch für das Großherzogthum Baden mit den Motiven der Regierung und den Resultaten der Ständeverhandlungen. Frankfurt am Main.

Schubert, W.; Regge, J. (1995): Quellen zur Reform des Straf- und Strafprozessrechts – Weimarer Republik und NS-Zeit (1933-1939). Bd. 1, Berlin.

Schubert, W.; Regge, J., Schmid, W.; Schröder, R. (1992): Kodifikationsgeschichte Strafrecht. Commentar zum Strafgesetzbuch für das Deutsche Reich. Frankfurt am Main.

Schüler-Springorum, H. (2003): Sexualstraftäter-Sozialtherapie. GA 150, S. 575-594.

Schultz, H. (1966): Kriminalpolitische Bemerkungen zum Entwurf eines Strafgesetzbuches. E 1962. JZ 21, S. 113-123.

Schulz, E. (1982): Die Führungsaufsicht. Entstehungsgeschichte, Rechtscharakter, und praktische Handhabung in Baden-Württemberg in den Jahren 1975 bis 1978. Frankfurt am Main.

Schütz, J. (1995): Die Rechtsfolgen der Straftat. Jura 17 , S. 399-410.

Schwegel, A. (2005): Der Polizeibegriff im NS-Staat. Polizeirecht, juristische Publizistik und Judikative 1931-1944. Tübingen.

Sellert, W., Rüping, H. (1989): Studien- und Quellenbuch zur Geschichte der deutschen Strafrechtspflege, Bd. 1. Aalen.

Schall, H., Schreibauer, M. (1997): Prognose und Rückfall bei Sexualstraftätern. NJW 50, S. 2412-2420.

Seifert, D., Bolten, S., Müller-Mussavi, S. (2003): Gescheiterte Wiedereingliederung nach Behandlung im Maßregelvollzug (§ 63 StGB) oder Wie lassen sich Rückfälle verhindern?. MSchKrim 86, S. 127-137.

Seifert, D., Schiffer, B., Bode, G., Schmidt-Quernheim, F. (2005): Forensische Nachsorge – unverzichtbar, wenn es um die Entlassung eines psychisch kranken Rechtsbrechers geht. NStZ 25, S. 125-128.

von Sichart, E. (1905): Fehler und Mängel des deutschen Strafgesetzbuches, welche einem wirksamen Strafvollzuge im Wege stehen, samt Besserungsvorschlägen. ZStW 17, S. 191-218.

Sonnen, B.-R. (2011): Das Ende der Sicherungsverwahrung. NK 23, S. 43-44.

Stadtland, C., Hollweg, M., Kleindienst, N., Dietl, J., Reich, U., Nedopil, N. (2006): Rückfallprognosen bei Sexualstraftätern – Vergleich der prädiktiven Validität von Prognoseinstrumenten. Nervenarzt 77, S. 587-595.

Starck, C. (2005): Kommentar zum Grundgesetz, Bd. 3, 5. Aufl. München.

Starck, C. (2010): Kommentar zum Grundgesetz, Bd. 1, 6. Aufl. München.

Statistisches Amt Mecklenburg-Vorpommern (2010): Ausgewählte Daten für die Rechtspflege in Mecklenburg-Vorpommern. Schwerin.

Statistisches Amt Mecklenburg-Vorpommern (2011): Ausgewählte Daten für die Rechtspflege in Mecklenburg-Vorpommern. Schwerin.

Statistisches Bundesamt (2008): Strafverfolgung. Wiesbaden.

Statistisches Bundesamt (2009): Strafverfolgung. Wiesbaden.

Statistisches Bundesamt (2010): Strafverfolgung. Wiesbaden.

Statistisches Bundesamt (2011): Strafverfolgung. Wiesbaden.

Statistisches Bundesamt (2011/2012): Strafvollzugsstatistik. Im psychiatrischen Krankenhaus und in der Entziehungsanstalt aufgrund strafrichterlicher Anordnung Untergebrachte (Maßregelvollzug). Wiesbaden.

Statistisches Bundesamt (2012): Bestand der Gefangenen und Verwahrten in den deutschen Justizvollzugsanstalten nach ihrer Unterbringung auf Haftplätzen des geschlossenen und offenen Vollzugs jeweils zu den Stichtagen 31. März, 31. August und 30. November eines Jahres. Wiesbaden.

Statistisches Bundesamt (2013): Bestand der Gefangenen und Verwahrten in den deutschen Justizvollzugsanstalten nach ihrer Unterbringung auf Haftplätzen des geschlossenen und offenen Vollzugs jeweils zu den Stichtagen 31. März, 31. August und 30. November eines Jahres. Wiesbaden.

Stisser, D. (2012): Die Geschichte der Sicherungsverwahrung. In: Haynert; H.; Kammeier, H., Wegschließen für immern? Ethische, rechtliche und soziale Konzepte im Umgang mit gefährlichen Menschen auf dem gesellschaftlichen Prüfstand. Lengerich, S. 35-55.

von Stockhausen, H.-C. (2008): Die Metamorphose der Strafrestaussetzung. Eine kritische Betrachtung der Auswirkungen des SexualDelBekG vom 26. 1. 1998 auf § 57 Abs. 1 StGB unter besonderer Berücksichtigung des „Sicherheitsinteresses der Allgemeinheit". Berlin.

Streng, F. (1999): Modernes Sanktionenrecht?. ZStW 111, S. 827-862.

Tegethoff, C. (2005): Verwaltungsvorschriften und Gesetzesvorbehalt. JA 37, S. 794-795.

Tröndle, H., Fischer, T. (2013): Strafgesetzbuch und Nebengesetze, 57. Aufl. München.

Ullenbruch, T. (1998): Verschärfung der Sicherungsverwahrung auch rückwirkend – populär, aber verfassungswidrig?. NStZ 18, S. 326-332.

Ullenbruch, T. (2001): Nachträgliche „Sicherungsverwahrung" durch die „Polizei". Das StrUBG BW – (k)ein Modell für Deutschland. NStZ 21, S. 292-298.

Vollbach, A. (2006): Die reformierte Maßregel Führungsaufsicht: Kontaktverbot, Alkoholverbot, Nachsorgeweisung und unbefristete Führungsaufsicht. Anmerkungen zum „Entwurf eines Gesetzes zur Reform der Führungsaufsicht" vom 4. Juli 2005. NStZ 26, S. 41-47.

Voßkuhle, A. (2010): Der europäische Verfassungsgerichtsverbund. NVwZ 29, S. 1-8.

Wagner, P. (1996): Volksgemeinschaft ohne Verbrecher. Konzeption und Praxis der Kriminalpolizei in der Zeit der Weimarer Republik und des Nationalsozialismus. Hamburg.

Wallerath, M. (2009): Allgemeines Verwaltungsrecht. Lehrbuch, 6. Aufl. Berlin.

Walther, S. (1999): Was soll „Strafe"? Grundzüge eines zeitgemäßen Sanktionensystems. ZStW 111, S. 123-143.

Weber, M. (1976): Wirtschaft und Gesellschaft. Grundriß der verstehenden Soziologie, 5. Aufl. Tübingen.

Webb, E.J., Campbell, D.T., Schwartz, R.D., Sechrest, L. (1975): Nichtreaktive Meßverfahren. Weinheim.

Weigelt, E. (2006): Was kann eine reformierte Führungsaufsicht leisten?. ZRP 39, S. 253-255.

Weigelt, E., Hohmann-Fricke, S. (2006): Führungsaufsicht – Unterstellungspraxis und Legalbewährung. Eine empirische Untersuchung anhand von Bundeszentralregisterdaten. BewHi 53, S. 216-239.

Werle, G. (1989): Justiz-Strafrecht und polizeiliche Verbrechensbekämpfung im Dritten Reich. Berlin 1989.

Werle, G. (1991): Unterbringung im dritten Reich: Die Bekämpfung der „Asozialen". Jura 13, S. 10-16.

Werwie-Haas, M. (2008): Die Umsetzung der strafrechtlichen Entscheidungen des Europäischen Gerichtshofs für Menschenrechte in Deutschland, Österreich, der Schweiz und im Vereinigten Königreich. Frankfurt am Main.

Wirth, W. (1996): Der Entlassungsjahrgang 1981 aus dem Jugendstrafvollzug in Nordrhein-Westfalen mit seiner Legalbewährung im Überblick. In: Kerner, H.-J., Dolde, G., Mey, H.-G., Jugendstrafvollzug und Bewährung. Analysen zum Vollzugsverlauf und zur Rückfallentwicklung. Bonn, S. 467-496.

Wößner, G., Schwedler, A. (2013): Elektronische Aufsicht im Vollzug der Freiheitsstrafe in Baden-Württemberg – Ergebnisse der wissenschaftlichen Begleitforschung. BewHi 60, S. 130-144.

Zipf, H. (1974): Die Rechtsfolgen der Tat im neuen Strafgesetzbuch. JuS 24, S. 273-281.

Zöller, M. A. (2002): Informationssysteme und Vorfeldmaßnahmen von Polizei, Staatsanwaltschaft und Nachrichtendiensten. Zur Vernetzung von Strafverfolgung und Kriminalitätsverhütung im Zeitalter von multimedialer Kommunikation und Persönlichkeitsschutz. Heidelberg.

Anhang

Artikel 303 EGStGB Führungsaufsicht

(1) Wegen einer Tat, die vor dem 1. Januar 1975 begangen worden ist, darf Führungsaufsicht nach § 68 Abs. 1 des Strafgesetzbuches nicht angeordnet werden.

(2) Nach Verbüßung einer Freiheitsstrafe wegen einer Tat, die vor dem 1. Januar 1975 begangen worden ist, tritt Führungsaufsicht nach § 68f des Strafgesetzbuches nicht ein.

Artikel 314 EGStGB Überleitung der Vollstreckung

(1) Eine vor dem 1. Januar 1975 verhängte und noch nicht oder erst zum Teil vollzogene Unterbringung in einer Heil- oder Pflegeanstalt wird als Unterbringung in einem psychiatrischen Krankenhaus, eine Unterbringung in einer Trinkerheilanstalt oder einer Entziehungsanstalt als Unterbringung in einer Entziehungsanstalt vollzogen.

(2) Ist die Unterbringung in einer Heil- oder Pflegeanstalt, in einer Trinkerheilanstalt oder einer Entziehungsanstalt oder in der Sicherungsverwahrung vor dem 1. Januar 1975 bedingt ausgesetzt, so tritt Führungsaufsicht ein. Die Auferlegung besonderer Pflichten nach § 42h Abs. 2 des Strafgesetzbuches in der bisherigen Fassung gilt als Weisung gemäß § 68b Abs. 2 des Strafgesetzbuches.

(3) Eine vor dem 1. Januar 1975 angeordnete Untersagung der Berufsausübung oder der Betriebsführung hat die Wirkung eines Berufsverbots.

(4) Eine vor dem 1. Januar 1975 ausgesprochene Befugnis zur öffentlichen Bekanntmachung des Urteils wird so vollstreckt, als wenn auf Anordnung der Bekanntmachung des Urteils erkannt wäre.

(5) Ist vor dem 1. Januar 1975 neben der Strafe auf Unterbringung in einer Heil- oder Pflegeanstalt oder auf Unterbringung in einer Trinkerheilanstalt oder einer Entziehungsanstalt erkannt worden, so ist § 67 Abs. 1 bis 3 des Strafgesetzbuches mit der Maßgabe anzuwenden, daß die begonnene Vollstreckung der Freiheitsstrafe nach diesem Zeitpunkt noch drei Monate fortgesetzt werden kann.

<u>Die gesetzlichen Regelungen der Führungsaufsicht mit Wirkung vom 18. April 2007[1]</u>

§ 68 Voraussetzungen der Führungsaufsicht

(1) Hat jemand wegen einer Straftat, bei der das Gesetz Führungsaufsicht besonders vorsieht, zeitige Freiheitsstrafe von mindestens sechs Monaten verwirkt, so kann das Gericht neben der Strafe Führungsaufsicht anordnen, wenn die Gefahr besteht, daß er weitere Straftaten begehen wird.

---

1   Die einzelnen Änderungen durch das Reformgesetz sind kursiv hervorgehoben.

(2) Die Vorschriften über die Führungsaufsicht kraft Gesetzes (§§ 67b, 67c, 67d Abs. *2 bis 6*, § 68f) bleiben unberührt.

§ 68a Aufsichtsstelle, Bewährungshilfe, forensische Ambulanz

(1) Die verurteilte Person untersteht einer Aufsichtsstelle; das Gericht bestellt ihr für die Dauer der Führungsaufsicht eine Bewährungshelferin oder einen Bewährungshelfer.

(2) Die Bewährungshelferin oder der Bewährungshelfer und die Aufsichtsstelle stehen im Einvernehmen miteinander der verurteilten Person helfend und betreuend zur Seite.

(3) Die Aufsichtsstelle überwacht im Einvernehmen mit dem Gericht und mit Unterstützung der Bewährungshelferin oder des Bewährungshelfers das Verhalten der verurteilten Person und die Erfüllung der Weisungen.

(4) Besteht zwischen der Aufsichtsstelle und der Bewährungshelferin oder dem Bewährungshelfer in Fragen, welche die Hilfe für die verurteilte Person und ihre Betreuung berühren, kein Einvernehmen, entscheidet das Gericht.

(5) Das Gericht kann der Aufsichtsstelle und der Bewährungshelferin oder dem Bewährungshelfer für ihre Tätigkeit Anweisungen erteilen.

(6) Vor Stellung eines Antrags nach § 145a Satz 2 hört die Aufsichtsstelle die Bewährungshelferin oder den Bewährungshelfer; Absatz 4 ist nicht anzuwenden.

(7) Wird eine Weisung nach § 68b Abs. 2 Satz 2 und 3 erteilt, steht im Einvernehmen mit den in Absatz 2 Genannten auch die forensische Ambulanz der verurteilten Person helfend und betreuend zur Seite. Im Übrigen gelten die Absätze 3 und 6, soweit sie die Stellung der Bewährungshelferin oder des Bewährungshelfers betreffen, auch für die forensische Ambulanz.

(8) Die in Absatz 1 Genannten und die in § 203 Abs. 1 Nr. 1, 2 und 5 genannten Mitarbeiterinnen und Mitarbeiter der forensischen Ambulanz haben fremde Geheimnisse, die ihnen im Rahmen des durch § 203 geschützten Verhältnisses anvertraut oder sonst bekannt geworden sind, einander zu offenbaren, soweit dies notwendig ist, um der verurteilten Person zu helfen, nicht wieder straffällig zu werden. Darüber hinaus haben die in § 203 Abs. 1 Nr. 1, 2 und 5 genannten Mitarbeiterinnen und Mitarbeiter der forensischen Ambulanz solche Geheimnisse gegenüber der Aufsichtsstelle und dem Gericht zu offenbaren, soweit aus ihrer Sicht

1. *dies notwendig ist, um zu überwachen, ob die verurteilte Person einer Vorstellungsweisung nach § 68b Abs. 1 Satz 1 Nr. 11 nachkommt oder im Rahmen einer Weisung nach § 68b Abs. 2 Satz 2 und 3 an einer Behandlung teilnimmt,*

2. *das Verhalten oder der Zustand der verurteilten Person Maßnahmen nach § 67g, § 67h oder § 68c Abs. 2 oder Abs. 3 erforderlich erscheinen lässt oder*

3. *dies zur Abwehr einer erheblichen gegenwärtigen Gefahr für das Leben, die körperliche Unversehrtheit, die persönliche Freiheit oder die sexuelle Selbstbestimmung Dritter erforderlich ist.*

In den Fällen der Sätze 1 und 2 Nr. 2 und 3 dürfen Tatsachen im Sinne von § 203 Abs. 1, die von Mitarbeiterinnen und Mitarbeitern der forensischen Ambulanz offenbart wurden, nur zu den dort genannten Zwecken verwendet werden.

§ 68b Weisungen

(1) Das Gericht kann *die verurteilte Person* für die Dauer der Führungsaufsicht oder für eine kürzere Zeit anweisen,

1. den Wohn- oder Aufenthaltsort oder einen bestimmten Bereich nicht ohne Erlaubnis der Aufsichtsstelle zu verlassen,

2. sich nicht an bestimmten Orten aufzuhalten, die *ihr* Gelegenheit oder Anreiz zu weiteren Straftaten bieten können,

3. *zu der verletzten Person oder bestimmten* Personen oder Personen einer bestimmten Gruppe, die *ihr* Gelegenheit oder Anreiz zu weiteren Straftaten bieten können, *keinen Kontakt aufzunehmen, mit ihnen* nicht zu *verkehren, sie nicht zu* beschäftigen, auszubilden oder zu beherbergen,

4. bestimmte Tätigkeiten nicht auszuüben, die *sie* nach den Umständen zu Straftaten *missbrauchen* kann,

5. bestimmte Gegenstände, die *ihr* Gelegenheit oder Anreiz zu weiteren Straftaten bieten können, nicht zu besitzen, bei sich zu führen oder verwahren zu lassen,

6. Kraftfahrzeuge oder bestimmte Arten von Kraftfahrzeugen oder von anderen Fahrzeugen nicht zu halten oder zu führen, die *sie* nach den Umständen zu Straftaten *missbrauchen* kann,

7. sich zu bestimmten Zeiten bei der *Aufsichtsstelle*, einer bestimmten Dienststelle *oder der Bewährungshelferin oder dem Bewährungshelfer* zu melden,

8. jeden Wechsel *der Wohnung* oder des Arbeitsplatzes unverzüglich der Aufsichtsstelle zu *melden*,

9. sich im *Fall* der Erwerbslosigkeit bei der zuständigen Agentur für Arbeit oder einer anderen zur Arbeitsvermittlung zugelassenen Stelle zu *melden*,

10. *keine alkoholischen Getränke oder andere berauschende Mittel zu sich zu nehmen, wenn aufgrund bestimmter Tatsachen Gründe für die Annahme bestehen, dass der Konsum solcher Mittel zur Begehung weiterer Straftaten beitragen wird, und sich Alkohol- oder Suchtmittelkontrollen zu unterziehen, die nicht mit einem körperlichen Eingriff verbunden sind oder*

11. *sich zu bestimmten Zeiten oder in bestimmten Abständen bei einer Ärztin oder einem Arzt, einer Psychotherapeutin oder einem Psychotherapeuten oder einer forensischen Ambulanz vorzustellen.*

Das Gericht hat in seiner Weisung das verbotene oder verlangte genau zu bestimmen.

(2) Das Gericht kann *der verurteilten Person* für die Dauer der Führungsaufsicht oder für eine kürzere Zeit weitere Weisungen erteilen, insbesondere solche, die sich auf Ausbildung, Arbeit, Freizeit, die Ordnung der wirtschaftlichen Verhältnisse oder die Erfüllung von Unterhaltspflichten beziehen. Das Gericht kann die verurteilte Person *insbesondere* anweisen, sich psychiatrisch, psycho- oder sozialtherapeutisch betreuen und behandeln zu lassen (Therapieweisung). *Die Betreuung und Behandlung kann durch eine forensische Ambulanz erfolgen. § 56c Abs. 3 gilt entsprechend, auch für die Weisung, sich Alkohol- oder Suchtmittelkontrollen zu unterziehen, die mit körperlichen Eingriffen verbunden sind.*

(3) Bei den Weisungen dürfen an die Lebensführung *der verurteilten Person* keine unzumutbaren Anforderungen gestellt werden.

(4) Wenn mit Eintritt der Führungsaufsicht eine bereits bestehende Führungsaufsicht nach § 68e Abs. 1 Satz 1 Nr. 3 endet, muss das Gericht auch die Weisungen in seine Entscheidung einbeziehen, die im Rahmen der früheren Führungsaufsicht erteilt worden sind.

(5) Soweit die Betreuung der verurteilten Person in den Fällen des Absatzes 1 Nr. 11 oder ihre Behandlung in den Fällen des Absatzes 2 nicht durch eine forensische Ambulanz erfolgt, gilt § 68a Abs. 8 entsprechend.

§ 68c Dauer der Führungsaufsicht

(1) Die Führungsaufsicht dauert mindestens zwei und höchstens fünf Jahre. Das Gericht kann die Höchstdauer abkürzen.

(2) Das Gericht kann eine die Höchstdauer nach Absatz 1 Satz 1 überschreitende unbefristete Führungsaufsicht anordnen, wenn *die verurteilte Person*

1. in eine Weisung nach § 56c Abs. 3 Nr. 1 nicht einwilligt oder
2. einer Weisung, sich einer Heilbehandlung oder einer Entziehungskur zu unterziehen, *oder einer Therapieweisung* nicht nachkommt

und eine Gefährdung der Allgemeinheit durch die Begehung weiterer erheblicher Straftaten zu befürchten ist. Erklärt die verurteilte Person in den Fällen des Satzes 1 Nr. 1 nachträglich ihre Einwilligung, setzt das Gericht die weitere Dauer der Führungsaufsicht fest. Im *Übrigen* gilt § 68e Abs. 3.

(3) Das Gericht kann die Führungsaufsicht über die Höchstdauer nach Absatz 1 Satz 1 hinaus unbefristet verlängern, wenn

1. in Fällen der Aussetzung der Unterbringung in einem psychiatrischen Krankenhaus nach § 67d Abs. 2 aufgrund bestimmter Tatsachen Gründe für die Annahme bestehen, dass die verurteilte Person andernfalls alsbald in einen Zustand nach § 20 oder § 21 geraten wird, infolge dessen eine Gefährdung der Allgemeinheit durch die Begehung weiterer erheblicher rechtswidriger Taten zu befürchten ist, oder

2. gegen die verurteilte Person wegen Straftaten der in § 181b genannten Art eine Freiheitsstrafe oder Gesamtfreiheitsstrafe von mehr als zwei Jahren verhängt oder die Unterbringung in einem psychiatrischen Krankenhaus oder in einer Entziehungsanstalt angeordnet wurde und sich aus dem Verstoß gegen Weisungen nach § 68b Abs. 1 oder Abs. 2 oder aufgrund anderer bestimmter Tatsachen konkrete Anhaltspunkte dafür ergeben, dass eine Gefährdung der Allgemeinheit durch die Begehung weiterer erheblicher Straftaten zu befürchten ist.

(4) *In den Fällen des § 68 Abs. 1 beginnt die Führungsaufsicht mit der Rechtskraft ihrer Anordnung, in den Fällen des § 67b Abs. 2, des § 67c Abs. 1 Satz 2 und Abs. 2 Satz 4 und des § 67d Abs. 2 Satz 2 mit der Rechtskraft der Aussetzungsentscheidung oder zu einem gerichtlich angeordneten späteren Zeitpunkt.* In ihre Dauer wird die Zeit nicht eingerechnet, in welcher *die verurteilte Person* flüchtig ist, sich verborgen hält oder auf behördliche Anordnung in einer Anstalt verwahrt wird.

§ 68d Nachträgliche Entscheidungen
Das Gericht kann Entscheidungen nach § 68a Abs. 1, 5, den §§ 68b und 68c Abs. 1 Satz 2 und Abs. 2 *und 3* auch nachträglich treffen, ändern oder aufheben.

§ 68e Beendigung oder Ruhen der Führungsaufsicht
(1) Soweit sie nicht unbefristet ist, endet die Führungsaufsicht

1. *mit Beginn des Vollzugs einer freiheitsentziehenden Maßregel,*
2. *mit Beginn des Vollzugs einer Freiheitsstrafe, neben der eine freiheitsentziehende Maßregel angeordnet ist,*
3. *mit Eintritt einer neuen Führungsaufsicht.*

In den übrigen Fällen ruht die Führungsaufsicht während der Dauer des Vollzugs einer Freiheitsstrafe oder einer freiheitsentziehenden Maßregel. Tritt eine neue Führungsaufsicht zu einer bestehenden unbefristeten hinzu, ordnet das Gericht das Entfallen der neuen Maßregel an, wenn es ihrer neben der bestehenden nicht bedarf.
(2) Das Gericht hebt die Führungsaufsicht auf, wenn zu erwarten ist, *dass die verurteilte Person* auch ohne sie keine Straftaten mehr begehen wird. Die Auf-

hebung ist frühestens nach Ablauf der gesetzlichen Mindestdauer zulässig. Das Gericht kann Fristen von höchstens sechs Monaten festsetzen, vor deren Ablauf ein Antrag auf Aufhebung der Führungsaufsicht unzulässig ist.

(3) *Ist unbefristete Führungsaufsicht eingetreten, prüft* das Gericht

1. *in den Fällen des* § 68c Abs. 2 *Satz 1* spätestens mit Verstreichen der Höchstfrist *nach* § 68c Abs. 1 Satz 1,
2. *in den Fällen des § 68c Abs. 3 vor Ablauf von zwei Jahren,* ob eine Entscheidung nach Absatz 2 Satz 1 geboten ist. Lehnt das Gericht eine Aufhebung der Führungsaufsicht ab, *hat es vor Ablauf von zwei Jahren von neuem über eine Aufhebung der Führungsaufsicht zu entscheiden.*

§ 68f Führungsaufsicht bei Nichtaussetzung des Strafrestes

(1) Ist eine Freiheitsstrafe *oder Gesamtfreiheitsstrafe* von mindestens zwei Jahren wegen *vorsätzlicher Straftaten* oder eine Freiheitsstrafe *oder Gesamtfreiheitsstrafe* von mindestens einem Jahr wegen *Straftaten der* in § 181b genannten *Art* vollständig vollstreckt worden, tritt mit der Entlassung *der verurteilten Person* aus dem Strafvollzug Führungsaufsicht ein. Dies gilt nicht, wenn im *Anschluss* an die Strafverbüßung eine freiheitsentziehende Maßregel der Besserung und Sicherung vollzogen wird.

(2) Ist zu erwarten, *dass die verurteilte Person* auch ohne die Führungsaufsicht keine Straftaten mehr begehen wird, ordnet das Gericht an, *dass* die Maßregel entfällt.

§ 68g Führungsaufsicht und Aussetzung zur Bewährung

(1) Ist die Strafaussetzung oder Aussetzung des Strafrestes angeordnet oder das Berufsverbot zur Bewährung ausgesetzt und steht der Verurteilte wegen derselben oder einer anderen Tat zugleich unter Führungsaufsicht, so gelten für die Aufsicht und die Erteilung von Weisungen nur die §§ 68a und 68b. Die Führungsaufsicht endet nicht vor Ablauf der Bewährungszeit.

(2) Sind die Aussetzung zur Bewährung und die Führungsaufsicht auf Grund derselben Tat angeordnet, so kann das Gericht jedoch bestimmen, daß die Führungsaufsicht bis zum Ablauf der Bewährungszeit ruht. Die Bewährungszeit wird dann in die Dauer der Führungsaufsicht nicht eingerechnet.

(3) Wird nach Ablauf der Bewährungszeit die Strafe oder der Strafrest erlassen oder das Berufsverbot für erledigt erklärt, so endet damit auch eine wegen derselben Tat angeordnete Führungsaufsicht. *Dies gilt nicht, wenn die Führungsaufsicht unbefristet ist (§ 68c Abs. 2 Satz 1 oder Abs. 3).*

Die §§ 68b, 68c, 68d und 68e StGB in der Fassung nach dem SiVerwNOG vom 22. Dezember 2010[2]

§ 68b Weisungen

(1) Das Gericht kann die verurteilte Person für die Dauer der Führungsaufsicht oder für eine kürzere Zeit anweisen,

1. den Wohn- oder Aufenthaltsort oder einen bestimmten Bereich nicht ohne Erlaubnis der Aufsichtsstelle zu verlassen,
2. sich nicht an bestimmten Orten aufzuhalten, die ihr Gelegenheit oder Anreiz zu weiteren Straftaten bieten können,
3. zu der verletzten Person oder bestimmten Personen oder Personen einer bestimmten Gruppe, die ihr Gelegenheit oder Anreiz zu weiteren Straftaten bieten können, keinen Kontakt aufzunehmen, mit ihnen nicht zu verkehren, sie nicht zu beschäftigen, auszubilden oder zu beherbergen,
4. bestimmte Tätigkeiten nicht auszuüben, die sie nach den Umständen zu Straftaten missbrauchen kann,
5. bestimmte Gegenstände, die ihr Gelegenheit oder Anreiz zu weiteren Straftaten bieten können, nicht zu besitzen, bei sich zu führen oder verwahren zu lassen,
6. Kraftfahrzeuge oder bestimmte Arten von Kraftfahrzeugen oder von anderen Fahrzeugen nicht zu halten oder zu führen, die sie nach den Umständen zu Straftaten missbrauchen kann,
7. sich zu bestimmten Zeiten bei der Aufsichtsstelle, einer bestimmten Dienststelle oder der Bewährungshelferin oder dem Bewährungshelfer zu melden,
8. jeden Wechsel der Wohnung oder des Arbeitsplatzes unverzüglich der Aufsichtsstelle zu melden,
9. sich im Fall der Erwerbslosigkeit bei der zuständigen Agentur für Arbeit oder einer anderen zur Arbeitsvermittlung zugelassenen Stelle zu melden,
10. keine alkoholischen Getränke oder andere berauschende Mittel zu sich zu nehmen, wenn aufgrund bestimmter Tatsachen Gründe für die Annahme bestehen, dass der Konsum solcher Mittel zur Begehung weiterer Straftaten beitragen wird, und sich Alkohol- oder Suchtmittelkontrollen zu unterziehen, die nicht mit einem körperlichen Eingriff verbunden sind,
11. sich zu bestimmten Zeiten oder in bestimmten Abständen bei einer Ärztin oder einem Arzt, einer Psychotherapeutin oder einem Psychotherapeuten oder einer forensischen Ambulanz vorzustellen *oder*

---

2 Die Neuerungen durch das SiverwNOG sind kursiv hervorgehoben.

12. *die für eine elektronische Überwachung ihres Aufenthaltsortes erforderlichen technischen Mittel ständig in betriebsbereitem Zustand bei sich zu führen und deren Funktionsfähigkeit nicht zu beeinträchtigen.*

Das Gericht hat in seiner Weisung das verbotene oder verlangte Verhalten genau zu bestimmen. *Eine Weisung nach Satz 1 Nummer 12 ist nur zulässig, wenn*

1. *die Führungsaufsicht auf Grund der vollständigen Vollstreckung einer Freiheitsstrafe oder Gesamtfreiheitsstrafe von mindestens drei Jahren oder auf Grund einer erledigten Maßregel eingetreten ist,*
2. *die Freiheitsstrafe oder Gesamtfreiheitsstrafe oder die Unterbringung wegen einer oder mehrerer Straftaten der in § 66 Absatz 3 Satz 1 genannten Art verhängt oder angeordnet wurde,*
3. *die Gefahr besteht, dass die verurteilte Person weitere Straftaten der in § 66 Absatz 3 Satz 1 genannten Art begehen wird, und*
4. *die Weisung erforderlich erscheint, um die verurteilte Person durch die Möglichkeit der Datenverwendung nach § 463a Absatz 4 Satz 2 der Strafprozessordnung, insbesondere durch die Überwachung der Erfüllung einer nach Satz 1 Nummer 1 oder 2 auferlegten Weisung, von der Begehung weiterer Straftaten der in § 66 Absatz 3 Satz 1 genannten Art abzuhalten.*

Die Voraussetzungen von Satz 3 Nummer 1 in Verbindung mit Nummer 2 liegen unabhängig davon vor, ob die dort genannte Führungsaufsicht nach § 68e Absatz 1 Satz 1 beendet ist.
(2) Das Gericht kann der verurteilten Person für die Dauer der Führungsaufsicht oder für eine kürzere Zeit weitere Weisungen erteilen, insbesondere solche, die sich auf Ausbildung, Arbeit, Freizeit, die Ordnung der wirtschaftlichen Verhältnisse oder die Erfüllung von Unterhaltspflichten beziehen. Das Gericht kann die verurteilte Person insbesondere anweisen, sich psychiatrisch, psycho- oder sozialtherapeutisch betreuen und behandeln zu lassen (Therapieweisung). Die Betreuung und Behandlung kann durch eine forensische Ambulanz erfolgen. § 56c Abs. 3 gilt entsprechend, auch für die Weisung, sich Alkohol- oder Suchtmittelkontrollen zu unterziehen, die mit körperlichen Eingriffen verbunden sind.
(3) Bei den Weisungen dürfen an die Lebensführung der verurteilten Person keine unzumutbaren Anforderungen gestellt werden.
(4) Wenn mit Eintritt der Führungsaufsicht eine bereits bestehende Führungsaufsicht nach § 68e Abs. 1 Satz 1 Nr. 3 endet, muss das Gericht auch die Weisungen in seine Entscheidung einbeziehen, die im Rahmen der früheren Führungsaufsicht erteilt worden sind.
(5) Soweit die Betreuung der verurteilten Person in den Fällen des Absatzes 1 Nr. 11 oder ihre Behandlung in den Fällen des Absatzes 2 nicht durch eine forensische Ambulanz erfolgt, gilt § 68a Abs. 8 entsprechend.

§ 68c Dauer der Führungsaufsicht

(1) Die Führungsaufsicht dauert mindestens zwei und höchstens fünf Jahre. Das Gericht kann die Höchstdauer abkürzen.

(2) Das Gericht kann eine die Höchstdauer nach Absatz 1 Satz 1 überschreitende unbefristete Führungsaufsicht anordnen, wenn die verurteilte Person

1. in eine Weisung nach § 56c Abs. 3 Nr. 1 nicht einwilligt oder
2. einer Weisung, sich einer Heilbehandlung oder einer Entziehungskur zu unterziehen, oder einer Therapieweisung nicht nachkommt

und eine Gefährdung der Allgemeinheit durch die Begehung weiterer erheblicher Straftaten zu befürchten ist. Erklärt die verurteilte Person in den Fällen des Satzes 1 Nr. 1 nachträglich ihre Einwilligung, setzt das Gericht die weitere Dauer der Führungsaufsicht fest. Im Übrigen gilt § 68e Abs. 3.

(3) Das Gericht kann die Führungsaufsicht über die Höchstdauer nach Absatz 1 Satz 1 hinaus unbefristet verlängern, wenn

1. in Fällen der Aussetzung der Unterbringung in einem psychiatrischen Krankenhaus nach § 67d Abs. 2 aufgrund bestimmter Tatsachen Gründe für die Annahme bestehen, dass die verurteilte Person andernfalls alsbald in einen Zustand nach § 20 oder § 21 geraten wird, infolge dessen eine Gefährdung der Allgemeinheit durch die Begehung weiterer erheblicher rechtswidriger Taten zu befürchten ist, oder

2. *sich aus dem Verstoß gegen Weisungen nach § 68b Absatz 1 oder 2 oder auf Grund anderer bestimmter Tatsachen konkrete Anhaltspunkte dafür ergeben, dass eine Gefährdung der Allgemeinheit durch die Begehung weiterer erheblicher Straftaten zu befürchten ist, und*

    a) *gegen die verurteilte Person wegen Straftaten der in § 181b genannten Art eine Freiheitsstrafe oder Gesamtfreiheitsstrafe von mehr als zwei Jahren verhängt oder die Unterbringung in einem psychiatrischen Krankenhaus oder in einer Entziehungsanstalt angeordnet wurde oder*
    b) *die Führungsaufsicht unter den Voraussetzungen des § 68b Absatz 1 Satz 3 Nummer 1 eingetreten ist und die Freiheitsstrafe oder Gesamtfreiheitsstrafe oder die Unterbringung wegen eines oder mehrerer Verbrechen gegen das Leben, die körperliche Unversehrtheit, die persönliche Freiheit oder nach den §§ 250, 251, auch in Verbindung mit § 252 oder § 255, verhängt oder angeordnet wurde.*

Für die Beendigung der Führungsaufsicht gilt § 68b Absatz 1 Satz 4 entsprechend.

(4) In den Fällen des § 68 Abs. 1 beginnt die Führungsaufsicht mit der Rechtskraft ihrer Anordnung, in den Fällen des § 67b Abs. 2, des § 67c Absatz 1 Satz 1

und Abs. 2 Satz 4 und des § 67d Absatz 2 Satz 3 mit der Rechtskraft der Aussetzungsentscheidung oder zu einem gerichtlich angeordneten späteren Zeitpunkt. In ihre Dauer wird die Zeit nicht eingerechnet, in welcher die verurteilte Person flüchtig ist, sich verborgen hält oder auf behördliche Anordnung in einer Anstalt verwahrt wird.

§ 68d Nachträgliche Entscheidungen; *Überprüfungsfrist*
(1) Das Gericht kann Entscheidungen nach § 68a Abs. 1 und 5, den §§ 68b und 68c Abs. 1 Satz 2 und Abs. 2 und 3 auch nachträglich treffen, ändern oder aufheben.

(2) Bei einer Weisung gemäß § 68b Absatz 1 Satz 1 Nummer 12 prüft das Gericht spätestens vor Ablauf von zwei Jahren, ob sie aufzuheben ist. § 67e Absatz 3 und 4 gilt entsprechend.

§ 68 e Beendigung oder Ruhen der Führungsaufsicht
(1) Soweit sie nicht unbefristet oder nach Aussetzung einer freiheitsentziehenden Maßregel (§ 67b Absatz 2, § 67c Absatz 1 Satz 1, Absatz 2 Satz 4, § 67d Absatz 2 Satz 3) eingetreten ist, endet die Führungsaufsicht

1. mit Beginn des Vollzugs einer freiheitsentziehenden Maßregel,
2. mit Beginn des Vollzugs einer Freiheitsstrafe, neben der eine freiheitsentziehende Maßregel angeordnet ist,
3. mit Eintritt einer neuen Führungsaufsicht.

In den übrigen Fällen ruht die Führungsaufsicht während der Dauer des Vollzugs einer Freiheitsstrafe oder einer freiheitsentziehenden Maßregel. *Das Gericht ordnet das Entfallen einer nach Aussetzung einer freiheitsentziehenden Maßregel eingetretenen Führungsaufsicht an, wenn es ihrer nach Eintritt eines in Satz 1 Nummer 1 bis 3 genannten Umstandes nicht mehr bedarf.* Tritt eine neue Führungsaufsicht zu einer bestehenden unbefristeten *oder nach Aussetzung einer freiheitsentziehenden Maßregel eingetretenen Führungsaufsicht* hinzu, ordnet das Gericht das Entfallen der neuen Maßregel an, wenn es ihrer neben der bestehenden nicht bedarf.

(2) Das Gericht hebt die Führungsaufsicht auf, wenn zu erwarten ist, dass die verurteilte Person auch ohne sie keine Straftaten mehr begehen wird. Die Aufhebung ist frühestens nach Ablauf der gesetzlichen Mindestdauer zulässig. Das Gericht kann Fristen von höchstens sechs Monaten festsetzen, vor deren Ablauf ein Antrag auf Aufhebung der Führungsaufsicht unzulässig ist.

(3) Ist unbefristete Führungsaufsicht eingetreten, prüft das Gericht

1. in den Fällen des § 68c Abs. 2 Satz 1 spätestens mit Verstreichen der Höchstfrist nach § 68c Abs. 1 Satz 1,

2. in den Fällen des § 68c Abs. 3 vor Ablauf von zwei Jahren,
    ob eine Entscheidung nach Absatz 2 Satz 1 geboten ist.

Lehnt das Gericht eine Aufhebung der Führungsaufsicht ab, hat es vor Ablauf von zwei Jahren von neuem über eine Aufhebung der Führungsaufsicht zu entscheiden.

Tabelle 25.1: Gesamtschau der häufigsten Straftaten

Zu Grunde liegende Straftat	Häufigkeit	Prozent
§ 121 StGB	1	0,5
§126 StGB	2	1,0
§145 StGB	1	0,5
§ 145 d StGB	1	0,5
§ 174 StGB	1	0,5
§ 176 a StGB	4	2,1
§ 176 I, II, III StGB	7	3,6
§ 176 a i. V. m. § 23 StGB	1	0,5
§ 177 I StGB	3	1,6
§ 177 II Nr. 1 StGB	8	4,2
§ 177 II Nr. 2 StGB	1	0,5
§ 183 StGB	1	0,5
§ 211 i. V. m. § 23 StGB	1	0,5
§ 212 StGB	2	1,0
§§ 212, 213 StGB	1	0,5
§ 212 i. V. m. § 23 StGB	3	1,6
§ 223 StGB	10	5,2
§ 224 I StGB	33	17,2
§ 225 StGB	1	0,5
§ 226 I StGB	1	0,5
§ 227 StGB	1	0,5

Zu Grunde liegende Straftat	Häufigkeit	Prozent
§ 240 StGB	1	0,5
§ 241 StGB	1	0,5
§ 242 StGB	12	6,3
§ 243 I 2 Nr. 1 StGB	2	1,0
§ 243 I 2 Nr. 2-7 StGB	9	4,7
§ 244 I Nr. 2 StGB	2	1,0
§ 244 I Nr. 3 StGB	1	0,5
§ 249 StGB	9	4,7
§ 250 StGB	14	7,3
§§ 250, 252 StGB	1	0,5
§ 252 StGB	1	0,5
§§ 253, 255, 250 StGB	2	1,0
§ 259 StGB	1	0,5
§ 260 a StGB	1	0,5
§ 263 StGB	7	3,6
§ 303 StGB	1	0,5
§ 306 StGB	4	2,1
§ 306 a StGB	6	3,1
§ 316 StGB	2	1,0
§ 323 a StGB	2	1,0
Verstoß gegen das BtMG	10	5,2
Verstoß gegen das WaffenG	1	0,5
Unklar	2	1,0
Gesamt	192	100,0

Tabelle 39.1: Die einzelnen verfolgten Straftaten

Verfolgte Straftat	Häufigkeit	Prozent
§ 223 StGB	20	20,0
§ 242 StGB	11	11,0
§ 263 StGB	10	10,0
§ 303 StGB	7	7,0
§ 316 StGB	7	7,0
§ 224 I StGB	6	6,0
§ 185 StGB	4	4,0
§ 249 StGB	4	4,0
BtMG	4	4,0
§ 243 I 2 Nr. 2-7 StGB	4	4,0
§ 265 a StGB	3	3,0
§ 21 StVG	2	2,0
§ 241 StGB	2	2,0
§ 246 StGB	2	2,0
§ 113 StGB	1	1,0
§ 145 StGB	1	1,0
§ 177 I StGB	1	1,0
§ 177 II Nr. 1 StGB	1	1,0
§ 223 a StGB	1	1,0
§ 225 StGB	1	1,0
§ 239 StGB	1	1,0
§ 250 StGB	1	1,0
§§ 252, 250 StGB	1	1,0
§ 255 StGB	1	1,0
§ 315 c StGB	1	1,0

Verfolgte Straftat	Häufigkeit	Prozent
§ 261 StGB	1	1,0
§ 86 a StGB	1	1,0
Steuerhehlerei	1	1,0
Gesamt	100	100,0

Reihenübersicht

Schriften zum Strafvollzug, Jugendstrafrecht und zur Kriminologie
Hrsg. von Prof. Dr. Frieder Dünkel, Lehrstuhl für Kriminologie an der Ernst-Moritz-Arndt-Universität Greifswald

Bisher erschienen:

Band 1
Dünkel, Frieder: Empirische Forschung im Strafvollzug. Bestandsaufnahme und Perspektiven.
Bonn 1996. ISBN 978-3-927066-96-0.

Band 2
Dünkel, Frieder; van Kalmthout, Anton; Schüler-Springorum, Horst (Hrsg.): Entwicklungstendenzen und Reformstrategien im Jugendstrafrecht im europäischen Vergleich.
Mönchengladbach 1997. ISBN 978-3-930982-20-2.

Band 3
Gescher, Norbert: Boot Camp-Programme in den USA. Ein Fallbeispiel zum Formenwandel in der amerikanischen Kriminalpolitik.
Mönchengladbach 1998. ISBN 978-3-930982-30-1.

Band 4
Steffens, Rainer: Wiedergutmachung und Täter-Opfer-Ausgleich im Jugend- und Erwachsenenstrafrecht in den neuen Bundesländern.
Mönchengladbach 1999. ISBN 978-3-930982-34-9.

Band 5
Koeppel, Thordis: Kontrolle des Strafvollzuges. Individueller Rechtsschutz und generelle Aufsicht. Ein Rechtsvergleich.
Mönchengladbach 1999. ISBN 978-3-930982-35-6.

Band 6
Dünkel, Frieder; Geng, Bernd (Hrsg.): Rechtsextremismus und Fremdenfeindlichkeit. Bestandsaufnahme und Interventionsstrategien.
Mönchengladbach 1999. ISBN 978-3-930982-49-3.

Band 7
Tiffer-Sotomayor, Carlos: Jugendstrafrecht in Lateinamerika unter besonderer Berücksichtigung von Costa Rica.
Mönchengladbach 2000. ISBN 978-3-930982-36-3.

Band 8
Skepenat, Marcus: Jugendliche und Heranwachsende als Tatverdächtige und Opfer von Gewalt. Eine vergleichende Analyse jugendlicher Gewaltkriminalität in Mecklenburg-Vorpommern anhand der Polizeilichen Kriminalstatistik unter besonderer Berücksichtigung tatsituativer Aspekte.
Mönchengladbach 2000. ISBN 978-3-930982-56-1.

Band 9
Pergataia, Anna: Jugendstrafrecht in Russland und den baltischen Staaten.
Mönchengladbach 2001. ISBN 978-3-930982-50-1.

Band 10
Kröplin, Mathias: Die Sanktionspraxis im Jugendstrafrecht in Deutschland im Jahr 1997. Ein Bundesländervergleich.
Mönchengladbach 2002. ISBN 978-3-930982-74-5.

Band 11
Morgenstern, Christine: Internationale Mindeststandards für ambulante Strafen und Maßnahmen.
Mönchengladbach 2002. ISBN 978-3-930982-76-9.

Band 12
Kunkat, Angela: Junge Mehrfachauffällige und Mehrfachtäter in Mecklenburg-Vorpommern. Eine empirische Analyse.
Mönchengladbach 2002. ISBN 978-3-930982-79-0.

Band 13
Schwerin-Witkowski, Kathleen: Entwicklung der ambulanten Maßnahmen nach dem JGG in Mecklenburg-Vorpommern.
Mönchengladbach 2003. ISBN 978-3-930982-75-2.

Band 14
Dünkel, Frieder; Geng, Bernd (Hrsg.): Jugendgewalt und Kriminalprävention. Empirische Befunde zu Gewalterfahrungen von Jugendlichen in Greifswald und Usedom/Vorpommern und ihre Auswirkungen für die Kriminalprävention.
Mönchengladbach 2003. ISBN 978-3-930982-95-0.

Band 15
Dünkel, Frieder; Drenkhahn, Kirstin (Hrsg.): Youth violence: new patterns and local responses – Experiences in East and West. Conference of the International Association for Research into Juvenile Criminology. Violence juvénile: nouvelles formes et stratégies locales – Expériences à l'Est et à l'Ouest. Conférence de l'Association Internationale pour la Recherche en Criminologie Juvénile.
Mönchengladbach 2003. ISBN 978-3-930982-81-3.

Band 16
Kunz, Christoph: Auswirkungen von Freiheitsentzug in einer Zeit des Umbruchs. Zugleich eine Bestandsaufnahme des Männererwachsenenvollzugs in Mecklenburg-Vorpommern und in der JVA Brandenburg/Havel in den ersten Jahren nach der Wiedervereinigung.
Mönchengladbach 2003. ISBN 978-3-930982-89-9.

Band 17
Glitsch, Edzard: Alkoholkonsum und Straßenverkehrsdelinquenz. Eine Anwendung der Theorie des geplanten Verhaltens auf das Problem des Fahrens unter Alkohol unter besonderer Berücksichtigung des Einflusses von verminderter Selbstkontrolle.
Mönchengladbach 2003. ISBN 978-3-930982-97-4.

Band 18
Stump, Brigitte: „Adult time for adult crime" – Jugendliche zwischen Jugend- und Erwachsenenstrafrecht. Eine rechtshistorische und rechtsvergleichende Untersuchung zur Sanktionierung junger Straftäter.
Mönchengladbach 2003. ISBN 978-3-930982-98-1.

Band 19
Wenzel, Frank: Die Anrechnung vorläufiger Freiheitsentziehungen auf strafrechtliche Rechtsfolgen.
Mönchengladbach 2004. ISBN 978-3-930982-99-8.

Band 20
Fleck, Volker: Neue Verwaltungssteuerung und gesetzliche Regelung des Jugendstrafvollzuges.
Mönchengladbach 2004. ISBN 978-3-936999-00-6.

Band 21
Ludwig, Heike; Kräupl, Günther: Viktimisierung, Sanktionen und Strafverfolgung. Jenaer Kriminalitätsbefragung über ein Jahrzehnt gesellschaftlicher Transformation.
Mönchengladbach 2005. ISBN 978-3-936999-08-2.

Band 22
Fritsche, Mareike: Vollzugslockerungen und bedingte Entlassung im deutschen und
französischen Strafvollzug.
Mönchengladbach 2005. ISBN 978-3-936999-11-2.

Band 23
Dünkel, Frieder; Scheel, Jens: Vermeidung von Ersatzfreiheitsstrafen durch gemeinnüt-
zige Arbeit: das Projekt „Ausweg" in Mecklenburg-Vorpommern.
Mönchengladbach 2006. ISBN 978-3-936999-10-5.

Band 24
Sakalauskas, Gintautas: Strafvollzug in Litauen. Kriminalpolitische Hintergründe, recht-
liche Regelungen, Reformen, Praxis und Perspektiven.
Mönchengladbach 2006. ISBN 978-3-936999-19-8.

Band 25
Drenkhahn, Kirstin: Sozialtherapeutischer Strafvollzug in Deutschland.
Mönchengladbach 2007. ISBN 978-3-936999-18-1.

Band 26
Pruin, Ineke Regina: Die Heranwachsendenregelung im deutschen Jugendstrafrecht.
Jugendkriminologische, entwicklungspsychologische, jugendsoziologische und rechts-
vergleichende Aspekte.
Mönchengladbach 2007. ISBN 978-3-936999-31-0.

Band 27
Lang, Sabine: Die Entwicklung des Jugendstrafvollzugs in Mecklenburg-Vorpommern
in den 90er Jahren. Eine Dokumentation der Aufbausituation des Jugendstrafvollzugs
sowie eine Rückfallanalyse nach Entlassung aus dem Jugendstrafvollzug.
Mönchengladbach 2007. ISBN 978-3-936999-34-1.

Band 28
Zolondek, Juliane: Lebens- und Haftbedingungen im deutschen und europäischen
Frauenstrafvollzug.
Mönchengladbach 2007. ISBN 978-3-936999-36-5.

Band 29
Dünkel, Frieder; Gebauer, Dirk; Geng, Bernd; Kestermann, Claudia: Mare-Balticum-
Youth-Survey – Gewalterfahrungen von Jugendlichen im Ostseeraum.
Mönchengladbach 2007. ISBN 978-3-936999-38-9.

Band 30
Kowalzyck, Markus: Untersuchungshaft, Untersuchungshaftvermeidung und geschlossene Unterbringung bei Jugendlichen und Heranwachsenden in Mecklenburg-Vorpommern.
Mönchengladbach 2008. ISBN 978-3-936999-41-9.

Band 31
Dünkel, Frieder; Gebauer, Dirk; Geng, Bernd: Jugendgewalt und Möglichkeiten der Prävention. Gewalterfahrungen, Risikofaktoren und gesellschaftliche Orientierungen von Jugendlichen in der Hansestadt Greifswald und auf der Insel Usedom. Ergebnisse einer Langzeitstudie 1998 bis 2006.
Mönchengladbach 2008. ISBN 978-3-936999-48-8.

Band 32
Rieckhof, Susanne: Strafvollzug in Russland. Vom GULag zum rechtsstaatlichen Resozialisierungsvollzug?
Mönchengladbach 2008. ISBN 978-3-936999-55-6.

Band 33
Dünkel, Frieder; Drenkhahn, Kirstin; Morgenstern, Christine (Hrsg.): Humanisierung des Strafvollzugs – Konzepte und Praxismodelle.
Mönchengladbach 2008. ISBN 978-3-936999-59-4.

Band 34
Hillebrand, Johannes: Organisation und Ausgestaltung der Gefangenenarbeit in Deutschland.
Mönchengladbach 2009. ISBN 978-3-936999-58-7.

Band 35
Hannuschka, Elke: Kommunale Kriminalprävention in Mecklenburg-Vorpommern. Eine empirische Untersuchung der Präventionsgremien.
Mönchengladbach 2009. ISBN 978-3-936999-68-6.

Band 36/1 bis 4 (nur als Gesamtwerk erhältlich)
Dünkel, Frieder; Grzywa, Joanna; Horsfield, Philip; Pruin, Ineke (Eds.): Juvenile Justice Systems in Europe – Current Situation and Reform Developments. Vol. 1-4. **2nd revised edition.**
Mönchengladbach 2011. ISBN 978-3-936999-96-9.

Band 37/1 bis 2 (Gesamtwerk)
Dünkel, Frieder; Lappi-Seppälä, Tapio; Morgenstern, Christine; van Zyl Smit, Dirk (Hrsg.):
Kriminalität, Kriminalpolitik, strafrechtliche Sanktionspraxis und Gefangenenraten im
europäischen Vergleich. Bd.1 bis 2.
Mönchengladbach 2010. ISBN 978-3-936999-73-0.

Band 37/1 (Einzelband)
Dünkel, Frieder; Lappi-Seppälä, Tapio; Morgenstern, Christine; van Zyl Smit, Dirk (Hrsg.):
Kriminalität, Kriminalpolitik, strafrechtliche Sanktionspraxis und Gefangenenraten im
europäischen Vergleich. Bd.1.
Mönchengladbach 2010. ISBN 978-3-936999-76-1.

Band 37/2 (Einzelband)
Dünkel, Frieder; Lappi-Seppälä, Tapio; Morgenstern, Christine; van Zyl Smit, Dirk (Hrsg.):
Kriminalität, Kriminalpolitik, strafrechtliche Sanktionspraxis und Gefangenenraten im
europäischen Vergleich. Bd.2.
Mönchengladbach 2010. ISBN 978-3-936999-77-8.

Band 38
Krüger, Maik: Frühprävention dissozialen Verhaltens. Entwicklungen in der Kinder- und
Jugendhilfe.
Mönchengladbach 2010. ISBN 978-3-936999-82-2.

Band 39
Hess, Ariane: Erscheinungsformen und Strafverfolgung von Tötungsdelikten in Meck-
lenburg-Vorpommern.
Mönchengladbach 2010. ISBN 978-3-936999-83-9.

Band 40
Gutbrodt, Tobias: Jugendstrafrecht in Kolumbien. Eine rechtshistorische und rechtsvergleichende Untersuchung zum Jugendstrafrecht in Kolumbien, Bolivien, Costa Rica und
der Bundesrepublik Deutschland unter Berücksichtigung internationaler Menschen-
rechtsstandards.
Mönchengladbach 2010. ISBN 978-3-936999-86-0.

Band 41
Stelly, Wolfgang; Thomas, Jürgen (Hrsg.): Erziehung und Strafe. Symposium zum 35-jährigen
Bestehen der JVA Adelsheim.
Mönchengladbach 2011. ISBN 978-3-936999-95-2.

Band 42
Annalena Yngborn: Strafvollzug und Strafvollzugspolitik in Schweden: vom Resozialisierungs-zum Sicherungsvollzug? Eine Bestandsaufnahme der Entwicklung in den letzten 35 Jahren. Mönchengladbach 2011. ISBN 978-3-936999-84-6.

Band 43
Johannes Kühl: Die gesetzliche Reform des Jugendstrafvollzugs in Deutschland im Licht der European Rules for Juvenile Offenders Subject to Sanctions or Measures (ERJOSSM). Mönchengladbach 2012. ISBN 978-3-942865-06-7.

Band 44
Maryna Zaikina: Jugendkriminalrechtspflege in der Ukraine. Mönchengladbach 2012. ISBN 978-3-942865-08-1.

Band 45
Stefanie Schollbach: Personalentwicklung, Arbeitsqualität und betriebliche Gesundheitsför-derung im Justizvollzug in Mecklenburg-Vorpommern. Mönchengladbach 2013. ISBN 978-3-942865-14-2.

Band 46
Immo Harders: Die elektronische Überwachung von Straffälligen. Entwicklung, Anwendungs-bereiche und Erfahrungen in Deutschland und im europäischen Vergleich. Mönchengladbach 2014. ISBN 978-3-942865-24-1.

Band 47
Mirko Faber: Länderspezifische Unterschiede bezüglich Disziplinarmaßnahmen und der Auf-rechterhaltung von Sicherheit und Ordnung im Jugendstrafvollzug. Mönchengladbach 2014. ISBN 978-3-942865-25-8.

Band 48
Andrea Gensing: Jugendgerichtsbarkeit und Jugendstrafverfahren im europäischen Ver-gleich. Mönchengladbach 2014. ISBN 978-3-942865-30-4.

Band 49
Moritz Philipp Rohrbach: Die Entwicklung der Führungsaufsicht unter besonderer Berück-sichtigung der Praxis in Mecklenburg-Vorpommern Mönchengladbach 2014. ISBN 978-3-942865-35-7.